Konfliktaustragung in der Zwei-Personen-GmbH

Europäische Hochschulschriften

Publications Universitaires Européennes
European University Studies

Reihe II
Rechtswissenschaft

Série II Series II
Droit
Law

Bd./Vol. 3618

PETER LANG

Frankfurt am Main · Berlin · Bern · Bruxelles · New York · Oxford · Wien

Henning v. Kottwitz

Konfliktaustragung in der Zwei-Personen-GmbH

PETER LANG
Europäischer Verlag der Wissenschaften

Bibliografische Information Der Deutschen Bibliothek
Die Deutsche Bibliothek verzeichnet diese Publikation in der
Deutschen Nationalbibliografie; detaillierte bibliografische
Daten sind im Internet über <http://dnb.ddb.de> abrufbar.

Zugl.: Bremen, Univ., Diss., 2002

Gedruckt auf alterungsbeständigem,
säurefreiem Papier.

D 46
ISSN 0531-7312
ISBN 3-631-50746-1

© Peter Lang GmbH
Europäischer Verlag der Wissenschaften
Frankfurt am Main 2003
Alle Rechte vorbehalten.

Printed in Germany 1 2 3 4 5   7

www.peterlang.de

Vorwort

Die vorliegende Arbeit hat im Oktober 2002 dem Promotionsausschuss Dr. jur. der Universität Bremen als Dissertation vorgelegen. Gesetzgebung, Rechtsprechung und Schrifttum sind entsprechend dem Stand vom 1.11.2002 berücksichtigt.

Mein herzlicher Dank gilt Herrn Professor Dr. Peter Derleder, der die Bearbeitung des Themas angeregt und die Arbeit bis zu ihrem Abschluß begleitet hat. Besonders sein Streben nach dogmatischer Genauigkeit und präziser Argumentation in der rechtlichen Analyse waren für mich von grossem Einfluss. Herrn Prof. Dr. Ulrich Ehricke danke ich für die Erstellung des Zweitgutachtens.

Danken möchte ich ferner meinen Freunden und Kollegen sowie den Mitgliedern des zivilrechtlichen Seminars von Prof. Dr. Derleder für viele konkrete gesellschaftsrechtliche und allgemeine juristische Anregungen.

Ganz besonders danke ich meinen Eltern, ohne deren vielschichtige Unterstützung diese Arbeit nicht hätte zustande kommen können.

Hamburg, im November 2002

Henning v. Kottwitz

Inhaltsverzeichnis

Abkürzungsverzeichnis

a.F.	alte Fassung
AcP	Archiv für die civilistische Praxis
AG	Aktiengesellschaft
AktG	Aktiengesetz
Alt.	Alternative
Anm.	Anmerkung
BAG	Bundesarbeitsgericht
BayObLG	Bayerisches Oberstes Landesgericht
BB	Betriebs Berater
BGB	Bürgerliches Gesetzbuch
BGH	Bundesgerichtshof
BGHZ	Entscheidungssammlung des BGH in Zivilsachen
BVerfG	Bundesverfassungsgericht
DB	Der Betrieb
DStR	Deutsche Steuer Rundschau
EWiR	Entscheidungen zum Wirtschaftsrecht
ff.	fortfolgende
FG	Finanzgericht
FGG	Gesetz über die Angelegenheiten der freiwilligen Gerichtsbarkeit
FS.	Festschrift
GbR	Gesellschaft bürgerlichen Rechts
GesRZ	Zeitschrift für Gesellschafts- und Unternehmensrecht
GG	Grundgesetz
GmbH	Gesellschaft mit beschränkter Haftung
GmbHG	GmbH-Gesetz
GmbHR	GmbH-Rundschau
h.M.	herrschende Meinung
HGB	Handelsgesetzbuch
Inc.	Incorporated
IWB	Internationale Wirtschaftsbriefe
Jus	Juristische Schulung

JW	Juristische Wochenschrift
JZ	Juristenzeitung
KG	Kommanditgesellschaft
LAG	Landesarbeitsgericht
LG	Landgericht
Ltd.	Limited
m.	mit
MDR	Monatsschrift für Deutsches Recht
n.F.	neue Fassung
NJW	Neue Juristische Wochenschrift
NJW-RR	NJW-Rechtsprechungsreport
NZG	Neue Zeitschrift für Gesellschaftsrecht
OLG	Oberlandesgericht
RFH	Reichsfinanzhof
RG	Reichtsgericht
RGZ	Entscheidungen des Reichsgerichts in Zivilsachen
RIW	Recht der Internationalen Wirtschaft
ROHG	Reichsoberhandelsgericht
ROHGE	Entscheidungen des Reichsoberhandelsgerichts
str.	streitig
WM	Wertpapiermitteilungen
WuB	Entscheidungssammlung zum Wirtschafts- und Bankrecht
ZGR	Zeitschrift für Gesellschafts- und Unternehmensrecht
ZHR	Zeitschrift für das gesamte Handelsrecht und Wirtschaftsrecht
ZIP	Zeitschrift für Wirtschaftsrecht
ZPO	Zivilprozeßordnung
zust.	zustimmend
ZZP	Zeitschrift für Zivilprozeß

§ 1 Einleitung

In der gesellschaftsrechtlichen Praxis findet sich in der Rechtsform der Gesellschaft mit beschränkter Haftung häufig eine bipolare Gesellschaftersituation, in der zwei Parteien über das Schicksal der Gesellschaft bestimmen. Diese sogenannte Zwei-Personen-GmbH hat im Idealfall zwei Gesellschafter, die jeweils zu gleichen Teilen an der Gesellschaft beteiligt sind. Möglich sind jedoch auch Konstellationen, in denen einer der Gesellschafter nur eine Minderbeteiligung hält, in denen zwei Familienstämme sich gegenüberstehen, oder in denen neben dem einem der beiden Gesellschafter noch eine weitere Person, häufig ein Familienmitglied (Ehefrau), eine Minderheitsbeteiligung hat. Des weiteren kann es sich bei den beiden Gesellschaftern um Gesellschaften handeln.

Gerade in mittelständischen Unternehmen ist es typisch, dass die Unternehmensgründer alleinige Gesellschafter einer GmbH sind. Häufig beruht diese Struktur auf einer Aufgabenteilung, etwa auf eine kaufmännische und eine technische Seite. Charakteristisch ist dabei, im Gegensatz zu dem kapitalgesellschaftsrechtlichen Regelfall, dass die Gesellschafter zugleich sämtliche Mitglieder der Geschäftsführung stellen. Die Gesellschaft ist damit in jeder Hinsicht auf die individuelle Beteiligung der Gesellschafter an Entscheidungsfindung und Geschäftsführung ausgerichtet. Das persönliche Wissen der Gesellschafter ist für den Erfolg des Unternehmens unerläßlich. Hieraus ergibt sich eine besonders enge Bindung der Gesellschafter an die GmbH, zugleich aber auch eine Bindung der Gesellschafter untereinander, da ihre Interessen an der GmbH nur in der gemeinsamen Zusammenarbeit verwirklicht werden können.

In einer solchen sich durch die Gesellschafterebene wie durch die Geschäftsführung ziehenden Konstellation ist es nicht ausgeschlossen, dass es zu Unstimmigkeiten bei der Unternehmensführung kommt, die sich teilweise aufgrund der Besonderheiten dieser kleinen Gesellschaften als kaum lösbar erweisen. Für das reibungslose Funktionieren einer Zwei-Personen-GmbH sind wechselseitige Kooperation und Vertrauen die wichtigste Voraussetzung; wenn diese Vertrauensbasis zusammenbricht, ist selbst die optimal konzipierte Gesellschaft schweren Belastungen ausgesetzt. Aufgrund der persönlichen Beteiligung der Gesellschafter in der Unternehmensführung werden Streitigkeiten hier mit besonderer Heftigkeit geführt. In vielen Fällen fehlt es insbesondere in kleinen GmbHs an Regelungen in der Satzung, die dem Konflikt vorbeugen oder zumindest helfen, ihn zu bereinigen. Insbesondere durch die bipolare Struktur und die Ausrichtung auf die beiden Gesellschafter können ernsthafte Meinungsverschiedenheiten bereits zu einer vollständigen Funktionsunfähigkeit der Gesellschaft führen. In der Gesellschafterversammlung bestehen keine klaren Mehrheiten, die Gesellschafter blockieren sich entweder gegenseitig, oder ein Gesellschafter kann zunächst unbeschränkt Sanktionsmaßnahmen gegen seinen Mitgesellschafter beschließen. Es kann dann zu einem Wettlauf der Gesellschafter um Sanktionsmaßnahmen kommen, die dazu führen können, dass durch eine gerichtliche Regelung der Geschäftsführung durch Dritte oder im Extremfall sogar die Auflösung der GmbH die Gesellschafter die Kontrolle über „ihre" Gesellschaft verlieren.

Durch einen solchen Konflikt zwischen den Gesellschaftern einer bipolaren GmbH und den möglichen Folgen für das Unternehmen werden in der wirtschaftlichen Praxis häufig erhebliche Vermögenswerte und bedeutende Initiativen bedroht. Es besteht daher im Interesse aller Beteiligten die Notwendigkeit, Konfliktsituationen konstruktiv zu lösen, um die Zukunft des Unternehmens zu gewährleisten.

Bei der Konfliktlösung ist die Zwei-Personen-GmbH als Partnerschaft aufzufassen, deren Fortbestand in ihrer besonderen Form grundsätzlich nur mit ihren beiden Gesellschaftern möglich ist. Daraus ergibt sich als erster Ansatzpunkt für die Bewältigung von Konfliktsituationen ein erhebliches Bedürfnis nach einer sorgfältigen, vorausschauenden Regelung der gesellschaftsinternen Rechtsbeziehungen gerade bei der Zwei-Personen-GmbH. Denn nur geeignete Mechanismen zur Streitbeilegung können verhindern, dass die gesellschaftlichen Beziehungen völlig zerrüttet werden und ein Fortbestand der Gesellschaft aufgrund nicht-behebbarer Funktionsunfähigkeit unmöglich wird. Hierzu ist es von erheblicher Bedeutung, dass bereits im Zeitpunkt der Gründung mögliche Konfliktsituationen bedacht werden und dafür der besonderen Struktur der Gesellschaft angepaßte Regelungen vereinbart werden. Ein gewöhnlicher GmbH-Vertrag wird in einer Zwei-Personen-GmbH häufig keine Hilfestellung zur Konfliktlösung bieten können. Aufgrund der bipolaren Struktur erscheint die Einschaltung einer neutralen Institution zur Konfliktentscheidung als zwingend. Letztlich stellt sich die Frage, ob die in der Bipolarität begründete Pattsituation überhaupt aufgelöst werden kann. Wenn eine Fortführung der Gesellschaft mit beiden Gesellschaftern unmöglich ist, ist zu prüfen, ob die Gesellschaft auch von nur einem Gesellschafter fortgeführt werden kann. Sollte dies aus Gründen der Gleichbehandlung nicht möglich sein, kommt nur eine Auflösung der Gesellschaft in Betracht. Präventive Vereinbarungen können hierbei zu einer geordneten Trennung und der Vermeidung wirtschaftlicher Belastungen beitragen.

Diese Arbeit analysiert die in der Rechtsprechung bisher behandelten Konflikte und die hierfür in der Literatur sowie in der Rechtsprechung entwickelten Grundsätze und Lösungen. Sie enthält eine systematische Darstellung des in Betracht kommenden materiellrechtlichen und prozeßrechtlichen Maßnahmenkatalogs für die gesellschaftsinterne Konfliktaustragung. Ziel der Arbeit ist es, Möglichkeiten für eine Ausdifferenzierung von Satzungsregelungen für eine produktive Konfliktaustragung aufzuzeigen, mit deren Hilfe Unternehmen besser auf Konflikte vorbereitet sind. Sie stellt insgesamt einen Beitrag zur wirtschaftlichen und sozialen Stabilisierung bipolarer Gesellschaften mit beschränkter Haftung dar.

§ 2 Darstellung der Problematik

I. Definition des Begriffs

Der Begriff „Zwei-Personen-GmbH" beschreibt zunächst eine GmbH mit lediglich zwei Gesellschaftern. Insofern umfaßt der Begriff die hier untersuchte gesellschaftsrechtliche Konstellation nicht vollständig, da nicht nur eine Gesellschaft mit zwei (natürlichen) Personen als Gesellschaftern gemeint ist. Entscheidend ist die bipolare Struktur der Gesellschaft, also das Vorhandensein zweier Gesellschafterfraktionen. Dabei kann es sich um zwei natürliche Personen handeln, aber ebenso um zwei Kapitalgesellschaften oder zwei Familienstämme.[1] Entscheidend für die Definition als Zwei-Personen-GmbH ist jedenfalls, dass sich die bipolare Struktur im Gesellschaftsvertrag festgelegt ist. Insoweit wäre „zweigliedrige GmbH" oder „bipolare GmbH" zutreffender; der Begriff „Zweimann-" oder besser „Zwei-Personen-GmbH" wird heute jedoch in der Literatur und der Rechtsprechung[2] überwiegend als Oberbegriff für die Problematik verwendet, so dass auch hier daran festgehalten wird.

Die Besonderheit der Gesellschafterkonstellation in der Zwei-Personen-GmbH liegt darin, dass es sich im Gegensatz zu der Einmann-GmbH zwar um eine echte Gemeinschaft mehrerer Personen handelt, andererseits aber die Gesellschafterzahl der Zwei-Personen-GmbH eine besonders personalistische Prägung verleiht. Gegenüber einer Mehrpersonen-GmbH ergibt sich das Problem, dass bei nur zwei Gesellschaftern die Möglichkeit einer Willensfindung durch Abstimmung eingeschränkt ist. Damit nimmt die Zwei-Personen-GmbH eine Zwischenstellung zwischen einer gewöhnlichen GmbH mit mehreren Gesellschaftern und dem Sonderfall der Einmann-GmbH ein.[3]

In der Regel handelt es sich somit bei der Zwei-Personen-GmbH um eine sogenannte personalistische GmbH.[4] Für diesen Begriff kommt es darauf an, dass in einer GmbH eine begrenzte Anzahl von Gesellschaftern, zwischen denen aufgrund ihrer gemeinsamen Mitgliedschaft in der Gesellschaft Bindungen bestehen, aktiv an der Geschäftsführung beteiligt ist. Die personalistische GmbH stellt aufgrund dieser der Personengesellschaft ähnlichen Realstruktur gegenüber einer in ihrer Realstruktur der AG angenäherten GmbH, in der eine große Zahl von Gesellschaftern mit geringer Bindung untereinander vorhanden ist und die Geschäftsführung deutlich von der Gesellschafterebene abgegrenzt ist, einen Sonderfall dar. Insofern kann es sich im Einzelfall auch bei einer GmbH, an der zwei Kapitalgesellschaften beteiligt sind, um eine personalistische GmbH handeln, da hier - im Gegensatz zu einer Publikumsgesellschaft - aufgrund des kleinen Gesellschafterkreises automatisch

---

[1] Oppenländer, DStR 1996, 922; U. H. Schneider, FS. Kellermann, S. 403, 404
[2] BGH, WM 1984, 29; BGH, WM 1991, 2140; BayObLG, GmbHR 1989, 252; OLG Stuttgart, GmbHR 1998, 1034
[3] Vgl. K. Schmidt, Gesellschaftsrecht, § 33 III
[4] Immenga, Personalistische Kapitalgesellschaft, S. 72; Lutter, AcP 180, 84

unmittelbare Beziehungen und eine engere Bindung zwischen den Gesellschaftern entsteht. Zudem bleibt es auch hier bei der für den Begriff Zwei-Personen-GmbH charakteristischen bipolaren Gesellschafterstruktur.

Grundsätzlich kann auch eine Zwei-Personen-GmbH gemäß § 1 MitbestG den Vorschriften der Mitbestimmung durch die Arbeitnehmer unterliegen, denn die Zahl der Gesellschafter läßt keinen Rückschluß auf die Zahl der Arbeitnehmer zu. Die sogenannte mitbestimmte GmbH wird jedoch in erster Linie geprägt durch den gemäß § 6 Abs. 1 MitbestG obligatorischen mitbestimmten Aufsichtsrat, der gemäß § 31 MitbestG insbesondere für die Bestellung und Abberufung der Geschäftsführer zuständig ist.[5] Durch die Existenz des Aufsichtsrates wird, auch wenn die Gesellschaft nur zwei Gesellschafter hat, die bipolare Struktur der Gesellschaft durchbrochen. Die charakteristischen Probleme der bipolaren Gesellschaft stellen sich somit in einer mitbestimmten Zwei-Personen-GmbH nicht.

Gesetzliche Sonderregeln für eine GmbH mit dieser Struktur gibt es nicht. Die Zwei-Personen-GmbH hat jedoch in den vergangenen Jahren Anlaß zu einer Vielzahl gerichtlicher Entscheidungen gegeben, aus denen sich mit zunehmender Tendenz Sonderregeln für diesen Typus der GmbH herausgebildet haben. In Rechtsprechung und Literatur wird zumeist nicht weiter zwischen verschiedenen Formen der Zwei-Personen-GmbH differenziert oder der Begriff näher definiert.[6] Eine eindeutige Abgrenzung ist aber insbesondere im Hinblick auf die Anwendbarkeit von Sonderregeln dringend erforderlich: Aufgrund der Maßgeblichkeit der bipolaren Struktur der Gesellschaft sind neben dem Idealfall der GmbH mit zwei natürlichen Personen als alleinigen Gesellschaftern alle die Gesellschaften als Zwei-Personen-GmbH zu bezeichnen, bei denen in der Gesellschafterversammlung, aufgrund einer - zumindest in dem Gesellschaftsvertrag zum Ausdruck kommenden - Verbindung mehrerer Gesellschafter zu einem Gesellschafterstamm, sich zwei Parteien gegenüberstehen. Somit werden sind auch GmbHs mit zwei Familienstämmen von der Bezeichnung Zwei-Personen-GmbH umfaßt. Die folgende Untersuchung geht im Sinne einer bestmöglichen Verdeutlichung der spezifischen Problematik bipolarer Gesellschaften grundsätzlich von dem Idealfall der aus zwei natürlichen Personen bestehenden Zwei-Personen-GmbH aus.

II.   Bedeutung der Zwei-Personen-GmbH in der Praxis

Die Zwei-Personen-GmbH stellt die im Hinblick auf die Gesellschafterzahl in der Praxis häufigste Form der GmbH dar. Aus den zwischen 1967 und 1997 vorgenommenen statistischen Erhebungen ergibt sich, dass rund 45 % aller

---

[5] Vgl. Vollmer, GmbHR 1984, 5, 7

[6] Vgl. die Darstellungen von Fischer, FS. W. Schmidt, S. 117, 123; Wolf, ZGR 1998, 92, 93; U. H. Schneider, FS. Kellermann, S. 403, 404; Oppenländer, DStR 1996, 922.

GmbH nur zwei Gesellschafter haben.[7] Es ist allerdings davon auszugehen, dass seit der Novelle des GmbHG 1980 mit der Einführung der Einmann-GmbH der Anteil der Zwei-Personen-GmbH rückläufig ist.[8] Es fällt auf, dass gerade Gesellschaften mit geringem Stammkapital häufig zwei Gesellschafter haben, während deren Anteil mit steigendem Stammkapital stetig abnimmt.[9]

Das Ergebnis der Erhebungen läßt sich in Bezug auf die Gesellschafterzahl überschlägig wie folgt darstellen:

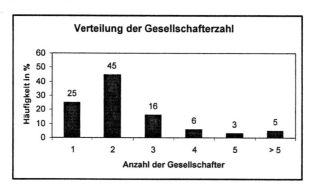

Über 90 % der Zwei-Personen-GmbHs haben nicht mehr als zwei Geschäftsführer. Verknüpft man diesen Wert mit der Feststellung, dass in GmbHs zu über 75 % reine Selbstorganschaft gilt[10], ergibt sich für die Zwei-Personen-GmbH, dass in aller Regel beide Gesellschafter auch Geschäftsführer sind. Bei einer Gesamtzahl von rund 900.000 GmbHs[11] ergibt eine Kombination dieser Werte eine Anzahl von über 250.000 Zwei-Personen-GmbH, in denen beide Gesellschafter zugleich alleinige Geschäftsführer sind.

III. Die Zwei-Personen-GmbH als Rechtsproblem

Wie bereits dargestellt, gibt es - anders als für Personengesellschaften[12] - keine gesetzlichen Sonderregeln für die Zwei-Personen-GmbH. Insbesondere sind die Regeln zur Einmann-GmbH aufgrund ihres anderen Normzwecks

---

[7] Insbesondere Kornblum, GmbHR 1997, 630, 634; ders., GmbHR 1994, 505; ders., GmbHR 1983, 29; Kornblum/Kleinle/Baumann/Stefan, GmbHR 1985, 7; Bundesminister der Justiz, GmbHR 1981, 81; H. Winter, GmbHR 1969, 119; Zusammenstellung bei V. Groß, Statistischer Anhang, S. 411 ff.
[8] Vgl. Kornblum, GmbHR 1997, 630, 634 und GmbHR 1994, 505, 510: In Baden-Württemberg ging der Anteil von über 50 % auf rund 40 % zurück.
[9] Dieses geht hervor aus der Aufstellung bei H. Winter, GmbHR 1969, 119 ff., 145.
[10] Kornblum, GmbHR 1994, 505, 507; Kornblum/Kleinle/Baumann/Stefan, GmbHR 1985, 7 ff., 42 ff.
[11] Siehe Mitteilung des Statistischen Bundesamtes in DB, 1990, 1734
[12] Vgl. für OHG und KG § 142 HGB

nicht anwendbar.[13] Im Rahmen der Gesetzgebung war im Referentenentwurf zur Neuordnung des GmbHG von 1969 eine besondere Vorschrift für die Zwei-Personen-GmbH vorgesehen (dort § 67 Abs. 5)[14]. Diese Überlegungen wurden jedoch seinerzeit nicht weiterverfolgt.

Die Praxis zeigt jedoch, dass die Zwei-Personen-GmbH neben ihrer zahlenmäßigen auch rechtliche Bedeutung insoweit hat, als sie spezifische Probleme hervorbringt, denen mit besonderen Lösungen zu begegnen ist. Im Mittelpunkt stehen die rechtlichen Beziehungen der Gesellschafter zueinander und zu der Gesellschaft; der Schutz Dritter tritt demgegenüber in den Hintergrund.

Es wird in der Lehre abgelehnt, deswegen von einem Sonderrecht der Zwei-Personen-GmbH zu sprechen.[15] Die Rechtsprechung jedoch mußte sich immer wieder mit der Zwei-Personen-GmbH befassen[16]; hier wurden für eine Reihe von Fallgruppen charakteristische Sonderregeln entwickelt.

1. Fallgruppen aus der Rechtsprechung

Im folgenden sollen die typischen Problemfelder an charakteristischen Entscheidungen der Obergerichte dargestellt werden. Die Entscheidungen berücksichtigen die besondere Struktur und behandeln die „zweigliedrige" Gesellschaft anders als die „mehrgliedrige".

a) Entscheidungsfindung in der Gesellschaft

Grundlegende Entscheidungen werden in der GmbH von der Gesellschafterversammlung getroffen. Dazu enthalten das GmbHG sowie regelmäßig die Satzung Bestimmungen, die sowohl eine Beteiligung aller Gesellschafter als auch ausreichende Publizität sicherstellen sollen. In der Zwei-Personen-GmbH stellt sich wegen ihrer besonderen Struktur aber die Frage, ob daran mit aller Strenge festgehalten werden muß.

Besonders anschaulich für diese Problematik ist ein Urteil des BGH aus dem Jahre 1971:

---

[13] U. H. Schneider, FS. Kellermann, S. 403, 407
[14] U. H. Schneider, FS. Kellermann, S. 403, 406
[15] U.H. Schneider, FS. Kellermann, S. 403 ff.; Oppenländer, DStR 1996, 922; Scholz/Schneider, § 35 RdNr. 5
[16] M. Groß, S. 32: In der dortigen Untersuchung betrafen 52,63 % der untersuchten Entscheidungen Zwei-Personen-GmbHs.

„Das Geschäftsführerdarlehen"[17]

Bundesgerichtshof, III. Senat, Urteil vom 17. Mai 1971[18]

Der Kläger und seine Mutter waren die einzigen Gesellschafter der F-GmbH, der Kläger deren alleiniger Geschäftsführer. Die Mutter schied jedoch aus, als B, Kommanditist der B-KG, ihre Anteile übertragen wurden. Im Jahre 1963 gewährte der Kläger der GmbH ein Darlehen. Er erstellte darüber eine Aktennotiz, deren Zurkenntnisnahme B durch seine Unterschrift bestätigte. 1964 wurde das Darlehensverhältnis umgestaltet und darüber zwischen dem Kläger, der F-GmbH und der B-KG ein Vertrag geschlossen; die B-KG übernahm dabei die selbstschuldnerische Bürgschaft für die Verpflichtung der F-GmbH. Später wurde der Kläger als Geschäftsführer abberufen. Nachdem über das Vermögen der F-GmbH das Vergleichsverfahren eröffnet worden war, nahm der Kläger den B, der seine Kommanditeinlage nicht erbracht hatte, aus der Bürgschaft in Anspruch. B argumentierte, der Darlehensanspruch sei wegen Verstoßes gegen das Selbstkontrahierungsverbot des § 181 BGB nicht wirksam entstanden.

Der BGH kam zu dem Ergebnis, dass auch ohne förmlichen Gesellschafterbeschluß eine Befreiung vom Verbot des Selbstkontrahierens in der Mitwirkung des zweiten Gesellschafters liege, wenn die beiden Gesellschafter einer GmbH einen Vertrag mit dem geschäftsführenden Gesellschafter ausgehandelt haben. Die Begründung des Darlehens liege in dem Vertragsschluß 1963; die Umgestaltung des Darlehensverhältnisses 1964 habe an dem Bestand nichts mehr geändert. Zwar habe ein Selbstkontrahieren vorgelegen. Dieses habe B aber durch schlüssiges Verhalten gestattet. Für die Willensbildung in der GmbH könne auf die Einhaltung von Förmlichkeiten weitgehend verzichtet werden, wenn diesen wegen der Umstände keine eigenständige Bedeutung zukäme.

Die Rechtsprechung wendet somit auf die Entscheidungsfindung in der Zwei-Personen-GmbH Sonderregeln an, durch die insbesondere Erleichterungen im Hinblick auf das Verfahren der Beschlußfassung zugelassen werden.[19] Es kommt der Rechtsprechung im Ergebnis darauf an, dass alle Gesellschafter an einem Beschluß beteiligt waren und die Fassung des Beschlusses nach außen erkennbar war. In einer Zwei-Personen-GmbH muß daher nach Ansicht der Rechtsprechung im Einzelfall an weitergehenden Formvorgaben nicht festgehalten werden, wenn beide Gesellschafter eine Vereinbarung getroffen haben.

---

[17] Einzelne Entscheidungen werden im folgenden zur besseren Anschaulichkeit mit ihren Sachverhalt kennzeichnenden Namen versehen.
[18] BGH, WM 1971, 1082
[19] Vgl. dazu näher unten § 5, II.

b) Abberufung des Geschäftsführers

Das in der Zwei-Personen-GmbH wohl am häufigsten auftretende Problem ist die Frage der Wirksamkeit der (gegenseitigen) Geschäftsführerabberufung. Der BGH hat schon 1969[20] für die GmbH allgemein anerkannt, dass der Gesellschafter-Geschäftsführer, der aus wichtigem Grund abberufen werden soll, in der Gesellschafterversammlung von der Abstimmung über seine Abberufung vom Stimmrecht ausgeschlossen ist. Hieraus ergibt sich in der Zwei-Personen-GmbH das Problem, dass der andere Gesellschafter den Beschluß selbst herbeiführen kann. Das führt geradezu zwangsläufig zu der Frage, welche Anforderungen an die Wirksamkeit eines solchen Beschlusses zu stellen sind.

Der BGH hatte im Jahre 1982 über einen solchen Sachverhalt zu entscheiden:

„Die Kündigungserklärung des Abberufenen"

BGH, II. Zivilsenat, Urteil vom 20. Dezember 1982[21]

Die klagende GmbH hatte mit dem Beklagten einen Mietvertrag über gewerbliche Räume geschlossen. Rechtsanwalt Z kündigte mit Schreiben vom 28. August 1979 in Vollmacht des Gesellschafters K fristgemäß das Mietverhältnis. K war, zuletzt allein, zum Geschäftsführer der GmbH bestellt. Er und sein Mitgesellschafter A waren an der GmbH je zur Hälfte beteiligt. In der Gesellschafterversammlung vom 21. Februar 1979 war K gegen seine Stimme als Geschäftsführer aus wichtigem Grund abberufen worden. Der Beklagte war der Ansicht, die Kündigung sei unwirksam, da K nicht mehr zur Vertretung der Gesellschaft befugt gewesen sei.

Entscheidend für die Frage, ob K die Gesellschaft noch wirksam hatte vertreten können, war die Wirkung des Abberufungsbeschlusses. Der BGH entschied hierzu, dass die Wirkung allein von der materiellen Rechtmäßigkeit der Abberufung abhänge. Da der Beschluß im vorliegenden Fall unrechtmäßig gewesen sei, sei K noch Geschäftsführer und somit zur Vertretung befugt gewesen. Bei vorläufiger Wirksamkeit des Abberufungsbeschlusses bestehe in der Zwei-Personen-GmbH die Möglichkeit, dass die Gesellschafter-Geschäftsführer durch gegenseitige Abberufungsbeschlüsse die Geschäftsführung der GmbH insgesamt abberufen könnten. Damit wäre - wenn sich die Gesellschafter nicht auf einen neuen Geschäftsführer einigen könnten - nicht einmal die notwendige gesetzliche Vertretung der Gesellschaft gesichert. Bei Abhängigkeit der Wirksamkeit der Abberufung von der materiellen Rechtslage stehe sie zumindest objektiv fest. Zwar könne auch hier während des Streits um die Rechtmäßigkeit faktisch ein „unerfreulicher Schwebezustand"

---

[20] BGH, NJW 1969, 1483
[21] BGHZ 86, 177

entstehen. Dem könne jedoch durch einen auf vorläufige Regelung der Geschäftsführung gerichteten Antrag auf einstweilige Verfügung begegnet werden, gegebenenfalls in Verbindung mit einem Antrag auf Bestellung eines Notgeschäftsführers.

Diese Entscheidung bedeutet die erneute Anwendung von Sonderregelungen[22] auf die Zwei-Personen-GmbH durch den BGH mit weitreichenden Folgen für die Geschäftsführerabberufung in der Zwei-Personen-GmbH. Die Problematik dieser Fallgruppe liegt zum einen darin, dass der Geschäftsführer meistens gleichzeitig auch Gesellschafter ist und zum anderen darin, dass sich häufig gegenseitige Abberufungsbeschlüsse gegenüberstehen. Um einen Wettlauf der Gesellschafter um den zeitlich früheren Abberufungsbeschluß zu verhindern, ist es zunächst von Bedeutung, dass nach der Rechtsprechung des BGH die Wirksamkeit des Beschlusses von der materiellen Rechtslage abhängt. Dieses bedeutet in der Praxis allerdings, dass geradezu zwangsläufig eine gerichtliche Überprüfung eines Abberufungsbeschlusses folgen muß. Der abberufene Geschäftsführer wird eine einstweilige Anordnung anstreben, die ihm zumindest vorläufig die Fortführung seiner Tätigkeit ermöglicht, eine endgültige Entscheidung über die Wirksamkeit der Abberufung kann nur die rechtskräftige Entscheidung im Hauptsacheverfahren bringen[23]

c)   Gesellschafterausschluß

Ähnlich wie die Abberufung des Geschäftsführer stellt sich in der Zwei-Personen-GmbH die Problematik des Gesellschafterausschlusses dar. Die Frage der Möglichkeit eines Ausschlusses des anderen Gesellschafters ist im GmbHG nicht geregelt. Jedoch ist nach der Rechtsprechung des BGH[24] der Ausschluß eines Gesellschafters aus einer GmbH grundsätzlich möglich. In der Praxis sieht häufig die Satzung eine Einziehungsmöglichkeit vor. Besonders im Hinblick auf die personalistische Ausgestaltung der Zwei-Personen-GmbH stellt sich aber die Frage, inwieweit es einem Gesellschafter (auch ohne entsprechende Satzungsregelung) offenstehen muß, sich von seinem die Gesellschaft schädigenden Mitgesellschafter trennen zu können.

Die grundlegende Entscheidung des BGH zu dieser Frage stammt aus dem Jahre 1955:

---

[22] Siehe oben 1. a) (BGH, WM 1971, 1082) und unten 1. c) (BGHZ 9, 157)
[23] Vgl. dazu näher unten § 7, III., § 12 II. und § 14 II. 2.
[24] BGHZ 9, 157; zu dieser Entscheidung und dem Gesellschafterausschluß allgemein vgl. unten § 9 und § 12.

„Die Tanzbar"

BGH, II. Zivilsenat, Urteil vom 17. Februar 1955[25]

An der Klägerin, einer GmbH, die eine Tanzbar betrieb, waren seit 1950 der Beklagte und K als einzige Gesellschafter beteiligt. Alleiniger Geschäftsführer war der Beklagte. In einer Gesellschafterversammlung berief K den Beklagten als Geschäftsführer ab und erhob Klage mit dem Antrag festzustellen, dass er berechtigt sei, den Anteil des Beklagten zu übernehmen. K behauptete, der Beklagte habe im Betrieb sittliche Verfehlungen begangen und Gelder der Gesellschaft unterschlagen oder veruntreut, außerdem sei der Beklagte wegen Kuppelei bestraft worden. Der Beklagte hielt dem entgegen, K selbst habe mit Personal der Gesellschaft seine Ehe gebrochen und außerdem trotz seiner, des Beklagten, angeblichen Verfehlungen zunächst noch einen neuen Gesellschaftsvertrag mit ihm angestrebt. Nachdem das LG der Klage stattgegeben hatte, nahm der Prozeßbevollmächtigte des K einen Parteiwechsel vor, durch den die GmbH, vertreten durch K, Klägerin wurde, und änderte den Antrag dahin, zu erkennen, der Beklagte werde als Gesellschafter aus der GmbH ausgeschlossen.

In seiner Entscheidung übertrug der BGH die bereits zuvor[26] zu § 142 HGB entwickelten Rechtsgrundsätze auf die GmbH, wenn auch nicht ohne Einschränkungen. Allerdings sei bei der Zwei-Personen-GmbH die Möglichkeit der Ausschließungklage gegeben. Die Entscheidung stellte den Ausgangspunkt zu der Herausarbeitung besonderer Regeln für die Zwei-Personen-GmbH dar. In ihr wurden drei wesentliche Aussagen getroffen:

1)   Die Ausschließung eines Mitgesellschafters aus einer Zwei-Personen-GmbH ist möglich.

2)   Eine Ausschließungsklage kann durch die GmbH, vertreten durch den anderen Gesellschafter, erhoben werden; eine entsprechende Klageänderung ist sachdienlich.

3)   Die Ausschließung ist zu versagen, wenn das Verhalten des anderen Gesellschafters den Ausschluß nicht rechtfertigt.

Besonders in der Zwei-Personen-GmbH besteht ein großes Bedürfnis, es einem Gesellschafter zu ermöglichen, sich von seinem Mitgesellschafter zu trennen, wenn dieser der Gesellschaft schadet. Dabei muß einerseits gewährleistet sein, dass dieses ohne Nachteile für die Gesellschaft geschehen kann. Andererseits ist gerade in der Zwei-Personen-GmbH darauf zu achten, dass das Verhalten beider Seiten bei der Prüfung des Verschuldens berücksichtigt wird. Die damit erforderliche Bewertung des Mitverschuldens des an-

---

[25] BGHZ 16, 317
[26] BGHZ 9, 157; für eine OHG auch BGHZ 4, 108

deren Gesellschafters bei der Überprüfung der Rechtmäßigkeit des Gesellschafterausschlusses ist in der Folgezeit durch eine Vielzahl von Entscheidungen präzisiert worden.[27]

d)   Prozeßrecht

An den bisher dargestellten Entscheidungen zeigt sich bereits, dass in der Zwei-Personen-GmbH häufig gesellschaftsinterne Streitigkeiten letztlich vor Gericht gelöst werden müssen. Dabei stellt sich regelmäßig die Frage, welche Rechte ein Gesellschafter im eigenen Namen in welchem Parteienverhältnis geltend machen kann.

Die Problematik wird deutlich an der sogenannten „ITT"-Entscheidung des BGH aus dem Jahre 1975:

„ITT"

BGH, II. Zivilsenat, Urteil vom 5. Juni 1975[28]

Die zum I-Konzern gehörende Beklagte war gemeinsam mit dem Kläger G an der G-Gruppe beteiligt. An der G-GmbH, die an der Spitze der G-Handelsgruppe stand, war die Beklagte mit 85% und der Kläger mit 15% beteiligt. Die G-GmbH stellte nach ihrem Gesellschaftsvertrag die Komplementärin für die G-KG und die S-KG, an denen sie mit 60% und der Kläger als Kommanditist mit 40% beteiligt waren. Das Mitwirkungsrecht des Klägers war vertraglich weitgehend ausgeschlossen. Die Kommanditgesellschaften hielten ihrerseits Anteile an mehreren Auslandsgesellschaften. Zusammengefaßt war der Kläger an der Firmengruppe mit 49%, die Beklage mit 51% beteiligt.

Die Gesellschaften der G-Gruppe schlossen mit der I-Inc. einen Dienstleistungsvertrag. Nach diesem hatten sie für die Einbindung in „allgemeine Dienstleistungen" eine Konzernumlage in Höhe von 1% ihres Gesamtumsatzes zu zahlen, die sich 1970 auf DM 1.777.000,- belief. Der Kläger verlangte von der Beklagten Rückzahlung dieses Betrages an die Gesellschaften der G-Gruppe: Die Beklagte habe ihren Einfluß als Mehrheitsgesellschafterin dazu genutzt, die Geschäftsleitung der G-Gruppe zu veranlassen, einen Beratungsvertrag ohne Gegenleistung abzuschließen, der letztlich zu einer vertragswidrigen Verteilung des Reingewinns führe.

Der BGH hielt die Klage für begründet. Der Minderheitsgesellschafter könne berechtigt sein, von dem Mehrheitsgesellschafter Schadensersatz zur Leistung an die benachteiligten Gesellschaften zu verlangen, wenn dieser in einer Zwei-Personen-GmbH die Geschäftsführung dazu veranlasse, nachteilige

---

[27] Etwa BGHZ 32, 17; dazu näher unten in § 9, II. 3.
[28] BGHZ 65, 15

Geschäfte vorzunehmen. Das gelte in dem vorliegenden Fall auch für Geschäfte zum Nachteil von Kommanditgesellschaften, deren Geschäfte die GmbH führe, wenn der Minderheitsgesellschafter an den Kommanditgesellschaften unmittelbar beteiligt sei. Das gesellschaftliche Organisationsrecht hindere den Kläger nicht an einer Klage im eigenen Namen.[29] Gerade in einer Zwei-Personen-GmbH wäre es ein durch „keine überzeugenden Gründe gerechtfertigter Umweg"[30], wenn der Minderheitsgesellschafter erst eine Geltendmachung der Ansprüche durch die GmbH durchsetzen müßte.

Es zeigt sich also, dass die Rechtsprechung durch Zulassung besonderer Verfahren den in der Zwei-Personen-GmbH gegebenen Besonderheiten Rechnung trägt. Besonders deutlich wird dies im Rahmen der Ersatzansprüche, wo es im Interesse der GmbH auf jeden Fall gewährleistet sein muß, dass ein Anspruch auch gegen einen der beiden Gesellschafter durchgesetzt werden kann.

e)   Einstweiliger Rechtsschutz

Von großer praktischer Bedeutung ist die Frage, inwieweit ein GmbH-Gesellschafter und/oder Geschäftsführer sich durch einstweiligen Rechtsschutz vor für ihn nachteiligen Gesellschafterbeschlüssen schützen kann. Gerade in einer Zwei-Personen-GmbH ist der Gesellschafter-Geschäftsführer besonders eng mit dem Schicksal des Unternehmens verbunden. Hier können schon vorübergehende tatsächliche Ausschlüsse etwa aus der Geschäftsführung zu irreversiblen Folgen für den Gesellschafter-Geschäftsführer führen.

Die Bedeutung der Inanspruchnahme einstweiligen Rechtsschutzes in diesem Zusammenhang wird deutlich in der Entscheidung des OLG Hamm vom 6. Juli 1992:

„Das einstweilige Beschlußverbot"

OLG Hamm, 8. Zivilsenat, Beschluß vom 6. Juli 1992[31]

K und B waren mit DM 100.000,- bzw. DM 200.000,- an der E-GmbH beteiligt. K war alleinvertretungsberechtigter Geschäftsführer, neben ihm war noch N als Geschäftsführer bestellt. Ohne Herbeiführung eines Gesellschafterbeschlusses kündigte K den Anstellungsvertrag des N und erteilte ihm Hausverbot, da dieser Software kopiert und einer Firma zur Verfügung gestellt hatte, deren Geschäftsführer der Ehemann der B war. Daraufhin verlangte B die Einberufung einer Gesellschafterversammlung, deren Tagesordnung die Bestätigung des N als Geschäfts-

---

[29] Vgl. zu der Abgrenzung einer Klage des Gesellschafters zur Geltendmachung eigener Ansprüche gegenüber der sogenannten actio pro socio unten § 15.
[30] BGHZ 65, 15, 21
[31] OLG Hamm, GmbHR 1993, 163

28

führer soweit die Abberufung und Kündigung des K vorsah. K beantragte, es B im Wege der einstweiligen Verfügung zu untersagen, entsprechende Beschlüsse zu fassen.

Das OLG Hamm erachtete die beantragte einstweilige Verfügung letztlich nicht für zulässig. Zwar sei eine einstweilige Verfügung auf ein bestimmtes Abstimmungsverhalten ausnahmsweise dann zulässig, wenn die Rechtslage eindeutig sei, ein überragendes Schutzbedürfnis bestehe und dies den geringstmöglichen Eingriff bedeute[32]. In dem der Entscheidung zugrunde liegenden Fall habe allerdings unter dem Gesichtspunkt des geringstmöglichen Eingriffs die Versagung der Beschlußausführung Vorrang.

Nach dieser und weiterer Entscheidungen der Oberlandesgerichte[33] soll die Frage der Zulässigkeit einstweiligen Rechtsschutzes nicht von der materiellrechtlichen Einordnung des Verfügungsanspruchs abhängen. Maßgeblich müsse letztlich die Frage sein, ob die „Bewertung der auf dem Spiel stehenden Interessen" eine schwerwiegende Beeinträchtigung der Interessen des Antragstellers befürchten lasse. Danach sei auch ein präventiver Eingriff in die Willensbildung der Gesellschaft unter besonders engen Voraussetzungen möglich. Erforderlich sei insbesondere ein Anspruch auf eine bestimmte Stimmrechtsausübung sowie ein besonderes Schutzbedürfnis auf Seiten des Antragstellers, sowie die Feststellung, dass dem Antragsteller ein zumutbares, weniger einschneidendes Verfahren nicht zur Verfügung steht. Diese Ansicht ist jedoch heftig umstritten, da durch eine solche präventive Verfügung durch die Gerichte in den internen Willensbildungsprozeß der Gesellschaft eingegriffen wird.[34]

2.   Behandlung durch die Lehre

Im Gegensatz zu der regelmäßigen Behandlung in der Rechtsprechung hat die Zwei-Personen-GmbH in der Literatur bisher nur wenig Beachtung gefunden. Scholz[35] hat zwar ihre Problematik schon 1958 prägnant dargestellt. In der Folgezeit hat die Zwei-Personen-GmbH im Gegensatz zur Rechtsprechung aber in der Literatur nur als Sonderfall eine nebensächliche Rolle gespielt. Konkret mit der Zwei-Personen-GmbH befassen sich lediglich die Abhandlungen von U. H. Schneider[36], von Oppenländer[37], von Wolf[38] sowie die rechtspolitische Untersuchung von Fischer.[39] Auf diese und weitere Fundstellen wird im Rahmen der weiteren Untersuchung themenspezifisch eingegangen.

Wenn auch die Zunahme der Einmann-GmbH zahlenmäßig zu Lasten der Zwei-Personen-GmbH geht, verwundert in Anbetracht der verbleibenden Bedeutung in der Praxis doch die Tatsache, dass in der Literatur dieser Typus der GmbH so wenig besondere Beachtung genießt. Gerade aufgrund der strukturbedingten Besonderheiten der Zwei-Personen-GmbH und der Tatsache, dass es an gesetzlichen Sonderregeln fehlt, besteht ein Bedürfnis an einer systematischen Analyse.

---

[32] Das OLG schließt sich insoweit einer Entscheidung des OLG Hamburg (GmbHR 1991, 467) an. Auch das OLG Frankfurt (GmbHR 1993, 161) hält es für „nicht generell unzulässig, einem GmbH-Gesellschafter die Ausübung seines Stimmrechts in einem bestimmten Sinn durch einstweilige Verfügung zu verbieten". Nach Ansicht von Michalski (GmbHR 1993, 164) ist damit die Zulässigkeit einer einstweiligen Verfügung grundsätzlich anerkannt. Die Entscheidung des OLG Hamm zeige aber, wo die Grenzen zwischen zulässigen und unzulässigen Eingriffen in das Abstimmungsverhalten liegen.

[33] Vgl. dazu näher unten in § 14, II.

[34] Vgl. dazu näher unten in § 14, II. 2. b)

[35] Scholz, GmbHR 1958, 34

[36] „Die Zweimann-GmbH", in FS. Kellermann, S. 403 ff

[37] „Von der Rechtsprechung entwickelte Sonderregeln für die Zweipersonen-GmbH", in DStR 1996, 922

[38] „Abberufung und Ausschluß aus in der Zweimann-GmbH", ZGR 1998, 92

[39] „Die personalistische GmbH als rechtspolitisches Problem", in FS. W. Schmidt, S. 117 ff.

§ 3   Lösungsansätze aus der Betriebswirtschaftslehre

I.   Fragestellung

Bereits der Überblick über die im Rahmen der Zwei-Personen-GmbH auftretenden Schwierigkeiten macht deutlich, dass es sich hierbei um rechtliche Probleme handelt, die häufig konkrete wirtschaftliche Auswirkungen haben. Es stellt sich somit die Frage, ob sich aus vergleichbaren Themenbereichen der Betriebswirtschaftslehre Lösungsansätze ableiten lassen, die für die rechtliche Bewältigung der Konfliktaustragung in der Zwei-Personen-GmbH übertragbar sind.

Die Organisation der Unternehmensverfassung selbst stellt auch aus Sicht der Betriebswirtschaftslehre ein rechtliches Problem dar[40], da die gesellschaftsrechtlichen Vorgaben insoweit die Wirtschaft binden. Im Rahmen der internen Organisation gibt es jedoch auch in der Betriebswirtschaftslehre Bereiche, in denen Mechanismen für die Auflösung spezifischer struktureller Defizite kleiner, bipolarer Unternehmensstrukturen gesucht werden. Solche Konstellationen ergeben sich insbesondere bei

*   Familienunternehmen, die häufig eine bipolare Struktur haben sowie in

*   Joint Ventures.

II.   Mittelständische Familienunternehmen

Der Begriff „mittelständisches Familienunternehmen" kennzeichnet aus wirtschaftswissenschaftlicher Sicht ein Unternehmen, das sich im Gesellschaftsrecht häufig als Zwei-Personen-GmbH darstellt. Für das mittelständische Familienunternehmen ergeben sich auch aus betriebswirtschaftlicher Sicht sowohl spezifische Stärken als auch Defizite.

1.   Charakterisierung

Das mittelständische Familienunternehmen läßt sich definieren als ein wirtschaftlich selbständiges Unternehmen mit familiärer oder zumindest enger freundschaftlicher Bindung zwischen den Gesellschaftern, das über mehrere Generationen den Familienmitgliedern als wirtschaftliche Grundlage dienen soll. Die Zahl der Gesellschafter ist begrenzt, es besteht eine persönliche Beteiligung der Gesellschafter am Management, woraus eine enge persönliche Beziehung zwischen Gesellschaftern und Mitarbeitern entsteht.[41] Durch die persönliche Beteiligung wirkt die Unternehmensspitze im Verhältnis zu einem

---

[40] Vgl. Bühner, „Betriebswirtschaftliche Organisationslehre", S. 353
[41] Langenfeld/Gail, Handbuch der Familienunternehmen, Teil I RdNr. 3; Klaile, S. 58; Hinterhuber/Minrath, BB 1991, 1201, 1202; Bickel, ZfO 1981, 181, 182; Albach, ZfB 1983, 870, 885

Großunternehmen tiefer in die Sachbearbeitung hinein. Der am Management beteiligte Gesellschafter (Unternehmer) ist die zentrale Figur des Unternehmens, seine (oder ihre) Qualifikationen haben entscheidenden Einfluß auf den Unternehmenserfolg.[42] In der deutschen Wirtschaftspraxis sind über 95 % der Unternehmen dem Mittelstand zuzuordnen.[43]

Auch die Person des mittelständischen Unternehmers hat spezifische Stärken und Schwächen; sie wird gekennzeichnet durch

- die dauerhafte Bindung an die unternehmerische Tätigkeit als Lebensaufgabe und Existenzgrundlage,

- eine verhaltene Risikobereitschaft,

- das ausgeprägte Verantwortungsbewußtsein gegenüber Mitarbeitern,

- die aktive Mitarbeit bis in Einzelheiten,

- ihre fachliche Qualifikation und

- eine tendenzielle Koalitionsunfähigkeit.[44]

2. Stärken

Aus der Struktur des Familienunternehmens ergeben sich spezifische Stärken im Verhältnis zu einem Großunternehmen. Diese beruhen auf der Konzentration auf die Führungsebene und ergeben eine größere Flexibilität in der Entscheidungsfindung, die Möglichkeit intuitiver Beschlüsse und einem stärker ausgeprägten langfristigen Denken.[45] Aufgrund der Familienzugehörigkeit der Gesellschafter und deren Beteiligung am täglichen Geschäft des Unternehmens besteht ein besonderes Verantwortungsbewußtsein zwischen Unternehmern und Mitarbeitern.

3. Strukturelle Defizite

Den dargestellten Stärken stehen allerdings auch besondere strukturbedingte Schwächen des Familienunternehmens gegenüber. So haben aufgrund der starken Unternehmerpersönlichkeit mittelständische Familienunternehmen überwiegend nur wenig ausgestaltete Führungsebenen und weisen Defizite im Bereich der strategischen Planung auf.[46] Strukturbedingte Probleme ergeben sich insbesondere durch

---

[42] Klaile, S. 58; Langenfeld/Gail, Teil I RdNr. 4; Treuz, FS. Schwarz, S. 271, 275
[43] Grochla, S. 3; Klein-Blenkers, S. 1; Albach, ZfB 1983, 870
[44] Klaile, S. 59; Treuz, FS. Schwarz, S. 271, 275
[45] Treuz, FS. Schwarz, S. 271, 275
[46] Klaile, S. 62; Kessler, FS. Schwarz, S. 201, 202; Hennerkes/Kirchdörfer/Hennerkes, S. 26; Grochla, S. 166

- eine fehlende strategische Linie und eine isolierte Positionierung,

- die Vernachlässigung hierarchischer Grundsätze und schwach ausge-
prägter Delegation von Verantwortung,

- wenig Aufbau- und Ablauforganisation und Koordinationsschwierigkei-
ten bei Eingriffen in Kompetenzverteilungen,

- schwache Informationsgewinnung und Kommunikation, sowie bei

- Uneinigkeiten zwischen Familienstämmen und einem Übergreifen familiärer Konflikte auf das Unternehmen.[47]

Diese Schwierigkeiten können sich sowohl überbetrieblich als auch innerbe-
trieblich äußern.[48] Dabei hat die interne Betriebsführung entscheidenden
Einfluß auf die Gesamtsituation des Unternehmens, entstehende Krisen lassen sich fast immer auf Mängel in der Führung zurückführen.[49]

4. Mechanismen zur Problemlösung

Es zeigt sich, dass die Vorteile mittelständischer Familienunternehmen hinsichtlich ihrer Flexibilität in der Entscheidungsfindung einerseits und andererseits der Möglichkeit, langfristige Planungsentscheidungen zu verfolgen, mit
strukturbedingten Defiziten einhergehen, die in der besonderen Verbundenheit der Gesellschafter zueinander und ihrer Beteiligung an der Unternehmensführung begründet sind. Es stellt sich die Frage, ob betriebswirtschaftliche Mechanismen zur Lösung dieser Defizite existieren. In Betracht kommen
zum einen Mechanismen zur Stärkung der Effektivität der Organisationsstruktur und zum anderen Regelungen, die bei einem Scheitern der Behebung von
unternehmensinternen Konflikten eine geordnete, wirtschaftlich verträgliche
Trennung ermöglichen.[50]

a)   Verbesserung der Organisationsstruktur

Eine konstruktive unternehmensinterne Organisationstruktur ist gerade in
kleinen Unternehmen für eine langfristig erfolgreiche Kooperation besonders
wichtig. In einem mittelständischen Familienunternehmen ist die Organisation
des Managements aufgrund der dort herrschenden Rivalitäten, der ausgeprägten individuellen Fähigkeiten und starken Persönlichkeiten besonders
schwierig.[51] Andererseits kann bei richtiger Struktur gerade ein starkes und
diversifiziertes Management für das Unternehmen von großem Wert sein. Der

---

[47] Klaile, S. 59 ff.; Kessler, FS. Schwarz, s. 201, 202; Hinterhuber/Minrath, BB 1991, 1201;
Langenfeld/Gail, Teil I RdNr. 4; Hennerkes/Kirchdörfer/Rüttler, S. 257; Klein-Blenkers, S. 25
[48] Klaile, S. 63
[49] Klaile, S. 66
[50] Vgl. auch Hennerkes/Kirchdörfer/Rüttler, S. 259
[51] Nadler, Strategy + Business 1996/1

Erfolg gerade eines mittelständischen Unternehmens hängt maßgeblich von den Personen an seiner Spitze und ihrer Führungsleistung ab.[52] Für eine Verbesserung der Organisationsstruktur mittelständischer Familienunternehmen insbesondere hinsichtlich der Behandlung von Uneinigkeiten in der Unternehmensführung kommen folgende organisatorische Mechanismen in Betracht[53]:

- Aufgabenverteilung

- Kollegialprinzip

- Direktorialprinzip

- Holding-Führung

- Dezentrale Organisation

- Einführung eines Beirats

aa) Auswahl geeigneter Mechanismen

Die Auswahl passender Mechanismen für die Erreichung einer effektiven internen Organisationsstrukur beginnt mit einer Unternehmensanalyse zur Bestimmung der strategischen Ausgangssituation.[54] Hieran schließt sich die Ermittlung der konkreten Anforderungen für das Unternehmen an.[55] Parameter einer solchen Planung sind

- eine detaillierte Zielvorgabe,

- die adäquate Berücksichtigung individueller Fähigkeiten und technologischer Voraussetzungen,

- eine Analyse der Umweltbedingungen,

- die Berücksichtigung von persönlichen Einstellungen und Werte und

- die Erfassung relevanter Erwartungen.[56]

Aufgrund einer solchen Analyse lassen sich anforderungsspezifische Organisationskonzepte entwickeln. Hierzu bieten Organisationssysteme auf Grundlage der in der Betriebswirtschaftslehre entwickelten Organisationstheorien die notwendige Grundlagen: generelle Regeln zur Spezialisierung einerseits

---

[52] Treuz, FS. Schwarz, S. 271, 275; Klein-Blenkers, S. 57 ff.
[53] Siehe hierzu Bühner, S. 353 ff.; Hennerkes/Kirchdörfer/Noack, S. 154; Pasternack/Viscio, Strategy + Business 1998/3; Hinterhuber/Minrath, BB 1991, 1201, 1202
[54] Hennerkes/Kirchdörfer/Rüttler, S. 265
[55] Klaile, S. 15, 69
[56] Klaile, S. 70 ff.; Kessler, FS. Schwarz, s. 201, 203; Grochla, S. 4

und zum Zusammenhang zwischen Organisationseinheiten andererseits bilden dabei Eckpfeiler.[57]

Entscheidend für den Erfolg einer Organisationsreform ist die rechtzeitige Erkennung der Defizite.[58] Wichtige Kriterien bei der Auswahl organisatorischer Mechanismen sind u.a. die Zahl der Gesellschafter und deren Bereitschaft zur Übernahme von Führungsaufgaben einerseits oder der Einschränkung ihrer Kompetenzen andererseits. Von Bedeutung sollte in mittelständischen Familienunternehmen auch die Beibehaltung des Unternehmenscharakters sein, z.B. weicher Führungsfaktoren.[59] Zielsetzung ist ein Interessensausgleich zwischen Unternehmern, Mitarbeitern und möglicherweise Kapitalgebern.[60] Bei der Organisation sind schließlich rechtliche Voraussetzungen der Gesellschaftsform zu beachten.[61]

In einem mittelständisches Familienunternehmen, insbesondere bei mehreren Unternehmerfraktionen, wird aufgrund der Individualität der Unternehmer weder ein Kollegialprinzip, noch ein Direktorialprinzip den Unternehmerinteressen entsprechen. Zur Behandlung der besonderen Situation kommt aber insbesondere die Einsetzung eines Beirats, die Schaffung getrennter Geschäftsbereiche, sowie möglicherweise anderer Organisationsformen, die die Auswirkungen einer Blockade auf der Ebene der Unternehmer abschwächt, in Betracht.

bb)   Beirat

In einem mittelständischen Unternehmen kann ein Beirat gebildet werden, um interne Schwierigkeiten wie Streitigkeiten zwischen Gesellschafterstämmen zu begegnen.[62] In der Praxis sind Beiräte mit Beratungsaufgaben von solchen mit Kontroll- oder Beherrschungsaufgaben zu unterscheiden, wobei der Beratungsbeirat in der Praxis überwiegt.[63] Für die Auflösung von Uneinigkeiten verschiedener Unternehmerfraktionen kommt vor allem ein Beirat in der Rolle als Berater der Geschäftsführung oder zur Kontrolle der Geschäftsführung in Betracht.[64] Weitere in diesem Zusammenhang relevante Funktionen für einen Beirat sind

- die Schlichtung und Vermittlung von Gesellschafterinteressen,

- eine schiedsrichterlicher Stellung zur Vermeidung aufwendiger Rechtsstreitigkeiten oder

---

[57] Schierenbeck, S. 100; Bühner, S. 104
[58] Klaile, S. 71
[59] Hennerkes/Kirchdörfer/Rüttler, S. 261
[60] Witt, ZfO 2000, 159; Feddersen/Hommelhoff/Schneider, S. 1
[61] Bühner, S. 353
[62] Hinterhuber/Minrath, BB 1991, 1201; Bohr/Küpper, S. 329, 330; Henerkes/Binz/May, DB 1987, 469
[63] Hinterhuber/Minrath, BB 1991, 1201, 1202
[64] Hinterhuber/Minrath, BB 1991, 1201, 1202

- die Ausübung einer Notgeschäftsführung zur Bewahrung des Unternehmens vor der Führungslosigkeit und der Aufrechterhaltung seiner wichtigsten Lebensfunktionen.[65]

cc) Getrennte Geschäftsbereiche

In mittelständischen Familienunternehmen wird häufig eine Verteilung der Aufgaben auf verschiedene Unternehmer gewählt. Üblich ist insbesondere eine Trennung in kaufmännischen und technischen Bereich, möglich ist aber auch die Bildung anderer Funktions- oder Geschäftsbereiche. Durch eine solche Trennung wird vermieden, dass sich ein Dissens zwischen den Unternehmern auf die Funktionsfähigkeit der einzelnen Geschäftsbereiche auswirkt. Problematisch kann insbesondere bei einer bipolaren Struktur das Fehlen eines Vorsitzenden als integrative Kraft sein; diese Rolle kann dann wiederum ein Beirat übernehmen.

dd) Holding

Durch eine Holdingstruktur[66] wird eine stärkere Trennung von Unternehmensführung und Tagesgeschäft erreicht. Für ein Unternehmen mit bipolarer Struktur kann dies von Vorteil sein, als die Eigenständigkeit der Unternehmensbereiche und somit deren unmittelbare Handlungsfähigkeit unterstützt wird. Dennoch wird das Problem einer Pattsituation auf der Ebene der Unternehmer durch die Holdingstruktur nur verlagert. Eine Holdingstruktur ist demgegenüber vor allem bei der Lösung wachstumsbedingter Probleme von Vorteil.[67]

ee) Dezentrale Organisation

Gerade für die Lösung strukturbedingter Probleme in bipolaren Unternehmen kommt eine Organisationsstruktur in Betracht, die auf eine gesonderte Führungsebene weitgehend verzichtet.[68] Im konkreten Gegensatz zu der Holding-Struktur wird die Bipolarität entschärft, wenn das Management Teil des Unternehmens wird und gemeinsam mit den einzelnen Geschäftseinheiten, Diensten und Kontrollstellen auf einer Ebene und in wechselseitigem Austausch steht.

b) Trennungsmechanismen

Es wird in der Betriebswirtschaftslehre nicht verkannt, dass trotz aller organisatorischer Anstrengungen eine Krise auf der Ebene der Unternehmer in Ein-

---

[65] Hinterhuber/Minrath, BB 1991, 1201, 1204; Bohr/Küpper, S. 334; Hennerkes/Binz/May, DB 1987, 469, 471

[66] Bühner, S. 129; Hennerkes/Kirchdörfer/Noack, S. 154 ff.; vgl. zur Mittelstandsholding Eschen, ZfO 2000, 164

[67] Eschen, ZfO 2000, 164, 165

[68] Pasternack/Viscio, Strategy + Business 1998/3

zelfällen unlösbar sein kann. Für solche Fälle ist es wichtig, durch geeignete Mechanismen eine möglichst reibungslose und kostengünstige Trennung zu ermöglichen. Solche Mechanismen sind präventiv zu vereinbaren, da eine Einigung in der Krise meist nicht mehr möglich ist. Als Mechanismen zur Unterstützung einer geordneten Trennung kommen in Betracht

- Weiterführungsvereinbarungen,

- Austrittsrechte[69],

- Anteilsverkäufe,

  - an eine Drittpartei

  - Put Rights[70]

  - Call Rights[71]

  - Buy-Sell-Agreements

- sowie schließlich der Regelungen von Auslösern einer Auflösung.

Bei der Trennung ist besonders zu beachten, ob ein Anteilskauf finanzierbar ist und ob das Unternehmen mit nur einem der Partner überlebensfähig ist. Preisfindungsmechanismen für einen Anteilsverkauf spielen bei der praktischen Umsetzung von Trennungsmechanismen die zentrale Rolle. Auch unter diesem Gesichtspunkt ist in einem bipolaren Unternehmen das Buy-Sell-Agreement von besonderem Interesse. Durch eine solche Vereinbarung erhält ein Partner das Recht, bei Vorliegen bestimmter Voraussetzungen einen Preis zu bestimmen, zu dem er Willens wäre, sowohl seine Anteile zu verkaufen als auch die des anderen Partners zu kaufen; der andere Partner kann als Antwort entweder verkaufen oder seinen Partner herauskaufen. Das Verfahren kann einen Auktionsmechanismus beinhalten, das wechselseitige Erhöhungen der Angebote vorschreibt bis ein Partner einem Verkauf zustimmt. Als Modifikation ist auch eine verschuldensabhängige Variante denkbar, bei der unter bestimmten Umständen ein Gesellschafter aus dem Unternehmen gedrängt werden kann: dieser hat das Recht, einen Preis für seinen Anteil zu nennen, woraufhin der andere Partner die Wahl hat, den Anteil entweder zu 85 % dieses Preises zu kaufen oder seine Anteile zu 115 % dieses Preises zu verkaufen.

---

[69] Insbesondere bei mehr als zwei Gesellschaftern
[70] Ein Gesellschafter ist zum Verkauf seiner Anteile an den anderen Gesellschafter berechtigt.
[71] Ein Gesellschafter ist zum Ankauf der Anteile des anderen Gesellschafters berechtigt.

III. Joint Ventures

Ein Joint Venture ist ein Gemeinschaftsunternehmen mindestens zweier Gesellschaftsunternehmen zur Ausführung von Aufgaben im gemeinsamen Interesse.[72] In einem Joint Venture geht es um die Bündelung der verschiedenen Interessen der Partner in dem gemeinsamen Unternehmen, deren Wettbewerb untereinander einzuschränken und den Willen zur Zusammenarbeit zu fördern. Dabei besteht in dem Regelfall eines Joint Ventures von zwei Unternehmen eine bipolare Beteiligungssituation. Der Erfolg des Joint Ventures entsteht aus einer Verbindung mit ausreichend Flexibilität, die die gemeinsamen Stärken für den Erfolg des Gemeinschaftsunternehmens bündelt, so dass im Ergebnis die Partner von diesen Synergien profitieren.

---

[72] Schierenbeck, S. 49

§ 4 Konfliktlösungsmechanismen für personalistische Kapitalgesell-
schaften in ausländischen Rechtsordnungen

I. Einleitung

Aufgrund der Erkenntnis, dass es trotz der spezifischen Besonderheiten der Zwei-Personen-GmbH im deutschen Recht an gesetzlichen Sonderregeln fehlt, stellt sich die Frage, ob in ausländischen Rechtsordnungen Mechanismen zur Lösung der in personalistischen Kapitalgesellschaften auftretenden Konflikte entwickelt worden sind. Die GmbH war ursprünglich eine deutsche Erfindung[73], das Konzept einer Sonderform für eine kleine Kapitalgesellschaft setzte sich aber, beginnend mit den mitteleuropäischen Staaten, schließlich weltweit durch.[74] Bei unterschiedlicher Gestaltung im Detail[75] war die Motivation dabei stets die Schaffung einer Vereinigung mit engerer persönlicher Bindung der Mitglieder für kleinere oder mittlere Unternehmen und Gewährung der Haftungsbeschränkung auch für einen kleinen Kreis von Gesellschaftern bei relativ geringem Kapitaleinsatz.[76] Grundsätzliche Unterschiede bestehen jedoch gegenüber dem anglo-amerikanischen Common Law, wo der Typus einer personalistischen Kapitalgesellschaft durch die Rechtsprechung aus einer einheitlichen Form der Kapitalgesellschaft heraus entwickelt wurde. Die folgende Darstellung behandelt daher schwerpunktmäßig diese Rechtsordnungen.

II. Behandlung der personalistischen Kapitalgesellschaft im anglo-amerikanischen Common Law

Die grundlegende Besonderheit des anglo-amerikanischen Common Law[77] liegt darin, dass im Gegensatz zu dem auf Kodifikationen beruhenden deutschen Rechtssystem sich das geltende Recht aus der Rechtsprechung, insbesondere wichtigen Präzedenzfällen („precedents") ergibt.[78] Erst in jüngerer Zeit werden zunehmend Gesetzestexte verfasst, wobei diese auf der Entwicklung der Rechtsprechung beruhen und nur in Ausnahmefällen selber

---

[73] Scholz/Westermann, Einl. RdNr. 134

[74] Scholz/Westermann, Einl. RdNr. 135; Lutter/Hommelhoff, Einl. RdNr. 23; Lutter, FS. 100 Jahre GmbHG, S. 49, 51; vgl. die Übersicht der Erscheinungsformen der GmbH in ausländischen Rechten bei Lutter/Hommelhoff, § 12 RdNr. 11, Lutter, FS. 100 Jahre GmbHG, S. 49, 77 ff.

[75] Scholz/Westermann, Einl. RdNr. 135

[76] Scholz/Westermann, Einl. RdNr. 135; Lutter, FS. 100 Jahre GmbHG, S. 49, 61

[77] Das Common Law ist Grundlage der Rechtsordnungen in Großbritannien, Irland, Kanada und den USA. Insbesondere das kanadische und das US-amerikanische Recht basieren dabei ursprünglich auf dem englischen Recht. Durch die gemeinsamen Wurzeln ist auch das Gesellschaftsrecht dieser Länder in den Grundzügen bis heute vergleichbar.

[78] Buxbaum/Schneider, ZGR 1982, 199, 202

Rechtsänderungen herbeiführen.[79] Der Vorteil dieses Rechtssystems liegt insbesondere in der großen Flexibilität.

1.   Überblick

In den USA und in Großbritannien stellen die close corporation[80] bzw. die private company[81] die mit der deutschen GmbH vergleichbaren Gesellschaftsformen dar. Die Besonderheit beider Gesellschaftsformen liegt darin, dass sie nicht als eigenständige Formen einer Kapitalgesellschaft geschaffen worden sind, sondern sich vielmehr als Sonderformen der jeweiligen Grundform der Kapitalgesellschaft, der corporation nach amerikanischem bzw. der public company nach englischem Recht, herausgebildet haben.[82] Die Flexibilität des Common Law hat es ermöglicht, mit der Zeit dem Bedürfnis nach einer personalistischen Form einer Kapitalgesellschaft in der Weise Rechnung zu tragen, dass Sonderregeln für bestimmte Formen der corporation bzw. der public company entwickelt wurden.[83] Inzwischen ist die Entwicklung so weit fortgeschritten, dass die Regeln zu der close corporation in besonderen gesetzlichen Regelungen Niederschlag gefunden haben. Ein Beispiel hierfür ist das New York Business Corporation Law (N.Y.B.C.L.).[84]

Für die vorliegende Untersuchung der Konfliktaustragung in der (deutschen) Zwei-Personen-GmbH ist diese Entwicklung von besonderem Interesse, da im amerikanischen ebenso wie im englischen Recht vor der Anerkennung der besonderen Rechtsformen aus praktischen Erwägungen Regelungen entwickelt worden sind, aus denen die späteren Sonderformen erst entstanden sind. Die folgende Darstellung konzentriert sich auf das US-amerikanische Recht.

Im US-amerikanischen Gesellschaftsrecht gibt es im Vergleich zum deutschen Recht keine dogmatische Trennung zwischen einem Personen- und einem Kapitalgesellschaftsrecht. Wie bereits ausgeführt, stellt die corporation die Grundform einer Kapitalgesellschaft dar, aus der heraus sich Sonderformen entwickelt haben.[85] Demgegenüber entsprechen general bzw. limited

---

[79] Dabei ist zu beachten, dass in den USA jeder Bundesstaat sein eigenes Gesellschaftsrecht hat; dennoch bestehen weitgehende Gemeinsamkeiten u.a. aufgrund der Tatsache, dass die Gesetze der Mehrheit der Bundesstaaten sich am Model Business Corporation Act, einem Mustergesetz, orientieren (vgl. Buxbaum/Schneider, ZGR 1982, 199, 201).

[80] Scholz/Westermann, Einl. RdNr. 135; Bungert, Close Corporation, S. 9; ders., GmbHR 1993, 478, 480

[81] Vgl. für Großbritannien, Nordirland und Irland Scholz/Westermann, Einl. RdNr. 136; Lutter, FS. 100 Jahre GmbHG, S. 49, 55; Shearman, GmbHR 1992, 149. Vgl. für Kanada Roth/Cheffins, S. 182, 183

[82] Scholz/Westermann, Einl. RdNr. 140; Bungert, Gesellschaftsrecht, S. 27

[83] Lutter, FS. 100 Jahre GmbHG, S. 49, 56

[84] Siehe Merkt, S. 366

[85] Scholz/Westermann, Einl. RdNr. 140; Bungert, Gesellschaftsrecht, S. 27

partnership der deutschen OHG bzw. KG[86]: Das Recht der partnership wird aber weniger mit dem der corporation verglichen als vielmehr mit der agency, also dem Auftragsrecht.[87] Eine Unterscheidung zwischen Personen- und Kapitalgesellschaften ergibt sich aber bei der steuerrechtlichen Behandlung: Hier werden - sofern nicht eine Wahlmöglichkeit besteht[88] - Kriterien wie Haftungsbeschränkung, zentralisierte Geschäftsführung, freie Übertragbarkeit der Anteile und unbegrenzte Lebensdauer für die Einordnung einer Gesellschaft als selbständiges Steuersubjekt zugrundegelegt.[89] So ist es möglich, dass die limited liability company (LLC)[90] aus deutscher Sicht körperschaftliche Züge wie eine eigene Rechtspersönlichkeit und Haftungsbeschränkung für die Mitglieder aufweist, dennoch aber aufgrund der Beschränkung der Anteilsübertragbarkeit und ihrer nicht unbegrenzten Lebensdauer den Personengesellschaften zugeordnet[91] und entsprechend besteuert wird.[92] Insofern ist die LLC auch - trotz ihres Namens - mit der GmbH weniger vergleichbar als die close corporation.

2. Grundlagen der close corporation

Wie bereits dargestellt ist die close corporation aus der corporation als allgemeiner Form der Kapitalgesellschaft nach US-Recht entstanden. Eine allgemeingültige Definition der close corporation gibt es bis heute nicht, jedoch ergeben sich die maßgeblichen Kriterien für die Einordnung einer Gesellschaft als close corporation aus der Rechtsprechung:

Donahue v. Rodd Electrotype Company of New England, Inc.[93]

Die Klägerin war Minderheitsgesellschafterin und klagte gegen die Gesellschaft und ihre Mitgesellschafter - als von der Gesellschaft abgeleitetes Recht - auf Aufhebung eines Erwerbs eigener Anteile durch die Gesellschaft von einem anderen ehemaligen Gesellschafter-

---

[86] Bungert, Gesellschaftsrecht, S. 5
[87] Vgl. Hamilton, S. 17 ff.
[88] Sog. „Check-the-Box"-Verfahren, vgl. Hey, FS. Debatin, S. 121, 133
[89] Siehe Hey, RIW 1992, 916, 918
[90] Die LLC ist eine jüngere Entwicklung des US-amerikanischen Gesellschaftsrechts; nach dem der Bundesstaat Wyoming 1977 das erste LLC-Gesetz erlassen hat, ist diese bis vor kurzem kaum verbreitete Gesellschaftsform jetzt in allen Bundesstaaten eingeführt (Turcon/DelDuca, S. 23; Hey, FS. Debatin, S. 121; Ries, RIW 1992, 728. Vgl. New York Limited Liability Company Law von 1994, Uniform Limited Liability Company Act von 1994).
[91] Bungert, Close Corporation, S. 99 f.; Hey, FS. Debatin, S. 121, 131; ders., RIW 1992, 916, 917; Ries, RIW 1992, 728; vgl. auch Deluca v. Deluca, 194 B.R. 65 (Bankr. E.D. Va. 1996).
[92] Hey, FS. Debatin, S. 121, 131; Zschiegner, IWB 1997, 823, 825; Bungert, Close Corporation, S. 99; Ries, RIW 1992, 728, 730. Die damit verbundene Vermeidung der Doppelbesteuerung hat zeitweilig erheblich zu der Verbreitung der LLC beigetragen.
[93] 328 N.E.2d 505 (Mass. Sup. Ct. 1974)

Geschäftsführer. Die Klägerin behauptete, die Beklagten hätten ihre Treuepflichten ihr gegenüber verletzt.

Erst in der dritten Instanz wurde der Klage stattgegeben. In der Entscheidung wurden wichtige Grundsätze zu der close corporation im allgemeinen und zu dem Verhältnis ihrer Gesellschafter untereinander aufgestellt. Die close corporation wurde hier definiert als eine Gesellschaft mit

- einer begrenzten Zahl von Gesellschaftern

- deren Geschäftsanteile nicht am Markt gehandelt werden[94] und

- mit erheblicher Beteiligung der Mehrheitsgesellschafter an Geschäftsführung, Leitung und Unternehmung.

Charakteristisch für die close corporation ist damit zum einen der kleine, begrenzte Gesellschafterkreis, zum anderen die „integration of ownership and management", d.h. die wesentliche Beteiligung der Gesellschafter an Geschäftsführung und Unternehmensleitung.[95] Typischerweise hat eine close corporation nur zwei bis drei Gesellschafter, die aktiv im Management der Gesellschaft tätig sind.[96] Häufig handelt es sich um Familienmitglieder oder enge Freunde, weshalb gerade hier regelmäßig keine Vorkehrungen für Krisen getroffen werden, da unüberbrückbare Differenzen nicht erwartet werden.[97]

In vielen Bundesstaaten gibt es heute gesetzliche Sonderregelungen zu close corporations. Die Grundregeln zur close corporation umfassen vor allem zahlreiche Form- und Verfahrenserleichterungen gegenüber der public corporation[98], so besteht häufig keine Verpflichtung zur Bestellung eines board of directors.[99] Close corporations haben in der Praxis oft nur einen director (Vorstand), die täglichen Geschäfte werden von den officers (Manager) geleitet, denen vom director bzw. dem board of directors die Vertretungsmacht (authority) für die Gesellschaft übertragen wird.[100]

---

[94] Insoweit entsprechen die Kriterien der Definition in Galler v. Galler, 203 N.E.2d. 577 (Ill. Sup. Ct. 1964). Aus der Begrenzung der Gesellschafterzahl ist der Name close corporation entstanden.

[95] Merkt, S. 352; Bungert, GmbHR 1993, 478, 481

[96] Merkt, S. 352; Bungert, GmbHR 1993, 478, 482

[97] Brenner v. Berkowitz, 134 N.J. 488 (1993)

[98] Merkt, S. 353; Turcon/DelDuca, S. 22; Roth/Cheffins, S. 194 (für die kanadische private company)

[99] Bungert, GmbHR 1993, 478, 483. Zu der private company in Großbritannien siehe Shearman, GmbHR 1992, 149, 154

[100] Bungert, GmbHR 1993, 478, 485

3. Treue- und Sorgfaltspflichten

Grundsätzlich kennt das Recht der US-corporation besondere Treue- und Sorgfaltspflichten nur für officers und directors, die „duty of care" und die „duty of loyalty".[101] Die duty of care ist die Sorgfalt, die eine vernünftige Person bei Erfüllung entsprechender Aufgaben walten lassen würde[102], sie ist anhand der „business judgement rule" gerichtlich überprüfbar: Das Gericht enthält sich einer Überprüfung von Entscheidungen der directors, wenn sie ohne Eigeninteresse (disinterested) aufgrund ausreichender Informationen nach ihrer Überzeugung vernünftig (rational belief) gehandelt haben.[103] Die duty of loyalty stellte darüber hinaus eine allgemeine Treuepflicht gegenüber Gesellschaftern und Gesellschaft dar. Sie beruht auf dem Vertretungsverhältnis zwischen shareholder (Gesellschafter) und director und verlangt Entscheidungen in gutem Glauben (good faith) und faire Behandlung (fair dealing).[104]

In der close corporation sind diese Sorgfalts- und Treuepflichten auf das Verhältnis zwischen den Gesellschaftern ausgeweitet worden.[105] Die grundlegende Entscheidung hierzu ist wiederum Donahue[106]: Die close corporation sei einer partnership sehr ähnlich, weshalb die Gesellschafter einer close corporation sich gegenseitig die gleichen Treuepflichten schuldeten wie Partner einer Personengesellschaft. Bei Geschäften der Gesellschaft mit Gesellschaftern bestehe den anderen Gesellschaftern gegenüber eine Verpflichtung zu „utmost good faith and loyalty".[107]

Wie die Mitglieder einer partnership verbindet die shareholder (Gesellschafter) einer close corporation also aufgrund deren personalistischer Ausprägung strenge Loyalitätspflichten untereinander („high degree of fidelity and good faith").[108] Die Treuepflichten stellen dabei den wichtigsten Ausgangspunkt dafür dar, das Verhältnis von Mehrheit und Minderheit in der close corporation zu erfassen.[109] Insbesondere können sie Einwendungen gegen freeze-outs (rechtliches Hinausdrängen) oder squeeze-outs (faktisches Hinausdrängen) sein.[110]

---

[101] Bungert, Close Corporation, S. 44; ders., GmbHR 1993, 478, 486; Immenga, Personalistische Kapitalgesellschaft, S. 180

[102] Bungert, Close Corporation, S. 44

[103] Bungert, Close Corporation, S. 45; Hamilton, S: 602, 691

[104] Bungert, Close Corporation, S. 46

[105] Merkt, S. 354; Immenga, Personalistische Kapitalgesellschaft, S. 185; Turcon/DelDuca, S. 22

[106] Vgl. schon oben, Donahue v. Rodd Electrotype Co. of New England Inc., 328 N.E.2d 505 (Mass. Sup. Ct. 1974)

[107] Merkt, S. 354

[108] Donahue v. Rodd Electrotype Co. of New England Inc., 328 N.E.2d 505 (Mass. Sup. Ct. 1974); Galler v. Galler, 203 N.E.2d 577 (Ill. Sup. Ct. 1964); Matter of Berkun, 223 A.D.2d 134 (N.Y. 1996); Bungert, Close Corporation, S. 48; ders., GmbHR 1993, 478, 487

[109] Immenga, Personalistische Kapitalgesellschaft, S. 180

[110] Merkt, S. 354; zu squeeze-out auch Bungert, Close Corporation, S. 60

Bei Verletzungen der Treue- und Sorgfaltspflichten ergeben sich aus dem Common Law variable Rechtsschutzmöglichkeiten (remedies), die bis hin zu einer gerichtlichen Auflösung der Gesellschaft (common-law dissolution) reichen können.[111] Gerade Gesellschafter einer close corporation benötigen hier besonderen Schutz aufgrund ihrer speziellen Verletzlichkeit.[112] In Großbritannien bestehen zum Schutz der Minderheit ähnliche Rechtsschutzmöglichkeiten aufgrund der „alternative remedy", besonders weitgehend ist der Schutz für einen unterdrückten Gesellschafter in Kanada aufgrund der „oppression remedy".[113]

4. Derivative suit

Zur Geltendmachung von Rechten der Gesellschaft gegenüber Mitgesellschaftern hat der Gesellschafter einer corporation das Recht zu einer Gesellschafterklage, einer „derivative suit".[114] Der Gesellschafter kann abgeleitete Rechte der corporation geltend machen, so etwa Geltendmachung der Verletzung von Stimm- oder Vermögensrechten, die die Gesellschaft bzw. das zuständige Organ nicht von sich aus einklagt.[115] Der Gesellschafter muß nachweisen, dass er die Organe der Gesellschaft vergeblich zur Klageerhebung aufgefordert hat, außer wenn dieses zwecklos ist.[116] Eine weitere Voraussetzung der derivative suit ist die „contemporaneous ownership", d.h. nur aktuelle Gesellschafter sind klagebefugt.[117] Bei der derivative suit besteht eine Dreieckskonstellation, bei der die Gesellschaft klagen könnte aber nicht will, und der Gesellschafter gegenüber dem Dritten tätig wird. Eine Lösung dieses Problems ist durch Erzwingung einer Klage der Gesellschaft oder durch Klage des Gesellschafters möglich. Nach heutiger Rechtsauffassung klagt der Gesellschafter aus abgeleitetem Recht der Gesellschaft unmittelbar gegen den Dritten; aufgrund der Tatsache, dass er sich hierbei auch gegen die Untätigkeit der Gesellschaft wendet, hat die derivative suit eine Doppelna-

---

[111] Sternberg v. Osman, 181 A.D.2d 897 (N.Y. 1992); vgl. auch Brenner v. Berkowitz, 134 N.J. 488 (1993)

[112] Brenner v. Berkowitz, 134 N.J. 488 (1993)

[113] Roth/Cheffins, S. 198

[114] Buxbaum/Schneider, ZGR 1982, 199, 204; Bungert, Close Corporation, S. 49; ders., GmbHR 1993, 478, 487; Merkt, S. 473; Immenga, Personalistische Kapitalgesellschaft, S. 187. Die Abgrenzung von der direct oder individual suit, also der Klage des Gesellschafters aus eigenem Recht, ist insbesondere in kleinen Gesellschaften in der Praxis oft schwierig. Siehe auch Roth/Cheffins, S. 198, zu der Gesellschafterklage in Kanada.

[115] Strenger ist das Recht in dieser Hinsicht in Großbritannien: Nach der Rechtsprechung ist bei Schädigung der Gesellschaft der einzig richtige Kläger die Gesellschaft selbst und nicht ein Gesellschafter (the rule in Foss v. Harbottle, (1843) 2 Hare 461 (Court of Chancery)). Eine Ausnahme von dieser „majority rule" besteht bei rechtlich gesichertem ausdrücklichem Schutz der Minderheit. Siehe hierzu Shearman, GmbHR 1992, 149, 156.

[116] Bungert, Close Corporation, S. 50; Immenga, Personalistsiche Kapitalgesellschaft, S. 190; Hawes v. Oakland, 104 U.S. 450 (1882)

[117] Bungert, Close Corporation, S. 50

tur[118], bei der die Gesellschaft zugleich auf Beklagtenseite steht und Rechtsträgerin des eingeklagten Anspruchs ist. In der Regel kann der klagene Gesellschafter bei Erfolg von der Gesellschaft Entschädigung für vernünftige Rechtsverfolgungskosten verlangen.[119]

5. Dead-Lock-Problematik

Ein besonders für bipolare close corporations charakteristisches Problem mit erheblicher Bedeutung im US-amerikanischen Gesellschaftsrecht ist die Problematik des dead-lock, also einer Blockade innerhalb der Gesellschaft.

a) Stimmrechtsausübung in der close corporation

Bei der Ausübung des Stimmrechts durch die Gesellschafter gilt der Grundsatz des one-share-one-vote.[120] Gerade in close corporations gelten aber zur Sicherstellung der Kontrolle des Managements durch die Gesellschafter und zum Schutz von Minderheitsinteressen häufig voting agreements (Stimmbindungsverträge) und supermajority-vote-requirements (Erfordernisse qualifizierter Mehrheiten).[121] Durch solche Regelungen erhöht sich die typische Gefahr des dead-lock[122]: Dieses ist eine Pattsituation zwischen den Gesellschaftern in der die Gesellschaft nicht entscheidungsfähig ist. Ein dead-lock kann entstehen sowohl bei jeweils hälftiger Beteiligung zweier Partner, bei qualifizierten Mehrheitserfordernissen oder bei mehreren Parteien, die sich alle untereinander uneinig sind.[123] Gerade in einer close corporation kann ein dead-lock zwischen den Gesellschaftern gleichfalls zu einer Blockade des board of directors führen, so dass die Funktionsfähigkeit der Gesellschaft insgesamt gefährdet ist.

b) Lösungsmechanismen

Im amerikanischen Recht sind zahlreiche, teilweise besonders pragmatische Lösungskonzepte für die Problematik des dead-lock entwickelt worden. Dabei wird grundsätzlich unterstellt, dass bei einem endgültigen Gesellschafterdissens eine Fortführung der Gesellschaft mit aktiver Beteiligung beider Gesellschafter nicht möglich ist.

aa) Buy-out

Als grundsätzlich beste und relativ wenig einschneidende Lösung gilt der buy-out, also ein Kauf der Anteile eines Gesellschafters durch den anderen Ge-

---

[118] Buxbaum/Schneider, ZGR 1982, 199, 204
[119] Bungert, Close Corporation, S. 51; Hamilton, S. 1165
[120] Bungert, Close Corporation, S. 52
[121] Bungert, Close Corporation, S. 52; Merkt, S. 355
[122] Merkt, S. 361; Immenga, Personalistische Kapitalgesellschaft, S. 314; Hamilton, S. 527 ff.; Bungert, GmbHR 1993, 478, 489;
[123] Vgl. Belio v. Panorama Optics, Inc., 33 Cal. App. 4th 1096 (1995)

sellschafter, der die Gesellschaft fortführt. Ein solcher buy-out läßt sich ohne vorherige Regelung bei bestehendem Dissens ohne richterliche Hilfe regelmäßig nicht mehr erreichen, so dass eine präventive Regelung im shareholder agreement (Gesellschaftsvertrag) empfohlen wird.[124]

Im Rahmen eines solchen sogenannten „buy-out agreements" sind zwei elementare Fragen zu klären: Zum einen wann ein Gesellschafter das Recht zu einem buy-out hat, zum anderen die Bestimmung eines angemessenen Preises für den Anteilskauf. Eine besonders elegante Lösung hierfür bietet ein sogenanntes buy-sell-agreement: Hierbei hat ein Gesellschafter unter bestimmten Umständen das Recht einen buy-out zu beschließen, wobei dieser Gesellschafter einen Preis nennen muß, der ihm für die Geschäftsanteile als angemessen erscheint; der andere Gesellschafter hat dann das Recht, zu diesem Preis seine Anteile zu verkaufen oder seinerseits die Anteile des ersten Gesellschafters zu kaufen. Auf diese Weise wird ein angemessener Preis für den Anteilsverkauf erzielt.[125]

bb) Involuntary dissolution

Als letztes Mittel bei einem dead-lock und Scheitern aller Überwindungsversuche kommt eine Auflösung der Gesellschaft durch gerichtlichen Beschluß, eine sogenannte „involuntary dissolution" in Betracht:

Greer v. Greer[126]

Zwei Brüder sind zu je 50 % an einem Autohaus beteiligt, das sie über viele Jahre freundschaftlich betreiben. Seit mehreren Jahren aber sind sie nicht in der Lage sich darüber zu einigen, wie das Geschäft geführt werden soll. Dieser Dissens hat dazu geführt, dass die Brüder unfähig sind, Einigkeit über irgendwelche geschäftlichen Entscheidungen zu treffen. Zusätzlich behauptete jeder der Brüder, der jeweils andere habe Geld des Unternehmens für persönlichen Nutzen zweckentfremdet.

Aufgrund dieser eindeutigen Lage eines Gesellschafterdissens stimmte das Gericht den Anträgen auf Auflösung der Gesellschaft entsprechen § 1104 des N.Y. Business Corporation Law zu. In einer close corporation sei die Beziehung der Gesellschafter zueinander vergleichbar mit der in einer partnership und bei einer Verschlechterung dieser Beziehung könne der entstehende dead-lock die ordnungsgemäße Funktion der Gesellschaft zerstören.[127]

---

[124] Bungert, Close Corporation, S. 66; ders., GmbHR 1993, 478, 489; Merkt, S. 362; Immenga, Personalistische Kapitalgesellschaft, S. 326

[125] Zu weiteren, zum Teil verschuldensabhängigen Varianten vgl. oben § 3, II. 4. b)

[126] 124 A.D.2d 707 (N.Y. 1986)

[127] Vgl. auch Matter of Ronan Paint Corp., 98 A.D.2d 413 (N.Y. Sup. Ct. 1984): In diesem Fall waren zwei Familienstämme zu je 50 % an einer corporation beteiligt und seit Mitte der 70er-Jahre zerstritten; es wurde festgestellt, dass die Sprecher der Familienstämme mehr Zeit vor Gericht verbracht hatten als irgendeine Gruppe von Prozeßgegnern in der Erfahrung des Gerichts. Das Gericht befand, dass die Gesellschafterfraktionen so „hoffnungslos

Die involuntary dissolution, also die unfreiwillige Auflösung der Gesellschaft unabhängig von einer entsprechenden Regelung im Gesellschaftsvertrag, ist insbesondere für die close corporation aufgrund der dort bestehenden engen Bindung der Gesellschafter allgemein anerkannt.[128] In vielen Staaten ist die Möglichkeit der dissolution im Falle eines dead-lock gesetzlich geregelt (statutory dissolution). Die Voraussetzungen gemäß § 1104 N.Y. Business Corporation Law sind wie folgt:

- interner Dissens zwischen zwei Gesellschaftergruppen der die Gesellschaft so frustriert hat, dass eine Auflösung für die Gesellschafter von Vorteil wäre;

- Teilung der directors in zwei Gruppen, so dass die für die Handlungen der Gesellschaft erforderlichen Stimmen nicht erreicht werden können[129];

- Teilung der Gesellschafter, so dass die Stimmen zur Wahl der directors nicht erreicht werden können.

Die dissolution setzt also grundsätzlich einen dead-lock voraus, den die Gesellschafter nicht überwinden können und aus dem heraus der Gesellschaft irreparabler Schaden droht.[130] Bei einem blockierten Management kann die Auflösung die einzige praktikable Lösung sein.[131] So ist, wenn kein Zweifel daran besteht, dass aufgrund eines dead-lock die Gesellschaft funktionsunfähig ist und keine Alternative zu einer dissolution besteht, diese auch dann nicht zu versagen, wenn der Dissens der Gesellschafter noch keine entscheidenden Auswirkungen auf die Profitabilität der Gesellschaft hatte.[132] Wenn der dead-lock besteht, ist es für die Frage der Zulässigkeit der dissolution nicht relevant, wer diesen verursacht hat.[133] Zur Vermeidung von anhaltenden Benachteiligungen der Minderheit ist die dissolution auch ohne Bestehen eines dead-lock möglich.[134] Darüber hinaus kann der Gesellschaftsvertrag vereinfachte Voraussetzungen für die dissolution vorsehen.[135] Zum Teil wiederum sind die Voraussetzungen für den Antrag eines Minderheitsgesellschafters erschwert und der Mehrheitsgesellschafter kann auf einen solchen An-

---

blockiert" seien, dass sie nach Jahren von „gesellschaftsinterner Kriegsführung" für die Gesellschaft selbst ohne Schaden seien.

[128] Bungert, Close Corporation, S. 66; ders., GmbHR 1993, 478, 489; Merkt, S. 363; Immenga, Personalistische Kapitalgesellschaft, S. 316; Hamilton, S. 527 ff.

[129] Dieses setzt voraus, dass überhaupt der Versuch gemacht wurde, directors zu wählen (vgl. Matter of Parveen, 259 A.D.2d 389 (N.Y. 1999)

[130] Vgl. Merkt, S. 364; Immenga, Personalistische Kapitalgesellschaft, S. 318

[131] Matter of Sheridan, 22 A.D.2d 390 (N.Y. 1965)

[132] Molod v. Berkowitz, 233 A.D.2d 149 (N.Y. 1996)

[133] Matter of Kaufmann, 224 A.D.2d 775 (N.Y. 1996)

[134] Immenga, Personalistische Kapitalgesellschaft, S. 192

[135] Bungert, Close Corporation, S. 67; Immenga, Personalistische Kapitalgesellschaft, S. 323; Leventhal v. Atlantic Finance Corp., 55 N.E.2d 20 (Mass. 1944)

trag hin die Auflösung abwehren, indem er den Erwerb der Anteile des Antragstellers beschließt.[136]

Nach der Rechtsprechung ist eine dissolution unzulässig

- trotz einer dissension, wenn aufgrund einfacher Mehrheitserfordernisse Gesellschafterbeschlüsse durch einen Mehrheitsgesellschafter möglich sind[137];

- wegen Unbilligkeit, wenn die Geschäftsführungsaufgaben zwischen zwei Gesellschafterfraktionen gleichmäßig aufgeteilt sind und die Auflösung eine Fraktion einseitig benachteiligen würde und durch Bestellung eines Verwalters (receiver) die Handlungsfähigkeit aufrechterhalten werden kann[138];

- wenn als weniger einschneidende Lösung ein angemessenes buy-out Angebot vorliegt[139] oder ein buy-out durch das Gericht angeordnet werden kann.[140]

cc) Schiedsverfahren

Eine weitere Möglichkeit zur Überwindung eines dead-lock bietet die Einleitung eines Schiedsverfahrens. Die ursprünglichen Bedenken gegen die Übertragung von Geschäftsführungsentscheidungen und gegen die Kompetenz von Schiedsgerichten für gesellschaftsinterne Streitfragen sind aufgrund praktischer Argumente zurückgetreten[141], da anerkannt wird, dass die Alternative der dissolution nur als letzter Ausweg in Betracht kommt und eigentlich keine Lösung des Konflikts darstellt.[142] Vorteile des Schiedsverfahrens sind insbesondere die Schnelligkeit und die geringen Kosten. Allerdings kann auch eine schiedsgerichtliche Entscheidung nicht die Vertrauensbasis, die die Grundlage der Zusammenarbeit in der close corporation ist, wieder herstellen.[143]

dd) Weitere Maßnahmen

Als weitere Mechanismen zur Auflösung eines dead-lock kommen in Betracht

---

[136] So im Bundesstaat New York (§§ 1118, 1104-a New York Business Corporation Law), über einen angemessenen Preis entscheidet bei einem Streit zwischen den Gesellschaftern das Gericht. Vgl. die Entscheidung Sternberg v. Osman, 181 A.D.2d 897 (N.Y. 1992)

[137] Belio v. Panorama Optics, Inc., 33 Cal. App. 4th 1096 (1995)

[138] Wollmann v. Littmann, 316 N.Y.S.2d 526 (Sup. Ct. 1970)

[139] Merkt, S. 365; Matter of Seagroatt Floral Co., Inc., 528 N.Y.S.2d 225 (N.Y. App. Div. 1988)

[140] So in Matter of Parveen, 259 A.D.2d 389 (N.Y. 1999)

[141] Immenga, Personalistische Kapitalgesellschaft, S. 334; Bungert, Close Corporation, S. 65; Merkt, S. 365

[142] Siehe Immenga, Personalistische Kapitalgesellschaft, S. 328

[143] Siehe Immenga, Personalistische Kapitalgesellschaft, S. 330

- die Bestellung eines receivers[144], insbesondere wenn eine Auflösung wegen einseitiger Benachteiligung nicht möglich ist[145],

- die Ernennung eines provisional directors[146] sowie

- eine Vermögensteilung[147].

c)   Stimmbindungsverträge

Stimmbindungsverträge dienen in einer close corporation meist dazu, die Stellung der Gesellschaftermehrheit zu stärken. In der close corporation sind Bindungsverträge auch zwischen Gesellschafter-Geschäftsführern möglich (director agreement). Allerdings kann solchen Bindungen die „business judgement rule" entgegenstehen, wenn die Entscheidungsfreiheit des managements erheblich beschränkt (substantially fettered) wird.[148] Zulässig ist eine Stimmbindung auf Geschäftsführerebene nach der Rechtsprechung, wenn alle Gesellschafter zugestimmt haben, Gläubiger nicht benachteiligt werden, Interessen der Minderheitsgesellschafter beachtet werden und keine gesetzliche Vorschrift entgegensteht.[149]

III.   Überblick über kontinentaleuropäische Rechtsordnungen

In den Rechtsordnungen kontinentaleuropäischer Länder, die wie das deutsche Rechtssystem auf kodifiziertem Recht beruhen, wurden durchgehend der GmbH vergleichbare Gesellschaftsformen, die sich von einer größeren, der AG vergleichbaren Gesellschaftsform abgrenzen, durch Gesetz eingeführt.[150] Hier findet mithin, anders als im angloamerikanischen Recht, weniger eine Anpassung nach praktischen Bedürfnissen statt, da die gesetzlichen Grundlagen bereits auf eine gegenüber der AG kleinere Kapitalgesellschaft zugeschnitten sind. Dennoch finden sich auch hier im Hinblick auf die Konfliktaustragung in personalistischen Kapitalgesellschaften relevante, im deutschen Recht nicht bekannte Regelungen. Diese werden im folgenden anhand der wichtigsten Problembereiche im Überblick dargestellt:

---

[144] Bungert, Close Corporation, S. 67. Die Bestellung eines receivers ist auch vorübergehend und in Verbindung mit einer Auflösungsentscheidung möglich, vgl. Greer v. Greer, 124 A.D.2d 707 (N.Y. 1986) und Matter of Ronan Paint Corp., 98 A.D.2d 413 (N.Y. Sup. Ct. 1984).

[145] Wollmann v. Littmann, 316 N.Y.S.2d 526 (Sup. Ct. 1970)

[146] Bungert, Close Corporation, S. 67; Immenga, Personalistische Kapitalgesellschaft, S. 325

[147] Immenga, Personalistische Kapitalgesellschaft, S. 328; vgl. die Entscheidung Kay v. Key West Development Co., 72 So.2d 786 (Fla. 1954)

[148] Merkt, S. 356; McQuade v. Stoneham and McGras, 189 N.E. 234 (N.Y. 1934)

[149] Galler v. Galler, 203 N.E.2d 577 (Ill. Sup. Ct. 1964); Clark v. Dodge, 199 N.E. 641 (N.Y. 1936); Long Park, Inc. v. Trenton-New Brunswick Theatres Co., 77 N.E.2d 633 (N.Y. 1948)

[150] Siehe hierzu die Darstellung bei Scholz/Westermann, Einleitung § 138 ff. und die Übersicht bei Lutter/Hommelhoff, § 12 RdNr. 11.

1. Willensbildung und Minderheitenschutz

Nach dem Recht der französischen S.A.R.L.[151] sind die Vorschriften zur Willensbildung auf Gesellschafterebene weitgehend dispositiv. Es besteht die Möglichkeit der Sanktionierung eines Mißbrauchs der Stimmrechtsmacht, die bis zu einer Haftung der Minderheitsgesellschafter führen kann.[152]

2. Geschäftsführung

Ebenfalls in der französischen S.A.R.L. kann hinsichtlich der Geschäftsführung jeder Gesellschafter bei Gericht die Geschäftsführerabberufung aus wichtigem Grund oder die Einsetzung provisorischer Geschäftsführer beantragen.[153] Im Gegensatz zu deutschem Recht sind die Gesellschafter der Anteilsgesellschaft in Portugal[154], wenn alle Geschäftsführer ausfallen, zur Übernahme der Geschäftsführung verpflichtet, bis neue Geschäftsführer bestellt sind oder auf Antrag durch gerichtlichen Beschluß ein Notgeschäftsführer bestellt worden ist.[155] In Österreich[156] kann wie in Deutschland die Abberufung eines Gesellschafter-Geschäftsführers auf wichtige Gründe beschränkt werden[157]; allerdings ist hier auch der betroffene Gesellschafter-Geschäftsführer bei der Beschlußfassung stimmberechtigt.[158] Für die schweizerische GmbH[159] gilt anders, als in den meisten vergleichbaren Rechtsordnungen, für die Geschäftsführung der Grundsatz der Selbstorganschaft und der Gesamtgeschäftsführung.[160] Nach dänischem Recht wird die Anteilsgesellschaft[161] neben den Geschäftsführern von einem aus mindestens drei Mitgliedern bestehenden Aufsichtsrat geleitet, wobei Ausnahmen für kleine Gesellschaft mit einem Kapital von unter 300.000,- DKR gelten. Die Geschäftsführer werden durch die Gesellschafterversammlung gewählt[162], auch Mitglieder des Aufsichtsrats können Geschäftsführer sein. Während der Aufsichtsrats für wichtige Entscheidungen außerhalb der gewöhnlichen Ge-

---

[151] „Société à responsabilité limitée"; vgl. Scholz/Westermann, Einleigung RdNr. 144; Pfitzmann, S. 56 ff.; Maier, GmbHR 1990, 379

[152] Lacorne, GmbHR 1996, 594, 595

[153] Behrens, RdNr. F 35

[154] „Sociedade de responsabilidade limitada" oder „Sociedade por quotas"; vgl. Driesen, GmbHR 1991, 49

[155] Driesen, GmbHR 1991, 49, 55

[156] Für die österreichische GmbH wurde ursprünglich das deutsche GmbHG übernommen, seit der Novellierung 1981 bestehen aber erhebliche Unterschiede zum deutschen Recht, vgl. Scholz/Westermann, Einleitung RdNr. 136; Behrens, RdNr. A 1

[157] Kastner/Doralt/Nowotny, S. 373

[158] Kastner/Doralt/Nowotny, S. 374

[159] Siehe Behrens, RdNr. CH 1

[160] Behrens, RdNr. CH 18

[161] „ApS" (Anpartsselskap), vgl. Scholz/Westermann, Einleitung RdNr. 143; Behrens/Carsten, RdNr. D 1

[162] Cornelius, GmbHR 1991, 188, 190

schäftsführung zuständig ist[163], üben die Geschäftsführer die tägliche Leitung aus.[164]

3. Gesellschafterausschließung

Eine Ausschließung aus wichtigem Grund gibt es nach französischem Recht nicht; ein Gesellschafter kann lediglich die Auflösung aus wichtigem Grund verlangen.[165] Ebenso wird in Österreich die Ausschließung aus wichtigem Grund zwar von der Literatur anerkannt, von der Rechtsprechung aber abgelehnt.[166] Nach portugiesischem Recht ist ein Gesellschafterausschluß auch ohne Satzungsregelung durch Gerichtsbeschluß bei störendem und schädigendem Verhalten eines Gesellschafters möglich (Art. 242 Abs. 1 CSC).[167] In Griechenland[168] und der Schweiz besteht jeweils die Möglichkeit einer Ausschließung aus wichtigem Grund durch Gesellschafterbeschluß mit gerichtlicher Bestätigung mit festzusetzender Abfindung; die Abfindung wird nach Herabsetzung des Stammkapitals aus dem Gesellschaftsvermögen gezahlt.[169]

4. Konfliktaustragung

Für die gesellschaftsinterne Konfliktaustragung gibt es im niederländischem Recht der BV[170] die Besonderheit der „Streitregelung" (Geschillenregeling) für die gerichtliche Beilegung von Gesellschafterstreitigkeiten: Diese kann bis zu einer Pflicht zur Veräußerung der Geschäftsanteile führen, wenn ein Gesellschafter der Gesellschaft nicht hinnehmbaren Schaden zufügt. Das Gericht bestimmt einen Sachverständigen, der den Preis des Geschäftsanteils bestimmt.[171] Nach dänischem Recht ist ein Gesellschafterbeschluß, der gegen das Verbot der Verletzung der Gleichberechtigung verstößt, anfechtbar: Die Anfechtung erfordert eine fristgebundene Klage gegen die Gesellschaft, wobei unter bestimmten Voraussetzungen die Klagefrist von drei Monaten nicht gilt.[172]

---

[163] Lutter, FS. 100 Jahre GmbHG, S. 49, 69; Behrens/Carsten, RdNr. DK 16 (unterscheidet zwischen Geschäftsführung und Verwaltung)

[164] Cornelius, GmbHR 1991, 188, 190

[165] Maier, GmbHR 1990, 379, 381; vgl. auch Pfitzmann, S. 83

[166] Siehe Kastner/Doralt/Nowotny, S. 425

[167] Driesen, GmbHR 1991, 49, 54

[168] „EPE" (Etairia perionmismenis evthinis); vgl. Behrens/Digenopoulos, RdNr. GR 1; Soufleros, GmbHR 1992, 276

[169] Für griechische EPE (vgl. Art. 43 Abs. 1, 41 Abs. 2 EPE-Gesetz) siehe Soufleros, GmbHR 1992, 276, 281 und Behrens/Digenopoulos, RdNr. GR 33, für die schweizerische GmbH Behrens, RdNr. CH 33; Pfitzmann, S. 127.

[170] „Besloten Vernootschap met beperkte aansprakelijkheid"; vgl. Behrens/Gotzen, RdNr. NL 1; Mehring, GmbHR 1991, 297

[171] Scholz/Westermann, Einl. RdNr. 151; Mehring, GmbHR 1991, 297, 300

[172] § 36 Abs. 3 ApS-Gesetz; vgl. Cornelius, GmbHR 1991, 188, 191

§ 5 Einberufung der Gesellschafterversammlung und Herbeiführung von Gesellschafterbeschlüssen zur Konfliktvermeidung

I. Willensbildung in der Zwei-Personen-GmbH

1. Einleitung

Das Grundproblem der Zwei-Personen-GmbH liegt darin, dass eine erhöhte Gefahr der Entstehung einer Handlungsunfähigkeit[173] bei Uneinigkeit der Gesellschafter besteht. Daraus ergibt sich ein besonderes Bedürfnis, bereits im Vorwege des sich anbahnenden Konflikts zwischen den Gesellschaftern ein endgültiges Zerwürfnis abzuwenden. Aufgrund der Verbindung der Gesellschafter durch die gesellschaftliche Struktur erscheint es hierzu angebracht, eine Konfliktbereinigung innerhalb der Gesellschaft zu suchen. Durch konstruktive Gesellschafterbeschlüsse, die die sich entwickelnden Spannungen berücksichtigen, besteht zu diesem Zeitpunkt noch die Möglichkeit, das Entstehen der Handlungsunfähigkeit zu vermeiden.

In der GmbH werden Beschlüsse der Gesellschafter durch Mehrheitsentscheidung getroffen. Dabei sind für das Stimmrecht nicht Kopfteile, sondern Geschäftsanteile maßgeblich (vgl. § 47 Abs. 2 GmbHG). Grundsätzlich reicht für die Beschlußfassung eine einfache Mehrheit aus. Nur für Sonderfälle stellt das GmbHG besondere Mehrheitserfordernisse auf (vgl. §§ 53 Abs. 2, 60 Abs. 1 Nr. 2 GmbHG), desgleichen kann auch der Gesellschaftsvertrag für bestimmte Beschlüsse qualifizierte Mehrheiten vorschreiben.[174]

In diesem Bereich liegt eines der Hauptprobleme der Zwei-Personen-GmbH. Allein durch die Tatsache, dass nur zwei Gesellschafter vorhanden sind, sind die Mehrheitsverhältnisse in der Abstimmung auf wenige Varianten reduziert. Dadurch kann es bei Uneinigkeit der Gesellschafter schwierig sein, einen Mehrheitsbeschluß zu fassen.[175]

Bei der Herbeiführung von für die Fortführung der Gesellschaft erforderlichen Beschlüssen kann die zwischen den Gesellschaftern bestehende Treuepflicht die Beschlußfassung unterstützen[176]. Solche Beschlüsse können zum einen rechtlich notwendig, zum anderen zur Konfliktvermeidung geboten sein. Ziel von konfliktvermeidenden Beschlüssen muß es sein, die Funktionsfähigkeit der Gesellschaft auch bei einem späteren Zerwürfnis zwischen den beiden Gesellschaftern zu gewährleisten.

---

[173] Vgl. zu dem Begriff (im US-Recht „dead-lock", siehe § 4, II. 5.) Scholz/Schmidt, § 45 RdNr. 16; Immenga, Personalistische Kapitalgesellschaft, S. 336
[174] Scholz/Schmidt, § 47 RdNr. 9; Hachenburg/Hüffer, § 47 RdNr. 18
[175] Immenga, GmbHR 1971, 107, 110
[176] Dazu näher unten bei III. 2. b)

2. Die Rolle des Gesellschafter-Geschäftsführers

Eine Besonderheit der Zwei-Personen-GmbH ist es, dass häufig die Gesellschafter zugleich Geschäftsführer sind. Die Bestellung von Gesellschaftern zu Geschäftsführern ist bereits nach dem Gesetz zulässig (§ 6 Abs. 3 GmbHG). Die Bestellung von Gesellschaftern zu Geschäftsführern bedeutet für die Gesellschaft im Gegensatz zu der bei Kapitalgesellschaften sonst üblichen Fremdorganschaft die Einführung einer Selbstorganschaft.

Zwar bedeutet dies keine Änderung der gesellschaftsrechtlichen Stellung von Gesellschafter oder Geschäftsführer.[177] Auch ist es ohne rechtliche Auswirkung auf den Umfang der Geschäftsführerrechte, ob die Bestellung im Gesellschaftsvertrag oder durch die Gesellschafterversammlung erfolgt.[178]

Dennoch unterscheidet sich die Rolle des Gesellschafter-Geschäftsführers durch die Verknüpfung beider Positionen sowohl von der des Nur-Gesellschafters als auch von der des Nur-Geschäftsführers. Seine Stellung verändert sich im Verhältnis zu Gesellschaft und Mitgesellschafter. Die Geschäftsführer sind grundsätzlich von Beschlüssen der Gesellschafter abhängig[179], sie unterliegen gemäß § 37 Abs. 1 GmbHG Weisungen.[180] Die Gesellschafter können auf diesem Wege auch unternehmerische Entscheidungen treffen. Hierbei sind sie in ihrer Ermessensausübung weitgehend frei.[181]

In der Rolle als Geschäftsführer jedoch ist ein Gesellschafter durch sein Anstellungsverhältnis der Gesellschaft gegenüber als deren Organ verpflichtet.[182] Er hat somit bei unternehmerischen Entscheidungen nicht denselben Ermessensfreiraum, der ihm als Gesellschafter zusteht. Die Bindung wiederum kann dadurch eingeschränkt werden, dass dem Gesellschafter die Geschäftsführerstellung als Sonderrecht zusteht; die mitgliedschaftliche Stellung kann dann Besonderheiten für das Anstellungsverhältnis mit sich bringen.[183]

Die Position des Geschäftsführers wird des weiteren durch die ihm eingeräumte Vertretungsmacht bestimmt. Im Gegensatz zum gesetzlichen Regelfall der Gesamtvertretung (§ 35 Abs. 2 Satz 2 GmbHG) besteht die Möglich-

---

[177] Scholz/Schneider, § 35 RdNr. 149; Hachenburg/Stein, § 35 RdNr. 137; allerdings ist die Gesellschafterstellung u.U. von Bedeutung etwa für die sozialversicherungsrechtliche Einstufung des Geschäftsführers, vgl. Hachenburg/Stein, § 35 RdNr. 140, 145
[178] Immenga, Personalistische Kapitalgesellschaft, S. 94
[179] Lutter/Hommelhoff, § 35 RdNr. 1; Scholz/Schneider, § 35 RdNr. 11
[180] Lutter/Hommelhoff, § 37 RdNr. 17; Scholz/Schneider, § 37 RdNr. 5, 30; Ehricke, ZGR 2000, S. 351, 352
[181] Vgl. unten III. 2. b)
[182] Hachenburg/Stein, § 35 RdNr. 147. Die Organpflichten des Geschäftsführers sind gesetzlich begründete Schutzpflichten und ergeben sich aus der treuhänderischer Stellung des Geschäftsführers für die Interessen der Gesellschafter (Ehricke, ZGR 2000, S. 351, 352, 374)
[183] Immenga, Personalistische Kapitalgesellschaft, S. 96

keit, einem Geschäftsführer Einzelvertretungsmacht einzuräumen.[184] Dieses kann insbesondere für einen Gesellschafter mit einem statutorischen Sonderrecht an der Geschäftsführung in Betracht kommen.

Der Gesellschafter-Geschäftsführer gewinnt durch die Verbindung beider Positionen eine besonders wichtige Rolle in der GmbH. Der Gesellschafter der Zwei-Personen-GmbH hat auf diese Weise die Möglichkeit, seinem Bedürfnis zur Beteiligung an unternehmerischer Tätigkeit gerecht zu werden.[185] Andererseits schränkt das Wechselspiel der jeweiligen Befugnisse seine Möglichkeiten ein. Die Form der Ausgestaltung des Machtverhältnisses hängt letztlich von der Realstruktur der Gesellschaft ab.

3. **Die Möglichkeit formloser Beschlußfassung**

Das Gesetz und häufig der Gesellschaftsvertrag sehen Fälle vor, in denen ein Gesellschafterbeschluß erforderlich ist. Hier stellt sich die Frage, welche Anforderungen in einer Zwei-Personen-GmbH an einen solchen Beschluß zu stellen sind.

Bereits 1929 war der RFH mit einem Sachverhalt befaßt, der die Problematik verdeutlicht:

„Die formlose Anteilsabtretung"

RFH, 2. Senat, 16. Mai 1929[186]

In dem (steuerrechtlichen) Rechtsstreit ging es um die Frage der Wirksamkeit einer Abtretung eines Geschäftsanteils. In der Satzung der Gesellschaft war bestimmt, dass eine solche Abtretung der Genehmigung der Gesellschafterversammlung bedürfe, dennoch wurde der Geschäftsanteil ohne eine solche Genehmigung an den anderen Gesellschafter übertragen.

Trotz eines Beschlußerfordernisses kam es also nicht zu einem formalen Gesellschafterbeschluß. Jedoch waren an der Anteilsabtretung beide Gesellschafter als Parteien beteiligt. Diese Situation ist insoweit charakteristisch für die Zwei-Personen-GmbH, als sich aus den Umständen des Falles unzweifelhaft ergibt, dass sich beide Gesellschafter in der Sache einig waren.

Der RFH entschied dementsprechend, dass es der erforderlichen Genehmigung gleichkomme, wenn der eine Gesellschafter seinen Geschäftsanteil an den anderen Gesellschafter abtrete. Die Gesellschafter hätten, indem sie den Abtretungsvertrag schlossen, diesem notwendigerweise auch zugestimmt.

---

[184] Scholz/Schneider, § 35 RdNr. 51, 68; Hachenburg/Mertens, § 35 RdNr. 75, 83
[185] Hachenburg/Stein, § 35 RdNr. 145
[186] RFH, JW 1929, 2205

Die Mitwirkung des Gesellschafters sei überflüssig, wenn alle Beteiligten als Gesellschafter den Vertrag selbst geschlossen hätten.

Der Entscheidung trat damals Hachenburg[187] mit dogmatischen Bedenken entgegen. Er argumentierte, die erforderliche Mitwirkung des Geschäftsführer sei nicht zu ersetzen. Dieser Standpunkt kann aus heutiger Sicht nicht überzeugen. Die Entscheidung des RFH folgt dem Gedanken, dass an einem Formererfordernis, das in einer bestimmten Konstellation keine Funktion hat, nicht „der Form halber" festgehalten werden muß.[188] So war in dem vorliegenden Fall die Mitwirkung des Geschäftsführers, unabhängig davon, ob es sich um einen Gesellschafter handelte, wegen des Weisungsrechts der Gesellschafter eine reine Formalie.

Der BGH hat diesen Gedanken in seiner bereits dargestellten Entscheidung vom 17. Mai 1971[189] übernommen. In dem Fall war die Befreiung von dem Verbot des Selbstkontrahierens ohne formalen Gesellschafterbeschluß durch Mitwirkung des anderen Gesellschafters an dem Vertrag mit dem geschäftsführenden Gesellschafter erfolgt. Nach Ansicht des BGH kann für die Willensbildung in der GmbH auf die Einhaltung von Förmlichkeiten weitgehend verzichtet werden, wenn diese wegen der Umstände keine eigenständige Bedeutung habne.

Dieser Gedanke spiegelt die Charakteristik der Zwei-Personen-GmbH wieder: Aufgrund der Struktur steht im Innenverhältnis einer Formerleichterung nichts entgegen, solange die Gesellschafter sich einig sind. In der Folgezeit wurde von der Rechtsprechung die Problematik der Erforderlichkeit eines formalen Beschlusses weiterentwickelt und präzisiert.

In der Entscheidung des OLG Hamm vom 5. Juli 1993[190] ging es um Zahlung einer Abfindung an einen ausgeschlossenen Gesellschafter. Beide Gesellschafter hatten die Abfindung in notarieller Form vereinbart. Nach dem Gesellschaftsvertrag unterlag das Geschäft der Zustimmung der Gesellschafterversammlung. Das OLG hat entschieden, dass die von dem Gesellschaftsvertrag vorgesehene Beschlußfassung entbehrlich sei, da beide Gesellschafter der Zwei-Personen-GmbH an dem Rechtsgeschäft beteiligt waren. Alles andere bedeute ein Festhalten an einer Förmlichkeit, die keinen praktischen Nutzen mehr habe.

Einen ähnlichen Fall betraf die Entscheidung des OLG Stuttgart vom 8. Juli 1998.[191] Dort ging es um die Wirksamkeit einer schriftlich vereinbarten Pensi-

---

[187] In JW 1929, 2206

[188] U. H. Schneider, FS. Kellermann, S. 411; BGH WM 1971, 1082. Anders für die mehrgliedrige GmbH die Diskussion um die Zulässigkeit formloser Beschlüsse, vgl. Hüffer, FS. 100 Jahre GmbHG, S. 521, 533; Scholz/Schmidt, § 48 RdNr. 7

[189] BGH, WM 1971, 1082; zum Sachverhalt siehe § 2, III. 1. a)

[190] OLG Hamm, GmbHR 1994, 399

[191] OLG Stuttgart, GmbHR 1998, 1034

onszusage zwischen einem ausgeschiedenen Gesellschafter einer Zwei-Personen-GmbH und seinem Mitgesellschafter. Die GmbH stellte nach dem Ausscheiden die Zahlungen ein und berief sich darauf, dass die Vereinbarung mangels wirksamen Gesellschafterbeschlusses unwirksam sei. Das OLG vertrat hier die Auffassung, dass die Pensionszusage wirksam sei und insbesondere auf einem wirksamen Gesellschafterbeschluß beruhe. Die Voraussetzungen für einen schriftlichen Gesellschafterbeschluß im Sinne von § 48 Abs. 2 Alt. 1 GmbHG seien zwar gegeben. Entsprechend der BGH-Rechtsprechung zum Verbot des Selbstkontrahierens[192] sei auf Förmlichkeiten bei der Fassung von Gesellschafterbeschlüssen zu verzichten, wenn diese wegen der Umstände keinen Sinn machten. So sei es hier: Durch die schriftliche Vereinbarung der Altersversorgung sei der entsprechende Geschäftswille aller Gesellschafter nach außen dokumentiert. Eines zusätzlichen förmlichen Gesellschafterbeschlusses bedürfe es dann nicht mehr.

Das BayObLG entschied in seinem Beschluß vom 8. Dezember 1988[193], dass in einer Zwei-Personen-GmbH ein Gesellschafter eine Vollversammlung auch als vollmachtloser Vertreter des anderen Gesellschafters abhalten könne, wenn der Vertretene dies genehmige. In der Zwei-Personen-GmbH sei die strenge Einhaltung bestimmter Formen häufig überflüssig, wenn keine Gefahr der Verletzung individueller Positionen bestehe. Daher sei die Vorlage einer Vollmachtsurkunde entbehrlich. Die Abhaltung einer Gesellschafterversammlung wird damit durch die Möglichkeit vorheriger oder nachträglicher Bevollmächtigung praktisch entbehrlich.[194]

Der andere Gesellschafter kann dann einen Gesellschafterbeschluß selbständig fassen. Dabei ist zu beachten, dass eine Protokollierung, anders als in der Einmann-GmbH (vgl. § 48 Abs. 3 GmbHG), nicht vorgeschrieben ist. Das für die Einmann-Gesellschaft vorgesehene Erfordernis der Publizität gilt bei Vorhandensein mehrerer Gesellschafter, also auch bei der Zwei-Personen-GmbH, nicht.[195] Sofern eine Niederschrift des durch den bevollmächtigten Gesellschafter gefaßten Beschlusses ausbleibt, besteht indes ein potentielles Beweisproblem.[196] Aus dem Innenverhältnis wird sich hier regelmäßig eine Protokollierungspflicht ergeben. Bei vollmachtloser Vertretung hängt die Wirksamkeit des Beschlusses von der Genehmigung des anderen Gesellschafters ab.

Einen ähnlichen Fall wie einst der RFH hatte das OLG Hamm im Jahre 1998 zu entscheiden.[197] In dem Fall ging es um die Wirksamkeit einer Abtretung von Geschäftsanteilen von einer Gesellschafterin an ihren Mitgesellschafter,

---

[192] Vgl. oben I. 1. (BGH, WM 1971, 1082)

[193] BayObLG, WM 1989, 301

[194] BGH NJW 1971, 2225; Oppenländer, DStR 1996, 922, 926

[195] Oppenländer, DStR 1996, 922, 926; BGH, ZIP 1995, 643, 646

[196] Scholz/Schmidt, § 48 RdNr. 79; U. H. Schneider, FS. Kellermann, S. 412

[197] OLG Hamm, NZG 1999, 600, m. Anm. Michalski/de Vries, NZG 1999, 602

wobei die Satzung entsprechend § 15 Abs. 5 GmbHG die Bestätigung der Genehmigung durch die „übrigen Gesellschafter" und der notarielle Abtretungsvertrag die Schriftform der Bestätigung vorsah. Das OLG entschied hierzu, dass in dieser Situation in einer Zwei-Personen-GmbH die Genehmigung erteilt ist, die Beschränkung in der Satzung also insoweit gegenstandslos sei. Die Schriftformklausel in dem Abtretungsvertrag hingegen stelle keine eigenständige Wirksamkeitsvoraussetzung dar, so dass die Übertragung mit dem Abschluß des Abtretungsvertrages wirksam sei.

Im Ergebnis ist es also nicht so, dass in der Zwei-Personen-GmbH als Besonderheit Gesellschafterbeschlüsse in bestimmten Situationen nicht erforderlich sind. Vielmehr wird davon ausgegangen, dass ein (nach Gesetz oder Satzung erforderlicher) Beschluß auch „formlos" erfolgen kann, da ein Gesellschafterbeschluß letztlich auch nur die Einigung der Gesellschafter zu einer bestimmten Frage bedeutet.[198] Diese aber ist in einer Zwei-Personen-GmbH eindeutig gegeben und ausgedrückt, wenn beide Gesellschafter gemeinsam ein Rechtsgeschäft vornehmen.

Damit wird das gesellschaftsrechtliche Miteinander in der Zwei-Personen-GmbH erheblich erleichtert, solange zwischen den Gesellschaftern Einigkeit besteht. Wie die angeführten Entscheidungen zeigen, helfen die von der Rechtsprechung zu der Beschlußfassung in der Zwei-Personen-GmbH aufgestellten Regeln auch in der Krise noch insofern weiter, als die Bewertung der Wirksamkeit früherer Gesellschafterbeschlüsse vereinfacht wird. Gerade da diese Regeln aber darauf beruhen, dass zu einem bestimmten Zeitpunkt zwischen den Gesellschaftern Einigkeit bestanden hat, helfen die Erleichterungen aber dann nicht weiter, wenn in der Krise Beschlüsse zu fassen sind.

4. Die Bedeutung der Gesellschafterversammlung

Durch die Möglichkeit formloser Beschlußfassung in der Zwei-Personen-GmbH ist die Bedeutung der Gesellschafterversammlung zunächst eingeschränkt. Zwar stellt es den Regelfall dar, dass in der GmbH Gesellschafterbeschlüsse in Gesellschafterversammlungen gefaßt werden.[199] § 48 Abs. 1 GmbHG sieht die Gesellschafterversammlung aber lediglich als eine Möglichkeit der Beschlußfassung vor.[200]

Insbesondere in der Zwei-Personen-GmbH ist die Abhaltung einer formalen Gesellschafterversammlung normalerweise nicht erforderlich. Im Gegensatz

---

[198] Sudhoff, GmbH, S. 305

[199] Scholz/Schmidt, § 48 RdNr. 1

[200] Es ist umstritten, ob die Gesellschafterversammlung ein Organ der GmbH oder lediglich ein Instrument zur Beschlußfassung ist (für Organstellung Hüffer, FS. 100 Jahre GmbHG, S. 521 ff.; Hachenburg/Hüffer, § 48 RdNr. 3; Raiser, Kapitalgesellschaften, § 31 RdNr. 2; dagegen Scholz/Schmidt, § 48 RdNr. 1; K. Schmidt, Gesellschaftsrecht, § 36 III); jedenfalls wird die Gesellschafterversammlung im praktischen Sprachgebrauch regelmäßig als Beschlußorgan bezeichnet.

zu einer Publikumsgesellschaft, wo eine kollektive Willensbildung der Gesellschafter praktisch nur in einer Versammlung erfolgen kann, ist in einer Zwei-Personen-GmbH eine Einigung zwischen zwei Gesellschaftern in praktisch jeder Kommunikationsform möglich.[201] Die Gefahr, dass Interessen eines Dritten verletzt werden, besteht nicht.[202]

Der Begriff „Versammlung" deutet schon vom Wortlaut her darauf hin, dass an ein Treffen von mehr als nur zwei Gesellschaftern gedacht wird. Dennoch sollte die mögliche Bedeutung einer Gesellschafterversammlung auch in der Zwei-Personen-GmbH nicht unterschätzt werden. Die Funktion der Gesellschafterversammlung, eine effektive kollektive Willensbildung zu gewährleisten, kann insbesondere dann zum Tragen kommen, wenn sich die Zwei-Personen-GmbH in der Krise befindet.

Hier erscheint die Gesellschafterversammlung als die einzige Situation, in der es möglich ist, dass trotz bestehender Differenzen bei Anwesenheit beider Gesellschafter diese sich noch auf konstruktive Beschlüsse einigen können.[203] Die Gesellschafterversammlung selbst hilft somit nicht bei der Konfliktvermeidung, sie kann aber insoweit dazu beitragen, als durch sie die Handlungsfähigkeit der Gesellschaft grundsätzlich gefördert werden kann.

Damit ist es ein wichtiger Bestandteil der Konfliktbewältigung in der Zwei-Personen-GmbH, durch die Definition genauer Voraussetzungen zur Einberufung und zum Ablauf einer Gesellschafterversammlung zu gewährleisten, dass eine erfolgreiche Gesellschafterversammlung abgehalten werden kann.[204]

II. Durchführung der Gesellschafterversammlung

1. Einberufung und Teilnahme

Die erfolgreiche Gesellschafterversammlung beginnt zwangsläufig mit einer erfolgreichen Einberufung. Die ordnungsgemäße Einberufung hat die Funktion, sicherzustellen, dass sämtliche Gesellschafter von einer Gesellschafterversammlung benachrichtigt werden und somit die Möglichkeit der Teilnahme erhalten.[205] Die gesetzlichen Voraussetzungen der ordnungsgemäßen Einberufung der Gesellschafterversammlung ergeben sich aus den §§ 49 ff. GmbHG. Darüber hinaus finden sich regelmäßig detaillierte Bestimmungen in

---

[201] W. Vogel, S. 1; Sudhoff, S. 305

[202] U. H. Schneider, FS. Kellermann, S. 411

[203] Sudhoff, S. 304

[204] Scholz/Schmidt, § 48 RdNr. 26; Hachenburg/Hüffer, § 48 RdNr. 29

[205] Lutter/Hommelhoff, § 51 RdNr. 1; Scholz/Schmidt, § 51 RdNr. 1; Hachenburg/Hüffer, § 51 RdNr. 1

dem Gesellschaftsvertrag.[206] Die gesetzlichen Regelungen stellen insofern Mindestanforderungen dar.[207]

a) Vereinfachung der Einberufung

Die Einberufung der Gesellschafter zur Gesellschafterversammlung wird in der Zwei-Personen-GmbH durch die geringe Gesellschafterzahl grundsätzlich vereinfacht. Ein umfangreiches Ladungsverfahren ist hier entbehrlich. Maßgeblich ist allein, dass beide Gesellschafter letztlich anwesend sind, da in diesem Fall gemäß § 51 Abs. 3 GmbHG auch eine fehlerhafte Einberufung als geheilt gilt, wenn dies nicht gerügt wird.[208] Bei nur zwei Gesellschaftern ist die Gefahr gering, dass ein Gesellschafter versehentlich nicht Kenntnis von einer Gesellschafterversammlung erlangt.

Wie bereits oben dargestellt, ist die Abhaltung einer Gesellschafterversammlung in der Zwei-Personen-GmbH in einer Vielzahl von Fällen ohnehin entbehrlich. Erforderlich ist dafür allerdings stets ein Einvernehmen der Gesellschafter. Einen Beitrag zur Konfliktbewältigung kann die Gesellschafterversammlung indes nur leisten, wenn sie auch ohne Einvernehmen noch funktioniert.

b) Selbsthilfe für den Gesellschafter

In der Konfliktsituation geht es für den einzelnen Gesellschafter darum, eine Gesellschafterversammlung trotz möglichen Widerstrebens eines anderen Gesellschafters einberufen zu können. Für den Gesellschafter ist es daher von Bedeutung, ob er die Einberufung eigenständig veranlassen kann.

Gemäß § 49 Abs. 1 GmbHG wird die Gesellschafterversammlung im Regelfall durch die Geschäftsführer einberufen. Als Gründe für die Einberufung kommen dabei zum einen Umstände in Betracht, die laut Gesetz oder Gesellschaftsvertrag die Abhaltung einer Gesellschafterversammlung erforderlich machen[209], zum anderen eine Anweisung der Gesellschafter an die Geschäftsführer.[210] Einen Sonderfall stellt die Regelung des § 50 Abs. 3 GmbHG dar. Danach steht Minderheitsgesellschaftern das Recht zu, bei Verweigerung einer verlangten Einberufung gemäß § 50 Abs. 1 GmbHG selbständig die Einberufung zu veranlassen.[211]

---

[206] Herold/Romanovszky, Seite 184, Form 21, § 13; Münchener Vertragshandbuch, Band 1, Form IV.21, §§ 10, 11 und Form IV.23, § 12

[207] Lutter/Hommelhoff, § 51 RdNr. 2; Scholz/Schmidt, § 51 RdNr. 4; OLG Hamm, GmbHR 1995, 736, 737

[208] Scholz/Schmidt, § 51 RdNr. 43

[209] Lutter/Hommelhoff, § 50 RdNr. 3; Scholz/Schmidt, § 50 RdNr. 8

[210] Scholz/Schmidt, § 49 RdNr. 16: Aus §§ 49 Abs. 3 und 50 Abs. 2 GmbHG ergibt sich eine eindeutige Verpflichtung für die Geschäftsführer.

[211] Lutz, S. 26

Der Gesellschafter einer Zwei-Personen-GmbH kann somit - auch wenn er nicht zugleich Geschäftsführer ist - nach § 50 Abs. 3 GmbHG eine Gesellschafterversammlung selbständig einberufen. Eine Ausnahme besteht insoweit nur in dem Fall, dass der Geschäftsanteil weniger als 10 % beträgt (vgl. § 50 Abs. 1 GmbHG). In diesem Fall ist der Gesellschafter auch in der Zwei-Personen-GmbH nur in der Lage, die Einberufung einer Gesellschafterversammlung zu verlangen, wenn das Gesetz oder der Gesellschaftsvertrag dies gebieten; § 50 Abs. 1 GmbHG schließt dies nicht aus.[212]

Durch die Möglichkeit eigenständiger Einberufung einer Gesellschafterversammlung besteht indes die Gefahr, dass es zu mehrfachen Einberufungen kommt. In der Zwei-Personen-GmbH können sich dann zwei von den jeweiligen Gesellschaftern einberufene Gesellschafterversammlungen gegenüberstehen:

„Die konkurrierenden Gesellschafterversammlungen"

BGH, II. Zivilsenat, Urteil vom 28. Januar 1985[213]

Der Kläger und der Nebenintervenient P waren an der beklagten GmbH mit je 50% beteiligt. Zuletzt war der Kläger zum alleinigen Geschäftsführer bestellt. Zwischen den Gesellschaftern bestanden seit langem Meinungsverschiedenheiten. P betrieb im schiedsgerichtlichen Verfahren die Auflösung der Gesellschaft. Er forderte den Kläger auf, eine Gesellschafterversammlung einzuberufen, auf der der Kläger als Geschäftsführer abberufen werden sollte. Als der Kläger dem nicht nachkam, lud P selber zu einer Gesellschafterversammlung, um die Abberufung des Klägers zu beschließen. Der Kläger zeigte an, dass er an der Gesellschafterversammlung nicht teilnehmen werde, und lud seinerseits zu einer Gesellschafterversammlung, deren Tagesordnung seine Abberufung nicht enthielt. P beschloß in „seiner" Gesellschafterversammlung die Abberufung des Klägers.

Nach Ansicht des BGH blieb die erste Gesellschafterversammlung rechtmäßig berufen, da die Voraussetzungen des § 50 GmbHG ursprünglich gegeben waren. Der Umstand, dass der Gesellschafter-Geschäftsführer nachträglich selber zu einer Gesellschafterversammlung lud, ändert daran nichts. Zwar besteht das Einberufungsrecht des Geschäftsführers bei Vorliegen der Voraussetzungen des § 50 GmbHG fort. Auch erlischt das Einberufungsrecht des Gesellschafters, wenn der Geschäftsführer ihm, wenn auch verspätet, dennoch zuvorkommt, da dann der Schutzzweck des § 50 GmbHG erfüllt ist. Etwas anderes gilt aber, wenn der Gesellschafter sein Einberufungsrecht bereits ausgeübt hat; er wird dann nicht durch die Einberufung seitens des Geschäftsführers zum Nichtberechtigten.

---

[212] Lutter/Hommelhoff, § 50 RdNr. 3; Scholz/Schmidt, § 50 RdNr. 8
[213] BGH, GmbHR 1985, 256

Es gilt also die Regel, dass eine wirksam einberufene Gesellschafterversammlung rechtmäßig berufen bleibt, auch wenn nachträglich eine weitere Einberufung erfolgt. [214] Die nachfolgende Einberufung ist u.a. deswegen möglich, da das Einberufungsrecht der Geschäftsführer nicht durch das Selbsthilferecht der Gesellschafter verdrängt wird. [215] Andererseits wird durch eine Einberufung durch die Geschäftsführer der Zweck des Selbsthilferechts erfüllt, so dass dann dessen Ausübung nicht mehr zulässig ist. [216] Beschlüsse der auf diese Weise konkurrierenden Gesellschafterversammlungen sind im Ergebnis nicht schon aus formalen Gründen fehlerhaft. [217]

c)   Teilnahmerechte

Es erscheint selbstverständlich, dass sämtliche Gesellschafter grundsätzlich zur Teilnahme an einer Gesellschafterversammlung berechtigt sind. Eine Gesellschafterversammlung kann bei Anwesenheit auch nur eines Gesellschafters beschlußfähig sein [218]; eine Teilnahmepflicht besteht nicht. Damit besteht die Möglichkeit, dass in einer Zwei-Personen-GmbH der eine Gesellschafter versucht, die Teilnahme des anderen Gesellschafters an einer Gesellschafterversammlung zu verhindern, um so einen Gesellschafterbeschluß ohne Widerstand fassen zu können.

Die Teilnahme an der Gesellschafterversammlung und die damit verbundene Teilnahme am Willensbildungsprozeß in der Gesellschaft ist aber eines der „Grundrechte" des Gesellschafters. [219] Das Teilnahmerecht ist unentziehbar und gilt unabhängig vom Stimmrecht. Der Mitgesellschafter muß wenigstens die Möglichkeit argumentativer Einflußnahme haben.

Durch die Rechtsprechung wurde diese Tatsache für diverse Einzelfälle klargestellt. So entschied der BGH in seinem Urteil vom 12. Juli 1971 [220], dass auch bei einem bestehenden Stimmrechtsausschluß dem Gesellschafter ein Teilnahmerecht an der Gesellschafterversammlung zustehe; von der Abhaltung der Gesellschafterversammlung dürfe ohne Zustimmung auch eines Minderheitsgesellschafters nicht abgesehen werden. In der bereits zitierten Entscheidung des BGH vom 28. Januar 1985 [221] wurde bestätigt, dass der Gesellschafter, der wegen der Abstimmung über seine Abberufung aus wichtigem Grund von der Stimmrechtsausübung ausgeschlossen ist, ein Teilnahmerecht an der Gesellschafterversammlung hat. In dem der Entscheidung

---

[214] Lutter/Hommelhoff, § 50 RdNr. 11

[215] Scholz/Schmidt, § 50 RdNr. 28

[216] Lutter/Hommelhoff, § 51 RdNr. 10

[217] BGH, GmbHR 1985, 256, 257

[218] Scholz/Schmidt, § 48 RdNr. 41; Baumbach/Hueck/Zöllner, § 48 RdNr. 2; Mutze, GmbHR 1970, 33

[219] Scholz/Schmidt, § 48 RdNr. 12; Hachenburg/Hüffer, § 48 RdNr. 13; Immenga/Werner, GmbHR 1976, 53

[220] BGH, NJW 1971, 2225

[221] BGH, GmbHR 1985, 256

des OLG München vom 8. Oktober 1993[222] zugrundeliegenden Fall vertagte der eine Gesellschafter, nachdem durch seine Stimme der andere Gesellschafter aus der Gesellschaft ausgeschlossen und als Geschäftsführer abberufen worden war, die Gesellschafterversammlung, bevor die entsprechenden gegen ihn gerichteten Anträge seines Mitgesellschafters auf Ausschluß und Abberufung behandelt wurden. Das OLG entschied hierzu, dass in der Zwei-Personen-GmbH ein Gesellschafter (unabhängig von seinem Stimmrecht) einen Anspruch auch darauf hat, dass seine Anträge behandelt werden.

Rechtsfolge der Verletzung des Teilnahmerechts ist die Nichtigkeit eines in der Gesellschafterversammlung gefaßten Beschlusses.[223] Es ist somit sichergestellt, dass der eine Gesellschafter einer Zwei-Personen-GmbH im Konfliktfall nicht erfolgreich unter Ausgrenzung seines Mitgesellschafters Gesellschafterbeschlüsse fassen kann.

d)   Die Pflicht zur Rücksichtnahme

Es wurde bereits dargestellt, dass in der Zwei-Personen-GmbH der einzelne Gesellschafter, ob als solcher oder als Geschäftsführer, die Möglichkeit hat, eine Gesellschafterversammlung einzuberufen. Aufgrund der engen Beziehung zwischen den Gesellschaftern bestehen aber dabei besondere Rücksichtpflichten gegenüber dem anderen Gesellschafter.

In dem der Entscheidung des OLG Düsseldorf vom 9. November 1989 zugrundeliegenden Fall ging es konkret um die Frage solcher Rücksichtnahmepflichten:

„Die Weltumsegelung"

OLG Düsseldorf, 6. Zivilsenat, Urteil vom 9. November 1989[224]

An der beklagten GmbH waren der Kläger und A zu gleichen Teilen beteiligt. Anfänglich waren beide Gesellschafter als Geschäftsführer der Beklagten tätig. Von 1974 bis 1977 und von 1983 bis 1987 jedoch begab sich der Kläger mit seinem Segelboot auf Weltreise. Während dieser Zeit schrieb er jeweils an eine Mitarbeiterin der Beklagten und gab an, wo er für die nächste Zeit postalisch zu erreichen sei. Mit Schreiben von November 1986 lud A den Kläger zu einer Gesellschafterversammlung im Dezember 1986 ein. Als Tagesordnungspunkt war u.a. eine Kapitalerhöhung und deren Übernahme durch A vorgesehen. Der Kläger erhielt die Ladung Ende Dezember und bat in einem Antwortschreiben um Verlegung der Entscheidungen auf Juni des nächsten Jahres. Zu diesem Zeitpunkt hatte die Gesellschafterversammlung be-

---

[222] OLG München, DStR 1994, 216
[223] Scholz/Schmidt, § 45 RdNr. 64; Lutter/Hommelhoff, § 47 RdNr. 12; Raiser, Kapitalgesellschaften, § 33 RdNr. 72
[224] OLG Düsseldorf, WM 1990, 1022

reits stattgefunden und war die Kapitalerhöhung beschlossen worden. Der Kläger beantragte, den Kapitalerhöhungsbeschluß für nichtig zu erklären. Er trug vor, seine Weltreise sei im Einvernehmen mit A erfolgt. Die Ladung sei ihm nicht rechtzeitig zugegangen. Das Verhalten des A sei treuwidrig.

Das OLG Düsseldorf kam in diesem Fall zu dem Ergebnis, dass der Gesellschafterbeschluß wirksam sei. Der abwesende Gesellschafter habe in besonderem Maße das Risiko auf sich genommen, während der Weltreise für seinen Mitgesellschafter wegen ständig wechselnder Aufenthaltsorte nur bedingt erreichbar zu sein. Trotz der Verpflichtung des anderen Gesellschafters zur Rücksichtnahme trage daher ausschließlich er das Risiko, ob ihm das Einladungsschreiben zu einer Gesellschafterversammlung zugehe. In den Entscheidungsgründen wurde jedoch ausführlich diskutiert, inwieweit sich aus der Partnerschaft gegenseitige Rücksichtnahmepflichten ergeben. Die Entscheidung wurde letztlich darauf gestützt, dass in dem Fall der abwesende Gesellschafter durch sein besonderes Verhalten jedes Risiko zu tragen hatte.

Insoweit stellt die Entscheidung im Ergebnis nicht den Regelfall dar. Im allgemeinen treffen den Gesellschafter einer personalistischen GmbH besondere Rücksichtnahmepflichten bei der Ansetzung einer Gesellschafterversammlung.[225] Zwar bestehen für einen Gesellschafter-Geschäftsführer eine Vielzahl von Möglichkeiten, die Teilnahme seines Mit-Gesellschafters an einer Gesellschafterversammlung zu verhindern. So kann er durch kurzfristige Ladung, Einberufung während der Urlaubszeit etc. eine Teilnahme des anderen unmöglich machen. Ob er dies - etwa mit einem Stimmrechtsausschluß[226] - zu begründen versucht, ist zunächst unbeachtlich, wenn der andere Gesellschafter nicht anwesend ist.

Hiergegen beugt die Pflicht zur Rücksichtnahme vor. Diese Pflicht ergibt sich nicht aus dem Gesetz, sondern aus dem Teilnahmerecht des Gesellschafters und der Treuepflicht, die in der gemeinsamen Mitgliedschaft in der Gesellschaft begründet ist. Die Gesellschafterversammlung ist bei einem Verstoß nicht beschlußfähig.[227] In der Konfliktsituation wird dadurch sichergestellt, dass nicht ein Gesellschafter durch den anderen Gesellschafter von einer Beschlußfassung ausgegrenzt wird. So darf die Gesellschafterversammlung nicht auf einen Termin gelegt werden, an dem bekanntermaßen ein Gesellschafter verhindert ist.[228] Auch besteht in einer personalistischen GmbH, wenn ein Gesellschafter zur Gesellschafterversammlung nicht pünktlich erscheint, eine Wartepflicht vor Beschlußfassung.[229] Die Rücksichtnahmepflicht

---

[225] Scholz/Schmidt, § 48 RdNr. 9; Hachenburg/Hüffer, § 48 RdNr. 5
[226] Vgl. dazu unten III. 2. a)
[227] Scholz/Schmidt, § 48 RdNr. 10
[228] BGH, GmbHR 1985, 256, 257; Baumbach/Hueck/ Zöllner, § 49 RdNr. 10
[229] OLG Dresden, GmbHR 2000, 435

gilt auch hinsichtlich des Versammlungsortes. So ist die Verlegung an einen für die Beteiligten günstigeren Ort zulässig.[230]

2. Ablauf und Organisation

Der Ablauf der Gesellschafterversammlung ist gesetzlich nicht geregelt. Die Gesellschafter haben damit weitgehende Freiheiten hinsichtlich der Regelung des Versammlungsablaufs. Fehlt es an entsprechenden Regelungen etwa im Gesellschaftsvertrag, so ist der Ablauf der Versammlung der Übereinkunft der Gesellschafter im Einzelfall überlassen. Insbesondere im Konfliktfall kann es dann zu Streitigkeiten hinsichtlich des Ablaufs kommen.

a) Mitwirkungsverweigerung

Bei einem sich anbahnenden oder bereits bestehenden Zerwürfnis zwischen den Gesellschaftern einer Zwei-Personen-GmbH kann es vorkommen, dass der eine Gesellschafter sich weigert, an der durch den anderen Gesellschafter veranlaßten Gesellschafterversammlung teilzunehmen. Vielfach beruft dieser Gesellschafter dann seinerseits eine „eigene" Gesellschafterversammlung ein. Es kann somit eine Situation entstehen, in der von zwei Gesellschafterversammlungen unterschiedliche Gesellschafterbeschlüsse gefaßt werden.

Wie bereits dargestellt, kann die Gesellschafterversammlung auch bei Anwesenheit nur eines Gesellschafters beschlußfähig sein.[231] Das Gesetz schreibt eine Mindest-Teilnehmerzahl nicht vor, jedoch können die Gesellschafter etwas anderes vereinbaren. So enthalten Gesellschaftsverträge häufig Klauseln, die ein Quorum vorsehen, also die Anwesenheit einer Mindestzahl von Gesellschaftern oder von vertretenen Geschäftsanteilen.[232] Die Grenze der Zulässigkeit solcher statutorischer Einschränkungen ist die Funktionsfähigkeit der Gesellschaft.[233] Ist bestimmt, dass eine Gesellschafterversammlung nur bei Anwesenheit aller Gesellschafter beschlußfähig ist, so birgt dies die Gefahr, dass eine Beschlußfassung unmöglich wird, sobald ein Gesellschafter verhindert ist.

In der Zwei-Personen-GmbH besteht durch die geringe Gesellschafterzahl insofern eine „Alles-oder-nichts" Situation. Müssen nach dem Gesellschaftsvertrag zwingend beide Gesellschafter anwesend sein[234], um Beschlußfähigkeit der Gesellschafterversammlung zu gewährleisten, droht Funktionsunfähigkeit. Andernfalls ist ein Gesellschafter allein in der Lage, Gesellschafterbeschlüsse zu fassen. Da ein Mittelweg nicht existiert und die Funktionsunfä-

---

[230] BGH GmbHR 1985, 256, 257
[231] Siehe oben II. 2. a); Scholz/Schmidt, § 48 RdNr. 41
[232] Vgl. Herold/Romanovszky, S. 185 (Form 21, § 15 Abs. 2); Münchener Vertragshandbuch, Band 1, Form IV.21, § 10 Abs. 3
[233] Scholz/Schmidt, § 48 RdNr. 42; Hachenburg/Hüffer, § 47 RdNr. 6
[234] Insofern ist es unbeachtlich, ob nach Geschäftsanteilen oder nach Köpfen abgestimmt wird.

higkeit der Gesellschafterversammlung auf jeden Fall verhindert werden muß, ist die zweite Alternative vorzugswürdig. Damit wird das Problem der Mitwirkungsverweigerung zunächst gelöst. Der eine Gesellschafter kann auch ohne Mitwirkung des anderen Gesellschafters Beschlüsse fassen.

Jedoch entsteht hierdurch das Folgeproblem, dass sich bei Einberufung verschiedener Gesellschafterversammlungen durch die Gesellschafter widersprüchliche Beschlüsse gegenüberstehen können. Deren Wirksamkeit ist anhand allgemeiner Regeln zu überprüfen. Unwirksamkeitsgründe können sich aus Vorschriften betreffend der Einberufung und Durchführung der Gesellschafterversammlung aus Gesetz oder Satzung ergeben. Entsprechend der Regeln zu den Teilnahmerechten kann ein durch nur einen Gesellschafter gefasster Beschluß insbesondere dann unwirksam sein, wenn die (formale) Beschlußfähigkeit der Gesellschafterversammlung treuwidrig ausgenutzt wurde.[235] Bei dieser Überprüfung sind im Zweifel beide Beschlüsse und ihr zustandekommen im Gesamtzusammenhang zu prüfen.

b)   Beteiligung Dritter an der Gesellschafterversammlung

Während für einen Gesellschafter die Teilnahme an der Gesellschafterversammlung ein besonders geschütztes Recht darstellt, ist es auch denkbar, dass Personen, die nicht Gesellschafter sind, an der Gesellschafterversammlung teilnehmen sollen. Hierbei kann es sich um Vertreter, Berater oder einen Versammlungsleiter handeln. Zu unterscheiden ist demnach zwischen Dritten, die ein Teilnahmerecht von einem Gesellschafter ableiten können (Vertreter), und solchen, für die ein „eigenes" Teilnahmerecht[236] in Frage steht (z.B. Berater).

Die Teilnahme Dritter an der Gesellschafterversammlung einer GmbH ist grundsätzlich zulässig.[237] In einer Zwei-Personen-GmbH kann dies allerdings insoweit problematisch sein, als die praktischen Machtverhältnisse in der Gesellschafterversammlung beeinflußt werden können, etwa wenn ein rechtlich unerfahrener Gesellschafter seinem Mitgesellschafter und dessen Rechtsanwalt gegenübersteht.[238] Andererseits kann die Beteiligung eines neutralen Dritten insbesondere in Sachfragen auch förderlich sein.

Die Vertretung eines Gesellschafters in der Gesellschafterversammlung ist insoweit nicht problematisch. Den gesetzlichen Vertretern von Gesellschaftern stehen aus der Mitgliedschaft abgeleitete Teilnahmerechte zu.[239] Ebenso

---

[235] Vgl. oben II. 1. c); Scholz/Schmidt, § 48 RdNr. 41
[236] Nach Ansicht von Hachenburg/Hüffer, § 48 RdNr. 20, kann es das als solches nie geben, da das Teilnahmerecht des Dritten immer der Disposition der Gesellschafter unterliegt.
[237] Vgl. OLG Düsseldorf, GmbHR 2002, 67: Minderheitsgesellschafter können sogar ein durchsetzbares Recht auf die Teilnahme eines Beraters haben, wenn ein Gesellschafterbeschluß besondere Sachkunde erfordert.
[238] Vgl. OLG Naumburg, GmbHR 1996, 934, 936
[239] Scholz/Schmidt, § 48 RdNr. 19

hat der nach § 47 Abs. 3 GmbHG bevollmächtigte Dritte ein Teilnahmerecht an der Gesellschafterversammlung.[240]

Die Gesellschafter haben darüber hinaus die Möglichkeit, weitere Personen zu der Teilnahme an der Gesellschafterversammlung zu berechtigen.[241] Dieses kann im Gesellschaftsvertrag, oder jeweils durch Gesellschafterbeschluß geschehen. Diese Personen haben in der Gesellschafterversammlung kein Stimmrecht. Ein durch die Gesellschafter gefasster Beschluß ist grundsätzlich nicht unwirksam, wenn ein Dritter an der Gesellschafterversammlung teilgenommen hat. Etwas anderes kann aber gelten, wenn durch die Teilnahme des Dritten Druck von außen bei der Beschlußfassung relevant geworden ist.[242] Diese Situation ist gerade in der Zwei-Personen-GmbH denkbar, da hier eine Einflußnahme schon auf einen Gesellschafter große Auswirkungen haben kann.

Aus dem Teilnahmerecht eines Nicht-Gesellschafters lassen sich keine Rechtsfolgen in Bezug auf die Beschlußfassung ableiten. Die Nichtzulassung eines Dritten hat keinen Einfluß auf die Rechtmäßigkeit der Einberufung oder die Wirksamkeit eines Gesellschafterbeschlusses.[243]

c)   Sicherstellung der Versammlungsordnung

Die Abhaltung einer Gesellschafterversammlung und die Aufrechterhaltung der Versammlungsordnung ist in einer Gesellschaft mit nur zwei Gesellschaftern unter normalen Umständen nicht schwierig. Insofern ist es naheliegend, wenn bei Errichtung einer solchen Gesellschaft keine übertriebenen Regelungen hinsichtlich des Ablaufs und der Versammlungsordnung vorgesehen werden.[244]

Um aber die drohende Handlungsunfähigkeit bei einem sich zwischen den Gesellschaftern anbahnenden Konflikt abzuwenden, ist es gerade für die Zwei-Personen-GmbH erforderlich, Regelungen zu suchen, die eine Funktionsfähigkeit der Gesellschafterversammlung stützen. So können feste Regeln zur Versammlungsordnung über Meinungsverschiedenheiten hinweghelfen, indem sie der Gesellschafterversammlung ein Grundgerüst geben. Die Teilnahme unbeteiligter Dritter kann eine Pattsituation zwischen den Gesellschaftern entschärfen. Die Vereinbarung solcher Regeln ist nicht mit Nachteilen verbunden, da die Gesellschafter, solange Einigkeit besteht, in einer Zwei-Personen-GmbH im Einzelfall vereinfachende Abweichungen vereinba-

---

[240] Scholz/Schmidt, § 48 RdNr. 20; Hachenburg/Hüffer, § 48 RdNr. 18
[241] Scholz/Schmidt, § 48 RdNr. 21, 22; Hachenburg/Hüffer, § 48 RdNr. 22; Mutze, GmbHR 1970, 33, 34
[242] Scholz/Schmidt, § 48 RdNr. 21; Hachenburg/Hüffer, § 48 RdNr. 28
[243] Scholz/Schmidt, § 48 RdNr. 21; Hachenburg/Hüffer, § 48 RdNr. 28; OLG Naumburg, GmbHR 1996, 934, 936
[244] Vgl. Scholz/Schmidt, § 48 RdNr. 26

ren können. Die Vereinbarung erhält den Rang einer verbindlichen Übung. Damit droht nicht die Gefahr der Satzungsdurchbrechung.[245]

aa) Versammlungsleiter

Eine Möglichkeit der „Ordnung" der Gesellschafterversammlung ist die Bestellung eines Versammlungsleiters.[246] Ein solcher kann in der Zwei-Personen-GmbH eine zwischen den Gesellschaftern bestehende Pattsituation auflösen und damit die Durchführung der Gesellschafterversammlung erleichtern, sowie durch Protokollierung und Feststellung von Beschlüssen das Ergebnis der Gesellschafterversammlung festhalten.

Besondere Bedeutung hat in der Zwei-Personen-GmbH die Auswahl des Versammlungsleiters. Eine Auswahl innerhalb der Gesellschaft ist wegen des geringen in Betracht kommenden Personenkreises kritisch.[247] Zwar unterliegt der Versammlungsleiter einer Neutralitätspflicht.[248] Dennoch kann es gerade in einer Konfliktsituation entscheidend sein, dass der Versammlungsleiter beide Gesellschafter und ihre Anträge gleich behandelt, so dass die Neutralität auch tatsächlich gegeben sein sollte. Eine gesellschaftsfremde Person ist unter diesem Gesichtspunkt vorzugswürdig, auch wenn diese mit der Gesellschaft und deren Geschäft weniger gut vertraut ist. Um einen Streit über die Auswahl des Versammlungsleiters zu vermeiden, ist entscheidend eine Regelung, nach der eine neutrale Person im voraus bestimmbar ist.

Die Aufgaben des Versammlungsleiters ergeben sich aus seiner Funktion. Er hat die Anwesenheit festzustellen, die sachgerechte Erledigung der Versammlungsgegenstände anhand der Tagesordnung sicherzustellen, die Versammlung zu eröffnen, zu unterbrechen und zu beenden.[249] Geboten ist darüber hinaus die Feststellung des Abstimmungsergebnisses, des Beschlußinhalts und eine Niederschrift des Versammlungsablaufs.[250] Diese Aufgaben können die Gesellschafter dem Versammlungsleiter jeweils durch Satzungsbestimmung oder Gesellschafterbeschluß übertragen.[251] Im Rahmen der Versammlungsleitung ist es nicht Aufgabe des Versammlungsleiters, materiellrechtliche Streitigkeiten zu entscheiden[252]; andernfalls würde die Neutralität seiner Position gefährdet.

Der Versammlungsleiter kann zur Feststellung von Beschlußergebnissen sowohl durch den Gesellschaftsvertrag als auch im Einzelfall durch die Gesellschafter ermächtigt werden. Erforderlich ist eine solche Beschlußfeststellung

---

[245] So bei Vereinbarung im Gesellschaftsvertrag; vgl. Scholz/Schmidt § 48 RdNr. 26
[246] Hachenburg/Hüffer, § 48 RdNr. 29
[247] W. Vogel, S. 16, 17; Hachenburg/Hüffer, § 48 RdNr. 30
[248] Scholz/Schmidt, § 48 RdNr. 31
[249] Scholz/Schmidt, § 48 RdNr. 32; Hachenburg/Hüffer, § 48 RdNr. 31
[250] Hachenburg/Hüffer, § 48 RdNr. 37
[251] Vgl. Scholz/Schmidt, § 48 RdNr. 38
[252] Grunewald, FS. Zöllner I, S. 177, 183

nach dem Gesetz - anders als gemäß § 130 Abs. 2 AktG im Aktienrecht - bei der GmbH nicht.[253] Dennoch ist die Beschlußfeststellung zur Klarstellung des Ergebnisses der Gesellschafterversammlung förderlich. Problematisch ist sie jedoch dann, wenn das Ergebnis unter den Gesellschaftern einer Zwei-Personen-GmbH umstritten ist. Hier stellt sich die Frage, welche rechtlichen Auswirkungen die Beschlußfeststellung hat.[254] Hierauf soll im späteren Verlauf gesondert eingegangen werden.[255]

bb)   Geschäftsordnung

Eine umfassende Regelung der Einzelheiten des Ablaufs der Gesellschafterversammlung wird durch Verabschiedung einer Geschäftsordnung erreicht. Dieses kann auf verschiedene Weise geschehen. Zum einen kann die Gesellschafterversammlung selbst jeweils zu Beginn Ordnungsregeln beschließen. Eine solche „freiwillige" Geschäftsordnung hilft jedoch im Konfliktfall nicht weiter. Ziel des hier vorgeschlagenen Ansatzes ist es gerade, die in der Geschäftsordnung enthaltenen Regelungen so zu institutionalisieren, dass bei Differenzen zwischen den Gesellschaftern hierüber kein Streit entstehen kann. Die Gesellschafter können daher (schon bei Gründung) eine Geschäftsordnung beschließen, die mit der Zeit eine verbindliche Übung wird. Schließlich können Ordnungsregeln in die Satzung aufgenommen werden. Hier kann sich das Problem ergeben, dass auch im Einvernehmen nicht ohne weiteres von der Satzung abgewichen werden darf.[256]

Eine Geschäftsordnung enthält sinnvollerweise Klauseln, die einzelne Rechte der Gesellschafter im Rahmen der Gesellschafterversammlung genau bestimmen. Einzelne Antrags- und Rederechte können hier im Detail festgelegt werden. Insbesondere kann die Geschäftsordnung auch einen Versammlungsleiter für die Gesellschafterversammlung vorschreiben sowie dessen Auswahl und Aufgaben regeln. Durch die Anwendung der Geschäftsordnung wird somit sichergestellt, dass im Konfliktfall die Durchführung der Gesellschafterversammlung nicht bereits an Formfragen scheitert.

III.   Stimmrechtsausübung durch den Gesellschafter

Das Abhalten einer Gesellschafterversammlung kann nur dann zur Konfliktvermeidung beitragen, wenn dort auch Entscheidungen - sprich Gesellschafterbeschlüsse - gefaßt werden. Aufgrund der Gesellschafterzahl in der Zwei-Personen-GmbH kann die Beschlußfassung daran scheitern, dass bei Uneinigkeit der Gesellschafter die für einen Gesellschafterbeschluß erforderliche

---

[253] Lutter/Hommelhoff, Anh. § 47 RdNr. 42; Hüffer, AktG, § 130 RdNr. 22; Zöllner/Noack, ZGR 1989, S. 525, 527; BGHZ 51, 209, 212; BGHZ 104, 66, 69
[254] Vgl. Scholz/Schmidt, § 48 RdNr. 58; Lutter/Hommelhoff, Anh. § 47 RdNr. 42; BGHZ 11, 231, 235; BGHZ 97, 28, 30; BGHZ 104, 66, 69
[255] Siehe unten § 10, I. 3. a)
[256] Scholz/Schmidt, § 48 RdNr. 26

Mehrheit (§ 47 Abs. 1 GmbHG) nicht zustande kommen kann. Uneinigkeit der Gesellschafter kann somit zur Handlungsunfähigkeit der Gesellschaft führen.

Die Möglichkeit der Beschlußfassung hängt dann von Umfang und Ausübung ihres Stimmrechts ab. Das Stimmrecht des einzelnen Gesellschafters erhält seine Bedeutung durch die Ausgestaltung der Berechtigung zur Stimmabgabe (Kompetenz), der Wirksamkeit einer abgegebenen Stimme sowie des Einflusses einer Stimme auf das Abstimmungergebnis. Hinzu kommt einerseits die Freiheit des Gesellschafters hinsichtlich der Ausübung seines Stimmrechts, andererseits die dieser Ausübungsfreiheit gesetzten Grenzen. Diesem Punkt kommt im Zusammenhang mit der Problematik der Beschlußfindung in der Zwei-Personen-GmbH eine besondere Bedeutung zu.

1. Die Problematik der Freiheit des Stimmrechts

Das Stimmrecht stellt nach dem GmbHG das Recht jedes Gesellschafters dar, an der Bildung des kollektiven Willens in der Gesellschaft teilzunehmen. Es gewährleistet somit zum einen, dass die Gesellschaft als Verband entscheidungsfähig ist, zum anderen räumt es jedem Gesellschafter die Möglichkeit der Einflußnahme in diese Entscheidungsfindung ein.[257] Durch Ausübung dieses individuellen Stimmrechts trägt der Gesellschafter zur Bildung des Willens der Gesamtheit der Gesellschafter bei. Insofern ist das Stimmrecht elementarer Bestandteil der Mitgliedschaft des Gesellschafters in der Gesellschaft.[258] Der Wille der Gesamtheit der Gesellschafter bildet den kollektiven Willen der Gesellschaft.

Aus der Individualität des Mitgliedschaftsrechts ergibt es sich bereits, dass der Gesellschafter bei seiner Stimmrechtsausübung grundsätzlich frei ist. Es gehört gerade zu der kollektiven Willensbildung, dass sämtliche Mitglieder der Gesellschaft ihren individuellen Willen darin einbringen.[259]

Maßgebend bei der Willensbildung in der Gesellschaft ist also primär das Mehrheitsprinzip.[260] Dennoch mußte sich die Rechtsprechung immer wieder mit der Frage befassen, inwieweit die Gesellschafter bei der Abstimmung ausschließlich Eigeninteressen verfolgen dürfen. Ausgegangen wurde von dem Standpunkt, dass keine generelle Verpflichtung zu zweckmäßigen Entscheidungen besteht.[261] Der Gesellschafter müsse Eigeninteressen nicht hinter Gesellschaftsinteressen zurückstellen.[262] Die Grenze seiner Einflußnahme auf die Geschicke der Gesellschaft bildet allein die Sittenwidrigkeit.[263] Eine so

---

[257] Behrens, FS. 100 Jahre GmbHG, S. 539
[258] Zöllner, Stimmrechtsmacht, S. 11; K. Schmidt, Gesellschaftsrecht, § 21 II. 1.; Hachenburg/Hüffer, § 47 RdNr. 40
[259] Behrens, FS. 100 Jahre GmbHG, S. 539; Scholz/Schmidt, § 47 RdNr. 26
[260] Hueck, ZGR 1972, 237, 238
[261] RGZ 68, 235 („Hibernia")
[262] BGHZ 14, 25, 37
[263] §§ 138, 826 BGB; vgl. BGHZ 31, 258, 278; Sudhoff, S. 323

weitgehende Freiheit bei der Ausübung des Stimmrechts kann jedoch zu gravierenden Nachteilen für die Interessen der Gesellschaft und einzelner Mitgesellschafter führen.

2. Beschränkungen der Stimmrechtsfreiheit

Gegenüber der herkömmlichen Ansicht hat sich inzwischen in Rechtsprechung und Lehre der Gedanke durchgesetzt, dass der Gesellschafter sich bei seiner individuellen Entscheidung auch an Belangen der Gesellschaft und seiner Mitgesellschafter orientieren muß und der Ausübung seines Stimmrechts dadurch Schranken gesetzt sind. Wegen des geltenden Mehrheitsprinzips müssen Inhaltsschranken rechtlich begründet sein.[264] In Betracht kommen als Grundlagen neben dem Gesetz selbst insbesondere die Treuebindungen zwischen den Gesellschaftern sowie individuelle Vereinbarungen.

a) Stimmrechtsausschluß

Stärkste Form der Einschränkung des Stimmrechts ist der Stimmrechtsausschluß. Ein Stimmrechtsausschluß kann sich insbesondere aus einer Interessenkollision ergeben. Dieses ist in § 47 Abs. 4 GmbHG für die Fälle normiert, in denen der Gesellschafter durch den Gesellschafterbeschluß entlastet oder von einer Verbindlichkeit befreit werden soll. Die in § 47 Abs. 4 GmbHG aufgestellten Verbote beschränken sich zunächst auf die aufgeführten Fälle. Jedoch enthält § 47 Abs. 4 GmbHG andererseits den allgemeinen Grundsatz, dass Befangenheit einen Ausschluß vom Stimmrecht rechtfertigen kann. Konkret handelt es sich dabei um die „Grund-Tatbestände" des In-Sich-Geschäfts und des Richtens in eigener Sache.[265]

Dieser Grundsatz beruht auf einer allgemeinen Betrachtung der sich aus dem Zusammenschluß einzelner zu einer Gesellschaft ergebenden Notwendigkeiten. In einer Zwei-Personen-GmbH bedeutet ein Ausschluß des Stimmrechts immer, dass der andere Gesellschafter einen Beschluß allein faßt. Hieraus ergeben sich Folgeprobleme für die Beschlußfassung.

Die wichtigsten Problemfälle in der Zwei-Personen-GmbH betreffen den Stimmrechtsausschluß bei der Ausschließung eines Gesellschafters sowie insbesondere bei der Abberufung eines Gesellschafter-Geschäftsführers aus wichtigem Grund. Ist das Verhältnis zweier Gesellschafter-Geschäftsführer zerstört, kommt es regelmäßig zu gegenseitigen Ausschließungs- und Abberufungsversuchen. Nach den allgemeinen Regeln ist jeweils der betroffene Gesellschafter von der Abstimmung ausgeschlossen. In der Zwei-Personen-

---

[264] K. Schmidt, Gesellschaftsrecht, § 21 II. 3.
[265] Scholz/Schmidt, § 47 RdNr. 101, 102; Hachenburg/Hüffer, § 47 RdNr. 120; K. Schmidt, Gesellschaftsrecht, § 21 II. 2.; Immenga/Werner, GmbHR 1976, 53, 59; BGHZ 65, 93, 98; BGH, NJW 1986, 2051, m. Anm. K. Schmidt NJW 1986, 2018, 1019; vgl. auch BGHZ 9, 157

GmbH entscheidet damit der die Ausschließung oder Abberufung betreibende Gesellschafter alleine.[266] Dennoch besteht auch hier nach ganz h.M. der Stimmrechtsausschluß zu Lasten des betroffenen Gesellschafters.[267]

Die grundlegende Entscheidung des BGH zu der Frage des Stimmrechtsausschlusses bei der Geschäftsführerabberufung stammt aus dem Jahr 1969.[268] Dort wurde entschieden, dass der Gesellschafter bei der Abstimmung über seine Abberufung als Geschäftsführer aus wichtigem Grund nicht stimmberechtigt sei. Zwar stelle die Geschäftsführerabberufung einen körperschaftlichen Akt dar, an dem grundsätzlich sämtliche Gesellschafter beteiligt sein sollten. Dies könne aber nicht gelten, wenn ein zum Geschäftsführer bestellter Gesellschafter abberufen werden solle, da dessen Mitwirkung dem Grundsatz widersprechen würde, dass ein Gesellschafter regelmäßig vom Stimmrecht ausgeschlossen sei, wenn gegen ihn gesellschaftsrechtlich bedeutsame Maßnahmen ergriffen werden sollen.

Diese Entscheidung beruht auf einer Entwicklung der Rechtsprechung des BGH. Zuvor wurde die Ansicht vertreten, es bestünde grundsätzlich ein Mitwirkungsrecht des Gesellschafters trotz eigener Beteiligung an der Sache.[269] Diese Auffassung wurde im Anschluß insoweit modifiziert, dass ein solches Recht nicht besteht, wenn eine bedeutende Maßnahme gegen den Gesellschafter getroffen werden soll.[270]

Inzwischen kann die Erkenntnis, dass der Geschäftsführer bei der Abstimmung über seine Abberufung aus wichtigem Grund von der Stimmabgabe ausgeschlossen ist, als gefestigt angesehen werden.[271] Der Stimmrechtsausschluß ergibt sich hier also nicht unmittelbar aus § 47 Abs. 4 GmbHG, sondern folgt dem allgemeinen Prinzip, dass niemand durch seine Stimme Maßnahmen verhindern kann, die aus wichtigem Grund gegen ihn ergriffen werden sollen. Eine aktuelle Entscheidung des BGH zeigt, inwieweit es bei der Frage des Bestehens eines Stimmrechtsausschlusses auf den Grad der Betroffenheit des Gesellschafters ankommt:

---

[266] BGH, GmbHR, 1985, 256
[267] Vgl. für die Ausschließung Hachenburg/Ulmer, Anh. § 34 RdNr. 25; für die Abberufung Lutter/Hommelhoff, § 38 RdNr. 17; BGHZ 86, 177, 178
[268] BGH NJW 1969, 1438
[269] BGHZ 18, 205, 210
[270] BGHZ 34, 367, 371
[271] Scholz/Schmidt, § 46 RdNr. 76, § 47 RdNr. 118; Hachenburg/Hüffer, § 47 RdNr. 173; mit anderer Begründung Baumbach/Hueck/Zöllner, § 47 RdNr. 53; Damm, WuB II C. § 38 GmbHG 2.92; BGHZ 86, 177, 178

„Die mittelbare Entlastung"

BGH, II. Zivilsenat, Beschluß vom 2. Oktober 2000[272]

An der beklagten GmbH waren die Klägerin zu 49 % und der Freistaat Bayern zu 51 % beteiligt. Die Beklagte nahm für die Regierung von Oberbayern Aufgaben zum Schutz des Luftverkehrs war. Die Kosten hierfür hatte der Freistaat Bayern zu tragen; die Beklagte wiederum bediente sich zur Erledigung ihrer Aufgaben teilweise der Klägerin. In einer Gesellschafterversammlung wurde gegen die Stimme der Klägerin beschlossen, einen überzahlten Betrag von der Klägerin zurückzufordern. Diesen Gesellschaftsbeschluß focht die Klägerin an; sie machte geltend, der Freistaat Bayern habe an der Beschlußfassung nicht mitwirken dürfen, da er auf diese Weise - mittelbar - von seiner Finanzierungsverbindlichkeit gegenüber der Beklagten freigeworden sei.

Der BGH hat die gegen die Abweisung der Klage durch das Berufungsgericht eingelegte Revision der Klägerin nicht angenommen. Der Freistaat Bayern habe weder zu der Frage der Rückerstattung selbst noch zu deren Durchsetzung einem Stimmverbot unterlegen. Die durch die Rückforderung entstehende mittelbare Entlastung von der Finanzierungsverpflichtung begründe nicht die das Stimmverbot nach § 47 Abs. 4 GmbHG rechtfertigende Gefahr eines zweckwidrigen Gebrauchs des Stimmrechts.

In einer anderen aktuellen Entscheidung hat hingegen das OLG Karlsruhe entschieden, dass auch eine von einem Geschäftsführer beherrschte Personengesellschaft bei der Stimmabgabe zu der Frage, ob der Geschäftsführer abberufen werden solle, ausgeschlossen sei.[273]

Der Stimmrechtsausschluß wirkt sich hinsichtlich der fraglichen Thematik auch auf einige andere Mitgliedschaftsrechte aus. So hat der Gesellschafter hinsichtlich eines Tagesordnungspunktes, bezüglich dessen er von der Stimmabgabe ausgeschlossen ist, kein Recht auf einen Vertagungsantrag.[274] Weitergehende Mitgliedschaftsrechte hingegen werden durch den Stimmrechtsausschluß nicht berührt.[275]

In Gesellschaftsverträgen von personalistisch ausgestalteten GmbHs finden sich Klauseln, die abweichend von § 47 Abs. 4 GmbHG eine Stimmberechtigung des betroffenen Gesellschafters vorsehen.[276] Dieses ist gemäß § 45 Abs. 2 GmbHG grundsätzlich möglich. Nach heute h.M. ist die Zulässigkeit aber je nach Verbotstatbestand eingeschränkt; während das Verbot des In-Sich-Geschäfts aufgehoben werden kann, bleibt ein Richten in eigener Sa-

---

[272] BGH, DStR 2001, 1260

[273] OLG Karlsruhe, NZG 2000, 264

[274] OLG Nürnberg, GmbHR 1971, 208

[275] Immenga/Werner, GmbHR 1976, 53

[276] Vgl. Münchener Vertragshandbuch, Band 1, Form IV.23, § 12 Abs. 3

che, also z.B. die Beteiligung an der Abstimmung über die eigene Abberufung aus wichtigem Grund, unzulässig.[277]

b)   Beschränkungen des Stimmrechts durch Treuepflicht

Insbesondere in Konfliktsituationen ist in der Zwei-Personen-GmbH die Frage von Bedeutung, inwieweit sich aus der gemeinsamen Mitgliedschaft in der Gesellschaft ungeschriebene Einschränkungen des Stimmrechts ergeben.

aa)   Systematik

Als Grundlagen können Bindungen an zwingendes Recht, die guten Sitten, den Gleichbehandlungsgrundsatz, das Verbot der Satzungsdurchbrechung, aber auch unmittelbar die sogenannten Treuepflichten zwischen den Gesellschaftern herangezogen werden.[278] Letztere bieten sich insbesondere in der Zwei-Personen-GmbH zur Begründung von Rechten und Pflichten zwischen den Gesellschaftern an.

Die Existenz von Treuepflichten zwischen den Gesellschaftern ist in Rechtsprechung und Lehre anerkannt.[279] Das Ausmaß dieser Pflichten wird bestimmt von der Realstruktur der Gesellschaft.[280] Die besondere personalistische Ausprägung der Zwei-Personen-GmbH führt dazu, dass an die zwischen den Gesellschaftern bestehende Treuepflicht erhöhte Anforderungen zu stellen sind.[281]

Auf dieser Grundlage hat sich ein System beweglicher Stimmrechtsschranken entwickelt, das die starren Stimmverbote ergänzt und die Richtigkeit der Willensbildung in der GmbH gewährleisten soll.[282] Ihre Existenz ist heute anerkannt. Die Beschränkungen beruhen letztlich dennoch auf Wertungen und sind daher nicht frei von ideologischen Implikationen.[283] Hierdurch erschwert sich ihre systematische Darstellung. Zu unterscheiden sind die Fälle, in denen lediglich ein Verbot einer bestimmten Stimmrechtsausübung besteht („negativ"), von denen, wo der Gesellschafter zu einer bestimmten Stimmabgabe verpflichtet ist („positiv").

---

[277] Scholz/Schmidt, § 47 RdNr. 173; Hachenburg/Hüffer, § 47 RdNr. 189
[278] Zöllner, Stimmrechtsmacht, S. 335; siehe auch Seidel, S. 29 ff., nach dessen Ansicht allerdings Treuepflichten keinen eigenständigen Beitrag zum Schutz der Interessen von Gesellschaft und Gesellschaftern im Rahmen der Willensbildung leisten.
[279] BGHZ 9, 157, 163; Scholz/Westermann, Einleitung RdNr. 8; M. Winter, S. 1; Immenga, FS. 100 Jahre GmbHG, S. 189
[280] Lutter, AcP 180, 84, 105; M. Winter, S. 185 ff.
[281] OLG Düsseldorf, GmbHR 1994, 172, 174
[282] Behrens, FS. 100 Jahre GmbHG, S. 537, 549
[283] K. Schmidt, Gesellschaftsrecht, § 21 II. 3.

bb) Minderheitenschutz

In der einen für die Zwei-Personen-GmbH relevanten Fallgruppe geht es um den Schutz des Minderheitsgesellschafters vor für ihn nachteiligen Folgen von Gesellschafterbeschlüssen. Der Mehrheitsgesellschafter ist in der Zwei-Personen-GmbH in der Lage, Gesellschafterbeschlüsse nach seinen Vorstellungen zu treffen. Gerade in einer personalistisch strukturierten GmbH können solche Beschlüsse starke Auswirkungen auf den Minderheitsgesellschafter haben.

Hier kann der Minderheitsgesellschafter durch negative Stimmrechtsbeschränkungen geschützt werden. Die negative Beschränkung des Stimmrechts bedeutet, dass ein bestehendes Stimmrecht nicht zur Bewirkung eines sonst nach den rechnerischen Mehrheitsverhältnisses möglichen Gesellschafterbeschlusses gebraucht werden darf.

Der Gedanke des Minderheitenschutzes stammt aus dem Aktienrecht[284]. Richtungsweisend war dazu die Entscheidung des BGH vom 13. März 1978 zum Bezugsrechtsausschluß.[285] Dort wurde erstmals eine Bindung der Mehrheit an das Gesellschaftsinteresse betont.[286] Auf die GmbH übertragen wurde dieser Gedanke in der Entscheidung des BGH vom 16. Februar 1981.[287] Der BGH stellte klar, dass sich hinsichtlich eines Gesellschafterbeschlusses - in dem Fall ging es um ein Wettbewerbsverbot - der Schutz der Minderheit über bewegliche Stimmrechtsschranken vollziehe. Der Gesellschafterbeschluß müsse seine Rechtfertigung im Gesellschaftsinteresse finden. Der BGH entsprach mit dieser Rechtsprechung damals erhobenen Forderungen in der Literatur.[288]

Hinsichtlich der Frage, inwieweit ein Gesellschafter sein Stimmrecht auch zum Nachteil seines Mitgesellschafters ausüben darf, spielt die Struktur der Gesellschaft eine Rolle. Die sich in der Zwei-Personen-GmbH aus der besonders engen Bindung zwischen den Gesellschaftern ergebende, ausgeprägte Treuepflicht[289] bedeutet, dass der Mehrheitsgesellschafter nur dann Gesellschafterbeschlüsse mit für den Minderheitsgesellschafter negativen Auswirkungen fassen darf, wenn diese durch das Gesellschaftsinteresse in besonderem Maße erforderlich sind.

Bei der Suche nach Maßstäben ist hinsichtlich des Beschlußinhalts zu differenzieren. Unternehmensbezogene Beschlüsse werden uneigennützigen Beschlüssen zugerechnet, bei denen die Treuepflicht zu einer vorrangigen Be-

---

[284] § 243 II AktG; BGH, NJW 1988, 1579 („Linotype"); Scholz/Schmidt § 47 RdNr. 28

[285] BGHZ 71, 41, 49

[286] Hierzu M. Winter, S. 131

[287] BGHZ 80, 69

[288] M. Winter, S. 133

[289] OLG Düsseldorf, GmbHR 1994, 172

rücksichtigung von Gesellschaftsinteressen führt.[290] Bei der Verfolgung eigennütziger Rechte, etwa bei der Gewinnausschüttung, muß der Gesellschafter seine eigenen Interessen voranstellen können. Bei einem Eingriff in Minderheitenrechte schließlich geht es um das Verhältnis der Gesellschafter zueinander. Nach Ansicht des BGH unterliegen diese Beschlüsse den Grundsätzen der Erforderlichkeit und der Verhältnismäßigkeit.[291] Es bleibt somit bei allgemeinen Grundsätzen für den Inhalt der sich aus der Treuepflicht ergebenden Inhaltsschranken; wegen der Vielfalt der Einzelfälle lassen sich konkrete Maßstäbe nicht fassen.

cc)   Positive Stimmpflichten

Während im GmbH-Recht Beschlüsse grundsätzlich mit der Mehrheit der in der Gesellschafterversammlung abgegebenen Stimmen gefaßt werden, ist in Einzelfällen kraft Gesetzes oder aufgrund von Satzungsbestimmungen eine qualifizierte Mehrheit erforderlich.[292] In diesen Fällen ist in der Zwei-Personen-GmbH der eine Gesellschafter in der Lage, durch Zustimmungsverweigerung notwendige Beschlußfassungen zu verhindern.

Zur effektiven Durchsetzung der inhaltlichen Beschränkungen der Stimmrechtsfreiheit bedarf es in diesen Fällen einer Ergänzung durch positive Stimmpflichten. Der andere Gesellschafter muß hier aufgrund der Treuepflichten zu einer Zustimmung verpflichtet werden.[293]

Mit dieser Problematik hatte sich der BGH im Zuge der Novelle des GmbHG im Jahre 1980 mehrfach auseinanderzusetzen.[294] Für den Fortbestand einer GmbH war es damals erforderlich, dass das Stammkapital mindestens DM 50.000,- im Gegensatz zu vorher DM 20.000,- betrug; hierfür mußten viele GmbHs eine Kapitalerhöhung beschließen. In seiner Entscheidung vom 23. März 1987[295] entschied der BGH für eine Zwei-Personen-GmbH, dass der Gesellschafter einer personalistisch strukturierten GmbH aufgrund seiner Treuepflicht regelmäßig gehalten sei, der nach der GmbH-Novelle erforderlichen Kapitalerhöhung zuzustimmen. In einer Zwei-Personen-GmbH dürfe er seine Zustimmung hierzu auch nicht von der Erfüllung damit inhaltlich nicht zusammenhängender Forderungen abhängig machen. Die bestehende Zustimmungspflicht bedeute daher auch, dass die Notwendigkeit der Beschlußfassung nicht als Druckmittel hinsichtlich sachfremder Interessen ausgenützt werden dürfe.

---

[290] BGHZ 65, 15 („ITT"); Immenga, FS. 100 Jahre GmbHG, S. 189, 199; Scholz/Schmidt, § 47 RdNr. 30; Hachenburg/Raiser, § 47 RdNr. 123 ff.

[291] BGHZ 71, 41, 46; BGHZ 80, 69, 74

[292] §§ 53 Abs. 2 Satz 1, 60 Abs. 1 Nr. 2 GmbHG; vgl. M. Winter, S. 169 mit weiteren Fallbeispielen.

[293] Scholz/Schmidt, § 47 RdNr. 31; Zöllner, Stimmrechtsmacht, S. 354; Hueck, ZGR 1972, 237, 252

[294] BGHZ 98, 276; BGH, NJW 1987, 3192

[295] BGH, NJW 1987, 3192

Die Begründung der vorgenannten Entscheidung war stark durch die Intention der Gesetzesnovelle geprägt. Der Gedanke, Stimmpflichten aus der Treuebindung abzuleiten, ist in der Folgezeit aber auch auf andere Sachverhalte übertragen worden.[296] So hat das OLG Hamburg eine Zustimmungspflicht hinsichtlich der Bestellung eines Geschäftsführers mit der gesellschaftlichen Treuepflicht begründet.[297] Eine solche Verpflichtung könne sich nicht nur aus einer (gesellschaftsvertraglichen) Stimmbindung ergeben.

Schwierig ist die Konkretisierung von Kriterien für eine Zustimmungspflicht. In der Rechtsprechung spielen Stimmpflichten vor allem in allgemeinen Gesellschaftsangelegenheiten eine Rolle, seltener dagegen in Geschäftsführungsangelegenheiten.[298] In der Literatur wird das Bestehen einer Stimmpflicht bei einer Pflicht der Gesellschafter zur Mitwirkung an der Bilanzfeststellung oder bei gegen Geschäftsführer oder Gesellschafter zu treffende Sanktionen anerkannt. Unter besonderen Voraussetzungen kann auch eine Zustimmungpflicht bei Änderung des Gesellschaftsvertrages bestehen.[299] In Geschäftsführerangelegenheiten werden Stimmpflichten allgemein dann angenommen, wenn die fragliche Maßnahme zur Sicherung des Bestandes der Gesellschaft oder der Erhaltung ihrer Wettbewerbsfähigkeit erforderlich und die Maßnahme für den einzelnen Gesellschafter zumutbar ist.[300]

dd) Auswirkungen der Inhaltsschranken

Hinsichtlich der Auswirkungen der Einschränkungen des Stimmrechts ist zwischen negativen und positiven Beschränkungen zu unterscheiden. Verstöße gegen negative Beschränkungen führen zur Nichtigkeit der Stimmabgabe.[301] Sie wirken also unmittelbar.

Etwas anderes gilt für positive Stimmpflichten. Der andere Gesellschafter ist verpflichtet, dem Antrag zuzustimmen. Jedoch muß, wenn er dies nicht tut, diese positive Beschränkung prozessual durchgesetzt werden[302]. Eine automatische Fiktionswirkung gibt es nicht.

c) Ruhen des Stimmrechts

Einen Sonderfall stellt das Ruhen des Stimmrechts aufgrund einer besonderen gesellschaftsrechtlichen Situation dar.[303] Im Unterschied zu einem

---

[296] BGHZ 44, 40, 41; BGHZ 64, 253; BGH, GmbHR 1985, 152
[297] OLG Hamburg GmbHR 1991, 467; Hueck, ZGR 1972, 237, 253
[298] Vgl. ferner zu der Zustimmung zu einer Änderung des Gesellschaftsvertrages hinsichtlich einer Nachfolgeregelung in einer zweigliedrigen Personengesellschaft BGH, NJW 1987, 952
[299] Scholz/Schmidt, § 47 RdNr. 26; M. Winter, S. 175 ff.
[300] M. Winter, S. 173; Scholz/Schmidt, § 47 RdNr. 31
[301] BGH, WM 1988, 23; BGH, WM 1991, 97
[302] BGH, WM 1986, 1556; Scholz/Schmidt, § 47 RdNr. 32; für eine Inzidentprüfung OLG Hamburg, GmbHR 92, 43
[303] Zöllner, Stimmrechtsmacht, S. 130

Stimmverbot geht es hierbei nicht um den Bezug der konkreten Entscheidung zu dem Gesellschafter, sondern um die Person des Gesellschafters als solche und seine Rolle in der Gesellschaft.

Einen derartigen Fall hatte der BGH 1983 zu entscheiden:

„Der schwebende Gesellschafterausschluß"

BGH, II. Zivilsenat, Urteil vom 26. Oktober 1983[304]

Die Klägerin und die Streithelferin der Beklagten waren die Witwen und Rechtsnachfolgerinnen der Gründer der beklagten GmbH, an der sie je zur Hälfte beteiligt waren. Nach dem Gesellschaftsvertrag konnte jeder Gesellschafter unter bestimmten Voraussetzungen die Gesellschaft mit der Folge kündigen, dass die Beklagte seinen Geschäftsanteil einziehen oder der andere Gesellschafter ihn übernehmen könnte. Die Streithelferin kündigte gegenüber dem Rechtsvorgänger der Klägerin, der erklärte, den Geschäftsanteil übernehmen zu wollen. Es kam zu Uneinigkeiten über die Bewertung des Geschäftsanteils. Schließlich bestritt die Streithelferin die Wirksamkeit ihrer Kündigung. In einer Gesellschafterversammlung beantragte die Klägerin u.a. die Ausschüttung der angesammelten Gewinne zur Hälfte an sich und zur Hälfte auf ein Sperrkonto sowie die Ernennung ihres Sohnes zum Geschäftsführer der Beklagten. Die Streithelferin stimmte gegen diese Anträge. Die Klägerin hielt die Stimmabgabe der Streithelferin für unwirksam.

Nach Ansicht des BGH war jedoch die Streithelferin in der Gesellschafterversammlung grundsätzlich stimmberechtigt. Die in der Satzung vorgesehene Kündigung führt nur dann zu einem Ruhen des Stimmrechts bis zum Ausscheiden des Gesellschafters, wenn auch dies in der Satzung bestimmt sei. Allerdings mißbraucht der Gesellschafter nach Ansicht des BGH sein Stimmrecht, wenn er in dieser Zeit ohne Grund Anträgen widerspricht, die seine Vermögensinteressen nicht beeinträchtigen könnten. Daher ist hier zwar ein Widerspruch gegen die Gewinnausschüttung unzulässig, nicht aber gegen die Bestellung des Sohnes als Geschäftsführer.

Die Entscheidung zeigt, dass der BGH das Ruhen des Stimmrechts als schwerwiegenden Eingriff in die Rechtsstellung des Gesellschafters ansieht. Das in dem Fall angenommene Stimmverbot ergab sich aus einem allgemeinen Mißbrauchstatbestand. Der Gesellschafter ist also grundsätzlich so lange voll stimmberechtigt, wie er an der Gesellschaft beteiligt ist.[305] Für die Zwei-Personen-GmbH bedeutet dies, dass die Handlungsfähigkeit der Gesellschaft auch nach einem Ausschließungsbeschluß problematisch sein kann. Der eine Gesellschafter hat damit nicht die Möglichkeit, durch einen einseitigen

---

[304] BGH, WM 1983, 1310
[305] Scholz/Schmidt, § 47 RdNr. 25; vgl. BGH, WM 1983, 1354 und OLG Celle, GmbHR 1983, 273

Ausschließungsbeschluß den anderen Gesellschafter von der Wahrnehmung seiner Mitgliedschaftsrechte auszuschließen.

d) Stimmrechtsbindungen

Von den oben genannten Stimmrechtsschranken werden solche Einschränkungen der Stimmfreiheit unterschieden, die auf einem Rechtsgeschäft beruhen.[306] Diese sogenannten Stimmbindungen sind rechtsgeschäftlich begründete Abstimmungsverpflichtungen eines Gesellschafters.

Vereinbarungen über die Stimmrechtsausübung sind insoweit problematisch, als sie zu einem Konflikt zwischen der vertraglichen Bindung eines Gesellschafters und seiner Mitgliedschaft führen können.[307] Sofern die Vereinbarungen zwischen Gesellschaftern erfolgen, sind sie jedoch nach Ansicht von Rechtsprechung und Lehre grundsätzlich zulässig.[308] Sie begründen jedoch allein eine schuldrechtliche Wirkung zwischen den beteiligten Gesellschaftern. Die Wirksamkeit der Stimmabgabe selbst oder des Beschlusses wird somit durch eine bindungswidrige Stimmabgabe grundsätzlich nicht berührt.[309]

Etwas anderes gilt allerdings dann, wenn sich sämtliche Gesellschafter untereinander wirksam gebunden haben. Bei einem Verstoß gegen die Bindung ist in diesem Fall der Beschluß selbst fehlerhaft.[310] Nach Ansicht des BGH kann die Vereinbarung, auch ohne Bestandteil der Satzung zu sein, als solche der Gesellschaft zu behandeln sein, wenn alle Gesellschafter daran beteiligt sind.[311] Hierfür spreche auch die Prozeßökonomie: Die gerichtliche Durchsetzung der Bindung würde denselben Personenkreis betreffen und zu dem gleichen Ergebnis führen. Diese Argumente gelten gerade in der Zwei-Personen-GmbH, da hier letztlich ohnehin die Gesellschafter an einem Rechtsstreit beteiligt sind. Diese Besonderheit hat für die Zwei-Personen-GmbH große Bedeutung, da hier automatisch alle Gesellschafter an einer wirksamen Bindungsvereinbarung beteiligt sind. Somit hat in einer Zwei-Personen-GmbH eine wirksam vereinbarte Stimmbindung zur Folge, dass bei einem Verstoß gegen die Vereinbarung der Gesellschafterbeschluß fehlerhaft ist.

---

[306] Scholz/Schmidt, § 47 RdNr. 35; Hachenburg/Hüffer, § 47 RdNr. 65
[307] Behrens, FS. 100 Jahre GmbHG, S. 539, 551
[308] Scholz/Schmidt, § 47 RdNr. 39; Noack, Gesellschaftervereinbarungen, S. 66; ständige Rechtsprechung seit RGZ 107, 67; RGZ 112, 273; zur Problematik der Bindung ggü. Dritten vgl. Priester, FS. Werner, S. 657 ff.
[309] Hachenburg/Raiser, Anh. § 47 RdNr. 140; Scholz/Schmidt, § 47 RdNr. 53
[310] BGH, NJW 1983, 1910, 1911; BGH, NJW 1987, 1890; Scholz/Schmidt, § 47 RdNr. 53; Noack, Gesellschaftervereinbarungen, S. 163; krit. Hachenburg/Raiser, Anh. § 47 RdNr. 141 und Lutter/Hommelhoff, Anh. § 47 RdNr. 47
[311] BGH, NJW 1983, 1910, 1911

IV. Herbeiführung konfliktvermeidender Gesellschafterbeschlüsse

Bestimmte Gesellschafterbeschlüsse können bereits im Vorstadium der Krise zu einer Entschärfung der Situation beitragen oder aber zumindest ein Funktionieren der Gesellschaft zu einem späteren Zeitpunkt sicherstellen. Wegen der Vielfalt der möglichen Varianten eines Einzelfalles lassen sich solche Beschlüsse kaum abschließend vorab formulieren. Dennoch ist es möglich, für Konfliktsituationen relevante Beschlußinhalte darzustellen. Hierbei können sich auch aus den dargestellten betriebswirtschaftlichen Mechanismen[312] Hilfestellungen ergeben.

1. Aufgabenteilung

Hauptproblem eines Zerwürfnisses zwischen den Gesellschaftern einer Zwei-Personen-GmbH ist die drohende Handlungsunfähigkeit. Wenn sich die Gesellschafter nicht mehr über laufende Entscheidungen einigen können, lähmen sie damit die Geschäftsführung und damit die gesamte Gesellschaft. Eine optimierte Organisationsstruktur kann in dieser Situation zur Vermeidung der Handlungsunfähigkeit der Gesellschaft beitragen.[313]

In einer Zwei-Personen-GmbH, in der beide Gesellschafter zugleich Geschäftsführer sind, bietet sich eine konsequente Aufgabenteilung zur Lösung dieses Problems an. Jedem Gesellschafter kann dann in seiner Eigenschaft als Geschäftsführer ein Aufgabenbereich übertragen werden und zugleich beschlossen werden, dass es der Zustimmung der Gesellschafterversammlung zu Entscheidungen in diesem Bereich nicht bedarf. Eine solche Aufgabenteilung kann bereits im Gesellschaftsvertrag verankert werden.

Theoretisch läßt sich auch auf der Ebene der Gesellschafter hinsichtlich der Beschlußfassung eine solche Aufgabenteilung durchführen. Deren Funktionieren hängt aber in jedem Fall davon ab, dass die Gesellschafter sich an die Trennung der Aufgabenbereiche halten.

2. Fremdgeschäftsführung

Das Problem der möglichen Handlungsunfähigkeit der Gesellschafterversammlung läßt sich in seinem Umfang dadurch einschränken, dass die Geschäftsführung einem Dritten übertragen wird und dieser einen weiten Entscheidungsspielraum erhält. Hierdurch wird zwar nicht die Ursache des Konflikts gelöst, aber eines der Symptome, die Handlungsunfähigkeit in der Geschäftsführung, beseitigt.[314] Diese Möglichkeit gleicht einer freiwilligen Notgeschäftsführung.

---

[312] Siehe oben § 3, II. 4.
[313] Siehe oben § 3, II. 4. a)
[314] Vgl. Immenga, GmbHR 1971, 107, 108

Die Verlagerung der Geschäftsführung auf Dritte kann durch die Bildung eines Beirats vermieden werden.[315] Ein kontrollierender Beirat kann die Funktionsfähigkeit der Geschäftsführung sicherstellen und dabei zwischen divergierenden Interessen der Gesellschafter-Geschäftsführer eine schlichtende Rolle einnehmen.[316]

3. Ausscheiden eines Gesellschafters

Eindeutig stellt die Auflösung der Gesellschaft die ultima ratio der Konfliktlösung dar. Als letzte Vorstufe dazu kann das Ausscheiden eines Gesellschafters gelten. Der entscheidende Unterschied zu der Auflösung liegt darin, dass bei der Ausschließung der Fortbestand eines Unternehmens gewährleistet ist.

Daher kann das Ausscheiden eines Gesellschafters auch prophylaktisch eine sinnvolle Alternative sein, wenn sich ein Zerwürfnis zwischen den Gesellschaftern abzeichnet und etwa das Interesse eines Gesellschafters rein materiell ist. Hierdurch kann immerhin eine später eventuell erforderliche Ausschließungsklage vermieden werden.[317] Präventiv vereinbarte Trennungsmechanismen[318] erleichtern hierbei einen geordneten Ablauf des Verfahrens. In Betracht kommen hierfür etwa Ausschließungsklauseln oder Buy-Sell-Agreements.[319]

---

[315] Siehe schon oben § 3, II. 4. a) bb)
[316] Hinterhuber/Minrath, BB 1991, 1201, 1202
[317] Zu der Zulässigkeit im Einzelfall und der Umsetzung der Gesellschafterausschließung siehe unten § 9 und § 15.
[318] Siehe oben § 3, II. 4. b)
[319] Siehe hierzu näher unten § 9, III.

§ 6 Widerstreit divergierender Geschäftsführerhandlungen

I. Einleitung

Die beschriebene Problematik einer möglichen „Pattsituation" kann in der Zwei-Personen-GmbH auf der Ebene der Geschäftsführung ebenso auftreten wie unter den Gesellschaftern. Sind die Gesellschafter zugleich alleinige Geschäftsführer der GmbH, so führt ein Konflikt zwischen den Gesellschaftern auch zu einer Krise in der Geschäftsführung.

Die Geschäftsführer vertreten die GmbH gerichtlich und außergerichtlich (§ 35 Abs. 1 GmbHG), sie führen als Organ den Willens der Gesellschafter aus.[320] Bei der Untersuchung der Folgen von Handlungen der Geschäftsführer ist zwischen der Geschäftsführungsbefugnis und der Vertretungsmacht zu unterscheiden. Aus dem Umfang der Geschäftsführungsbefugnis ergibt sich, ob der Geschäftsführer im Verhältnis zu den Gesellschaftern zu einer Handlung berechtigt ist. Die Vertretungsmacht hingegen bestimmt, ob die Handlung im Außenverhältnis wirksam ist.[321] Für die Gesellschaft kann insbesondere die Außenwirkung von Geschäftsführerhandlungen zum Problem werden, da sich hier Unstimmigkeiten unmittelbar gegenüber Dritten auswirken.

Sind mehrere Geschäftsführer vorhanden, vertreten sie die Gesellschaft - so der gesetzliche Regelfall gemäß § 35 Abs. 2 Satz 2 GmbHG - gemeinsam. Diese Vorschrift ist indes dispositiv. Insbesondere in personalistisch strukturierten GmbHs ist es regelmäßig der Fall, dass die Gesellschafter-Geschäftsführer Einzelvertretungsmacht besitzen.[322] Aus diesen Alternativen hinsichtlich des Umfangs der Vertretungsmacht ergeben sich grundsätzlich verschiedene Probleme bei Uneinigkeit der Geschäftsführer. Während in dem einen Fall auch für die Geschäftsführung eine Handlungsunfähigkeit droht, besteht in dem anderen Fall die Gefahr, dass beide Gesellschafter-Geschäftsführer ohne Rücksicht auf den anderen handeln und es dadurch zu widersprüchlichen Handlungen kommt.[323]

Solche divergierenden Handlungen der Geschäftsführer können der Gesellschaft nach außen hin beträchtlichen Schaden zufügen. Es können für die Gesellschaft Verpflichtungen geschaffen werden, die nicht gleichzeitig erfüllbar sind. Unabhängig von der Antwort auf die Frage, welches Rechtsgeschäft im Einzelfall wirksam ist, kann nicht vermieden werden, dass durch das wi-

---

[320] Vgl. Grothus, GmbHR 1958, 142, 143; Michalski, GmbHR 1991, 349
[321] Sudhoff, S. 246, 251; Wegmann, DStR 1992, 866; die Vertretungsmaßnahme kann indessen auch eine Maßnahme der Geschäftsführung darstellen und insoweit ein Teilbereich derselben sein (Michalski, GmbHR 1991, 349), dabei kann aber die Geschäftsführungsbefugnis nicht die Vertretungsmacht im Außenverhältnis einschränken.
[322] Sudhoff, S. 250: Die Einräumung von Einzelvertretungsmacht entspreche dem Interesse des Gesellschafters, eigenständig Entscheidungen treffen zu können; das Risiko unredlicher (Fremd-)Geschäftsführer sei hier übersehbar.
[323] Immenga, GmbHR 1971, 107, 109

dersprüchliche Verhalten der Geschäftsführung zunächst Unsicherheiten geschaffen werden, wodurch das Vertrauen zu der Gesellschaft und deren Geschäftsleitung beeinträchtigt wird. Der Gesellschaft droht somit, unabhängig von der Wirkung einer Erklärung und möglicher Regreßansprüche, wenn nicht ein materieller, so doch zumindest ein immaterieller Schaden.

II. Gesamtvertretung

Sind die Geschäftsführer entsprechend der gesetzlichen Regelung in § 35 Abs. 2 Satz 2 GmbHG nur gemeinsam zur Vertretung der Gesellschaft befugt, so liegt das Problem in der drohenden Handlungsunfähigkeit der Geschäftsführung.[324] Eine Erklärung ist nur dann wirksam, wenn sie von beiden Geschäftsführern gemeinsam abgegeben worden ist oder der andere Geschäftsführer ihr zugestimmt hat.[325] Ebenso wie auf der Gesellschafterebene sind hier die Gesellschafter-Geschäftsführer möglicherweise nicht in der Lage, sich auf eine gemeinsame Vorgehensweise zu einigen.

Zu der Lösung dieser Problematik können die oben genannten[326] Lösungswege begangen werden; insbesondere in der Zwei-Personen-GmbH besteht praktisch kaum ein Unterschied zwischen einer Uneinigkeit der Gesellschafter-Geschäftsführer auf Gesellschafter- oder auf Geschäftsführerebene. Sind die Geschäftsführer zugleich auch Gesellschafter, so können sich aus ihrer Gesellschafterstellung etwa Zustimmungspflichten ergeben.

Handelt ein lediglich zu gemeinsamer Vertretung befugter Geschäftsführer dennoch allein, so ist sein Handeln im Außenverhältnis nicht wirksam.[327] Behauptet der Geschäftsführer hingegen fälschlicherweise, zur Einzelvertretung berechtigt zu sein, gelten die Regeln des BGB zum Vertreter ohne Vertretungsmacht.[328]

Im Ergebnis sind die Interessen der Gesellschaft somit nicht gefährdet. Dritte müssen die in der Gesamtvertretung liegende Beschränkung der Vertretungsmacht gegen sich gelten lassen. Eine Gefahr liegt allein in der Handlungsunfähigkeit.

---

[324] Immenga, GmbHR 1971, 107

[325] Lutter/Hommelhoff, § 35 RdNr. 25

[326] Vgl. § 5, III. 2.

[327] Wegmann, DStR 1992, S. 866 (die Offenlegung ist nicht erforderlich, da die Gesamtvertretung dem Gesetz entspricht)

[328] Wegmann, DStR 1992, 866; einseitige Rechtsgeschäfte sind nichtig (§ 180 Satz 1 BGB), zweiseitige Rechtsgeschäfte sind schwebend unwirksam (§ 177 Abs. 1 BGB).

III. Einzelvertretung

1. Die Problematik

Die Problematik liegt anders, wenn den Geschäftsführern Einzelvertretungsmacht eingeräumt ist. Hier vertreten die Geschäftsführer die Gesellschaft allein, sie sind nicht auf die Zustimmung ihres Mitgeschäftsführers angewiesen. Eine Handlungsunfähigkeit droht damit in der Geschäftsführung nicht. Jedoch kann es dadurch, dass die Einzelvertretungsmacht es den Geschäftsführern ermöglicht, unabhängig voneinander zu handeln, in Bezug auf einen Sachverhalt zu widersprüchlichen Maßnahmen kommen.

Hieran ist problematisch, dass die Erklärungen der Geschäftsführer der GmbH als juristische Person zugerechnet werden. Diese kann nur einen einzigen Willen haben. Es ist daher sowohl ein praktisches als auch ein dogmatisches Problem, wie die divergierenden Erklärungen zweier GmbH-Geschäftsführer zu beurteilen sind.

Durch widersprüchliche Geschäftsführerhandlungen können kontroverse Aussagen und unerfüllbare Verpflichtungen geschaffen werden, so dass die Klärung der Wirksamkeit dieser Handlungen von besonderer Bedeutung sowohl für die Gesellschaft als auch für außenstehende Dritte ist. Das Vertrauen des Dritten in die Wirksamkeit ihm gegenüber abgegebener Erklärungen ist bei dieser Beurteilung im Interesse der Rechtssicherheit besonders zu beachten.

2. Unterscheidung nach Fallgruppen

In Rechtsprechung und Literatur werden zu der Beurteilung divergierender Geschäftsführerhandlungen verschiedene Lösungen vertreten. Diese unterscheiden sich nach der jeweiligen Interessenlage, des weiteren werden die divergierenden Handlungen nach ihrem Zusammenhang unterschiedlich behandelt. Im folgenden sollen daher die Wirkungen divergierender Geschäftsführerhandlungen nach Fallgruppen getrennt untersucht werden.

a) Fehlender zeitlicher Zusammenhang

Zunächst lassen sich solche Handlungen abgrenzen, die sich zwar widersprechen, aber ohne jeglichen zeitlichen Zusammenhang zueinander vorgenommen werden.[329] Ein Geschäftsführer ist nicht unbegrenzt an eine frühere Handlung eines anderen Geschäftsführer gebunden. In einem solchen Fall gelten die allgemeinen Regeln der §§ 130 ff. BGB. Die zuerst erfolgte, d.h. die zuerst zugegangene Willenserklärung ist allein wirksam.[330] Der Wirksamkeit einer nachfolgenden Erklärung, die geeignet ist, die Rechtsfolgen der

---

[329] Vgl. Scholz/Schneider, § 36 RdNr. 7
[330] Mertens/Stein, § 35 RdNr. 43

ersten Erklärung aufzuheben oder zu ändern, steht aber grundsätzlich nichts im Wege.

b)   Gleichzeitigkeit

Im Gegensatz zu ohne jeglichen zeitlichen Zusammenhang erfolgende Erklärungen sind sich widersprechende, gleichzeitig zugehende Erklärungen gemäß § 130 Abs. 1 Satz 2 BGB unwirksam. Hier fehlt es an einer eindeutigen Willensäußerung der GmbH.[331] Die sich widersprechenden Erklärungen haben hier die Wirkung eines gleichzeitig dem Erklärungsempfänger zugehenden Widerrufs. In diesen Fällen ist es für den Dritten erkennbar, dass eine eindeutige Willensbetätigung der GmbH nicht vorliegt. Er wäre insoweit in seinem Vertrauen auf eine der Erklärungen nicht schutzwürdig.

c)   Mißbrauchstatbestände

Ebenfalls gesondert behandelt werden können solche Fälle, in denen sich die Lösung aus den Grundsätzen des bürgerlichen Rechts zum Mißbrauch der Vertretungsmacht ergibt. Dieses Institut stellt hinsichtlich der Vertretungsmacht des GmbH-Geschäftsführers eine Verknüpfung dar zwischen möglichen Beschränkungen im Innenverhältnis und der Wirksamkeit von Erklärungen im Außenverhältnis.[332] Unabhängig davon, dass die Vertretungsmacht des Geschäftsführers im Außenverhältnis unbeschränkbar ist, können ihm im Innenverhältnis Beschränkungen auferlegt sein. Der Geschäftsführer, der gegen diese Beschränkungen verstößt, mißbraucht seine Vertretungsmacht. Wirken Geschäftsführer und Dritter vorsätzlich zum Nachteil des Vertretenen - also der GmbH - zusammen (sogenannte Kollusion), ist das geschlossene Rechtsgeschäft sittenwidrig und damit gemäß § 138 Abs. 1 BGB nichtig.[333]

Des weiteren hat in bestimmten Fällen der Mißbrauch der Vertretungsmacht auch ohne arglistiges Zusammenwirken mit Dritten Auswirkungen im Außenverhältnis. Dieses ist in Rechtsprechung und Literatur anerkannt[334]; Uneinigkeit besteht im einzelnen hinsichtlich der Voraussetzungen und der Rechtsfolgen. Nach wohl h.M. ist erforderlich, dass der Geschäftsführer sich bewußt über interne Beschränkungen hinwegsetzt oder zum Nachteil der Gesell-

---

[331] Scholz/Schneider, § 36 RdNr. 8; Mertens/Stein, § 35 RdNr. 43

[332] Michalski, GmbHR 1991, 349, 350

[333] Soergel/Leptien, § 177 RdNr. 21; Scholz/Schneider, § 35 RdNr. 133; BGH, WM 1976, 658

[334] Soergel/Leptien, § 177 RdNr. 15; Michalski, GmbHR 1991, 349, 350; BGH, NJW 1966, 1911; BGH, GmbHR 1976, 208; BGH, GmbHR 1984, 96; BGHZ 113, 315, 320; Scholz/Schneider, § 35 RdNr. 134, 135, der vor zu geringem Anspruch an die Kenntnis des Dritten warnt, da sonst die Gefahr einer Einführung der ultra-vires-Lehre „durch die Hintertür" bestünde

schaft handelt und sich dieses dem Dritten aufdrängen muß.[335] Der BGH wendet als Rechtsfolge § 242 BGB an[336], während in der Literatur überwiegend eine analoge Anwendung der §§ 177 ff. BGB vertreten wird[337]; die Ansichten unterscheiden sich im Ergebnis kaum, da auch der BGH Gedanken der §§ 177 ff. BGB heranzieht.[338]

d) Inhaltliche Divergenz

Der eigentliche Problemfall ist der, in dem die Geschäftsführer in enger zeitlicher Abfolge Erklärungen abgeben, die zueinander in Widerspruch stehen. Sobald ein außenstehender Dritter auf eine dieser Erklärungen vertraut hat, wird durch die widersprüchliche Erklärung zumindest das Ansehen der Gesellschaft geschädigt.

aa) Bisherige Lösungsansätze

Anschaulich für diese Problematik ist die folgende Entscheidung des KG:

„Registeranmeldung I"

KG, 1. Zivilsenat, Beschluß vom 5. Januar 1939[339]

EB und RB waren zu gleichen Teilen an einer GmbH beteiligt und zugleich jeweils zu alleinvertretungsberechtigten Geschäftsführern bestellt. RB meldete mittels notariell beglaubigter Erklärung den Widerruf der ehemals von beiden Geschäftsführern gemeinschaftlich erteilten Prokura des KH an. EB widersprach der Eintragung und beantragte durch notariell beglaubigte Erklärung, die Löschung nicht vorzunehmen. Der Rechtspfleger setzte die Eintragung bis zur Entscheidung eines zwischen den Gesellschaftern über die Rechtmäßigkeit des Widerrufs der Prokura schwebenden Rechtsstreits aus. Gegen diese Verfügung legte RB Erinnerung ein; der Registerrichter trat der Entscheidung des Rechtspflegers bei, auf die gegen diese Entscheidung gerichtete Beschwerde des RB hob das LG die Vorentscheidung auf und wies das Amtsgericht an, die Prokura zu löschen. Hiergegen legte EB die weitere Beschwerde ein.

Nach Ansicht des KG war der angefochtene Beschluß nicht haltbar. Die Frage, ob die Anmeldung des Erlöschens der Prokura durch den einen Geschäftsführer von dem anderen Geschäftsführer wirksam zurückgenommen werden könne, sei zu bejahen. Da besondere verfahrensrechtliche Hindernis-

---

[335] Michalski, GmbHR 1991, 349, 354; auf der einen Seite ist somit ein subjektives Element auf Seiten des Geschäftsführers erforderlich, auf der anderen muß der Dritte nicht positive Kenntnis der Umstände haben.

[336] RGZ 134, 67; BGH, WM 1988, 704; BGH, WM 1984, 305; BGH, WM 1980, 953

[337] Scholz/Schneider, § 35 RdNr. 139; Lutter/Hommelhoff, § 35 RdNr. 12

[338] BGH, WM 1988, 704, 706; für eine Kombination auch Michalski, GmbHR 1991, 349, 356

[339] KG, JW 1939, 357

se nicht entgegenstünden, könne die Anmeldung wie jeder andere Antrag von demjenigen wirksam zurückgenommen werden, der den Antrag gestellt habe. Das sei hier die GmbH selbst: Der von einem Geschäftsführer im Namen der GmbH gestellte Antrag könne daher von einem anderen Geschäftsführer im Rahmen seiner Vertretungsmacht zurückgenommen werden.[340]

Die Lösung hat das KG damit auch bei diesem Fall allein aus der zeitlichen Reihenfolge der Erklärungen entnommen. Dieser Ansatz wird in der Literatur als unbefriedigend kritisiert. Es sei unsicher, wer das letzte Wort habe.[341] Nach dem Widerspruch des einen könne der andere Geschäftsführer seine Erklärung wiederholen.[342] Letztlich sei es dem Zufall überlassen, welche Erklärung vorgehe.

Einen anderen Ansatz hat das OLG Hamm in der folgenden Entscheidung vertreten, in der es wiederum um den Widerruf einer Prokura ging:

„Registeranmeldung II"

OLG Hamm, 15. Zivilsenat, Beschluß vom 12. März 1957[343]

Von den zwei alleinvertretungsberechtigten Geschäftsführern einer GmbH widerrief A die der Ehefrau des B erteilten Gesamtprokura und meldete den Widerruf zur Eintragung an. B widersprach der Löschung und erklärte, er habe die Widerrufserklärung des A seinerseits widerrufen. Notfalls werde er seiner Ehefrau erneut Prokura erteilen. Durch Verfügung des Registergerichts wurde dem B aufgegeben, seinen Widerspruch gegen die von A beantragte Anmeldung über das Erlöschen zurückzunehmen. B wendete sich erfolglos gegen diese Verfügung.

Das OLG hat hier den Standpunkt vertreten, unter dem Gesichtspunkt der Rechtssicherheit müsse der nur negativ wirkenden Erklärung gegenüber der sachlich schwerer wiegenden positiven Erklärung der Vorzug gegeben werden. Zwar seien zunächst wegen der Einzelvertretungsbefugnis sowohl Anmeldung als auch Widerruf wirksam. Das Registergericht könne aber in Kenntnis der Vorgänge in der Gesellschaft nicht auf die zufällig letzte Erklärung abstellen. Der einer Neuerteilung der Prokura gleichzustellende Widerruf des B sei daher im Sinne der Rechtssicherheit unbeachtlich.

Diese Ansicht trifft allerdings ebenfalls auf Kritik. Gottschling hält in seiner Anmerkung[344] entgegen, dass die Erklärungen der Geschäftsführer, da sie der GmbH als einer Rechtspersönlichkeit zuzurechnen seien, nicht anders

---

[340] KG, JW 1939, 357, 358
[341] Immenga, GmbHR 1971, 107, 109
[342] Scholz, GmbHR 1958, 34
[343] OLG Hamm, BB 1957, 448
[344] Gottschling, GmbHR 1957, 168

behandelt werden dürften als die eines Einzelkaufmannes oder alleinigen Geschäftsführers. Daher müsse die letzte Erklärung gelten; es komme nicht darauf an, welche Erklärung sachlich schwerer wiege.[345] Nach Ansicht von Immenga hingegen ist der Bezug zwischen dem Kriterium der Rechtssicherheit und der negativen Wirkung der Erklärung nicht zu erkennen.[346] Die Abwägung der Wirkung einer Erklärung für die Gesellschaft ist nach Auffassung von Grothus[347] durch das Gericht nicht oder nur schwer möglich.

Grothus empfiehlt in seiner Untersuchung zu diesem Problem die Anwendung des Instituts des Wegfalls der Geschäftsgrundlage.[348] Die Annahme, dass die Gesellschaft bei einem Vertragsschluß einen einzigen Willen gehabt habe, sei zumindest in Einzelfällen Grundlage des Geschäfts. Stelle sich heraus, dass diese Grundlage nicht bestanden habe, sei die Rechtsausübung an die veränderten Umstände anzupassen.[349]

Nach Auffassung von Scholz[350] schließlich sind die widersprüchlichen Erklärungen schlicht nichtig. Im Falle eines „offensichtlichen Streites" würden sich Erklärung und Gegenerklärung aufheben. Immenga[351] hat diesen Ansatz aufgegriffen und eine dogmatische Begründung versucht. Seiner Ansicht nach ist der eigentliche Willensbildungsprozeß der GmbH als juristischer Person mit der Erklärung durch den einen Geschäftsführer noch nicht abgeschlossen. Da die GmbH als juristische Person nur einen Willen haben könne fehle es ihr, wenn zwei Geschäftsführer widersprüchlich handeln, an einem Willen hinsichtlich dieser Handlungen. Die entgegengesetzten Erklärungen, denen es insoweit an Wirksamkeit mangele, höben sich gegenseitig auf.

bb) Stellungnahme

In den Fällen, in denen zwei einzelvertretungsberechtigte Geschäftsführer im Außenverhältnis für die Gesellschaft widersprüchlich handeln, besteht ein Konflikt zwischen der rechtlichen Notwendigkeit, dass die GmbH als juristische Person nur einen einheitlichen Willen haben kann[352] und entsprechend einheitlich handeln müßte, sowie der Tatsache, dass zwei natürliche Personen als einzelvertretungsberechtigte Vertreter der GmbH dennoch widersprüchlich denken und handeln können. Die Geschäftsführer können daher

---

[345] Gottschling, GmbHR 1957, 168; entsprechend KG, JW 1939, 357

[346] Immenga, GmbHR 1971, 107, 109

[347] Grothus, GmbHR 1958, 142, 143

[348] Grothus, GmbHR 1958, 142, 144; dieses Rechtsinstitut ist nunmehr in § 313 Abs. 1 BGB gesetzlich geregelt.

[349] Siehe hierzu Scholz/Schneider, § 36 FN. 11; Immenga, GmbHR 1971, 107, 109

[350] Scholz, GmbHR 1958, 34

[351] Immenga, GmbHR 1971, 107, 110

[352] Immenga, GmbHR 1971, 107, 110; Grothus, GmbHR 1958, 142, 143; Gottschling, GmbHR 1957, 168

eine unendliche Folge widersprüchlicher Erklärungen abgeben.[353] Die Anwendung der allgemeinen Regeln des BGB und der ZPO führt hierbei zu teilweise unbefriedigenden Lösungen, da sie darauf abstellen, dass die Person, der eine Erklärung letztlich zugeordnet werden soll, einen bestimmten Willen hat und diesen einheitlich äußert.

Hinsichtlich materiellrechtlicher Willenserklärungen sind auch bei interner Uneinigkeit in einer GmbH die Regelungen des allgemeinen Teils des BGB zur Wirksamkeit von Erklärungen im Außenverhältnis zu beachten. Grundsätzlich ist gemäß § 130 Abs. 1 Satz 1 BGB eine Willenserklärung wirksam, sobald sie dem Empfänger zugegangen ist, eine spätere, widersprüchliche Erklärung ändert hieran grundsätzlich nichts.[354] Die Wirksamkeit einer Erklärung muß im Rechtsverkehr objektiv beurteilbar sein, der Erklärungsempfänger muß sich auf die Wirksamkeit der Erklärung verlassen können. Nur so lässt sich die durch divergierende Erklärungen entstehende Unsicherheit für den Rechtsverkeht minimieren.

Insofern ist die Anwendbarkeit des Lösungsvorschlags von Immenga[355], nach der die widersprüchlichen Erklärungen grundsätzlich nichtig sind, beschränkt, da diese Lösung eine im Außenverhältnis grundsätzlich nicht zu rechtfertigende Durchbrechung der sich aus dem allgemeinen Teil des BGB ergebenden Grundsätze zur Wirksamkeit von Rechtsgeschäften darstellt. Auch eine Differenzierung nach den Rechtsfolgen der Erklärung gemäß dem Ansatz des OLG Hamm[356] kommt nicht in Betracht: Zwar ist der Entscheidung insoweit zuzustimmen, als im Zweifelsfall die Erklärung gelten muss, durch die weniger Rechtsunsicherheit hervorgerufen wird; es ist aber nicht generalisierbar, dass eine negative Erklärung grundsätzlich weniger Rechtsunsicherheit hervorruft als eine positive. Für Außenstehende wäre es so nicht möglich, die Folgen verschiedener Erklärungen zu beurteilen. Die von Grothus[357] vorgeschlagene Anwendung der Grundsätze zum Wegfall der Geschäftsgrundlage bzw. nunmehr von § 313 Abs. 1 BGB kann nur in einer bestimmten Fallkonstellation zur Lösung beitragen. Dieses Rechtsinstitut setzt voraus, dass ein Umstand, der tatsächlich nicht vorhanden ist, von mindestens einer Partei bei Vertragsschluß derart vorausgesetzt wurde, dass sie das Geschäft bei Nichtvorliegen dieses Umstandes nicht abgeschlossen hätte.[358] Als fehlende „Geschäftsgrundlage" gemäß § 313 Abs. 1 BGB kommt in der vorliegenden Fallkonstellation nur das Vorhandensein eines einheitlichen Willens auf Seiten der GmbH in Betracht. Ein Anpassungsrecht kann sich hieraus nur zugunsten

---

[353] Vgl. Scholz, GmbHR 1958, 34: Die Angelegenheit erscheine „wie ein kindliches Spiel", das „kein Ende" nähme.

[354] Mertens/Stein, § 35 RdNr. 43

[355] Immenga, GmbHR 1971, 107, 110

[356] OLG Hamm, BB 1957, 448

[357] Grothus, GmbHR 1958, 142, 145

[358] Vgl. nur Soergel/Teichmann, § 242 RdNr. 200; Wieling, Jura 1985, 505; RGZ 103, 328, 332; BGHZ 47, 48, 52

des Vertragspartners der GmbH ergeben, da die GmbH in Person ihrer Geschäftsführer nicht von einem einheitlichen Willen ausgegangen ist. Der Vertragspartner ist aber ohnehin in der Lage, durch entsprechende korrespondierende Willenserklärungen den Eintritt der von ihm beabsichtigten Rechtsfolgen zu bestimmen. Grundsätzlich könnte die Gesellschaft eine widersprüchliche Erklärung gemäß §§ 119 ff. BGB anfechten; es ist allerdings nicht ersichtlich, dass sich aus der Uneinigkeit der Geschäftsführer ein Anfechtungsgrund ergeben kann.

Vor dem Hintergrund der Wirksamkeit zugegangener Erklärungen gemäß § 130 Abs. 1 Satz 1 BGB stellt sich die Frage, ob Fallkonstellationen verbleiben, in denen aufgrund besonderer Umstände für widersprüchliche Geschäftsführerhandlungen Ausnahmen von den allgemeinen Regeln gerechtfertigt sind. Ein solcher Fall ist innerhalb eines Verhandlungszusammenhangs denkbar:

„Verhandlungszusammenhang"

Geschäftsführer A und B verhandeln mit K über den Abschluß eines Kaufvertrages. Schließlich sendet A dem K ein Verkaufsangebot zu, unmittelbar nach Zugang des Angebots und noch vor dessen Annahme erhält K von dem Geschäftsführer B ein inhaltlich abweichendes Angebot.

Sofern eine Erklärung als solche keine unmittelbare Rechtsfolge bewirkt, kann grundsätzlich die GmbH - wie eine natürliche Person auch - ihren Willen ändern und eine Erklärung widerrufen. Gehen einem Dritten innerhalb einer zusammenhängenden Verhandlung in enger zeitlicher Abfolge zu einer Frage widersprüchliche Erklärungen der beiden Geschäftsführer einer GmbH zu, so kann der Dritte erkennen, dass es an in der Gesellschaft an einer einheitlichen Willensbildung zu dieser Frage fehlt. Diese Fallkonstellation läßt sich mit einer erweiterterten Anwendung von § 130 Abs. 1 Satz 2 BGB sachgerecht lösen: Die Abgabe widersprüchlicher Erklärungen innerhalb eines Verhandlungszusammenhangs entspricht dem zeitgleichen Zugang eines Widerrufs gemäß § 130 Abs. 1 Satz 2 BGB: In beiden Fällen kann der Erklärungsempfänger nicht auf die Wirksamkeit der Erklärung vertrauen. Entsprechend § 130 Abs. 1 Satz 2 BGB sind damit die beiden innerhalb des Verhandlungszusammenhangs zugehenden divergierenden Erklärungen unwirksam. Diese Lösung entspricht den bereits angeführten Ansichten von Scholz und Immenga.[359] Entsprechend der dargestellten Entscheidung des KG[360] muß eine eindeutige, auf einheitlichem Willen der GmbH beruhende Erklärung abgewartet werden.

---

[359] Scholz, GmbHR 1958, 34; Immenga, GmbHR 1971, 107, 110
[360] KG, JW 1939, 357

Als weitere Fallkonstellation für eine besondere Behandlung widersprüchlicher Geschäftsführerhandlungen kommen Willenserklärungen, die während eines schwebenden Widerrufsvorbehalts erfolgten, in Betracht:

„Widerrufsvorbehalt"

V macht der GmbH ein Angebot zum Abschluß eines Kaufvertrages. Geschäftsführer A nimmt das Angebot an und behält sich den Widerruf der Annahme vor, innerhalb der Widerrufsfrist erklärt der Geschäftsführer B gegenüber V die Ablehnung des Angebotes.

Aufgrund des Widerrufsvorbehalts kann der Erklärungsempfänger (V) nicht auf die Wirksamkeit der ersten Erklärung vertrauen. Während dieses Schwebezustandes führt die zweite, widersprüchliche Erklärung dazu, dass für den Erklärungsempfänger der „offensichtliche Streit"[361] erkennbar wird. Es ist ihm dann zuzumuten, auch spätere Erklärungen erst dann zu akzeptieren, wenn er von einer gesicherten, einheitlichen Willensbildung in der Gesellschaft ausgehen kann. Somit ist auch hier eine erweiterte Anwendung von § 130 Abs. 1 Satz 2 BGB gerechtfertigt mit der Folge, dass die beiden divergierenden Erklärungen unwirksam sind, bis ein einheitlicher Wille der Gesellschaft gebildet ist.

Das Bedürfnis nach Eindeutigkeit gilt in besonderem Maße für Prozeßhandlungen, die für das Gericht eindeutig zu beurteilen sein müssen. Für die Beurteilung gelten hier allein die Regeln des Zivilprozeßrechts, es ist danach zu differenzieren, ob eine Prozeßhandlung änderungs- oder rücknahmefähig ist.[362] Abhängig von der Rücknehmbarkeit der Prozeßhandlung ist mithin entweder die erste oder die jeweils letzte Prozeßhandlung wirksam. Entscheidend ist hierbei gemäß §§ 160, 165 ZPO allein das Protokoll, eine Bewertung der hinter den jeweiligen Prozeßhandlungen stehenden Motive durch das Gericht muß ausbleiben.

Eine solche eindeutige Lösung ist auch für den Prozeßvergleich erforderlich: Hier gelten aufgrund der Doppelnatur[363] sowohl die §§ 145 ff. BGB, als auch ein Protokollierungserfordernis (§§ 794 Abs. 1 Nr. 1, 159 ZPO). Insbesondere aufgrund des Protokolls ist aber auch hier jede Erklärung bindend: Der Abschluß ist verbindlich, ein Widerruf ist nur wirksam, wenn ein Widerrufsvorbehalt[364] vereinbart wurde. In diesem Fall ist wiederum der erklärte Wider-

---

[361] Vgl. Scholz, GmbHR 1958, 34

[362] Grundsätzlich erlangen Prozeßhandlungen mit Zugang ihre Wirksamkeit; bei sogenannten Erwirkungshandlungen ist eine Änderung oder Rücknahme während der Rechtshängigkeit (analog § 130 Abs. 1 Satz 2 BGB) möglich, hingegen ist bei Bewirkungshandlungen (z.B. der Klageerhebung, vgl. § 269 Abs. 1 ZPO) eine einseitige Rücknahme der wirksam vorgenommenen Prozeßhandlung nicht zulässig (Zöller/Greger, Vor § 128 RdNr. 18).

[363] Der Prozeßvergleich ist sowohl materielles Rechtsgeschäft als auch Prozeßhandlung (Baumbach/Lauterbach/Hartmann, Anh. § 307 RdNr. 3; Zöller/Stöber, § 794 RdNr. 3).

[364] Baumbach/Lauterbach/Hartmann, Anh. § 307 RdNr. 10; Zöller/Stöber, § 794 RdNr. 10; vgl. allgemein zum Widerrufsvorbehalt Scharpenack, MDR 1996, 883

ruf unwiderruflich[365], andererseits erlischt durch Verzicht der Widerrufsvorbehalt endgültig. Ausnahmen sind hier auch bei aufeinanderfolgenden widersprüchlichen Erklärungen der Geschäftsführer nicht gerechtfertigt.

Auch bei widersprüchlichen Handlungen einzelvertretungsberechtigter Geschäftsführer ist somit grundsätzlich an den die Rechtssicherheit wahrenden allgemeinen Regeln zur Wirksamkeit von Willenserklärungen und Prozeßhandlungen festzuhalten. Nur in wenigen Sonderfällen bleibt hingegen Raum für eine besondere Behandlung solcher Geschäftsführerhandlungen. In der Praxis wird das Bedürfnis für die Anwendung von Sonderregeln ohnehin dadurch eingeschränkt, dass der Erklärungsempfänger regelmäßig von sich aus klare Verhältnisse schaffen kann. Der Schutz der Interessen des Dritten muß hier jeweils im Vordergrund stehen: Die GmbH hat das Risiko der gewählten Vertretungsform zu tragen. Es besteht keine Veranlassung für eine Risikoverlagerung zu Lasten gesellschaftsfremder Dritter.

IV. Vermeidung divergierender Geschäftsführerhandlungen

Unabhängig von der rechtlichen Behandlung divergierender Geschäftsführerhandlungen bleibt zu beachten, dass hierdurch der Gesellschaft erheblicher Schaden entstehen kann. Letztlich muß es daher das Ziel sein, von vornherein durch vorbeugende Maßnahmen zu vermeiden, dass die Geschäftsführer widersprüchliche Handlungen vornehmen.

1. Vorbeugende Maßnahmen

Dieses Ziel läßt sich dadurch erreichen, dass den Geschäftsführern Gesamtvertretungsmacht eingeräumt wird. Die Beschränkung wirkt auch im Außenverhältnis, die Gesellschaft ist geschützt. Diese Regelung beinhaltet aber gerade in der Zwei-Personen-GmbH die Gefahr der Handlungsunfähigkeit der Geschäftsführung, zudem entspricht sie nicht dem Interesse des Gesellschafter-Geschäftsführers einer personalistischen GmbH an eigenständiger Führungsverantwortung.[366] Sie ist daher in der Praxis nur von eingeschränktem Nutzen.

Auch für den Fall, dass die Gesellschafter-Geschäftsführer einzelvertretungsberechtigt sind, läßt sich aber durch präventive Maßnahmen die Gefahr divergierender Handlungen mindern. Zum einen kann die Geschäftsführungsbefugnis mit unmittelbarer Wirkung zumindest für das Innenverhältnis beschränkt werden. Des weiteren können die Gesellschafter jeweils getrennte Zuständigkeitsbereiche für die Geschäftsführer festlegen. Dieses kann sowohl im Gesellschaftsvertrag, als auch individuell geschehen. Aufgrund solcher Regelungen besteht für die Geschäftsführer gegenüber der GmbH die

---

[365] Baumbach/Lauterbach/Hartmann, Anh. § 307 RdNr. 14
[366] Sudhoff, S. 250

Verpflichtung, ihre Tätigkeit auf den ihnen zugewiesenen Bereich zu beschränken.

2. Sanktionierung

Die Beschränkungen im Innenverhältnis können, wie dargestellt, den zur Einzelvertretung berechtigten Geschäftsführer nicht davon abhalten, grundsätzlich wirksame Handlungen im Außenverhältnis vorzunehmen. Jedoch bestehen für treuwidriges Verhalten des Gesellschafter-Geschäftsführers Sanktionen, die eine Abschreckungsfunktion haben können.

Widersprüchliches Handeln des Geschäftsführer kann als Obliengenheitsverletzung gemäß § 43 Abs. 2 GmbHG eine Schadensersatzpflicht des Geschäftsführers auslösen. Eine Obliegenheitsverletzung kann sowohl in der Überschreitung der Geschäftsführungsbefugnis oder der Verletzung von gesellschaftsinternen Zuständigkeitsregelungen liegen[367], als auch in der treuwidrigen Vornahme widersprüchlicher Handlungen gegenüber vorhergehenden Handlungen des anderen Geschäftsführers.[368] Sofern der durch das Scheitern eines Geschäfts einem Dritten entstehende Schaden von der Gesellschaft ersetzt werden muß, ist somit der treuwidrig handelnde Geschäftsführer hierfür gemäß § 43 Abs. 2 GmbHG verantwortlich.

Darüber hinaus können Obliegenheitsverletzungen des Geschäftsführers Auswirkungen auf seine Organstellung sowie sein Anstellungsverhältnis haben. Ihm drohen die Abberufung und die Kündigung. Gegenüber einem Gesellschafter-Geschäftsführer kann die Verletzung gegebenenfalls sogar einen Ausschließungsgrund darstellen.[369] Durch diese Sanktionierung erhalten Beschränkungen der Geschäftsführungsbefugnis und Kompetenzregelungen ihre Wirksamkeit.

---

[367] Wegmann, DStR 1992, 866, 869; vgl. auch Ehricke, ZGR 2000, S. 351, 352
[368] Immenga, GmbHR 1971, 107, 110
[369] Wegmann, DStR 1992, 866, 868

§ 7 Die Abberufung des anderen Geschäftsführers

I. Einleitung

Die Abberufung des jeweils anderen Gesellschafters als Geschäftsführer, insbesondere die Abberufung aus wichtigem Grund, ist der Bereich, der in der Zwei-Personen-GmbH wohl am häufigsten zu Konflikten führt.

Bedingt durch die besondere Struktur der Zwei-Personen-GmbH, führt die Geschäftsführerabberufung hier regelmäßig zu einem die Gesellschaft als ganzes betreffenden Konflikt. Sind beide Gesellschafter zugleich die einzigen Geschäftsführer der Gesellschaft, so beruht die Abberufung des einen auf einer Initiative des anderen Gesellschafters. Der Streit um die Abberufung führt damit zu einem Streit zwischen den Gesellschaftern. Nicht selten kommt es zu wechselseitigen Abberufungen, durch die die Funktionsfähigkeit der Geschäftsführung bedroht werden kann. In diesem Kontext stellen die Bewertung der Voraussetzungen der Abberufungsbeschlüsse sowie ihre unmittelbaren Auswirkungen Problemfelder mit besonderer Bedeutung dar.

II. Voraussetzungen der Geschäftsführerabberufung

Die Abberufung des Geschäftsführers ist im Gesetz nur zum Teil geregelt. Gemäß § 46 Nr. 5 GmbHG fallen die Bestellung und die Abberufung der Geschäftsführer bei gesetzlicher Ausgestaltung der Gesellschaft in den Aufgabenkreis der Gesellschafter.[370] Eine nähere gesetzliche Regelung des Verfahrens existiert nicht.[371]

1. Materielle Voraussetzungen

Konkret auf die materiellen Voraussetzungen des Widerrufs der Bestellung, also der Abberufung, bezieht sich lediglich § 38 GmbHG.

a) Grundsatz der freien Abberufbarkeit

Gemäß § 38 Abs. 1 GmbHG ist die Bestellung zum Geschäftsführer grundsätzlich jederzeit widerruflich. Dieser Grundsatz entspricht dem Gedanken, dass den Gesellschaftern die Dispositionsfreiheit hinsichtlich der Vertretung der Gesellschaft zusteht und sie sich jederzeit von Geschäftsführern trennen können, die nicht ihr volles Vertrauen genießen.[372] Ein vorwerfbares Verhal-

---

[370] Ist die Bestellung der Geschäftsführer einem anderen Organ übertragen, so ist dieses Organ grundsätzlich auch für die Abberufung zuständig (für die Kompetenz des Aufsichtsrates in der mitbestimmten GmbH vgl. Vollmer, GmbHR 1984, 5, 7); im Zweifelsfall ist die Auslegung der Satzung entscheidend (vgl. Eder, GmbHR 1962, 22).

[371] Raiser, Kapitalgesellschaften, § 32 RdNr. 48

[372] Hachenburg/Stein, § 38 RdNr. 20; Meilicke, DB 1994, 1761

ten des Geschäftsführers ist für die Abberufung nicht erforderlich. Der reine Vertrauensverlust auf Seiten der Gesellschafter reicht grundsätzlich aus.[373]

Der Grundsatz der freien Abberufbarkeit paßt insofern insbesondere auf solche GmbHs, in denen die Geschäftsführung nicht durch die Gesellschafter ausgeübt wird (Fremdorganschaft). Dennoch gilt der Grundsatz auch bei Gesellschaften mit Selbstorganschaft, also für die Abberufung von Gesellschafter-Geschäftsführern.[374] Zwar ist die jeweilige Gesellschaftsstruktur im Rahmen der Auslegung der Satzung zu berücksichtigen, woraus sich Grenzen der freien Abberufbarkeit Grenzen ergeben können. Die personalistische Ausgestaltung der Geschäftsführung allein führt aber nicht zu einer Abweichung vom Grundsatz des § 38 Abs. 1 GmbHG.

b) Generelle Einschränkung der Abberufbarkeit in der Zwei-Personen-GmbH?

Für die Zwei-Personen-GmbH wurde im Gegensatz zu dem Grundsatz der freien Abberufbarkeit immer wieder das Erfordernis eines wichtigen Grundes als rechtliche Voraussetzung für die Abberufung diskutiert.[375] Zu beachten ist dabei, dass in der Zwei-Personen-GmbH eine freie Abberufung praktisch nur gegenüber einem Minderheitsgesellschafter möglich ist.[376] Der hälftig oder mit Mehrheit beteiligte Gesellschafter-Geschäftsführer wird einen gegen ihn gerichteten Abberufungsbeschluß immer mit seiner Gegenstimme - es besteht kein Stimmverbot - verhindern können.[377]

Nach h.M. gilt aber der Grundsatz der freien Abberufbarkeit des Gesellschafter-Geschäftsführers auch in der Zwei-Personen-GmbH.[378] Eine jüngere Entscheidung des BGH zeigt dennoch, dass besondere Gründe für die Abberufung eines Gesellschafter-Geschäftsführer erforderlich sein können:

---

[373] Der grundlosen oder sogar unvernünftigen Abberufung ist dabei allein durch allgemeine Vorschriften (§§ 226, 826 BGB) Grenzen gesetzt; der Geschäftsführer wird vor willkürlicher Behandlung durch das Fortbestehen seiner Vergütungsansprüche aus seinem Anstellungsverhältnis geschützt (siehe dazu unten § 8, II. 4.); vgl. Hachenburg/Stein, § 38 RdNr. 20

[374] Hachenburg/Stein, § 38 RdNr. 21; Fleck, GmbHR 1970, 221, 226; U.H. Schneider ZGR 1983, 535, 538; Oppenländer, DStR 1996, 922, 924

[375] Eder, GmbHR 1962, 22, 23; Fischer, FS. W. Schmidt, S. 117, 122

[376] Anders nur im mitbestimmten GmbH: Dort ist durch die Übertragung der Abberufungskompetenz auf den Aufsichtsrat gemäß § 31 MitbestG ein Mehrheitsbeschluß auch gegenüber einem Gesellschafter-Geschäftsführer möglich; insoweit ist die Situation dort grundsätzlich verschieden von der hier besprochenen Problematik.

[377] Wolf, ZGR 1998, 92, 93; Fleck, GmbHR 1970, 221, 228

[378] OLG Stuttgart, GmbHR 1995, 229; Oppenländer, DStR 1996, 922, 924; U.H. Schneider, FS. Kellermann, S. 403, 419; Grunewald, FS. Zöllner I, S. 177, 181

„Die Abberufung aus der Betriebsgesellschaft"

BGH, II. Zivilsenat, Beschluß vom 29. November 1993[379]

K, der 1980 von seinem Vater dessen KfZ-Unternehmen übernommen hatte, gründete mit V die S-OHG, die das Unternehmen fortführte. K war an der S-OHG zu 49%, V, der erfahren im Verkauf von Automobilen war, zu 51% beteiligt. Aus steuerlichen Gründen wurde 1983 eine Betriebsaufspaltung vorgenommen. Während die S-OHG als Besitzgesellschaft fungierte, wurde als Betriebsgesellschaft die beklagte GmbH gegründet, an der K und V ebenso wie an der S-OHG beteiligt waren. In der Satzung wurde V zum Geschäftsführer bestellt und darüber hinaus festgestellt, dass ihm diese Stellung als ein Sonderrecht zustehe, aus der er nur aus wichtigem Grund abberufen werden könne. K wurde ebenfalls zum Geschäftsführer berufen. 1990 beschloß die Gesellschafterversammlung gegen die Stimme des K dessen Abberufung als Geschäftsführer und zugleich die fristgemäße Kündigung seines Anstellungsverhältnisses.

Auf die Klage des K erklärte das OLG die Beschlüsse für nichtig[380]. Nach Ansicht des BGH war die Sache im Ergebnis richtig entschieden, da jedenfalls ein Verstoß gegen die gesellschaftliche Treuepflicht vorgelegen habe. Hier sei zu beachten, dass K durch die Betriebsaufspaltung in der GmbH aufgrund der Möglichkeit der Abberufung aus der Geschäftsführung im Gegensatz zu der OHG (vgl. §§ 117, 127 HGB) in eine deutlich schwächere Position gelangt, V hingegen durch seine satzungsmäßige Privilegierung zusätzlich gestärkt worden sei.[381] In dieser Situation bedürfe die Abberufung des Mitgesellschafters als Geschäftsführer einer sachlichen Rechtfertigung. V habe hier dennoch seine Mehrheit zu einer Abberufung des K ausgenutzt. Dieses habe für K den Verlust seiner Lebensgrundlage bedeutet.

In der Entscheidung des BGH wird also entgegen dem Grundsatz der freien Abberufbarkeit gemäß § 38 Abs. 1 GmbHG und der Regelung in der Satzung ein Abberufungsschutz aus den Gesamtumständen konstruiert. Dementsprechend ist die Entscheidung dafür kritisiert worden, dass bezüglich der Organstellung praktisch ein auf Billigkeitserwägungen beruhender „Kündigungsschutz" eingeführt würde. Dieser habe im Gesellschaftsrecht nichts zu suchen.[382]

In der Tat ist zu beachten, dass bei der Beurteilung eines Geschäftsführers primär die Interessen der Gesellschaft und nicht die des Geschäftsführers, auch wenn er zugleich Gesellschafter ist, Vorrang haben müssen. Abgesichert wird der Geschäftsführer vor allem finanziell über seine Rechte aus

---

[379] BGH, DStR 1994, 214; zust. Anm. Goette, DStR 1994, 215; krit. Meilicke, DB 1994, 1761
[380] OLG Düsseldorf, GmbHR 1994, 245
[381] Goette, DStR 1994, 215
[382] Meilicke, DB 1994, 1761, 1762

dem Anstellungsvertrag.[383] Hinsichtlich seiner gesellschaftsrechtlichen Stellung unterliegt er als Minderheitsgesellschafter ohnehin den Weisungen seines Mitgesellschafters, so dass auch seine freie Abberufbarkeit als grundsätzlich gerechtfertigt erscheint, wenn die Satzung ihm diesbezüglich keinen Schutz gewährt.

Dennoch zeigt der dargestellte Fall, dass die Stellung des Gesellschafter-Geschäftsführers in der Zwei-Personen-GmbH grundsätzlich von der eines gewöhnlichen Geschäftsführers zu unterscheiden ist. Über die Frage der Ordnungsmäßigkeit der Geschäftsführung hinaus ist auch die gesellschaftliche Stellung des Gesellschafter-Geschäftsführers zu beachten.[384] Seine Stellung ist über das im Verhältnis von den Gesellschaftern zum Geschäftsführer maßgebliche Vertrauen hinaus auch auf das zwischen den Gesellschaftern geltende Prinzip von Treu und Glauben gegründet.[385] Hieraus ergibt sich die Grundlage für die Einschränkung der freien Abberufbarkeit: Es besteht zwar kein „Kündigungsschutz" für den Geschäftsführer, jedoch kann entsprechend der Ansicht des BGH eine Abberufung aus geringfügigem Anlaß einen Treueverstoß bedeuten und daher unzulässig sein.[386]

c) Möglichkeiten zur Einschränkung der Abberufbarkeit

Die Abberufbarkeit des Geschäftsführers kann auch aus anderen Gründen eingeschränkt sein. Neben gesetzlichen Beschränkungen[387] können durch Regelungen im Gesellschaftsvertrag individuelle Beschränkungen getroffen werden. Die Abberufung kann hierbei grundsätzlich an beliebige Voraussetzungen geknüpft werden.[388]

In der Praxis ist insbesondere in personalistischen GmbHs eine Beschränkung entsprechend § 38 Abs. 2 GmbHG auf die Abberufung aus wichtigem Grund üblich.[389] Die Gesellschafter können die Abberufung aber auch von anderen Voraussetzungen, etwa dem Erfordernis eines qualifizierten Mehrheitsbeschlusses oder einer Befristung, abhängig machen.[390] Zugunsten von Gesellschafter-Geschäftsführern besteht darüber hinaus die Möglichkeit, ihnen als statutarisches Sonderrecht einen grundsätzlich unentziehbaren Anspruch auf die Geschäftsführung einzuräumen.[391]

---

[383] Vgl. dazu näher unten § 8, II. 4.

[384] Scholz/Schneider, § 38 RdNr. 43; Lutz, „Gesellschafterstreit", S. 20

[385] So schon OLG Karlsruhe, GmbHR 1967, 214, 215 (für die Abberufung der ehemaligen Verlobten durch den anderen Gesellschafter; krit. Anm. Schönle/Ensslin, GmbHR 1968, 23, zust. Limbach, GmbHR 1968, 181)

[386] Scholz/Schneider, § 38 RdNr. 53; Oppenländer, DStR 1996, 922, 924; Grunewald, FS. Zöllner I, S. 177, 178; BGH WM 1968, 1347; OLG Köln, GmbHR 1989, 76, 78

[387] Vgl. § 31 MitbestG iVm. § 84 Abs. 3 AktG

[388] Lutter/Hommelhoff, § 38 RdNr. 7; vgl. auch Lutter, ZIP 1986, 1195

[389] Fischer, FS. W. Schmidt, S. 117, 121; vgl. Herold/Romanovszky, Form 25 § 4

[390] Scholz/Schneider, § 38 RdNr. 38; Hachenburg/Stein, § 38 RdNr. 22, 23; BGHZ 86, 177

[391] Scholz/Schneider, § 38 RdNr. 41; Hachenburg/Stein, § 38 RdNr. 24

Ziel solcher Einschränkungen kann es sein, dem Interesse der Geschäftsführer an Planungssicherheit Rechnung zu tragen, oder allgemein ihre Stellung in der Gesellschaft zu stärken. Die Einschränkungen der freien Abberufbarkeit müssen sich in jedem Fall aus dem Gesellschaftsvertrag ergeben. Nicht ausreichend ist hingegen eine schuldrechtliche Regelung im Anstellungsvertrag des Geschäftsführers[392], auch ein Vorschlagsrecht eines Gesellschafters ändert nichts an der freien Abberufbarkeit.[393]

d)   § 38 Abs. 2 GmbHG als Grenze der Einschränkbarkeit

Die Möglichkeit der Beschränkung der Abberufung auf wichtige Gründe gibt § 38 Abs. 2 GmbHG ausdrücklich vor. Daneben ist es einhellige Meinung[394], dass die Satzung auch andere Einschränkungen vorsehen kann, insbesondere das Erfordernis einer qualifizierten Mehrheit der abgegebenen Stimmen oder auch Einstimmigkeit. Fraglich ist, ob durch eine Kombination solcher Einschränkungen mit dem Erfordernis eines wichtigen Grundes die Abberufung über die Vorgabe in § 38 Abs. 2 GmbHG hinaus eingeschränkt werden kann. Eine entsprechende Situation hatte der BGH für eine Zwei-Personen-GmbH in seiner Entscheidung vom 17. Oktober 1983 zu entscheiden:

BGH, II. Senat, Urteil vom 17. Oktober 1983[395]

Die Eheleute P gründeten 1975 die beklagte GmbH. 1977 übertrug der Gesellschafter P seinen Anteil teilweise auf seine Ehefrau, teilweise auf die Klägerin. Nach einer Kapitalerhöhung 1979 war die Klägerin mit DM 30.000,-, die Gesellschafterin P mit DM 70.000,- an der GmbH beteiligt. Die Ehemänner der Gesellschafterinnen waren jeweils zu Geschäftsführern bestellt. In einer Gesellschafterversammlung beriefen die Gesellschafterinnen den jeweils anderen Ehemann gegen die Stimme der anderen Gesellschafterin als Geschäftsführer ab. Nach der Satzung waren, sofern nur zwei Gesellschafter vorhanden sein sollten, sämtliche Gesellschafterbeschlüsse einstimmig zu treffen. Die Klägerin wollte den Beschluß, durch den ihr Ehemann als Geschäftsführer abberufen wurde, für nichtig erklärt wissen.

Der BGH folgte dem Berufungsgericht und wies die Klage ab. Der Abberufungsbeschluß sei mit den Stimmen der anderen Gesellschafterin wirksam gefaßt worden: Auch wenn die Satzung hier Einstimmigkeit vorschreibe, erfolge die Abberufung eines Geschäftsführers aus wichtigem Grund in der Zwei-Personen-GmbH mit einfacher Mehrheit. Denn eine solche Satzungsre-

---

[392] Lutter/Hommelhoff, § 38 RdNr. 8; BGH GmbHR 1982, 129, 130; OLG Stuttgart, GmbHR 1995, 229; a.A. Fleck, GmbHR 1970, 221, 224
[393] OLG Hamm, ZIP 1986, 1188, m. Anm. Lutter, ZIP 1986, 1195. Zum Anstellungsvertrag des Geschäftsführers siehe unten § 8, I.
[394] Vgl. nur Scholz/Schneider, § 38 RdNr. 38; Lutter/Hommelhoff, § 38 RdNr. 7; Baumbach/Hueck/Zöllner, § 38 RdNr. 4
[395] BGH, WM 1984, 29

gel könne sonst die Ablösung aus wichtigem Grund erschweren oder sogar ausschließen, wenn sich die Gesellschafter nicht einig seien. Sei aber der Gesellschaft ein Geschäftsführer aus wichtigem Grund nicht länger zuzumuten, dann könne nicht eine Minderheit der Gesellschaft diesen Geschäftsführer weiter aufdrängen.[396] Etwas anderes könne nur gelten, wenn der Klägerin in der Satzung ein Sonderrecht eingeräumt wäre, einen Geschäftsführer vorzuschlagen. Das sei indes nicht der Fall gewesen.

Früher wurde in der Literatur darauf verwiesen, dass gerade in der personalistischen GmbH das Abweichen vom einfachen Mehrheitsprinzip typisch sei und auch § 38 Abs. 2 GmbHG eine solche Regelung nicht verbiete.[397] Überwiegend wird heute in einer solchen Regelung jedoch eine unzulässige Erschwerung der Abberufung aus wichtigem Grund gesehen, da die Gesellschaft sich von einem nach Ansicht der Mehrheit unzumutbaren Geschäftsführer trennen können muß.[398] Auch wenn es sich in dem dargestellten Fall um einen Fremdgeschäftsführer handelte, gilt die Argumentation ebenso für einen Gesellschafter-Geschäftsführer. Das OLG Düsseldorf hat entschieden, die Zustimmung zur Abberufung sei nur dann erforderlich, wenn einem Gesellschafter oder einer Gesellschafterfraktion nach der Satzung ein Präsentationsrecht zustehe, aus dem ein Abberufungsrecht folge.[399] Jede Einschränkung des § 38 Abs. 1 GmbHG ist somit nur wirksam, soweit die Möglichkeit einer Abberufung aus wichtigem Grund entsprechend der Vorgabe in § 38 Abs. 2 GmbHG nicht berührt wird. Damit ist das Recht der Gesellschafter zur Abberufung des Geschäftsführers aus wichtigem Grund nicht abdingbar.[400]

2. Durchführung der Abberufung

Für die Abberufung der Geschäftsführer sind in der GmbH gemäß § 46 Nr. 5 GmbHG grundsätzlich die Gesellschafter zuständig: Sie fassen nach den allgemeinen Regeln einen Gesellschafterbeschluß über die Abberufung.[401] Bei

---

[396] Zu beachten ist, dass sich das Problem in der Zwei-Personen-GmbH überhaupt nur dann stellt, wenn das Erfordernis der qualifizierten Mehrheit sich nicht gemäß § 47 Abs. 1 GmbHG auf die abgegebenen Stimmen bezieht (Beispiel: „Eine Mehrheit von 75 % des Stammkapitals"); sonst verfügt der andere Gesellschafter ohnehin über alle übrigen Stimmen, da der aus wichtigem Grund abzuberufende Gesellschafter-Geschäftsführer nicht stimmberechtigt ist (vgl. U.H. Schneider, ZGR 1983, 535, 540).

[397] Fischer, GmbHR 1953, 131, 134

[398] Scholz/Schneider, § 38 RdNr. 39; Hachenburg/Stein, § 38 RdNr. 26; Raiser, § 32 RdNr. 48; Grunewald, FS. Zöllner I, S. 177, 183

[399] OLG Düsseldorf, NJW 1990, 1122 (für eine GmbH mit zwei Familienstämmen)

[400] Hachenburg/Stein, § 38 RdNr. 26; Lutter/Hommelhoff, § 38 RdNr. 7, 16; BGH NJW 1969, 1483; BGHZ 86, 177, 179; nach Immenga, Personalistische Kapitalgesellschaft, S. 99) folgt dies schon aus dem allgemeinen Grundsatz, dass Dauerrechtsverhältnisse immer aus wichtigem Grund kündbar seien.

[401] Zu der Beschlußfassung vgl. oben § 5; der Abberufungsbeschluß bedarf grundsätzlich einer einfacher Mehrheit (§ 47 Abs. 1 GmbHG), die Satzung kann in bestimmten Grenzen andere Mehrheitserfordernisse aufstellen (vgl. oben II. 1. d)).

der Abberufung eines Gesellschafter-Geschäftsführers hat dieser unabhängig von einem möglichen Stimmrechtsausschluß ein Recht auf Teilnahme an der Gesellschafterversammlung.[402] Das Ergebnis des Abberufungsbeschlusses muß dem Geschäftsführer mitgeteilt werden; die besondere Mitteilung ist entbehrlich, wenn der Geschäftsführer bei der Gesellschafterversammlung anwesend ist.[403] Die Erklärung der Abberufung ist lediglich Kundgabe des Abberufungsbeschlusses, sie stellt keine eigenständige Willenserklärung dar.[404]

III. Die Abberufung aus wichtigem Grund

Die bisherige Darstellung hat gezeigt, dass in der Zwei-Personen-GmbH die Abberufung eines Gesellschafter-Geschäftsführers in der Regel nur aus wichtigem Grund möglich ist. Aufgrund des bei der Abberufung aus wichtigem Grund geltenden Stimmrechtsausschlusses[405] ist die Abberufung hier auch gegen den nicht nur mit Minderheit beteiligten Gesellschafter-Geschäftsführer durchführbar.

Der Stimmrechtsausschluß bewirkt, dass in einer Zwei-Personen-GmbH der andere Gesellschafter den Beschluß selbst herbeiführen kann. Dabei liegt der Abberufung hier fast immer ein persönlicher Konflikt der beiden Gesellschafter zugrunde. Aufgrund dessen erlangt die Inhaltskontrolle des Abberufungsbeschlusses aus wichtigem Grund besondere Bedeutung.[406] Fraglich ist, inwieweit dabei das Verhalten beider Seiten berücksichtigt werden muß.

1. Anforderungen an den wichtigen Grund

Grundsätzlich ist in der GmbH ein wichtiger Grund zur Abberufung eines Geschäftsführers dann gegeben, wenn dessen Verbleiben im Amt für die Gesellschaft unzumutbar wäre. Hierbei stehen die Interessen der Gesellschaft im Vordergrund; auch ein nicht vorwerfbares Verhalten des Geschäftsführers kann zur Abberufung führen.[407]

Nach einhelliger Meinung sind in einer Zwei-Personen-GmbH besonders hohe Anforderungen an das Vorliegen eines wichtigen Grundes zur Abberufung eines Gesellschafter-Geschäftsführers zu stellen.[408] Es soll verhindert werden, dass der eine Gesellschafter den anderen beliebig von der Geschäftsführung ausschließen kann.[409] Dadurch, dass der eine Gesellschafter den

---

[402] Siehe hierzu oben § 5, II. 1. c)

[403] Scholz/Schneider, § 38 RdNr. 29

[404] Scholz/Schneider, § 38 RdNr. 29; Fleck, GmbHR 1970, 221, 222

[405] BGH, NJW 1969, 1483

[406] Scholz/Schneider, § 38 RdNr. 53; Hachenburg/Stein, § 38 RdNr. 39

[407] Scholz/Schneider, § 38 RdNr. 43; Hachenburg/Stein, § 38 RdNr. 38; vgl. allgemein zum wichtigen Grund die ausführliche Darstellung bei Voigt, S. 167 ff.

[408] Vgl. nur Scholz/Schneider, § 38 RdNr. 53; Lutter/Hommelhoff, § 38 RdNr. 31; BGH, NJW 1960, 628; OLG Düsseldorf, WM 1992, 14, 18

[409] Wolf, ZGR 1998, 92, 94; OLG Hamm, GmbHR 1995, 736, 739

anderen selbständig als Geschäftsführer abberufen kann - und dies auch wechselseitig möglich ist - besteht die Gefahr, dass die Unternehmensführung dauerhaft lahmgelegt wird.[410] Im Sinne einer erforderlichen Kontrolle der Abberufungsmöglichkeit sind daher die spezielle Abstimmungssituation in der Zwei-Personen-GmbH und die sich aus dem personalistischen Charakter ergebende Treuebindung bei der Bewertung eines Abberufungsgrundes zu beachten.

Der BGH hat sich erstmals in seinem Urteil vom 25. Januar 1960[411] mit der Problematik der Abberufung eines Gesellschafter-Geschäftsführers in einer Zwei-Personen-GmbH befaßt. In der Entscheidung kam der BGH zu dem Ergebnis, dass ein Vertrauensverlust für die Abberufung nicht ausreicht. Die Stellung des Gesellschafter-Geschäftsführers sei auf die persönlichen Bindungen und das Prinzip von Treu und Glauben gegründet. Es müßten daher für die Abberufung berechtigte Zweifel an der Ordnungsmäßigkeit der Geschäftsführung vorliegen; es sei zu prüfen, ob der Geschäftsführer seine Pflichten grob verletzt habe.

Konkreter ging der BGH in seiner Entscheidung vom 14. Oktober 1968 auf die besonderen Anforderungen an den wichtigen Grund für die Abberufung eines Gesellschafter-Geschäftsführer in einer Zwei-Personen-GmbH ein:

„Abberufung wegen Vertrauensentzug"

BGH, II. Zivilsenat, Urteil vom 14. Oktober 1968[412]

Am Stammkapital der beklagten GmbH waren L mit DM 30.000,- und der Kläger mit DM 20.000,- beteiligt. Der Kläger war seit Gründung des Unternehmens 1941 dessen Geschäftsführer, zuletzt neben L, beide waren alleinvertretungsberechtigt. Nachdem die GmbH in wirtschaftliche Schwierigkeiten gekommen war, kam es zu Spannungen zwischen den Gesellschaftern. Deswegen wurde in einer Gesellschafterversammlung 1964, bei Stimmenthaltung des Klägers, dessen Abberufung und Kündigung als Geschäftsführer beschlossen. L hatte ihren entsprechenden Antrag damit begründet, der Kläger habe gedroht, die Gesellschaft „platzen zu lassen", wenn er nicht die Anteile der L übernehmen könne. Außerdem habe er der Gesellschaft dringend benötigte Gelder entzogen. Der Kläger hatte beantragt, die Unwirksamkeit des Beschlusses festzustellen.

Der BGH bestätigte die Unwirksamkeit des Abberufungsbeschlusses. Bei einer zweigliedrigen GmbH bedarf danach die Frage der Abberufung eines Gesellschafter-Geschäftsführers wegen Vertrauensentzuges einer umfassenden Würdigung aller Umstände. Zwar ist zunächst zu fragen, ob sich aus dem

---

[410] Hachenburg/Stein, § 38 RdNr. 54; Oppenländer, DStR 1996, 922, 925
[411] BGH, NJW 1960, 628
[412] BGH, WM 1968, 1347

Verhalten des Geschäftsführers bei objektiver Betrachtung Umstände für einen Vertrauensentzug ergeben. Darüber hinaus ist aber in der Zwei-Personen-GmbH für die Feststellung der Rechtmäßigkeit der Abberufung aus wichtigem Grund eine Gesamtabwägung aller objektiv für und gegen die Abberufung sprechenden Umstände erforderlich.

Allein der Verlust des Vertrauens in die Zweckmäßigkeit der Geschäftsführung des anderen Gesellschafters begründet somit in der Zwei-Personen-GmbH keinen wichtigen Grund für die Abberufung.[413] Dieses ist von Bedeutung, da sonst auch durch den Minderheitsgesellschafter eine Abberufung ohne objektiv nachweisbare Gründe möglich wäre[414]; dieser könnte damit über die Möglichkeit der Abberufung aus wichtigem Grund auf die Geschäftsführung durch den Mehrheitsgesellschafter Einfluß nehmen.[415] Es ist erforderlich, dass aus objektiver Sicht die Fortsetzung des Geschäftsführungsverhältnisses für die Gesellschaft nicht mehr zumutbar ist.[416] Daher können nicht Zweifel an der Zweckmäßigkeit, sondern nur an der Rechtmäßigkeit und Ordnungsmäßigkeit der Geschäftsführung einen Abberufungsgrund ergeben.[417] Bei der Beurteilung sind Treuepflichten zu beachten[418]: Gerade bei einmaligen Pflichtwidrigkeiten eines Gesellschafter-Geschäftsführers sind in der Zwei-Personen-GmbH seine Bindung an die Gesellschaft, die Dauer seiner Tätigkeit und frühere Verdienste zu beachten. Einzelne Verfehlungen sind in aller Regel nicht ausreichend[419], insbesondere wenn der Geschäftsführer der Gesellschaft langjährig „redlich gedient hat".[420] Im Ergebnis müssen bei der Zwei-Personen-GmbH für den Abberufungsgrund eine grobe Pflichtverletzung des Geschäftsführers und die Unzumutbarkeit der Fortsetzung des Geschäftsführungsverhältnisses für die Gesellschaft zusammenkommen.[421]

In der Rechtsprechung finden sich entsprechend dieser Grundsätze eine Vielzahl von Entscheidungen zu der Beurteilung des Verhaltens von Geschäftsführern in Zwei-Personen-GmbHs: Bejaht hat etwa das OLG Hamm[422] einen wichtigen Grund bei der grob pflichtwidrigen Fälschung von Abrechnungsbelegen durch den Gesellschafter-Geschäftsführer eines Gebraucht-

---

[413] Scholz/Schneider, § 38 RdNr. 53; Oppenländer, DStR 1996, 922, 92; OLG Nürnberg, GmbHR 1971, 208
[414] OLG Köln, GmbHR 1989, 76, 79
[415] U. H. Schneider, FS. Kellermann, 403, 420; ders., ZGR 1983, 535, 538
[416] Lutter/Hommelhoff, § 38 RdNr. 31; BGH GmbHR 1985, 256, 258; OLG Hamburg, BB 1954, 978
[417] U. H. Schneider, ZGR 1983, 535, 539
[418] Vgl. dazu auch oben II. 2.
[419] Scholz/Schneider, § 38 RdNr. 53; U. H. Schneider, WuB II C. § 38 GmbHG 1.92; Oppenländer, DStR 1996, 922, 924; OLG Köln, GmbHR 1989, 76, 78
[420] BGH, WM 1968, 1347
[421] Wolf, ZGR 1998, 92, 94; Oppenländer, DStR 1996, 922, 925; Lutter/Hommelhoff, § 38 RdNr. 31; BGH, WM 1985, 567; OLG Düsseldorf, WM 1992, 14, 19; OLG Karlsruhe, NZG 2000, 264
[422] OLG Hamm, GmbHR 1985, 119

wagenhandels. Dabei sei es unerheblich, ob der Gesellschaft ein nachweisbarer Schaden entstanden sei. Nach Ansicht des OLG Düsseldorf[423] sind Bilanzmanipulationen, die zu einem dauerhaften und schwerwiegenden Zerwürfnis geführt haben, als Abberufungsgrund ausreichend. Auf eine Feststellung des Verschuldens komme es nicht mehr an, wenn das Verhalten des Geschäftsführers es der Gesellschaft unmöglich mache, ihn im Amt zu belassen. Nach einer Entscheidung des OLG Hamburg[424] besteht ein wichtiger Grund in einer sittenwidrigen Transaktion des Geschäftsführers, die sich allein gegen einen Gesellschafter richtet und durch eine Verletzung der Organisationsordnung den Verstoß gegen die dem Geschäftsführer gegenüber der GmbH obliegenden Pflichten darstellt. Ebenso hat das OLG Karlsruhe[425] bei Verletzung von Mitwirkungsrechten des Mitgeschäftsführers und eigenmächtiger Durchführung zustimmungsbedürftiger Geschäftsführungsmaßnahmen die Abberufung des Geschäftsführers aus wichtigem Grund zugelassen.

Andererseits ist nach einer Entscheidung des OLG Köln[426] ein mangelhaftes Geschäftsergebnis für die Abberufung aus wichtigem Grund allein nicht ausreichend. Die fehlende branchenmäßige Erklärbarkeit einer schlechten Geschäftslage lasse nicht auf die mangelnde Eignung des Geschäftsführers schließen, wenn Anzeichen für außerhalb der Gesellschaft liegende Ursachen hierfür bestünden. Nach Ansicht des OLG Hamburg[427] führt eine Pflichtverletzung möglicherweise dann nicht zu einem Abberufungsgrund, wenn sich der Geschäftsführer entschuldbar geirrt hat. Gegen die Zulässigkeit der Abberufung eines Gesellschafter-Geschäftsführers spricht nach Ansicht des BGH zudem auch, wenn dieser schon längere Zeit für das Unternehmen tätig gewesen ist und sich in dieser Zeit einwandfrei verhalten hat[428], sowie seine soziale Abhängigkeit von der Gesellschaft.[429]

2.   Wechselseitige Abberufung

In einer Zwei-Personen-GmbH, bei der beide Gesellschafter zugleich auch Geschäftsführer sind, versucht ein Gesellschafter, der von seinem Mitgesellschafter als Geschäftsführer abberufen worden ist, häufig diesen seinerseits als Geschäftsführer abzuberufen. Bei solchen wechselseitigen Geschäftsführerabberufungen ergeben sich besondere Schwierigkeiten bei der rechtlichen Beurteilung ihrer jeweiligen Zulässigkeit.

---

[423] OLG Düsseldorf, GmbHR 1994, 884; vgl. zum Zerwürfnis als Abberufungsgrund unten 2.
[424] OLG Hamburg, GmbHR 1992, 43, 45
[425] OLG Karlsruhe, NZG 2000, 264, 266
[426] OLG Köln, GmbHR 1989, 76, 79
[427] OLG Hamburg, GmbHR 1992, 43, 46
[428] BGH, WM 1968, 1347
[429] BGH, DStR 1994, 214

a) Durchführung

Bei der in der Praxis häufig vorkommenden wechselseitigen Abberufung der Geschäftsführer in der Zwei-Personen-GmbH kann es problematisch sein, ob die zeitlich spätere Abberufung überhaupt noch ordnungsgemäß durchgeführt werden kann. Während der Dauer einer Gesellschafterversammlung, bei der wechselseitige Geschäftsführerabberufungen angekündigt sind, besteht eine Verpflichtung zu einer einheitlichen Behandlung beider Anträge.[430] Obwohl auch darüber hinaus bei wechselseitigen Abberufungen in einer Zwei-Personen-GmbH allein eine gemeinsame Behandlung beider Abberufungen in einer Gesellschafterversammlung sachgerecht ist[431], läßt es sich in der Praxis nicht vermeiden, dass ein Gesellschafter dem anderen mit „seiner" Abberufung in einer besonderen Gesellschafterversammlung zuvorkommt.

Bei einer vorläufigen Wirksamkeit der ersten Abberufung[432] wäre der andere Gesellschafter schon nicht mehr Geschäftsführer, so dass er nicht mehr gemäß § 49 Abs. 1 GmbHG eine Gesellschafterversammlung einberufen könnte.[433] Auch bei einer Abhängigkeit der Wirksamkeit der ersten Abberufung von der materiellen Rechtslage[434] wäre die Einberufungskompetenz des anderen Gesellschafters zumindest zwischen den Gesellschaftern umstritten.

Auch in der Zwei-Personen-GmbH hat der als Geschäftsführer abberufene Gesellschafter die Möglichkeit, gemäß §§ 50 Abs. 1, Abs. 3 GmbHG die Einberufung einer Gesellschafterversammlung zu verlangen bzw. selber einzuberufen.[435] Darüber hinaus ist aber in der Zwei-Personen-GmbH hinsichtlich der Einberufungskompetenz des abberufenen Gesellschafter-Geschäftsführers wiederum eine an das Personengesellschaftsrecht angelehnte Lösung sachgerecht, wonach gemäß § 117, 127 HGB die Geschäftsführerstellung erst mit gerichtlicher Entscheidung erlischt. Für den aus wichtigem Grund abberufenen Gesellschafter-Geschäftsführer ist es ein elementarer Bestandteil seines Mitgliedschaftsrechts, weiterhin in Gesellschafterversammlungen an der Entscheidungsfindung in der Gesellschaft mitzuwirken. In einer Zwei-Personen-GmbH sind daher beide Gesellschafter-Geschäftsführer solange weiter zur Einberufung von Gesellschafterversammlungen befugt, bis entsprechend §§ 117, 127 HGB eine rechtskräftige Entscheidung über die Abberufung vorliegt.[436] Durch Inanspruchnahme einstweiligen Rechtsschutzes kann ein Gesellschafter-Geschäftsführer diese Befugnis gegenüber seinem Mitgesellschafter durchsetzen.

---

[430] OLG München, DStR 1994, 216 (siehe hierzu auch unten § 9, III. 1.
[431] So Baumbach/Hueck/Zöllner, § 38 RdNr. 36 c
[432] Vgl. hierzu näher unten § 12, II. 1.
[433] Baumbach/Hueck/Zöllner, § 38 RdNr. 36 b
[434] Vgl. hierzu näher unten IV. 5.
[435] Wolf, ZGR 1998, 92, 100; vgl. hierzu oben § 5, II. 1. b)
[436] Grunewald, FS. Zöllner I, S. 177, 189; ebenso Wolf, ZGR 1998, 92, 101; Baumbach/Hueck/Zöllner, § 38 RdNr. 36 c

Letztlich handelt es sich hier bei der Sicherstellung der Einberufungskompetenz um die Wahrung einer Formalität. Denn der andere Gesellschafter-Geschäftsführer kann aufgrund des ihm gegenüber geltenden Stimmrechtsausschlusses nicht verhindern, dass sein als Geschäftsführer abberufene Mitgesellschafter ihn aus wichtigem Grund abberuft. Er hat zwar einen Anspruch auf Teilnahme an der Gesellschafterversammlung[437]; eine wirkliche Willensbildung findet jedoch in dieser Versammlung nicht statt, der die Abberufung betreibende Gesellschafter wird sich nicht von seinem Vorhaben abbringen lassen. Somit ist es, um einen Wettlauf der Gesellschafter um den früheren Abberufungsbeschluß zu vermeiden, allein relevant, die Möglichkeit der Abberufung aus wichtigem Grund auch für den bereits als Geschäftsführer abberufenen Gesellschafter der Zwei-Personen-GmbH zu gewährleisten.

b)   Berücksichtigung des Verhaltens des Mitgesellschafters

An den genannten Entscheidungen wird bereits deutlich, dass bei der Beurteilung eines Abberufungsgrundes der einzelne Gesellschafter-Geschäftsführer nicht isoliert betrachtet werden darf, sondern eine Gesamtbetrachtung vorgenommen werden muß. Dieses deutet in der Zwei-Personen-GmbH darauf hin, dass auch das Verhalten des anderen Gesellschafter-Geschäftsführers mitberücksichtigt werden muß.

Es stellt sich die Frage, ob die auf der Ebene der Gesellschafter zu treffenden Wertungen auch auf die Geschäftsführerebene übertragen werden müssen, wenn sich in einer Zwei-Personen-GmbH zwei Gesellschafter-Geschäftsführer gegenüberstehen. Diese Frage wird konkret bei wechselseitigen Abberufungsbeschlüssen, die auf beiderseitiges Fehlverhalten gestützt werden. Häufig werden hier die Abberufungen mit einem tiefgreifenden Zerwürfnis der Geschäftsführer begründet. Es ist allgemein anerkannt, dass ein tiefgreifendes Zerwürfnis zwischen den Geschäftsführern in der Zwei-Personen-GmbH grundsätzlich eine Abberufung rechtfertigt.[438]

Wie die folgende Entscheidung des LG Karlsruhe zeigt, ist diese Regel nicht ohne weiteres auf die Zwei-Personen-GmbH anwendbar:

„Gesellschafterstreit unter Brüdern"

LG Karlsruhe, KfH I, Urteil vom 29. April 1998[439]

Die Brüder WM und HM waren zu gleichen Teilen Gesellschafter der Autohaus M-GmbH. Nach dem Gesellschaftsvertrag war jeder der Gesellschafter alleinvertretungsberechtigter Geschäftsführer. Es kam zu

---

[437] Siehe oben § 5, II. 1. c)
[438] Scholz/Schneider, § 38 RdNr. 50; Hachenburg/Stein, § 38 RdNr. 53; Lutz, S. 21; BGH, WM 1984, 29; BGH, GmbHR 1992, 299, m. Anm. Werner, WuB II C. § 38 GmbHG 3.92; OLG Koblenz, ZIP 1986, 1120
[439] LG Karlsruhe, GmbHR 1998, 684

Streitigkeiten zwischen den Brüdern, die zu aufeinanderfolgenden, gegenseitigen Abberufungsbeschlüssen und Kündigungen der Anstellungsverträge führten, zunächst des HM gegenüber dem WM, dann des WM gegenüber dem HM und schließlich wiederum des HM gegenüber dem WM. Beide Gesellschafter erhoben jeweils Klage gegen die Beschlüsse.

Das LG hat die Verfahren verbunden und der Klage des WM stattgegeben, hinsichtlich der Abberufung und Kündigung des HM den wichtigen Grund bejaht und dessen Klage abgewiesen. Die Abberufung des HM aus wichtigem Grund sei wegen der tiefgreifenden Zerrüttung des Verhältnisses der Geschäftsführer wirksam. Hierdurch sei eine normale Zusammenarbeit zwischen den Geschäftsführern nicht mehr möglich und damit eine weitere Geschäftsführertätigkeit für die Gesellschaft nicht mehr zumutbar. Zusätzlich sei aber erforderlich, dass der Geschäftsführer zu dem Zerwürfnis wesentlich beigetragen habe, sowie dass bei den sich gegenüberstehenden Abberufungen objektiv feststellbare Gründe für das Ausscheiden des einen und für das Verbleiben des anderen Geschäftsführers sprächen. Dieses sei hinsichtlich der Abberufung des HM gegeben, da dieser sich gegenüber der Belegschaft als Geschäftsführer disqualifiziert habe und die X-AG nur bereit sei, mit WM als Geschäftsführer den Händlervertrag fortzuführen. Der erste Abberufungsbeschluß gegenüber WM hingegen sei schon formell nichtig. Mit dem Ausscheiden des HM aus der Geschäftsführung entfalle aber automatisch das Zerwürfnis als wichtiger Grund für die spätere Abberufung des WM, da dieser nunmehr Alleingeschäftsführer sei. Ein anderer Grund für die Abberufung des WM liege nicht vor.

Das LG vertrat hier für die Zwei-Personen-GmbH eine Ansicht, die zumindest für die mehrgliedrige GmbH von Rechtsprechung und Literatur abgelehnt wird[440]: Im Gegensatz zu einer rein persönlichen Prüfung von Abberufungsgründen wird das Verhalten beider Gesellschafter-Geschäftsführer gegenübergestellt; gleich schwere Abberufungsgründe gegenüber dem einen sollen die Abberufung des anderen Gesellschafter-Geschäftsführers ausschließen. Dieser Kompensationsgedanke wurde von der Rechtsprechung zunächst zu der Frage des Gesellschafterausschlusses entwickelt.[441] Fraglich ist, ob dieser Gedanke auf die Abberufung der Gesellschafter-Geschäftsführer in der Zwei-Personen-GmbH übertragen werden muß.

aa)   Meinungsstand

In der Rechtsprechung wird die Anwendbarkeit des Kompensationsgedankens auf die Abberufung von Gesellschafter-Geschäftsführern in der Zwei-Personen-GmbH nicht einheitlich beurteilt. Eine eindeutige Entscheidung des

---

[440] Baumbach/Hueck/Zöllner, § 38 RdNr. 8; Lutter/Hommelhoff, § 38 RdNr. 20; BGH, GmbHR 1992, 299, 300
[441] BGHZ 32, 17; vgl. dazu unten § 9, II. 3.

BGH zu dieser Frage steht aus. Jedenfalls für die Abberufung eines Fremd-geschäftsführers einer Zwei-Personen-GmbH hat der BGH entschieden, dass die Grundsätze zur Ausschließung nicht übertragbar seien.[442] Ausschließung aus der Gesellschaft und Entziehung der Geschäftsführungsbefugnis seien nicht vergleichbar. Entscheidend sei, dass der abzuberufende Geschäftsfüh-rer mit Gründen zu dem Zerwürfnis beigetragen habe, die seine Abberufung rechtfertigten. Die Möglichkeit, dass der andere Geschäftsführer in stärkerem Maße pflichtwidrig gehandelt habe, ändere daran nichts.

Jedenfalls für die Abberufung von Gesellschafter-Geschäftsführern wurde dieser Ansicht in anderen Entscheidungen nicht immer gefolgt. So entschied das OLG Düsseldorf, der Erlaß einer einstweiligen Verfügung auf Entziehung der Geschäftsführungsbefugnis scheide aus, wenn erhebliche Anhaltspunkte dafür vorlägen, dass ein wichtiger Grund auch gegenüber dem anderem Ge-schäftsführer bestehe.[443] In einer anderen Entscheidung vertrat das OLG Düsseldorf die Ansicht, die Abberufung des einen Geschäftsführers sei nicht gerechtfertigt, wenn der gleiche Grund auch gegenüber dem anderen Ge-schäftsführer vorliege; insoweit sei die Sachlage vergleichbar mit dem Ge-sellschafterausschluß.[444] Bezeichnenderweise wurde dann aber in einer spä-teren Entscheidung für die selbe Gesellschaft entschieden, ein schwerwie-gendes und dauerhaftes Zerwürfnis könne eine Abberufung auch ohne Fest-stellung eines Verschuldens rechtfertigen, wenn es so tiefgreifend sei, dass die Geschäftsführer nicht mehr in der Lage seien, ihre satzungsmäßigen Auf-gaben wahrzunehmen.[445]

Nach Ansicht des OLG Hamm[446] hingegen reicht es für die Abberufung aus, wenn der Geschäftsführer sich ihm bietende Möglichkeiten nicht genutzt hat, um das Zerwürfnis zu bereinigen und vielmehr durch sein Verhalten das Zer-würfnis weiter eskaliert ist, auch wenn eine Hauptverantwortung zu Lasten des Geschäftsführers nicht festgestellt werden kann. Das OLG Naumburg schließlich wendete die Rechtsgrundsätze des BGH auch auf die Abberufung eines Gesellschafter-Geschäftsführers an: Eine Abberufung sei möglich, wenn der Geschäftsführer zu dem Zerwürfnis wesentlich beigetragen habe, die Grundsätze zum Gesellschafterausschluß seien nicht übertragbar, eine abweichende Beurteilung sei nur bei überwiegendem Verursachungsbeitrag möglich.[447]

---

[442] BGH WM 1984, 29, 30
[443] OLG Düsseldorf, WM 1988, 1532, 1534 (vgl. zum Sachverhalt unten § 12): Bei gegen-seitiger Abberufung müsse sonst ein Not-Geschäftsführer bestellt werden; gerade in kleinen GmbHs käme aber die Bestellung Dritter aus fachlichen Gründen oft nicht in Betracht.
[444] OLG Düsseldorf, WM 1992, 14, 19
[445] OLG Düsseldorf, GmbHR 1994, 884: Zu den weiteren Abberufungen war es während des ersten Verfahrens gekommen. Die Gesellschaft hatte allerdings einen Beirat zur Über-wachung und Unterstützung der Geschäftsführung.
[446] OLG Hamm, GmbHR 1995, 736, 739
[447] OLG Naumburg, GmbHR 1996, 934, 939

Die Abweichungen der zitierten Entscheidungen im Ergebnis erklären sich zum Teil durch Detailunterschiede in den zugrundeliegenden Sachverhalten. Dementsprechend variieren auch die Kommentierungen in der Literatur.

Es wird teilweise anerkannt, dass in der Zwei-Personen-GmbH die Bestimmung des wichtigen Grundes mehr gesellschafter- als gesellschaftsbezogen vorzunehmen ist.[448] Mitverschulden des anderen Gesellschafter könne das Fehlverhalten des betroffenen Geschäftsführers relativieren. Das folge in der Zwei-Personen-GmbH schon aus der vorzunehmenden Gesamtschau.[449] Bei dieser Bewertung könnten Verschuldensanteile und die Wertigkeit des Geschäftsführers für die Gesellschaft eine Rolle spielen.[450] Jedenfalls könne nicht der Gesellschafter-Geschäftsführer den anderen abberufen, wenn er selber den Konflikt maßgeblich verursacht habe.[451]

Dennoch sind nach der Ansicht von Wolf die Regeln zum Gesellschafterausschluß grundsätzlich nicht übertragbar, da es bei der Abberufung allein auf die Funktionsfähigkeit der Geschäftsführung ankomme.[452] Dieses ergebe sich nicht aus der Argumentation des BGH zur Abberufung eines Fremdgeschäftsführers.[453] Vielmehr könne die Berücksichtigung beidseitigen Fehlverhaltens dazu führen, dass trotz wichtiger Gründe beide Geschäftsführer nicht abberufen werden können. Gerade in bipolaren Gesellschaften sei es häufig der Fall, dass sich überwiegende Abberufungsgründe nicht feststellen ließen. Dann aber würde eine Kompensation die Abberufungsmöglichkeit leerlaufen lassen. Daher müsse, wenn keiner der Geschäftsführer vorzugswürdig sei, die Abberufung von beiden möglich sein. Genau für den Fall der Abberufung aller Geschäftsführer sei vom Gesetz der Notgeschäftsführer vorgesehen.[454] Letztlich sei entscheidend, dass es für die Gesellschaft unzumutbar ist, die Geschäftsführer im Amt zu belassen.[455]

Die Gegenansicht will die Abberufung dennoch versagen, wenn auf keiner Seite wichtige Gründe überwiegen. In dieser Situation bleibe in der Zwei-Personen-GmbH den Gesellschafter-Geschäftsführern nur, sich zu einigen oder die Gesellschaft aufzulösen.[456] Es handele sich hier zugleich um ein

---

[448] Oppenländer, DStR 1996, 922, 925; Damm, WuB II C. § 38 GmbHG 2.92; vgl. auch Lutz, S. 22: Die Bewertungskriterien für den wichtigen Grund werden dem Recht der Personenhandelsgesellschaft angeglichen.

[449] Roth/Altmeppen, § 38 RdNr. 33

[450] Wolf, GmbHR 1998, 1163, 1166 (Anm. zu LG Karlsruhe, GmbHR 1998, 684)

[451] Grunewald, FS. Zöllner I, S. 177, 182

[452] Wolf, GmbHR 1998, 1163, 1165

[453] So wird auch OLG Naumburg, GmbHR 1996, 934, entgegengehalten, der Bezug zu BGH, WM 1984, 29 passe nicht, da dort ein Fremdgeschäftsführer abberufen worden sei (vgl. Wolf, GmbHR 1998, 1163, 1166, FN. 34).

[454] Emmerich, WuB II C. § 38 GmbHG 1.89 (Anm. zu OLG Düsseldorf, WM 1988, 1532)

[455] Hachenburg/Stein, § 38 RdNr. 54; Oppenländer, DStR 1996, 922, 925; Grunewald, FS. Zöllner I, S. 177, 188

[456] Baumbach/Hueck/Zöllner, § 38 RdNr. 9

Zerwürfnis der Gesellschafter. Für die Abberufung eines Geschäftsführers müßten erhebliche objektive Gründe sprechen.[457]

bb) Stellungnahme

Bei der wechselseitigen Abberufung von Gesellschafter-Geschäftsführern in der Zwei-Personen-GmbH[458] stehen sich zwei Grundsätze gegenüber: Zum einen ist die Beurteilung eines Abberufungsgrundes hier zwangsläufig auch gesellschafterbezogen vorzunehmen, zum anderen ist in der GmbH bei der Abberufung vornehmlich das Interesse der Gesellschaft an der Funktionsfähigkeit der Geschäftsführung zu beachten. Eine Betrachtung der Problematik ergibt drei Ziele: Beide Gesellschafter-Geschäftsführer müssen gleich behandelt werden, um das durch die Gesellschaftsstruktur vorgegebene Gleichgewicht zu wahren. Soweit möglich sollte wegen des personalistischen Charakters die Bestellung Dritter vermieden werden. Letztlich muß aber allein die Funktionsfähigkeit der Geschäftsführung erhalten werden.

Aus der Einbeziehung der Gesellschafterebene in die Beurteilung der Abberufung ergibt sich, dass der Kompensationsgedanke grundsätzlich auch hier anzuwenden ist. Die Entscheidung des LG Karlsruhe führt aber in der Konsequenz dazu, dass bei beidseitig gleich großen Verursachungsbeiträgen und gleicher Wertigkeit der Geschäftsführer für die Gesellschaft jede Abberufung ausscheidet und damit die Geschäftsführung blockiert wird. Dieses Ergebnis ist nicht tragbar, wenn die Geschäftsführer durch ihr Zerwürfnis die Gesellschaft handlungsunfähig machen. In einem solchen Fall ist allein im Sinne der Funktionsfähigkeit der Geschäftsführung eine Abberufung beider Geschäftsführer zulässig. Im Gegensatz zu der gleichzeitigen Amtsniederlegung durch beide Geschäftsführer, die die Rechtsprechung gerade wegen Beseitigung der Handlungsfähigkeit als rechtsmißbräuchlich ansieht[459], besteht hier ein echtes Bedürfnis zur Abberufung. Mit der Bestellung eines Notgeschäftsführers ist ein Instrument vorgesehen, um die Vertretung der Gesellschaft sicherzustellen.

Es muß also hier unberücksichtigt bleiben, dass eine wirkliche Konfliktlösung für die Gesellschaft nur über die Ebene der Gesellschafter führen kann, da dieser Gedanke für die kurzfristige Funktionsfähigkeit nicht weiter hilft. Um einen sachfremden Wettlauf zu vermeiden, darf es bei engem zeitlichen Zusammenhang nicht auf die zeitliche Reihenfolge der Abberufungen ankommen: ein Zerwürfnis muß bei der Beurteilung beider Abberufungen gleich berücksichtigt werden.

Da ein Zerwürfnis bei der zweiten Abberufung tatsächlich nicht mehr besteht, wenn es für die Begründung der ersten Abberufung ausreichend war, kann

---

[457] Baumbach/Hueck/Zöllner, § 38 RdNr. 9, mit der Anmerkung, die verschuldensunabhängigen Wertungen in der Entscheidung LG Karlsruhe, GmbHR 1998, 684 gingen zu weit.
[458] Zu der formalen Möglichkeit der wechselseitigen Abberufung siehe oben III. 2. a)
[459] BayObLG, GmbHR 1999, 980; KG, GmbHR 2001, 147

die zweite Abberufung nur dann noch berücksichtigt werden, wenn bei der rechtlichen Beurteilung beide Abberufungen gemeinsam behandelt werden. In einer Zwei-Personen-GmbH gebietet der Grundsatz der Gleichbehandlung der Gesellschafter, dass ein zufälliger zeitlicher Unterschied keine andere Rechtsfolge hinsichtlich wechselseitiger Abberufungen ergeben darf. Anders als es sich für das Aktienrecht aus § 84 Abs. 3 Satz 4 AktG ergibt, entfaltet daher in der Zwei-Personen-GmbH ein Abberufungsbeschluß keine vorläufige Wirksamkeit.[460] Bei wechselseitigen Abberufungsbeschlüssen ist die erste Abberufung als folgenlos zu behandeln und ihre materiellrechtliche Beurteilung bis zu einer gemeinsamen Behandlung beider Abberufungen zurückzustellen.

Die Lösung für die Behandlung umstrittener wechselseitiger Abberufungen in der Zwei-Personen-GmbH liegt also darin, dass beide Abberufungsbeschlüsse keine vorläufige Wirksamkeit erlangen und somit bestandslos sind, bis über ihre Wirksamkeit gerichtlich entschieden worden ist. Im Gegensatz zu einer vorläufigen Abberufung beider Geschäftsführer, die die Handlungsunfähigkeit der Gesellschaft hervorrufen könnte, werden so in der Zwei-Personen-GmbH grundlose Abberufungen und unumkehrbare Folgen für die Gesellschafter-Geschäftsführer vermieden. Sofern der zweite Abberufungsbeschluß vor der gerichtlichen Entscheidung über die vorangegangene Abberufung erfolgt, können beide Abberufungsbeschlüsse ohne Berücksichtigung ihrer zeitlichen Priorität gemeinsam behandelt und entschieden werden.[461] So wird ein Wettlauf der Gesellschafter um die frühere Abberufung vermieden.

3. Verwirkung von Abberufungsgründen

Es stellt sich über die inhaltliche Beurteilung eines Abberufungsgrundes hinaus die Frage, ob die Abberufung nach einem konkreten Vorfall zeitlich nur begrenzt möglich ist. Anders als bei der Kündigung des Anstellungsverhältnisses[462] gilt insbesondere die Zweiwochenfrist des § 626 Abs. 2 BGB bei der Abberufung nicht.[463] Grundsätzlich muß die Abberufung in einer Kapitalgesellschaft nur innerhalb angemessener Frist erfolgen.[464] In der Zwei-Personen-GmbH könnten sich aus der partnerschaftlichen Situation Besonderheiten für den zeitlichen Rahmen ergeben.

Mit einem solchen Fall war der BGH in seiner Entscheidung vom 14. Oktober 1991 befaßt:

---

[460] Zu den Besonderheiten der Wirkung des Abberufungsbeschlusses in der Zwei-Personen-GmbH siehe unten § 12, II. 1. a)
[461] Wolf, GmbHR 1998, 1163, 1167; OLG Düsseldorf, WM 1988, 1532
[462] Vgl. dazu unten § 8
[463] Lutter/Hommelhoff, § 38 RdNr. 18
[464] So für die AG BGHZ 13, 188, 194

„Der letzte Einigungsversuch"

BGH, II. Zivilsenat, Urteil vom 14. Oktober 1991[465]

Der Kläger und L waren die beiden einzigen Gesellschafter der beklagten GmbH und zugleich deren Geschäftsführer. Zwischen beiden gab es seit längerem Auseinandersetzungen. Bei einer Inventur beschlossen die Gesellschafter, die Lagerräume nur noch gemeinsam zu betreten; hierzu brachten sie an der Tür ein doppeltes Schloß an. Dennoch versuchte der Kläger im Januar 1989, allein in das Lager zu kommen, und beschädigte dabei das Schloß. Im Anschluß an ein Urteil vom 21. Mai 1989, durch das dem Kläger verboten wurde, die Räume ohne die L zu betreten, teilte die L dem Kläger schriftlich mit, dass u.a. wegen Einbruchsversuchs das Vertrauensverhältnis irreparabel zerstört sei. Dennoch berief sie, in der Hoffnung, sich mit dem Kläger noch verständigen zu können, am gleichen Tag eine Gesellschafterversammlung für den 9. Juni 1989 ein, auf der der Jahresabschluß beschlossen werden sollte. In einer weiteren Gesellschafterversammlung am 14. Juli 1989 wurde schließlich der Kläger mit der Stimme der L als Geschäftsführer abberufen. Der Kläger begehrte die Feststellung, dass seine Abberufung unwirksam sei.

Nach Ansicht des BGH war die Abberufung hier nicht unzulässig. Zwar könne das Recht der Gesellschaft zur Abberufung ihres Geschäftsführers aus wichtigem Grund verwirkt werden, wenn die Umstände über einen längeren Zeitraum hinweg nicht zum Anlaß genommen würden, eine Abberufung auszusprechen. Dies könne sich hier insbesondere daraus ergeben, dass die Mitgesellschafterin nach dem Einbruchsversuch ihren Willen zum Ausdruck gebracht habe, die Zusammenarbeit fortzusetzen. Grundsätzlich müsse es dem Gesellschafter aber unbenommen sein, einen letzten Versuch zu unternehmen, in der nächsten Gesellschafterversammlung mit dem Geschäftsführer zu einer Einigung zu kommen und es solange zurückzustellen, die Abberufung auf die Tagesordnung zu setzen.[466]

Das OLG Düsseldorf vertrat hingegen die Ansicht, die Abberufung eines Gesellschafter-Geschäftsführers aus wichtigem Grund könne bereits dann ausgeschlossen sein, wenn der Geschäftsführer gutgläubig von der Duldung seines pflichtwidrigen Verhaltens ausgegangen sei.[467] Dem wurde in der Literatur entgegengehalten, dass dadurch eine zu weite Entlastungsmöglichkeit zu Gunsten des Geschäftsführers geschaffen werde.[468] Entsprechend der personalistischen Ausgestaltung könne in der Zwei-Personen-GmbH erst nach

---

[465] BGH, WM 1991, 2140, m. Anm. U. H. Schneider, WuB II C. § 38 GmbHG 1.92

[466] Zu der Möglichkeit, weiter Gründe für die Abberufung im gerichtlichen Verfahren „nachzuschieben" vgl. unten § 12.

[467] OLG Düsseldorf, WM 1992, 14 (bei Lager- und Bilanzmanipulationen)

[468] Damm, WuB II C. § 38 GmbHG 2.92

Scheitern eines Verständigungsversuchs von der Verwirkung eines Abberufungsgrundes ausgegangen werden.[469]

Verwirkt werden kann das Recht auf Abberufung somit erst, wenn Abberufungsgründe bereits bei Bestellung vorlagen und den Gesellschaftern bekannt waren oder die Gesellschafter den Geschäftsführer trotz Kenntnis später auftretender Abberufungsgründe über längere Zeit im Amt belassen.[470] Dabei wird in der Zwei-Personen-GmbH der zeitliche Rahmen tendenziell weiter zu bemessen sein. Es entspricht dem Charakter einer personalistischen Gesellschaft, dass ein Gesellschafter nicht sofort nach einer Pflichtverletzung seines Mitgesellschafters gegen diesen vorgeht.[471] Es kann vielmehr für die Zukunft der Gesellschaft von Vorteil sein, wenn ein Abwarten für den Gesellschafter nicht mit einem Rechtsverlust verbunden ist. Somit darf auch die vorübergehende Duldung einer Pflichtverletzung nicht dazu führen, dass bei fortgesetztem pflichtwidrigen Verhalten eine Abberufung nicht mehr möglich ist.[472]

---

[469] U. H. Schneider, WuB II C. § 38 GmbHG 1.92; Roth/Altmeppen, § 38 RdNr. 34
[470] Lutter/Hommelhoff, § 38 RdNr. 19; Scholz/Schneider, § 38 RdNr. 46 b; BGH ZIP 1993, 1228, 1229; BGH WM 1991, 2140, 2141; BGH, WM 1993, 1593, m. Anm. Groß, WuB II C. § 38 GmbHG 3.93
[471] BGH, WM 1991, 2140
[472] Nach Ansicht des OLG Karlsruhe können dann auch noch ältere oder sogar verwirkte Umstände in die Gesamtabwägung mit einfließen (OLG Karlsruhe, NZG 2000, 264).

§ 8 Die Beendigung des Anstellungsvertrages mit dem anderen Geschäftsführer

I. Der Anstellungsvertrag

Hat der Gesellschafter der Zwei-Personen-GmbH seinen Mitgesellschafter als Geschäftsführer abberufen, so stellt sich für ihn die Frage, ob er auch dessen Anstellungsverhältnis kündigen kann. Die organschaftliche Stellung des Geschäftsführers ist von dem schuldrechtlichen Anstellungsverhältnis zwischen Gesellschaft und Geschäftsführer zu trennen.[473] Neben dem organschaftlichen Bestellungsakt werden regelmäßig die schuldrechtlichen Beziehungen zwischen Gesellschaft und Geschäftsführer durch einen Anstellungsvertrag geregelt. Durch die Abberufung des Geschäftsführers wird dieser Anstellungsvertrag grundsätzlich nicht berührt. Trotz Trennung zwischen den beiden Rechtsverhältnissen gibt es aber eine gegenseitige Beeinflussung.[474] In der Praxis besteht ein Bedürfnis, die Abberufung mit der Beendigung der Anstellung abzustimmen.[475] Daher ist die Beendigung des Anstellungsvertrages stets ein Folgeproblem der Geschäftsführerabberufung. Letztlich geht es dabei vor allem darum, ob der Geschäftsführer gegenüber der Gesellschaft weiterhin Anspruch auf seine Bezüge hat.

1. Rechtliche Einordnung

Der Anstellungsvertrag bestimmt, neben den Regelungen des Gesetzes, der Satzung und der organschaftlichen Bestellung, die rechtliche Stellung des Geschäftsführers. Aus ihm ergeben sich die individuellen Rechte und Pflichten im Verhältnis von Geschäftsführer und Gesellschaft.[476]

Bei dem Anstellungsvertrag des gegen Entgelt tätig werdenden Geschäftsführers handelt es sich um einen Dienstvertrag, auf den die §§ 611 ff., 675 BGB Anwendung finden.[477] Der Anstellungsvertrag ist hingegen nicht ein Arbeitsvertrag im besonderen arbeitsrechtlichen Sinne.[478] Dennoch nimmt der Geschäftsführer diesbezüglich eine Zwischenstellung ein. Als Organ der GmbH übt er primär die Funktion des Arbeitgebers aus.[479] Andererseits ist

---

[473] Diese „Trennungstheorie" ist ganz h.M.; vgl. Hachenburg/Mertens, § 35 RdNr. 22; V. Groß, S. 12; Baums, „Geschäftsleitervertrag", S. 3; BGHZ 10, 187, 191; BGHZ 78, 82, 85; BGHZ 79, 38, 41

[474] Voigt, S. 80; BGHZ 89, 48, 52; BGHZ 79, 38, 41

[475] Jaeger, S. 123

[476] Hachenburg/Stein, § 35 RdNr. 136; Scholz/Schneider, § 35 RdNr. 151

[477] Hachenburg/Stein, § 35 RdNr. 160; Lutter/Hommelhoff, Anh. § 6 RdNr. 3; V. Groß, S. 7; Fleck, FS. Hilger/Stumpf, S. 197; BGHZ 10, 187, 191; BGHZ 79, 291, 292; Gissel, S. 13; Hueck, DB 1954, 274, 275; Bauer/Gragert, ZIP 1997, 2177, 2178; bei unentgeltlicher Tätigkeit handelt es sich um ein Auftragsverhältnis (§§ 662 ff. BGB).

[478] Lutter/Hommelhoff, Anh. § 6 RdNr. 3; Hachenburg/Stein, § 35 RdNr. 160; V. Groß, S. 14; BGHZ 10, 187, 191; BGHZ 49, 30, 31; BGHZ 91, 217

[479] Hohlfeld, GmbHR 1987, 255, 256; Fleck, FS. Hilger/Stumpf, S. 197, 203

der Geschäftsführer Angestellter der GmbH, er schuldet regelmäßig seine ganze Arbeitskraft und bezieht aus dieser Stellung seinen Lebensunterhalt.[480] Daher können auf das Anstellungsverhältnis einzelne Normen und Grundsätze des Arbeitsrechts analog angewendet werden.[481] Dabei geht es vor allem, soweit die persönliche und wirtschaftliche Existenz des Geschäftsführer im Vordergrund steht, um die sich aus der Treue- und Fürsorgepflicht ergebenden Folgerungen.[482] Im einzelnen können sich hier Unterschiede aus der konkreten Ausgestaltung der Rechtsstellung des Geschäftsführers ergeben.

2. Beendigungsgründe

Zur Beendigung des Anstellungsvertrages ergeben sich nach dem Recht der Dienstverträge verschiedene Möglichkeiten. In Betracht kommen neben dem Zeitablauf, dem Eintritt einer auflösenden Bedingung oder dem Tod des Geschäftsführers insbesondere die Kündigung und die einvernehmliche Aufhebung.[483] Die materiellen Voraussetzungen der Beendigung entsprechen jeweils den schuldrechtlichen Regelungen. Eine „freie Abberufung" im Sinne des § 38 Abs. 1 GmbHG gibt es nicht.[484]

Die Abberufung des Geschäftsführers als solche beendet ebenso wie die Amtsniederlegung oder die Auflösung der Gesellschaft den Anstellungsvertrag aufgrund der Trennung zwischen Organstellung und Anstellungsverhältnis grundsätzlich nicht.[485] Es muß jeweils gesondert geprüft werden, ob die schuldrechtlichen Voraussetzungen für eine Beendigung des Anstellungsvertrages vorliegen.

3. Zuständigkeit für Kündigung und Aufhebung

Die Zuständigkeit für den Abschluß - und damit auch die Beendigung - des Anstellungsvertrages ist gesetzlich nicht ausdrücklich geregelt. Nach h.M. handelt es sich um eine Annexkompetenz zur Zuständigkeit für die Bestellung der Geschäftsführer gemäß § 46 Nr. 5 GmbHG.[486] Daher sind auf Seiten der Gesellschaft für den Abschluß eines Aufhebungsvertrages und für die Kündigung grundsätzlich die Gesellschafter zuständig.[487] Sie entscheiden über die

---

[480] Gissel, S. 13
[481] Lutter/Hommelhoff, Anh. § 6 RdNr. 3; Hachenburg/Stein, § 35 RdNr. 170; Goette, DStR 1998, 1137, 1142; Gissel, S. 13; Hueck, DB 1954, 274, 275; Bauer/Gragert, ZIP 1997, 2177, 2178; BGHZ 49, 30, 32; BGHZ 79, 291, 294; BGHZ 91, 217, 220
[482] Hueck, DB 1954, 274, 275
[483] Scholz/Schneider, § 35 RdNr. 219; Lutter/Hommelhoff, Anh. § 6 RdNr. 46
[484] Hachenburg/Stein, § 38 RdNr. 7
[485] Hachenburg/Stein, § 38 RdNr. 15; Lutter/Hommelhoff, Anh. § 6 RdNr. 44; Scholz/Schneider, § 38 RdNr. 219; Hueck, DB 1954, 274, 276; Bauer/Gragert, ZIP 1997, 2177, 2180
[486] Scholz/Schneider, § 35 RdNr. 220
[487] Scholz/Schneider, § 35 RdNr. 221; Lutter/Hommelhoff, Anh. § 6 RdNr. 52; Fleck, WM 1994, 1957, 1958; Baums, Geschäftsleitervertrag, S. 286; ders., ZGR 1993, 141, 151; Goet-

Beendigung des Anstellungsverhältnisses und vertreten die Gesellschaft gegenüber dem Geschäftsführer.[488] Durch besondere Regelung in der Satzung oder durch Gesellschafterbeschluß kann die Zuständigkeit auf andere Organe der Gesellschaft übertragen werden.[489] Nur wenn kein zeitlicher Zusammenhang zwischen Abberufung und Kündigung besteht, das Anstellungsverhältnis also nach Abberufung als Arbeitsvertrag weitergeführt wird, vertreten die aktuellen Geschäftsführer bei einer späteren Kündigung die Gesellschaft.[490]

II. Die Kündigung

1. Ausgangspunkt

Grundsätzlich besteht die Möglichkeit einer ordentlichen, fristgemäßen Kündigung sowie einer außerordentlichen, fristlosen Kündigung.[491]

Die ordentliche Kündigung ist bei einem unbefristeten Anstellungsvertrag grundsätzlich zulässig.[492] In der Zwei-Personen-GmbH ist der hälftig oder mit Mehrheit beteiligte Gesellschafter-Geschäftsführer aber in der Lage, die gegen ihn gerichtete Kündigung durch seine Gegenstimme zu verhindern.[493] Eine größere praktischere Bedeutung hat daher die außerordentliche Kündigung. Hier besteht ein Stimmrechtsausschluß gegenüber dem betroffenen Gesellschafter-Geschäftsführer, damit dieser die Beendigung seiner Anstellung bei Unzumutbarkeit der Fortsetzung für die Gesellschaft nicht verhindern kann.[494]

2. Die ordentliche Kündigung

Die ordentliche Kündigung stellt die Möglichkeit dar, einen unbefristeten Dienstvertrag jederzeit ohne Angabe von Gründen unter Einhaltung einer Kündigungsfrist zu kündigen (§ 620 Abs. 2 BGB). In der Zwei-Personen-GmbH kommt die ordentliche Kündigung gegenüber einem Gesellschafter-

---

te, DStR 1998, 1137, 1140; BGHZ 91, 217, 218; BGH, WM 1991, 852; OLG Nürnberg, GmbHR 2001, 973

[488] Eine Ausnahme besteht folglich für die mitbestimmte GmbH: Dort ist der Aufsichtsrat auch für die Beendigung des Anstellungsverhältnisses zuständig (BGHZ 89, 48; Lutter/Hommelhoff, Anh. § 6 RdNr. 8, 51; Hachenburg/Raiser, § 52 RdNr. 293; a.A. Scholz/Schneider, § 35 RdNr. 223).

[489] Scholz/Schneider, § 35 RdNr. 221; Lutter/Hommelhoff, Anh. § 6 RdNr. 51

[490] Scholz/Schneider, § 35 RdNr. 221; Lutter/Hommelhoff, Anh. § 6 RdNr. 51

[491] Hachenburg/Stein, § 38 RdNr. 7; in der mitbestimmten GmbG scheidet die ordentliche Kündigung gemäß § 84 Abs. 1 Satz 5 AktG aus.

[492] In der Praxis werden häufig - angelehnt an § 84 Abs. 1 AktG - befristete Verträge für drei bis fünf Jahre geschlossen (vgl. Bauer/Diller, GmbHR 1998, 809); in diesen Fällen ist eine ordentliche Kündigung unzulässig (Hachenburg/Stein, § 38 RdNr. 8).

[493] Lutter/Hommelhoff, Anh. § 6 RdNr. 53; BGHZ 18, 205, 210; BGHZ 91, 217, 218

[494] Lutter/Hommelhoff, Anh. § 6 RdNr. 61; BGH, NJW 1987, 1889

Geschäftsführer praktisch nur dann in Betracht, wenn dieser lediglich mit Minderheit beteiligt ist. Dieser kann den entsprechenden Gesellschafterbeschluß mit seiner Gegenstimme nicht verhindern.

a) Kündigungsfrist

Die andere Vertragspartei wird bei der ordentlichen Kündigung durch die gesetzlichen Kündigungsfristen (§§ 621 ff. BGB) geschützt. Auf den Geschäftsführer der GmbH wird von der Rechtsprechung die Regelung des § 622 Abs. 1 BGB analog angewendet, obwohl es sich bei dem Anstellungsvertrag nicht um einen Arbeitsvertrag handelt.[495] Als Begründung wird angeführt, auch der Geschäftsführer stelle seine Arbeitskraft hauptberuflich zur Verfügung. Bei einer Kündigung brauche er Zeit, sich eine neue Beschäftigung zu suchen.[496] Die Analogie gilt jedenfalls für den Minderheitsgesellschafter, auch wenn er maßgeblich beteiligt ist; hinsichtlich des beherrschenden Gesellschafters kann die Anwendbarkeit dahinstehen, da die ordentliche Kündigung gegen seinen Willen ohnehin nicht durchsetzbar ist.[497] Für die Zwei-Personen-GmbH bedeutet das, dass bei der ordentlichen Kündigung eines Minderheitsgesellschafters als Geschäftsführer die Frist des § 622 BGB zu beachten ist. Die Kündigungsfrist verlängert sich entsprechend § 622 Abs. 2 BGB mit der Dauer der Anstellung.[498] Ist der Geschäftsführer auf Lebenszeit angestellt, so kann die Gesellschaft nur unter Einhaltung einer Frist kündigen, die dem Geschäftsführer die Erlangung einer vergleichbaren Stellung ermöglicht.[499]

b) Kündigungsschutz

Aus der Einordnung des Anstellungsvertrages als Dienstvertrag ergibt sich, dass ein Kündigungsschutz im arbeitsrechtlichen Sinne hier grundsätzlich nicht stattfindet. Ein solcher ist „auf den ersten Blick überflüssig und nicht wünschbar".[500] Dementsprechend ist etwa das KSchG gemäß § 14 Abs. 1 Nr. 1 KSchG ausdrücklich nicht auf Organmitglieder anwendbar[501], auch eine Anwendung des SchwerbehG scheidet aus.[502]

Nur in besonderen Fallkonstellationen ist es möglich, dass der arbeitsrechtliche Kündigungsschutz auch auf den GmbH-Geschäftsführer Anwendung fin-

---

[495] Hierdurch wird die Rechtslage beibehalten, die nach der Rechtsprechung auch vor der Novellierung des § 622 BGB durch Anwendung des AngKSchG auf GmbH-Geschäftsführer galt. Vgl. BGHZ 79, 291, 294; BGHZ 91, 217, 220; BGH, ZIP 1987, 707, 708 (für Geschäftsführer einer Komplementär-GmbH); Hachenburg/Stein, § 38 RdNr. 9; Lutter/Hommelhoff, Anh. § 6 RdNr. 53; Bauer/Gragert, ZIP 1997, 2177, 2181; Goette, DStR 1998, 1137, 1140
[496] BGHZ 79, 291, 294
[497] BGHZ 91, 217, 220; vgl. aber Bauer/Gragert, ZIP 1997, 2177, 2180
[498] Lutter/Hommelhoff, Anh. § 6 RdNr. 54; BGH ZIP 1987, 707, 708
[499] Scholz/Schneider, § 35 RdNr. 227
[500] Baums, Geschäftsleitervertrag, S. 393
[501] Scholz/Schneider, § 35 RdNr. 228; Schwab, NZA 1987, 839, 842
[502] Scholz/Schneider, § 35 RdNr. 230; Baumbach/Hueck/Zöllner, § 35 RdNr. 99

det. Dabei handelt es sich zum einen um die Fälle, in denen der Geschäftsführer nach seiner Abberufung von der Gesellschaft weiterhin beschäftigt wird und darin eine zumindest konkludent vereinbarte Umwandlung in ein Arbeitsverhältnis zu sehen ist.[503] Arbeitsrechtlicher Kündigungsschutz ist des weiteren in einem Konzern oder einer GmbH & Co. KG auf den Geschäftsführer einer GmbH anwendbar, wenn nicht ein Anstellungsverhältnis mit der GmbH, sondern allein ein Arbeitsverhältnis mit dem beherrschenden Unternehmen oder der KG besteht, das während der Organstellung fortbesteht und nicht in ein freies Dienstverhältnis umgewandelt worden ist.[504] In diesem Fall berührt die Organstellung nicht den auf das Arbeitsverhältnis anwendbaren Kündigungsschutz. Schließlich kommt nach Ansicht des BAG arbeitsrechtlicher Kündigungsschutz auch dann in Betracht, wenn der Geschäftsführer in einer „Doppelstellung" als Organmitglied und Arbeitnehmer steht[505]: Wenn ein Arbeitnehmer zum Geschäftsführer berufen werde, sich aber an seinen Vertragsbedingungen nichts ändere, sei nicht anzunehmen, dass der Arbeitnehmer seinen erworbenen Kündigungsschutz aufgeben wolle. Nach Beendigung der Geschäftsführerstellung kann dann das ursprüngliche Arbeitsverhältnis einschließlich des dafür geltenden Kündigungsschutzes wieder aufleben.[506]

Das Vorliegen einer der genannten Ausnahmefälle ist im Hinblick auf den Gesellschafter-Geschäftsführer der Zwei-Personen-GmbH nur als seltene Ausnahme vorstellbar. Damit bleibt es hier bei dem Grundsatz, dass der Anstellungsvertrag kein Arbeitsvertrag ist und damit arbeitsrechtliche Schutzvorschriften nicht anzuwenden sind.[507] Gegenüber dem früher vom ROHG vertretenen Standpunkt, das Dienstverhältnis sei jederzeit frei widerrufbar[508], stellt allerdings die Trennungstheorie bereits insoweit die Einführung eines gewissen Kündigungsschutzes dar, als die zivilrechtlichen Regelungen zu der Beendigung von Dienstverträgen gelten.[509] Darüberhinaus ist jedoch eine Tendenz erkennbar, Rechtsgedanken des Kündigungsschutzes auch auf den

---

[503] Scholz/Schneider, § 35 RdNr. 228 a; Baumbach/Hueck/Zöllner, § 35 RdNr. 97 b; Baums, Geschäftsleitervertrag, S. 396; Schwab, NZA 1987, 839, 841; vgl. BAG, GmbHR 1986, 263, 265

[504] Baumbach/Hueck/Zöllner, § 35 RdNr. 97 b; Scholz/Schneider, § 35 RdNr. 228 b; Baums, Geschäftsleitervertrag, S. 397; Schwab, NZA 1987, 839, 840; die Rechtsprechung geht heute (BAG, GmbHR 1993, 35, 36; OLG Hamm, GmbHR 1991, 466, 467) entgegen der früheren Ansicht des BAG (BAGE 24, 383, 386; 39, 16 21) davon aus, dass regelmäßig eine Umwandlung in ein freies Dienstverhältnis stattfindet.

[505] BAG, GmbHR 1988, 179, 181; BAG, GmbHR 1986, 263, 266; zust. Schwab, NZA 1987, 839, 840; krit. Scholz/Schneider, § 35 RdNr. 228 c; Hohlfeld, GmbHR 1987, 255, 257

[506] Vgl. LAG Schleswig-Holstein, GmbHR 2001, 1162, 1163: Für die Anwendung der besonderen arbeitsrechtlichen Regelungen ist es aber erforderlich, dass die Beendigung der Geschäftsführerstellung feststeht.

[507] Scholz/Schneider, § 35 RdNr. 228; Lutter/Hommelhoff, Anh. § 6 RdNr. 47; vgl. oben I. 1.

[508] Vgl. ROHGE 13, 179; ROHGE 19, 61

[509] Baums, Geschäftsleitervertrag, S. 394

GmbH-Geschäftsführer anzuwenden.[510] Häufig wird danach differenziert, ob der Geschäftsführer „abhängig" ist oder nicht. Der hälftig oder mit Mehrheit beteiligte Gesellschafter-Geschäftsführer sei nicht schutzwürdig[511], hingegen sei der Minderheitsgesellschafter grundsätzlich immer abhängig und damit arbeitsrechtlich schutzwürdig, sofern sich nicht aus dem Gesellschaftsvertrag etwas anderes ergebe.[512] Abhängige und selbständige Geschäftsführer seien differenziert zu behandeln.[513] Im Zweifel seien Geschäftsführer dabei nicht als Arbeitnehmer zu behandeln.[514] Jedenfalls der mindestens zur Hälfte beteiligte Gesellschafter-Geschäftsführer sei grundsätzlich nicht abhängig, insbesondere nicht in Familiengesellschaften, so dass hier die Anwendung arbeits- oder sozialversicherungsrechtlicher Normen nicht in Betracht kommt.[515] Schließlich wird sogar eine Auflockerung hinsichtlich der Anwendung des KSchG für denkbar gehalten.[516]

Nach anderer Ansicht sind arbeitsrechtliche Schutznormen nicht anzuwenden, da ausreichender Schutz durch die analoge Anwendung von § 622 BGB bestehe.[517] Die Leistungspflicht des Geschäftsführers aus dem Anstellungsvertrag beschränke sich auf die Tätigkeit in der Geschäftsführung, so dass mit der Abberufung - die grundsätzlich auch frei möglich ist - der Arbeitsplatz bereits weggefallen sei und somit die Frage einer sozialen Rechtfertigung über die Frage der Vergütung hinaus entfalle.[518]

Eine differenzierte Betrachtung führt aber in der Zwei-Personen-GmbH zu dem Ergebnis, dass der Gesellschafter-Geschäftsführer gerade aufgrund einer möglicherweise maßgeblichen Beteiligung besonders schutzbedürftig ist. Ein Grund dafür ist es, wenn die Geschäftsführertätigkeit - ähnlich der Situation in einer Personengesellschaft - den Lebensberuf darstellt, also die einzige Verdienstmöglichkeit ist und nicht nur eine vorübergehende Stellung bedeutet. Des weiteren ist der Gesellschafter-Geschäftsführer über die berufliche Tätigkeit hinaus besonders eng mit der Gesellschaft verbunden[519]: Hierin kann kein bloßes Anstellungsverhältnis gesehen werden, gerade aus der engen Verbundenheit des Gesellschafter-Geschäftsführers mit der GmbH ergibt sich ein besonderes Schutzbedürfnis.[520] Beispielhaft hierfür ist der der oben zitierten Entscheidung des BGH vom 29. November 1993[521] zugrundeliegen-

---

[510] Vgl. V. Groß, S. 376; Gissel, S. 29 f.; Bauer/Gragert, ZIP 1997, 2177, 2181
[511] Gissel, S. 101, 105
[512] Gissel, S. 107; so für steuerrechtliche Beurteilung auch Schuhmann, GmbHR 1991, 375, 377
[513] Gaul, GmbHR 1988, 172, 174; V. Groß, 380
[514] V. Groß, S. 381, 382
[515] Hachenburg/Stein, § 35 RdNr. 138 ff.
[516] Fleck, FS. Hilger/Stumpf, S. 197, 221
[517] Hohlfeld, GmbHR 1987, 255, 258
[518] Baums, Geschäftsleitervertrag, S. 395
[519] Limbach, GmbHR 1968, 181
[520] Limbach, GmbHR 1968, 181, 182
[521] BGH, DStR 1994, 214 (siehe oben § 7, II. 1. b))

de Sachverhalt, in dem der Erbe eines Familiengeschäfts, das seine finanzielle Lebensgrundlage bedeutet, seine rechtliche Stellung als Gesellschafter-Geschäftsführer nur aufgrund einer steuerlich begründeten Betriebsaufspaltung erlangt. Im Ergebnis ist daher in der Zwei-Personen-GmbH im Zusammenhang mit der zwischen den Gesellschaftern bestehenden Treuepflicht eine grundlose Kündigung durch den Mitgesellschafter aufgrund eines Verstoßes gegen die Treuepflicht unwirksam.[522]

3. Die außerordentliche Kündigung

Das Anstellungsverhältnis des Geschäftsführers kann - wie jedes Dauerschuldverhältnis - außerordentlich gekündigt werden, wenn dem Kündigenden die Fortsetzung des Anstellungsverhältnisses und das Abwarten einer Frist nicht zugemutet werden kann.[523] Der außerordentlichen Kündigung ist immanent, dass sie gerade in Konfliktsituationen vorkommt. Während auf Seiten des Kündigenden dringende Gründe für die sofortige Beendigung des Vertragsverhältnis vorhanden sein müssen, hat die außerordentliche Kündigung für die andere Seite häufig einschneidende Folgen. Aus diesem Grund sind die Umstände einer außerordentlichen Kündigung insgesamt komplizierter als die einer ordentlichen Kündigung und müssen bei der Beurteilung der Zulässigkeit umfassend gegeneinander abgewogen werden.

a)   Der wichtige Grund

aa) Ausgangspunkt

Die Voraussetzungen für das Vorliegen eines wichtigen Grundes ergeben sich aus der Generalklausel des § 626 Abs. 1 BGB. Der Wortlaut der Vorschrift bedingt eine Interessenabwägung[524]; es sind alle konkreten Umstände des Einzelfalles und die widerstreitenden Interessen differenziert zu betrachten und gegeneinander abzuwägen.[525]

Zu beachten ist, dass sich die Kündigungsvoraussetzungen nicht mit den Voraussetzungen für die Abberufung decken.[526] Während die Abberufung ein einseitiger Willensakt der Gesellschaft ist, handelt es sich bei dem Anstellungsvertrag um einen gegenseitigen Vertrag, dessen Beendigung eine Abwägung gegenseitiger Interessen erfordert.[527] Im Gegensatz zu der Abberu-

---

[522] Vgl. BGH, DStR 1994, 214, m. Anm. Goette; Baumbach/Hueck/Zöllner, § 35 RdNr. 129. Dagegen Meilicke, DB 1994, 1761: Allgemeine Billigkeitserwägungen hätten im Gesellschaftsrecht nichts zu suchen, die Treuepflicht schütze nur gemeinschaftliche Interessen.

[523] Lutter/Hommelhoff, Anh. § 6 RdNr. 57; Fleck, WM 1994, 1957, 1965; BGH, WM 1992, 2142

[524] Voigt, S. 58

[525] Scholz/Schneider, § 35 RdNr. 232; Lutter/Hommelhoff, Anh. § 6 RdNr. 57; Goette, DStR 1998, 1137, 1140

[526] Scholz/Schneider, § 35 RdNr. 231; Hueck, DB 1954, 274, 275

[527] Voigt, S. 79

fung, bei der primär die Interessen der Gesellschaft hinsichtlich einer funktionsfähigen Geschäftsführung maßgeblich sind[528], sind bei der Frage der möglichen Beendigung des Anstellungsverhältnisses sowohl das Beendigungsinteresse der Gesellschaft also auch die persönliche finanzielle und soziale Situation des Geschäftsführers zu beachten. Es ist darauf Rücksicht zu nehmen, dass durch die Kündigung dem Geschäftsführer nicht grundlos die Lebensgrundlage entzogen wird. Folgt die Kündigung auf eine Abberufung aus wichtigem Grund, ist anhand dieser Kriterien jeweils im Einzelfall zu prüfen, ob der Abberufungsgrund auch die Kündigung rechtfertigen kann.[529]

Der Gesellschaftsvertrag kann die Kündigung dadurch erleichtern, dass einzelne Umstände als Kündigungsgrund qualifiziert werden. Erfüllen diese aber objektiv nicht die Voraussetzungen des § 626 Abs. 1 BGB, berechtigen sie nur zu einer fristgemäßen Kündigung entsprechend § 622 BGB.[530] Umgekehrt ist eine über § 626 Abs. 1 hinausgehende Erschwerung des Kündigungsrechts durch vorherige Vereinbarung unwirksam.[531]

Der wichtige Grund für die Kündigung kann sowohl in den Verhältnissen der Gesellschaft begründet sein, als auch in der Person oder dem Verhalten des Geschäftsführers liegen.[532] Ein Verschulden ist dabei nicht Voraussetzung für das Vorliegen des wichtigen Grundes. In vielen Fällen geht es aber darum, dass sich die Gesellschaft von dem Geschäftsführer wegen dessen Fehlverhaltens trennen will.[533] Der Grund muß aber aus der Sphäre der Vertragsparteien stammen; die Interessen Dritter sind - im Gegensatz zu der Abberufung - bei der Kündigung unbeachtlich.[534] Zu dem wichtigen Grund hat sich in der Praxis eine große Zahl von Fallgruppen herausgebildet.[535]

Entscheidend für die Zulässigkeit der außerordentlichen Kündigung ist schließlich, dass der wichtige Grund jeweils in Abwägung mit den Interessen des Geschäftsführers die sofortige Auflösung des Anstellungsvertrages rechtfertigt. Die außerordentliche Kündigung kann daher bei Zumutbarkeit einer Änderungskündigung, einer vorherigen Abmahnung oder eines Abwartens der Kündigungsfrist unzulässig sein.[536] Ebenso kann es von Bedeutung sein,

---

[528] Vgl. dazu oben § 7, III.
[529] Scholz/Schneider, § 35 RdNr. 231; Lutter/Hommelhoff, Anh. § 6 RdNr. 45
[530] Scholz/Schneider, § 35 RdNr. 235
[531] Lutter/Hommelhoff, Anh. § 6 RdNr. 57
[532] Scholz/Schneider, § 35 RdNr. 231; Lutter/Hommelhoff, Anh. § 6 RdNr. 59; a.A. Hachenburg/Stein, § 38 RdNr. 57: Nur Gründe aus der Person des Geschäftsführers kommen in Betracht.
[533] Goette, DStR 1998, 1137, 1140
[534] Voigt, S. 80
[535] Vgl. hierzu die ausführliche Darstellung bei Voigt, S. 98 ff.; auch Goette, DStR 1998, 1137, 1140
[536] Lutter/Hommelhoff, Anh. § 6 RdNr. 57; BGH, WM 1992, 2142

ob die außerordentliche Kündigung besonders diskriminierend ist oder dass schwerwiegende soziale Folgen mit ihr verbunden sind.[537]

bb) Rechtslage in der Zwei-Personen-GmbH

Auch in der Zwei-Personen-GmbH muß eine außerordentliche Kündigung gegenüber einem Gesellschafter-Geschäftsführer uneingeschränkt möglich sein, wenn eine Fortsetzung des Anstellungsvertrages für die Gesellschaft objektiv unzumutbar ist. Entscheidend ist, dass einerseits der Gesellschaft in einem solchen Fall nicht durch Einflußnahme des Betroffenen Schaden entsteht, andererseits muß der Gesellschafter-Geschäftsführer vor unberechtigter Kündigung durch seinen Mitgesellschafter geschützt sein.

Einerseits wird dem Interesse der Gesellschaft daran, dass eine Kündigung aus wichtigem Grund auch gegen einen beherrschenden Gesellschafter durchsetzbar ist, durch den Stimmrechtsausschluß gegenüber dem betroffenen Gesellschafter-Geschäftsführer Rechnung getragen.[538] Dieser Stimmrechtsausschluß bedeutet in der Zwei-Personen-GmbH andererseits, dass der andere Gesellschafter selbständig über die Kündigung entscheidet. Aus diesem Grund sind hier - parallel zu der Situation bei der Abberufung aus wichtigem Grund - Umstände erforderlich, die der Gesellschaft objektiv eine weitere Anstellung des Gesellschafter-Geschäftsführers unzumutbar machen.

Die besondere Stellung des Gesellschafter-Geschäftsführer in einer Zwei-Personen-GmbH kann lediglich im Rahmen der vorzunehmenden Gesamtabwägung berücksichtigt werden. Es kann auch von Bedeutung sein, ob die gesellschafterliche Treuepflicht es dem Mitgesellschafter gebietet, von einer außerordentlichen Kündigung abzusehen. Einen „Kündigungsschutz" kann es im Rahmen der außerordentlichen Kündigung nicht geben. Bei objektiver Unzumutbarkeit der Fortführung muß die fristlose Beendigung des Anstellungsvertrages auch gegenüber dem Gesellschafter-Geschäftsführer der Zwei-Personen-GmbH möglich sein.

b)   Erklärungsfrist

Bei der außerordentlichen Kündigung ist nach h.M. auch in der GmbH die zweiwöchige Ausschlußfrist des § 626 Abs. 2 BGB zu beachten. Dabei ist es mitunter problematisch, den für den Beginn der Frist maßgeblichen Zeitpunkt zu bestimmen, da in der GmbH grundsätzlich nicht eine Einzelperson, sondern die Gesellschafterversammlung über die außerordentliche Kündigung entscheidet.[539] Umstritten ist im einzelnen, wessen Kenntnis der Umstände die Frist in Gang setzt. Maßgeblich muß grundsätzlich sein, dass das für die Entscheidung zuständige Organ kollektiv Kenntnis der Kündigungsgründe er-

---

[537] Goette, DStR 1998, 1137, 1141
[538] Lutter/Hommelhoff, Anh. § 6 RdNr. 61; Scholz/Schneider, § 35 RdNr. 236
[539] Goette, DStR 1998, 1137, 1141

langt. In der GmbH beginnt die Frist daher, wenn alle Mitglieder der Gesellschafterversammlung die Tatsachen erfahren haben, die die Kündigung rechtfertigen; dazu muß die Gesellschafterversammlung nicht zwingend zusammengetreten sein.[540] Die Kenntnis eines anderen Geschäftsführers ist grundsätzlich unbeachtlich, eine Zurechnung findet nicht statt.[541]

In der Zwei-Personen-GmbH, in der der eine Gesellschafter alleine über die Kündigung des anderen als Geschäftsführer beschließt, ist die Situation insoweit anders, als hier nur eine Person über die außerordentliche Kündigung beschließt. Hier ist es allein konsequent, wenn die Frist mit der persönlichen Kenntniserlangung der maßgeblichen Umstände durch den Gesellschafter beginnt.[542] Eine Verzögerung auf den Zeitpunkt der Einberufung einer Gesellschafterversammlung, in der der einzige andere Gesellschafter ohnehin nicht mit über diese Frage abstimmen darf, wäre mit § 626 Abs. 2 BGB nicht zu vereinbaren.

Zu beachten ist allerdings, dass gerade bei einem Gesellschafter-Geschäftsführer der wichtige Grund für die Kündigung häufig auf einer längeren Entwicklung beruht, die erst allmählich zu einer unvermeidlichen Kündigung führt.[543] Daher ist § 626 Abs. 2 BGB entsprechend auszulegen.[544] Die Frist des § 626 Abs. 2 BGB ist gewahrt, wenn innerhalb der letzten zwei Wochen vor der Kündigung ein weiteres, dem gekündigten Geschäftsführer zuzurechnendes Ereignis liegt, das den Kündigungsgrund noch verstärkt oder nochmals eindringlich deutlich macht.[545] In Einzelfällen kann sich aus dem Grundsatz von Treu und Glauben ergeben, dass sich der Geschäftsführer trotz Ablaufs der Frist nicht auf § 626 Abs. 2 BGB berufen kann.[546] Dieses gilt etwa in dem Fall, dass dem Geschäftsführer eine Bedenkzeit zur Überprüfung eines Angebots zu einer einvernehmlichen Aufhebung eingeräumt worden ist.[547] So können Vergleichsverhandlungen praktisch zu einer Hemmung der Frist führen.[548]

---

[540] Hachenburg/Stein, § 38 RdNr. 75; Baumbach/Hueck/Zöllner, § 35 RdNr. 119; BGH, DStR 1996, 676, 677; BGH, DStR 1997, 1338, 1339; Goette, DStR 1998, 1137, 1141; a.A. Scholz/Schneider, § 35 RdNr. 240; Lutter/Hommelhoff, Anh. § 6 RdNr. 64
[541] BGH, WM 1992, 2142 (m. zust. Anm. Meyer-Landrut, WuB II C. § 38 GmbHG 1.93); BGH, DStR 1993, 134, 135
[542] Vgl. BGH, DStR 1997, 1338, 1339
[543] Hachenburg/Stein, § 38 RdNr. 65
[544] Hachenburg/Stein, § 38 RdNr. 66
[545] LG Karlsruhe, GmbHR 1998, 684 (vgl. zum Sachverhalt oben § 7, III. 2.).
[546] Baumbach/Hueck/Zöllner, § 35 RdNr. 122; Rowedder/Koppensteiner, § 38 RdNr. 39; BGH, GmbHR 1975, 200, 201
[547] Scholz/Schneider, § 35 RdNr. 237
[548] Bei der Frist aus § 626 Abs. 2 BGB handelt es sich um eine Ausschlußfrist, auf die die Regelungen der §§ 194 ff. BGB nicht anwendbar sind (Soergel/Walter, Vor § 194 RdNr. 10 ff.; Soergel/Kraft, § 626 RdNr. 85, 96); dennoch entspricht die hier dargestellte Rechtsfolge der seit der Novellierung des BGB gemäß § 203 BGB geltenden Hemmung der Verjährung bei schwebenden Verhandlungen (entgegen der früheren gesetzlichen Regelung).

c) Umdeutung

Grundsätzlich kann eine außerordentliche Kündigung, die wegen Fehlens eines wichtigen Grundes oder der Versäumung der Frist des § 626 Abs. 2 BGB unwirksam ist, in eine ordentliche Kündigung umgedeutet werden.[549] Diese Möglichkeit besteht aber dann nicht, wenn der betroffene Gesellschafter-Geschäftsführer an der Abstimmung wegen des objektiv nicht bestehenden Stimmverbotes nicht teilgenommen hat und er den Gesellschafterbeschluß angefochten hat.[550] Hieraus folgt, dass in der Zwei-Personen-GmbH die Umdeutung der gegenüber einem Gesellschafter-Geschäftsführer ausgesprochenen außerordentlichen Kündigung regelmäßig nicht in Betracht kommt.

4. Rechtsfolgen der Kündigung

Mit Wirksamkeit der Kündigung ist das Anstellungsverhältnis beendet. Damit bestehen vor allem für den Geschäftsführer keine Ansprüche mehr hinsichtlich seiner Bezüge, es sei denn, es waren Beträge rückständig.[551] Das gilt auch für einen Tantiemeanspruch. Eine Pensionsvereinbarung wird durch die Kündigung grundsätzlich nicht beeinflußt.[552] Die erfolgte Kündigung ist unwiderruflich; gegebenenfalls ist eine erneute Anstellung erforderlich.[553]

Ist der Geschäftsführer der Ansicht, die Kündigung sei unwirksam, kann er dies durch Klage geltendmachen.[554] War die Kündigung unwirksam, so besteht das Anstellungsverhältnis fort.[555] Eine ungerechtfertigte fristlose Kündigung berechtigt den Geschäftsführer aber grundsätzlich seinerseits zur außerordentlichen Kündigung gegenüber der Gesellschaft.[556] Gegebenenfalls besteht dann ein Schadensersatzanspruch gemäß § 628 Abs. 2 BGB.[557]

III. Die Aufhebungsvereinbarung

Im Gegensatz zu der einseitigen Beendigung der Anstellung durch eine Kündigung eröffnet die Aufhebungsvereinbarung die Möglichkeit, das Anstel-

---

[549] Ständige Rechtsprechung seit BGHZ 20, 239, 249; vgl. BGH NJW 1995, 1358, 1359; vgl. Fleck, WM 1985, 677, 680

[550] Hachenburg/Stein, § 38 RdNr. 10

[551] Lutter/Hommelhoff, Anh. § 6 RdNr. 48; Scholz/Schneider, § 35 RdNr. 245

[552] Auch die außerordentliche Kündigung berechtigt grundsätzlich nicht zum „Widerruf" einer Pensionszusage; etwas anderes gilt nur dann, wenn die Berufung des Geschäftsführer auf die Vereinbarung rechtsmißbräuchlich ist (Goette, DStR 1998, 1137, 1138; Fleck, FS. Hilger/Stumpf, S. 197, 222)

[553] Scholz/Schneider, § 35 RdNr. 242

[554] Siehe dazu unten § 12, III.

[555] Zur Frage des Vergütungsanspruchs in diesem Fall siehe unten § 12, III.

[556] BGH, WM 1994, 387, 389; Brandes, WM 1995, 641, 656

[557] Vgl. BGH, WM 1992, 733, m. Anm. W. Groß, WuB II C. § 38 GmbHG 4.92, zu der Frage, inwieweit dabei das Verhalten des anderen Gesellschafter-Geschäftsführers der Gesellschaft zuzurechnen ist.

lungsverhältnis des Geschäftsführers einvernehmlich zu beenden.[558] Auf diesem Wege können insbesondere die mit einer Kündigung verbundenen Unsicherheiten vermieden und eine für beide Parteien befriedigende Lösung gefunden werden.

1. Zulässigkeit und Durchführung

Die Aufhebungsvereinbarung ist nach dem Grundsatz der Vertragsfreiheit gemäß § 311 Abs. 1 BGB innerhalb der Dispositionsbefugnis der Parteien grundsätzlich zulässig und wirksam.[559] Zuständig ist auch hier auf Seiten der Gesellschaft das Bestellungsorgan, regelmäßig also die Gesellschafterversammlung.[560] Bei Beendigung des Anstellungsverhältnisses eines Gesellschafter-Geschäftsführers in einer Zwei-Personen-GmbH wird die Vereinbarung somit zwischen dem Betroffenen und seinem Mitgesellschafter geschlossen.

Bereits im Anstellungsvertrag kann vereinbart werden, dass die Gesellschaft sich im Falle einer Kündigung, möglicherweise unter Ausschluß einer außerordentlichen Kündigung wegen pflichtwidrigen Verhaltens des Geschäftsführers, zur Zahlung einer Abfindung verpflichtet. Eine solche Klausel ebnet den Weg in Richtung einer einvernehmlichen Aufhebungsvereinbarung. Dennoch unterliegt der Abschluß einer Aufhebungsvereinbarung dem Grundsatz der Vertragsfreiheit. Eine antizipierte Verpflichtung zum Abschluß eines Aufhebungsvertrages bereits im Anstellungsvertrag ist nicht möglich.

Der Abschluß der Aufhebungsvereinbarung unterliegt wie der Anstellungsvertrag selbst grundsätzlich keinem Formzwang; nur durch Einhaltung der Schriftform können aber hinsichtlich des Inhalts der Vereinbarung Rechtssicherheit erzielt und späterer Streit vermieden werden.[561] Bei der Vereinbarung einer Abfindung ist besondere Sorgfalt geboten hinsichtlich ihrer Höhe[562], möglichen Steuervergünstigungen[563], der Sozialversicherungsfreiheit[564], sowie der Berücksichtigung von Tantiemeansprüchen und einer Altersversorgung. Die Höhe der Abfindung kann bereits bei Abschluß des Anstellungsvertrages bestimmbar und angemessen geregelt werden. Wichtig ist, dass die Vereinbarung sämtliche gegenseitigen Ansprüche aus dem Anstellungsverhältnis abdeckt.

---

[558] Vgl. Hachenburg/Stein, § 38 RdNr. 151

[559] Bauer, „Arbeitsrechtliche Aufhebungsverträge", S. 3

[560] Vgl. oben I. 3.; Hachenburg/Stein, § 38 RdNr. 151

[561] Hoffmann/Liebs, Ziff. 276; Ernst, S. 107; Bauer, S. 8

[562] Vgl. etwa das Beispiel bei Jaeger, S. 118: Eine Monatsvergütung pro Dienstjahr.

[563] Die Abfindung ist im Rahmen des § 3 Ziff. 9 EStG steuerfrei; vgl. FG Münster, GmbHR 1997, 1113

[564] Vgl. BSG, DB 1990, 1520; BSG, DB 1991, 280; BSG, DB 1991, 1933

2. Bedeutung einer Aufhebungsvereinbarung in der Zwei-Personen-GmbH

Die einvernehmliche Aufhebungsvereinbarung stellt gerade bei Geschäftsführern eine praktikable Alternative zur Beendigung des Anstellungsverhältnisses dar.[565] Aus Sicht der Gesellschaft kann durch eine solche Regelung eine schnelle Trennung von dem Geschäftsführer erreicht und zugleich die Unsicherheiten einer Kündigung vermieden werden. Für den Geschäftsführer kann insbesondere die Möglichkeit der Vereinbarung einer Abfindungszahlung eine Kompensation darstellen, die zugleich die Frage seiner sozialen Absicherung angemessen löst.

Durch die Verbindung der Auflösung mit der Zahlung einer Abfindung kann in besonderem Maße der Stellung eines Geschäftsführers in der Leitung des Unternehmens Rechnung getragen werden. Die Aufhebungsvereinbarung hat dabei für beide Seiten einen Befriedigungscharakter. Gerade in der Zwei-Personen-GmbH kann durch eine einvernehmliche Lösung somit auch erreicht werden, dass trotz Beendigung der Geschäftsführerstellung eine Fortsetzung des Gesellschafterverhältnisses möglich ist.

IV. Möglichkeiten einer Koppelung des Anstellungsvertrages an die Organstellung

Wie bereits oben dargestellt, besteht in der Praxis für die Gesellschaft ein Bedürfnis, mit der Abberufung des Geschäftsführers auch dessen Anstellungsverhältnis zu beenden. Eine Möglichkeit, beide Rechtsverhältnisse miteinander zu verknüpfen, stellt die Koppelung der Fortdauer des Anstellungsverhältnisses an die Organstellung dar.

Problematisch ist hierbei § 622 Abs. 1 BGB. Um eine Umgehung zu vermeiden kann die Abberufung trotz einer vertraglichen Regelung nur dann als wichtiger Grund angesehen werden, wenn die Voraussetzungen der Vorschrift erfüllt sind. Es bieten sich verschiedene Möglichkeiten für eine entsprechende Regelung im Anstellungsvertrag. Zum einen ist dies die Vereinbarung eines ausdrücklichen Rechts zur ordentlichen Kündigung im Falle der Abberufung.[566] Hierdurch wird allerdings das Ziel einer mit der Abberufung zeitgleichen Beendigung der Anstellung nicht erreicht. Des weiteren kommt eine Festlegung der Abberufung als wichtiger Grund oder als auflösende Bedingung in Betracht. Solche Vereinbarungen sind grundsätzlich zulässig.[567] Die vertragliche Vereinbarung bestimmter Ereignisse als wichtige Gründe, die tatsächlich nicht den Anforderungen des § 622 BGB für eine außerordentli-

---

[565] Baums, Geschäftsleitervertrag, S. 148

[566] Jaeger, S. 117, 123

[567] Hachenburg/Stein, § 38 RdNr. 17; Lutter/Hommelhoff, Anh. § 6 RdNr. 44; Schaub, § 14 RdNr. 25; Bauer/Diller, GmbHR 1998, 809, 810; BGH, GmbHR 1989, 415; a.A. für die AG Eckardt, AG 1989, 431, 432

chen Kündigung genügen, ist jedoch nur mit der Maßgabe wirksam, dass die Kündigung unter Beachtung der Frist des § 622 Abs. 1 BGB erfolgt.[568] Gleiches gilt, wenn das Anstellungsverhältnis unter die auflösende Bedingung der Abberufung gestellt wird[569] oder ein Aufhebungsvertrag unter der aufschiebenden Bedingung der Abberufung vereinbart wird. Darüberhinaus ist zu beachten, dass bei langer Befristung des Anstellungsvertrages oder langer Kündigungsfrist Koppelungsklauseln wegen einer dann entstehenden einseitigen Bindung des Geschäftsführers unzulässig sind.[570]

Eine echte Koppelung in Form einer automatischen Auflösung des Anstellungsverhältnisses im Fall der Abberufung wird somit auch hier nicht erreicht. Die Frage der Beendigung ist stets für beide Rechtsverhältnisse gesondert zu untersuchen.[571] Die Beendigung des Anstellungsvertrages ist nur dann wirksam, wenn die konkreten Voraussetzungen vorliegen. Auch die gerichtliche Entscheidung über die Abberufung hat keine Bindungswirkung hinsichtlich der Beendigung des Anstellungsvertrages.[572] Im Ergebnis besteht somit nur innerhalb der durch zwingende gesetzliche Regelungen - insbesondere §§ 626 Abs. 1, 622 Abs. 1 BGB – gesetzten Grenzen die Möglichkeit, durch eine Koppelungsklausel dem praktischen Bedürfnis einer Verbindung der Beendigung von Organstellung und Anstellungsverhältnis Rechnung zu tragen.

---

[568] Bauer/Diller, GmbHR 1998, 809, 810; BGH, GmbHR 1989, 415; Voigt, S. 81
[569] Hachenburg/Stein, § 38 RdNr. 18; Fleck, WM 1994, 1957, 1964; BGH, GmbHR 1989, 415
[570] Bauer/Diller, GmbHR 1998, 809, 812; Lutter/Hommelhoff, Anh. § 6 RdNr. 44
[571] Hachenburg/Stein, § 38 RdNr. 18; Voigt, S. 81
[572] BGH, GmbHR 1990, 345

§ 9 Die Ausschließung des anderen Gesellschafters

I. Das Institut der Gesellschafterausschließung

In der Praxis ergeben sich Situationen, in denen die Fortführung der Gesellschaft bei Verbleiben eines bestimmten Gesellschafters sich als unmöglich oder unzumutbar erweist.[573] In einer solchen Konfliktsituation muß es das Ziel sein, soweit möglich die Gesellschaft zu erhalten. Die vom Gesetz vorgesehene Auflösungsklage gemäß § 61 GmbHG wird den Interessen der Gesellschafter nicht gerecht und ist mit erheblichen wirtschaftlichen Nachteilen verbunden.[574] Die Fortsetzung der Gesellschaft ließe sich indes durch das Ausscheiden des störenden Gesellschafters erreichen. Das GmbHG sieht das Ausscheiden eines Gesellschafters aber nur in bestimmten, eng umschriebenen Fällen vor.[575] Es fehlt dabei an einer gesetzlichen Ausschlußmöglichkeit aus wichtigem Grund.[576]

Aufgrund der praktischen Notwendigkeit einer solchen Ausschließungsmöglichkeit wurde von Rechtsprechung und Literatur das Institut der Gesellschafterausschließung entwickelt. Diese Ausschließung aus wichtigem Grund stellt eines der Hauptprobleme bei der sich in der Krise befindlichen Zwei-Personen-GmbH dar. Durch die bipolare Struktur kommt es hier zu einer gegenseitigen Auseinandersetzung darüber, welcher der beiden Gesellschafter die Gesellschaft allein fortführen darf, während der andere endgültig ausgeschlossen wird.

1. Entwicklung

Die Entwicklung des Instituts der Ausschließung aus wichtigem Grund geht zurück auf Überlegungen von Scholz[577] und eine Entscheidung des RG, in der erstmals für die GmbH ein ungeschriebenes Ausschließungsrecht aus wichtigem Grund anerkannt wurde.[578] Der BGH übernahm diese Rechtspre-

---

[573] Hachenburg/Ulmer, Anh. § 34 RdNr. 1; Hueck, DB 1951, 108

[574] Scholz/Winter, § 15 RdNr. 130; Immenga, Personalistische Kapitalgesellschaft, S. 302 („Der Schaden überwiegt den Nutzen"); Soufleros, Ausschließung und Abfindung, S. 12

[575] Auf der einen Seite das freiwillige Ausscheiden durch Preisgabe (Abandon) gemäß § 27 Abs. 1 Satz 2 GmbHG oder Einziehung gemäß § 34 Abs. 1 GmbHG, andererseits den unfreiwilligen Ausschluß durch Kaduzierung gemäß §§ 21, 28 Abs. 1 GmbHG oder unfreiwillige Einziehung gemäß § 34 Abs. 2 GmbHG.

[576] Immenga, Personalistische Kapitalgesellschsaft, S. 301

[577] Vgl. insbes. die Monographie „Ausschließung und Austritt eines Gesellschafters aus der GmbH"

[578] RGZ 169, 330, 333: Die Entscheidung wurde ideologisch zu Recht kritisiert, insoweit sie die Zugehörigkeit des betroffenen Gesellschafters zur jüdischen „Rasse" betrifft. Hinsichtlich ihrer rechtstechnischen Aussage zur Möglichkeit der Gesellschafter-ausschließung ist die Entscheidung jedoch m.E. von ideologischen Einflüssen frei (vgl. hierzu auch Hachenburg/Ulmer, Anh. § 34 FN. 3; Balz, S. 31).

chung[579]: Für die Zulassung der Ausschließung auch ohne gesellschaftsvertragliche Regelung bestehe in der GmbH ein starkes und dringendes Bedürfnis, da die in § 61 GmbHG vorgesehene Auflösung der Gesellschaft vielfach zur Vernichtung des Betriebes führe. Dieses sei den anderen Gesellschaftern im Sinne der gesellschafterlichen Treuepflicht nicht zuzumuten, wenn die Gründe ausschließlich in der Person eines Gesellschafters lägen. Die rechtliche Begründung liege in dem Grundsatz, dass ein in die Lebensbetätigung der Beteiligten stark eingreifendes Rechtsverhältnis aus wichtigem Grund vorzeitig gelöst werden könne (vgl. §§ 737 BGB, 140 HGB).[580] Diese Rechtsprechung fand in der Literatur breite Zustimmung[581] und stellt seither die einhellige Meinung dar.[582] Die Anerkennung der Ausschließung aus wichtigem Grund mündete in §§ 207 ff. des Regierungsentwurfs zum GmbH-Gesetz aus den Jahren 1971/73[583], die in vielfacher Hinsicht auch heute der h.M. zu der Gesellschafterausschließung entsprechen.

2.   Allgemeine Voraussetzungen der Ausschließung

Die Voraussetzungen der Gesellschafterausschließung müssen sich, da das GmbHG dazu keine Regelungen enthält, an den Rechtsgedanken orientieren, die zur Begründung dieses Rechtsinstituts geführt haben.[584] Maßgeblich ist somit, dass aus wichtigem Grund die Fortsetzung des Gesellschaftsverhältnisses mit dem betroffenen Gesellschafter unmöglich ist. Dabei sind, auch wenn der BGH eine Analogie ablehnt, Wertungen des § 140 HGB zu beachten.[585]

a)   Materielle Voraussetzungen

Wichtigste Voraussetzung der Ausschließung ist das Vorliegen eines wichtigen Grundes in der Person des auszuschließenden Gesellschafters.[586] Ein wichtiger Grund liegt vor, wenn der Gesellschafter durch seine Person oder sein Verhalten die Erreichung des Gesellschaftszwecks unmöglich macht oder erheblich gefährdet oder wenn sonst die Person des Gesellschafters oder

---

[579] BGHZ 9, 157

[580] BGHZ 9, 157, 161

[581] U. Schneider, GmbHR 1953, 74; Scholz, GmbHR 1953, 75; Hueck, DB 1953, 776

[582] Vgl. Hachenburg/Ulmer, Anh. § 34 RdNr. 8; Scholz/Winter, § 15 RdNr. 130; Lutter/Hommelhoff, § 34 RdNr. 24; Roth/Altmeppen, § 60 RdNr. 35; Baumbach/Hueck/Fastrich, Anh. § 34 RdNr. 2; Gehrlein, S. 13; Hueck, DB 1951, 108; Fischer, FS W. Schmidt, S. 117, 126; Eser, DB 1985, 29; Soufleros, Ausschließung und Abfindung, S. 17; Grunewald, Ausschluß, S. 49

[583] BT-Drucksache VI/3088; abgedruckt bei Hachenburg/Ulmer, Anh. § 34 RdNr. 7

[584] Vgl. Balz, S. 48; Gehrlein, S. 11

[585] BGHZ 9, 157, 161, 163; Roth/Altmeppen, § 60 RdNr. 42

[586] Vgl. zu einzelnen Ausschließungsgründen die umfangreiche Aufstellung bei Gehrlein, S. 19 ff.

sein Verhalten sein Verbleiben in der Gesellschaft untragbar erscheinen lassen.[587]

Im Gegensatz zu der Geschäftsführerabberufung kommen bei der Gesellschafterausschließung somit nur in der Person des Gesellschafters liegende Gründe in Betracht.[588] Bei der Bewertung ist grundsätzlich eine Berücksichtigung der Gesamtumstände erforderlich[589], so dass auch andere Umstände wie Verdienste des Gesellschafters, die Dauer seiner Mitgliedschaft in der Gesellschaft etc. von Bedeutung sein können.[590] Auch Umstände in der Person der übrigen Gesellschafter können dabei zu einer milderen Beurteilung des Verhaltens des von Ausschließung bedrohten Gesellschafters führen oder, wenn sie ein überwiegendes Verschulden bedeuten oder selber einen wichtigen Grund darstellen, der Ausschließung entgegenstehen.[591] Der wichtige Grund setzt keine Pflichtverletzung und kein Verschulden des Gesellschafters voraus, allerdings kann die Frage des Verschuldens im Rahmen der Gesamtbewertung zu berücksichtigen sein.[592]

Die Ausschließung muß grundsätzlich das letzte Mittel zur Erhaltung der Funktionsfähigkeit der Gesellschaft darstellen.[593] Sie scheidet aus, wenn noch andere Maßnahmen die Fortsetzung des Gesellschafterverhältnisses ermöglichen können. Selbst wenn ein wichtiger Grund für eine Ausschließung gegeben ist und kein anderes Mittel zur Bereinigung des Konflikts besteht, scheitert die Ausschließung schließlich dennoch an der fehlenden Durchführbarkeit, wenn keine Möglichkeit besteht, dem betroffenen Gesellschafter in angemessener Zeit unter Beachtung der Grundsätze zur Kapitalerhaltung (vgl. §§ 30 Abs. 1, 34 Abs. 3 GmbHG) eine Abfindung auszuzahlen.[594]

b)   Durchführung

Nach ständiger Rechtsprechung des BGH und der h.M. im Schrifttum ist zur Durchführung der Ausschließung, vorbehaltlich einer anderslautenden Sat-

---

[587] Hachenburg/Ulmer, Anh. § 34 RdNr. 10; Lutter/Hommelhoff, § 34 RdNr. 25; Scholz/Winter, § 15 RdNr. 133; Hueck, DB 1951, 108; vgl. auch § 207 RegE GmbHG 1971/73

[588] Hachenburg/Ulmer, Anh. § 34 RdNr. 10; Scholz/Winter, § 15 RdNr. 134; Grunewald, Ausschluß, S. 72; Balz, S. 50; BGHZ 9, 157, 164

[589] Hachenburg/Ulmer, Anh. § 34 RdNr. 11; Scholz/Winter, § 15 RdNr. 135; Balz, S. 51; BGHZ 9, 157, 163; BGHZ 16, 317, 322

[590] Balz, S. 54; a.A. Grunewald, Ausschluß, S. 74

[591] Scholz/Winter, § 15 RdNr. 135; Baumbach/Hueck/Fastrich, Anh. § 34 RdNr. 4; Balz, S. 52; Gehrlein, S. 37 ff.; BGH, WM 1990, 677, 678; BGHZ 16, 317, 322

[592] Hachenburg/Ulmer, Anh. § 34 RdNr. 10; Scholz/Winter, § 15 RdNr. 134; Grunewald, Ausschluß, S. 75; Balz, S. 52; BGHZ 9, 157, 164

[593] Hachenburg/Ulmer, Anh. § 34 RdNr. 15; Scholz/Winter, § 15 RdNr. 136; Dreiss/Eitel-Dreiss, S. 94; Hueck, DB 1951, 108; von Stetten, GmbHR 1982, 105; Balz, S. 55; Gehrlein, S. 49 ff.

[594] Scholz/Winter, § 15 RdNr. 137; Lutter/Hommelhoff, § 34 RdNr. 26; Gehrlein, S. 51; RGZ, 142, 286, 290; BGH, GmbHR 1995, 377, 378; BGH, DStR 2001, 1898, m. Anm. Goette

zungsregelung, grundsätzlich ein Gestaltungsurteil erforderlich.[595] Zur Erhebung der Ausschließungsklage[596] durch die Gesellschaft ist ein Beschluß der Gesellschafter erforderlich, wobei der betroffene Gesellschafter vom Stimmrecht ausgeschlossen ist.[597] Der Beschluß kann unabhängig von der Kapitalbeteiligung, somit auch gegen den Mehrheitsgesellschafter getroffen werden.[598]

Die Zulässigkeit der Ausschließung als solche besagt noch nicht, was mit dem Geschäftsanteil des auszuschließenden Gesellschafters geschieht. Sofern nicht der Gesellschaftsvertrag eine konkrete Regelung - häufig die Einziehung - vorsieht[599], verliert der ausgeschlossene Gesellschafter mit dem Wirksamwerden der Ausschließung die Inhaberschaft an dem Geschäftsanteil. Dieser wird trägerlos und fällt der Gesellschaft zum Zwecke der Verwertung zu.[600] Diese hat die Wahl zwischen einer Verwertung durch Einziehung[601] oder durch Übertragung auf die Gesellschaft, einen Mitgesellschafter oder einen Dritten.[602] Eine Übertragung des Geschäftsanteils bedarf der Form des § 15 Abs. 3 GmbHG; es findet keine Anwachsung statt.[603] Die Gesellschaft erwirbt die Berechtigung zur Verwertung des Geschäftsanteils erst, wenn die Abfindung des Gesellschafters sichergestellt ist.[604] Dieses Verfahren hat zur Folge, dass eine Mitwirkung des ausgeschlossenen Gesellschafters bei der Verwertung seines Geschäftsanteils nicht erforderlich ist.

3. Regelungsmöglichkeiten in der Satzung

Die Entwicklung des Instituts der Gesellschafterausschließung für den Fall, dass die Satzung eine solche Möglichkeit nicht vorsieht, schließt nicht aus, dennoch durch gesellschaftsvertragliche Regelungen Vorsorge für diese Situation zu treffen.[605] Einigkeit besteht darüber, dass ein Ausschluß der Aus-

---

[595] St. Rspr. seit BGHZ 9, 157; vgl. Hachenburg/Ulmer, Anh. § 34 RdNr. 19; Scholz/Winter, § 15 RdNr. 138; Lutter/Hommelhoff, § 34 RdNr. 29; Hueck, DB 1951, 108, 109; Eser, DB 1985, 29; Wolf, ZGR 1998, 92, 95
[596] Vgl. zu der Ausschließungsklage in der Zwei-Personen-GmbH näher unten § 15.
[597] BGHZ 9, 157, 178; Hachenburg/Ulmer, Anh. § 34 RdNr. 25; Baumbach/Hueck/Fastrich, Anh. § 34 RdNr. 9
[598] Hachenburg/Ulmer, Anh. § 34 RdNr. 24; Eser, DB 1985, 29, 31; a.A. von Stetten, GmbHR 1982, 105, 107: Es sei eine Kapitalbeteiligung von mindestens 25 % erforderlich.
[599] Roth/Altmeppen, § 60 RdNr. 52
[600] Scholz/Winter, § 15 RdNr. 149; Hachenburg/Ulmer, Anh. § 34 RdNr. 37; ähnlich Baumbach/Hueck/Fastrich, Anh. § 34 RdNr. 10
[601] Zur Abgrenzung der Einziehung von der Ausschließung vgl. unten 4.
[602] Scholz/Winter, § 35 RdNr. 149; Hachenburg/Ulmer, Anh. § 34 RdNr. 37; Baumbach/Hueck/Fastrich, Anh. § 34 RdNr. 10; Roth/Altmeppen, § 60 RdNr. 53
[603] Baumbach/Hueck/Fastrich, § 15 RdNr. 26; Lutter/Hommelhoff, § 15 RdNr. 13
[604] Scholz/Winter, § 15 RdNr. 149; vgl. dazu unten § 15, IV.
[605] Hachenburg/Ulmer, Anh. § 34 RdNr. 38; Hueck, DB 1951, 108, 110; Soufleros, Ausschließung und Abfindung, S. 8

schließungsmöglichkeit nicht möglich ist.[606] Die Satzung kann aber für die Ausschließung abweichende Regelungen enthalten[607], etwa die Ausschließung durch Gesellschafterbeschluß vorsehen[608], besondere Mehrheitserfordernisse aufstellen oder den Begriff des wichtigen Grundes näher definieren.[609] In einer personalistischen GmbH kann das Ausbleiben der Mitarbeit in der Gesellschaft als sachlicher Grund für eine Ausschließung des nicht mehr tätigen Gesellschafters vorgesehen werden.[610]

4. Abgrenzung gegenüber der Einziehung gemäß § 34 GmbHG

Eine gesetzlich geregelte Möglichkeit, einen Gesellschafter gegen seinen Willen auszuschließen, stellt die zwangsweise Einziehung gemäß § 34 Abs. 2 GmbHG dar.[611] Die Einziehung ist in ihren Auswirkungen der Ausschließung sehr ähnlich, insbesondere da sie auch für ein Ausscheiden aus wichtigem Grund vorgesehen werden und insoweit ein Mittel zur Ausschließung sein kann.[612] Im Gegensatz zu der Ausschließung setzt die Einziehung aber immer eine konkrete Satzungsregelung voraus. Dieses hat der BGH im Jahre 1999 klargestellt:

„Ausschließung durch Einziehung?"

BGH, II. Zivilsenat, Urteil vom 20. September 1999[613]

An der beklagten GmbH waren der Kläger mit 15 % und B mit 85 % beteiligt. Die Gesellschafterversammlung beschloß die Einziehung des Geschäftsanteils des Klägers aus wichtigem Grund. Der Gesellschaftsvertrag der Beklagten regelte die Einziehung für die Fälle, dass über das Vermögen des Gesellschafters ein Konkurs oder Vergleichsverfahren eröffnet, die Zwangsvollstreckung in den Geschäftsanteil erfolgt oder wenn der Gesellschafter Auflösungsklage erhebt; nicht geregelt war dagegen die Einziehung für den Fall, dass ein Gesellschafter aus wichtigem Grund aus der Gesellschaft ausgeschlossen werden soll. Der Kläger wendete sich mit seiner Klage gegen den Einziehungsbeschluß.

---

[606] Lutter/Hommelhoff, § 34 RdNr. 24; Roth/Altmeppen, § 60 RdNr. 39; Gehrlein, S. 53; Wolf, ZGR 1998, 92, 95; Roth/Altmeppen, § 60 RdNr. 39; Lutter/Hommelhoff, § 34 RdNr. 24
[607] Eine von Balz durchgeführte Erhebung hat ergeben, dass die Satzung rund 40 % aller GmbHs eine Einziehung vorsieht (Balz, S. 152), wobei der Anteil bei personalistischen GmbHs tendenziell höher ist; damit verbleibt indes noch immer ein erheblicher Anteil, bei denen eine solche Regelung nicht vorhanden ist.
[608] BGH, GmbHR 1991, 362
[609] Gehrlein, S. 127; vgl. das Formular bei Herold/Romanovszky, Form 21 § 7
[610] OLG Hamm, GmbHR 1998, 1081, 1082; BGH, GmbHR 1984, 74
[611] Hachenburg/Ulmer, § 34 RdNr. 2
[612] BGH, NJW 1977, 2316; OLG Hamm, GmbHR 1995, 736, 737; OLG Nürnberg, GmbHR 2001, 108, 109
[613] BGH, GmbHR 1999, 1194; vgl. zu dieser Entscheidung auch unten § 15, II. 1.

Der BGH entschied, dass die Satzung diese Möglichkeit der Einziehung ausdrücklich zulassen muß. Es reicht nicht aus, dass die Einziehung für andere
Tatbestände vorgesehen ist. An einer weiteren Entscheidung des BGH[614]
wird deutlich, wie genau zwischen der Einziehung als eigenständiges Instrument und als Mittel der Ausschließung unterschieden werden muß: Eine Satzungsregelung, nach der ein Gesellschafter aus wichtigem Grund durch Gesellschafterbeschluß ausgeschlossen werden kann und dann nach Wahl der
Gesellschafterversammlung die Einziehung zu dulden hat, bedeutet noch
nicht eine Ermächtigung für eine Zwangseinziehung nach § 34 GmbHG.

Enthält die Satzung eine den Anforderungen des § 34 Abs. 1 und 2 GmbHG
entsprechende eindeutige Ermächtigung, erfolgt die Einziehung durch Gesellschafterbeschluß.[615] Hinsichtlich der Rechtsfolgen liegt der Unterschied zu
der Ausschließung darin, dass diese sich zunächst gegen die Person des
Gesellschafters richtet und das Schicksal des Geschäftsanteils vorerst offen
bleiben kann[616], während sich die Einziehung nur auf den Geschäftsanteil als
solchen bezieht, der durch die Einziehung unmittelbar vernichtet wird.[617]

Aufgrund dieser Besonderheiten ist es unerläßlich, Einziehung und Ausschließung voneinander abzugrenzen.[618] Um eine eindeutige Rechtsfolge zu
erzielen, muß der Gesellschafterbeschluß die Einziehung ausdrücklich aus-
sprechen. Dieses wird an der folgenden Entscheidung des OLG Hamm deutlich:

OLG Hamm, 8. Zivilsenat, Urteil vom 1. Februar 1995[619]

In einer Zwei-Personen-GmbH bestanden Differenzen zwischen den
Gesellschaftern HK und KK. HK beschloß in einer Gesellschafterversammlung die Einziehung des Geschäftsanteils des KK aus wichtigem
Grund. Die Satzung der Gesellschaft sah die Einziehung aus wichtigem
Grund nicht vor. Nach erfolglosen Verhandlungen der Parteien über
dieses Beschlußergebnis beschloß HK in einer weiteren Gesellschafterversammlung, dass KK durch den vorhergegangenen Gesellschafterbeschluß aus der Gesellschaft ausgeschlossen worden sei.

Das OLG entschied hierzu, dass die Einziehung mangels Satzungsregelung
nichtig ist. Eine Umdeutung in einen Beschluß zur Erhebung der Ausschließungsklage ist nicht möglich; ein Gesellschafterbeschluß, bei dem unklar ist,
ob es sich um eine Einziehung oder um eine Ausschließung handelt, ist nich-

---

[614] BGH, DStR 2001, 1898, m. Anm. Goette
[615] Scholz/Westermann, § 34 RdNr. 3
[616] Vgl. oben I. 2. b)
[617] Hachenburg/Ulmer, § 34 RdNr. 1; Scholz/Westermann, § 34 RdNr. 6; OLG Hamm,
GmbHR 1995, 736, 737; Gehrlein, S. 58
[618] OLG Hamm, GmbHR 1995, 736, 737; Gehrlein, S. 58
[619] OLG Hamm, GmbHR 1995, 736

tig. Dennoch sind trotz der dogmatischen Unterschiede die zu der Einziehung entwickelten Wertungen überwiegend auf die Ausschließung übertragbar.[620]

II. Besondere Voraussetzungen der Ausschließung in der Zwei-Personen-GmbH

1. Situation

Die Grundsätze zu der Ausschließung eines Gesellschafters sind auch für die Zwei-Personen-GmbH gültig.[621] Jedoch wird bei der Frage der Ausschließung eines Gesellschafters die starke Prägung der Gesellschaft durch ihre Realstruktur, also die bipolare Gesellschafterkonstellation, besonders deutlich.[622] Das Ausscheiden eines Gesellschafters stellt hier zugleich eine Übernahme durch den verbleibenden Gesellschafter entsprechend § 142 HGB dar. Ist auf den ersten Blick nicht ersichtlich, dass einer der beiden Gesellschafter die Gesellschaft ohne den anderen fortführen darf, eine Fortsetzung der Gesellschaft mit beiden Gesellschaftern aber nicht möglich ist, drängt sich als einzige Lösung die Auflösung der Gesellschaft auf. Die Ausschließung ist daher in der Zwei-Personen-GmbH häufig im Zusammenhang mit der Auflösung der Gesellschaft zu betrachten.[623] Wie bereits oben dargestellt, ist aber gerade bei der Auflösung zu beachten, ob diese den eigentlichen Zielen gerecht wird. Neben den persönlichen Interessen der Gesellschafter sind Belange etwa von Arbeitnehmern zu beachten, außerdem ist es zu vermeiden, dass durch eine Auflösung unnötig wirtschaftliche Werte vernichtet werden. In diesem Zusammenhang kann die Ausschließung, verstanden als letztes Mittel vor der Auflösung, von großer praktischer Bedeutung sein.

Vor diesem Hintergrund stellt sich die Frage, unter welchen Voraussetzungen in der Zwei-Personen-GmbH unter Beachtung der Realstruktur der Gesellschaft und einer Gleichbehandlung beider Gesellschafter[624] die Ausschließung eines Gesellschafters zulässig ist.

2. Anforderungen an den wichtigen Grund

Ursprünglich wurde die Ausschließung überhaupt nur bei der personalistischen GmbH anerkannt wurde, da in der kapitalistisch strukturierten Gesellschaft die Person eines Gesellschafters für die Entwicklung der Gesellschaft

---

[620] Oppenländer, DStR 1996, 922, 924; Goette, DStR 2001, 533, 536

[621] Hachenburg/Ulmer, Anh. § 34 RdNr. 13; Scholz/Winter, § 15 RdNr. 131; Oppenländer, DStR 1996, 922, 923; U. H. Schneider, FS. Kellermann, S. 403, 413; Grunewald, Ausschluß, S. 25; Eser, DB 1985, 29, 31; Soufleros, Ausschließung und Abfindung, S. 70; OLG Nürnberg, BB 1970, 1371

[622] Vgl. U. H. Schneider, FS. Kellermann, S. 403, 407; Lutter, AcP 180 (1980), 84, 105

[623] U. H. Schneider, FS Kellermann, S. 403, 415

[624] Hachenburg/Ulmer, Anh. § 34 RdNr. 13

weniger bedeutsam ist.[625] Daraus ergibt sich, dass die personalistische Struktur einer GmbH nicht zu erhöhten Anforderungen an den wichtigen Grund führt. Vielmehr wird die Bewertung der Gesamtumstände in einer personalistischen GmbH eher die Annahme eines Ausschließungsgrundes legitimieren.[626] Unabhängig von der Frage, ob die Gesellschaft mehr personalistisch oder kapitalistisch ausgeprägt ist, kann aber die Anzahl der betroffenen Gesellschafter Einfluß auf die Bewertung eines Ausschließungsgrundes haben.[627]

Das gilt auch für die Zwei-Personen-GmbH. Aufgrund der regelmäßig personalistischen Struktur sind grundsätzlich keine erhöhten Anforderungen an den wichtigen Grund zu stellen.[628] Die Situation ist hier nicht wesentlich anders als in einer mehrgliedrigen GmbH: Maßstab bei der Ausschließung ist die objektive Unzumutbarkeit des Verbleibens des Gesellschafters in der Gesellschaft. Zu beachten ist aber, dass sich aufgrund der Gesellschafterzahl der wichtige Grund in der Zwei-Personen-GmbH auch aus dem persönlichen Verhältnis der Gesellschafter zueinander ergeben kann, da persönliche Streitigkeiten hier konkret die Erreichung des Gesellschaftszwecks gefährden können.[629]

So kann es insbesondere in einer Zwei-Personen-GmbH als wichtiger Grund zu werten sein, wenn das Vertrauensverhältnis der Gesellschafter zerstört ist.[630] Auch die persönlichen Verhältnisse der Gesellschafter können neben den rein geschäftlichen von Bedeutung sein, wenn in einer Familiengesellschaft eine völlige Trennung dieser Verhältnisse nicht mehr möglich ist.[631] Dabei können die Anforderungen geringer sein, wenn der ausgeschlossene Gesellschafter erst vor kurzer Zeit in die Gesellschaft aufgenommen worden ist und noch keine besonders schutzwürdige Position erlangt hat.[632] In einer Zwei-Personen-GmbH können auch gravierende Verletzungen der gesellschafterlichen Treuepflicht die Ausschließung rechtfertigen, wie das OLG Nürnberg entschieden hat:

OLG Nürnberg, 12. Zivilsenat, Urteil vom 29. März 2000

An der beklagten GmbH waren der Kläger mit DM 20.000,-, die MS-AG mit DM 480.000,- beteiligt. In einer Gesellschafterversammlung wurde mit der Stimme der MS-AG die Ausschließung des Klägers aus der

---

[625] Vgl. Fischer, FS W. Schmidt, S. 117, 132; Immenga, Personalistische Kapitalgesellschaft, S. 304; Hachenburg/Ulmer, Anh. § 34 RdNr. 12

[626] Balz, S. 53; Immenga, Personalistische Kapitalgesellschaft, S. 305

[627] Grunewald, Ausschluß, S. 68; U. H. Schneider, FS Kellermann, S. 403, 415

[628] Oppenländer, DStR 1996, 922, 923

[629] Oppenländer, DStR 1996, 922, 923; Grunewald, Ausschluß, S. 68

[630] BGHZ 32, 17, 35; U. H. Schneider, FS Kellermann, S. 403, 416

[631] Vgl. für eine KG BGH, NJW 1973, 92

[632] BGH, NJW 1973, 92

GmbH beschlossen, da dieser an einen Konkurrenten am selben Ort Gewerberäume vermietet habe.

Nach Ansicht des OLG stellte hier das Verhalten des Klägers einen Ausschließungsgrund dar, da der Kläger sich durch Verletzung von Schutzpflichten auf Unterlassung treuwidriger Schädigungen der GmbH illoyal verhalten habe. Die Ausschließung war damit zulässig.

Andererseits rechtfertigt selbst ein schwerwiegender Verstoß gegen den Gesellschaftsvertrag die Ausschließung nicht, wenn andere Mittel zur Verfügung stehen, um die Störung im Gesellschaftsverhältnis zu beseitigen.[633] Die gesellschafterliche Treuepflicht gebietet es in diesem Fall, solche Mittel zu ergreifen. Des weiteren kann in einer Zwei-Personen-Gesellschaft die Ausnutzung einer formal bestehenden Ausschließungsmöglichkeit einen Rechtsmißbrauch darstellen.[634]

3. Berücksichtigung des Verhaltens des Mitgesellschafters

Von besonderer Bedeutung ist bei der Beurteilung der Ausschließung eines Gesellschafters aus einer Zwei-Personen-GmbH die Berücksichtigung des Verhaltens des Mitgesellschafters. Die umfassende Würdigung aller Umstände bei der Beurteilung des Ausschlußgrundes führt grundsätzlich dazu, dass das Verhalten des betroffenen Gesellschafters nicht isoliert betrachtet werden kann. Wie bereits dargestellt, kann auch in einer mehrgliedrigen GmbH die Frage, ob ein Ausschlußgrund zugleich in der Person eines anderen Gesellschafters besteht, gegen die Ausschließung eines Gesellschafters sprechen.[635] In der Zwei-Personen-GmbH führt diese Gesamtbetrachtung insbesondere bei wechselseitigen Ausschließungsversuchen zu einer Abwägung, wer in der Gesellschaft verbleiben kann und wer auszuschließen ist. Die individuellen Verschuldensanteile der beiden Gesellschafter werden gegeneinander abgewogen. Der BGH hat hierzu in einer Reihe von Entscheidungen besondere Merkmale entwickelt.

Ausgangspunkt ist die bereits oben erwähnte Entscheidung des BGH vom 17. Februar 1955[636]. In dieser Entscheidung befand der BGH einerseits, dass entsprechend der vorherigen Rechtsprechung[637] auch in einer Zwei-Personen-GmbH ein Gesellschafter aus einer GmbH ausgeschlossen werden kann, schränkte diese Möglichkeit aber durch Übertragung der für die Übernahme von Personengesellschaften zu § 142 HGB entwickelten Grundsät-

---

[633] Scholz/Winter, § 14 RdNr. 136; OLG Hamm, GmbHR 1993, 743, 748

[634] BGH, WM 1987, 1071, m. Anm. Stützle, WuB II C. § 47 GmbHG 1.88 (Zu der Wirksamkeit eines Einziehungsbeschlusses, der auf der Benutzung eines zum Schein ausgestellten Schuldanerkenntnisses durch den Mitgesellschafter beruhte; vgl. hierzu näher unten § 10.)

[635] BGH, WM 1990, 677; vgl. oben I. 2. a)

[636] BGHZ 16, 317; vgl. zum Sachverhalt oben § 2, III. 1.

[637] BGHZ 9, 157

ze[638] ein. Jedenfalls bei einer nur aus zwei Gesellschaftern bestehenden GmbH sei auch das Verhalten und die Persönlichkeit desjenigen Gesellschafters zu prüfen, der bei einem Erfolg der Ausschließung die Gesellschaft allein fortführen würde.[639] In dem amtlichen Leitsatz zu der Entscheidung heißt es, die Ausschließung sei zu versagen, wenn das Verhalten des Mitgesellschafters die begehrte Maßnahme nicht rechtfertige. Allerdings vertrat der BGH dann vor dem Hintergrund, dass die Auflösung der Gesellschaft nicht Gegenstand des Verfahrens sei, den Standpunkt, dass es hier auf die Verfehlungen des Mitgesellschafters nicht ankomme und sein Verhalten das des auszuschließenden Gesellschafters nicht neutralisieren könne. Es komme allein darauf an, dass der betroffene Gesellschafter aufgrund seines Fehlverhaltens nicht in der Gesellschaft verbleiben könne.[640]

In der Entscheidung des BGH vom 25. Januar 1960 wurden dann aber konkretere Auswirkungen des Verhaltens des Mitgesellschafters auf die Zulässigkeit der Ausschließung entwickelt. Der BGH mußte sich in diesem Fall mit der Frage befassen, wie der Konflikt zu lösen ist, wenn sich gegenseitige Ausschließungsbeschlüsse und entsprechende Nichtigkeitsklagen gegenüberstehen:

„Die Bank als Treuhänder"

BGH, II. Zivilsenat, Urteil vom 25. Januar 1960[641]

Der Kläger und P gründeten 1949 die beklagte GmbH. Nachdem sie ursprünglich zu gleichen Teilen beteiligt waren, betrug nach einer Kapitalerhöhung der Anteil des Klägers unverändert DM 15.000,-, der des P aber DM 185.000,-. Beide Gesellschafter waren von Beginn an auch Geschäftsführer der GmbH. Nachdem P seinen Anteil treuhänderisch einer Bank abgetreten hatte, wurden H und S im Einvernehmen mit dem Kläger zu Geschäftsführern bestellt. Dieser erklärte sich zunächst bereit, seine Geschäftsführertätigkeit ruhen zu lassen. Nach dem Widerruf dieser Erklärung wurde er als Geschäftsführer abberufen. Der Kläger forderte H und S auf, eine Gesellschafterversammlung zwecks Ausschließung der Bank einzuberufen. Beide lehnten dies ab; statt dessen wurde der Kläger in einer Gesellschafterversammlung mit den Stimmen der Bank ausgeschlossen. Auf einer weiteren, von ihm einberufenen Gesellschafterversammlung, beschloß der Kläger dann die Ausschließung der Bank. Der Kläger verlangte die Feststellung der Nichtigkeit des ihn betreffenden Ausschließungsbeschlusses, die Bank beantragte widerklagend die Feststellung der Nichtigkeit ihres Ausschlusses.

---

[638] BGHZ 4, 108, 111: Bei der Anwendung des § 142 HGB sei besondere Zurückhaltung geboten.
[639] BGHZ 16, 317, 323
[640] BGHZ 16, 317, 323
[641] BGHZ 32, 17

Der BGH hat das die Klage abweisende und der Widerklage stattgebende Urteil des Berufungsgerichts aufgehoben und die Sache zurückverwiesen. Nach Auffassung des BGH stand der Ausschließung des Klägers das Fehlverhalten der Bank entgegen. Die Ausschließung sei nicht anzuerkennen, wenn auch das gesellschaftswidrige Verhalten des Mitgesellschafters einen Ausschließungsgrund darstelle oder zu einer anderen Beurteilung der von dem von der Ausschließung bedrohten Gesellschafters gesetzten Gründe führen könne.[642] Denn in einer Zwei-Personen-GmbH gehe es, wie in einer Personengesellschaft, auch um „ersprießliche Zusammenarbeit". Unter diesem Gesichtspunkt sei das Verhalten beider Seiten zu prüfen und miteinander zu vergleichen. Auch überwiegendes Verschulden des Betroffenen rechtfertige seine Ausschließung nicht. Aus einer zweigliedrigen GmbH könne ein Gesellschafter nicht ausgeschlossen werden, wenn das Verhalten des anderen Gesellschafters als ein wichtiger Grund im Sinne des § 140 HGB anzusehen sei. Allein ein überwiegendes Verschulden der einen Partei rechtfertige dabei noch nicht deren Ausschluß.[643]

Die Bewertung des Mitverschuldens bei der Überprüfung der Rechtmäßigkeit eines Ausschließungsbeschlusses ist in der Folgezeit durch weitere Entscheidungen präzisiert worden. In der Entscheidung des BGH vom 23. Februar 1981[644] ging es um die Frage der Zulässigkeit einer Ausschließung, wenn den Ausschließungskläger zwar ein Mitverschulden, den Beklagten aber ein überwiegendes Verschulden trifft. Der BGH führte aus, dass in einer Zwei-Personen-GmbH die Ausschließung nicht erfolgen könne, wenn in der Person des verbleibenden Gesellschafters selbst ein Ausschließungsgrund vorläge.[645] Stelle aber das Verhalten des Mitgesellschafters dabei keinen wichtigen Grund im Sinne der §§ 142, 140 HGB dar, so könne der andere Gesellschafter dennoch ausgeschlossen werden.[646]

Die Gesamtwürdigung hat zur Folge, dass in der Zwei-Personen-GmbH stärker als in der mehrgliedrigen GmbH pflichtwidriges Verhalten beider Gesellschafter ins Gewicht fällt.[647] Das Verhalten des Gesellschafters, der die Gesellschaft nach der Ausschließung allein fortführt, bedarf besonders eingehender Prüfung.[648] Durch Mitverschulden kann insbesondere in der Zwei-Personen-GmbH ein wichtiger Grund entfallen.[649] Es sind hier vor allem auch die Persönlichkeit und das Verhalten desjenigen zu prüfen, der die Gesell-

---

[642] BGHZ 32, 17, 31

[643] BGHZ 32, 17, 35

[644] BGHZ 80, 346; zwar handelte es sich in dem Fall um eine GmbH mit drei Gesellschaftern, die Entscheidungsgründe enthalten jedoch auch Ausführungen zu der Zwei-Personen-GmbH (vgl. U. H. Schneider, FS. Kellermann, S. 403, 414).

[645] So auch OLG Karlsruhe, NZG 2000, 264, 271: Die Gesellschafter müßten entweder zusammenbleiben oder die Gesellschaft auflösen.

[646] BGHZ 80, 346, 352

[647] Oppenländer, DStR 1996, 922, 923

[648] Hachenburg/Ulmer, Anh. § 34 RdNr. 13

[649] Gehrlein, S. 37; Lutz, S. 67

schaft allein fortführen könnte.[650] Bei Mitgliederwechsel sind Pflichtwidrigkeiten jeweils auch im Verhältnis zum Ausgeschiedenen prüfen.[651]

4. Das Verhältnis der Ausschließung zur Auflösung

Wie bereits oben dargestellt, führt die Ausschließung in der Zwei-Personen-GmbH in aller Regel zugleich dazu, dass die Gesellschaft von dem verbleibenden Gesellschafter allein fortgeführt wird. Diese Folge ist für den von der Ausschließung Betroffenen besonders schwerwiegend. Als Alternative besteht die Möglichkeit der Auflösung der Gesellschaft gemäß §§ 60 Abs. 1 Nr. 3, 61 Abs. 1 GmbHG. Während in den Fällen, in denen einem Gesellschafter ein eindeutiges alleiniges Fehlverhalten zuzuordnen ist, dem anderen Gesellschafter die Auflösung nicht zuzumuten ist, kann in den Fällen, in denen ein Zerwürfnis der Gesellschafter ein Erreichen des Gesellschaftszwecks unmöglich macht, gegenüber dem von dem Ausschließungsbegehren betroffenen Gesellschafter die Ausschließung unzumutbar sein. Hier stellt sich die Frage, ob sich aus dem Zerwürfnis ein wichtiger Grund für eine Ausschließung ergeben kann oder ob nach der Gesamtabwägung des Verhaltens beider Gesellschafter nur eine Auflösung der Gesellschaft als Lösung verbleibt.

Der BGH hatte in einer Entscheidung aus dem Jahre 1985 für eine Zwei-Personen-GmbH die Frage zu klären, ob ein Gesellschafter statt seiner Ausschließung die Auflösung der Gesellschaft verlangen kann:

„Auflösung statt Ausschließung"

BGH, II. Zivilsenat, Urteil vom 15. April 1985[652]

Der Kläger und K waren Gründungsgesellschafter der beklagten GmbH und seit 1965 zu gleichen Teilen deren alleinige Gesellschafter. K war alleiniger Geschäftsführer. Seit 1977 bestanden Spannungen zwischen den Gesellschaftern. Nachdem der Mitgesellschafter K gegen einen Antrag des Klägers gestimmt hatte, diesen zum Mitgeschäftsführer zu bestellen, war das Verhältnis schließlich „völlig entzweit", die Mitgesellschafter „bekämpften sich geradezu". Während der Kläger in dem vorliegenden Verfahren die Auflösung der Gesellschaft erstrebte, betrieb K über die GmbH in einem gesonderten Verfahren den Ausschluß des Klägers aus der Gesellschaft.

Nach Ansicht des BGH muß sich der Gesellschafter einer Zwei-Personen-GmbH gegenüber seinem Verlangen, die Gesellschaft wegen eines tiefgreifenden und unheilbaren Zerwürfnisses zwischen den Gesellschaftern aufzulösen, nicht auf die Veräußerung seines Geschäftsanteils verweisen lassen. Die Voraussetzungen einer Auflösung gemäß § 61 Abs. 1 GmbHG lägen hier

---

[650] Gehrlein, S. 38
[651] Gehrlein, S. 41
[652] BGH, WM 1985, 916

vor: Eine Zwei-Personen-GmbH sei besonders auf die persönliche Zusammenarbeit der Gesellschafter angelegt und angewiesen. Wegen der Mehrheitsverhältnisse könne eine Uneinigkeit der Gesellschafter die Geschäftsführung blockieren. Daher stelle das unheilbare Zerwürfnis der beiden Gesellschafter eine unmittelbare Gefahr für die Zukunft der Gesellschaft dar. Zwar gelte der Grundsatz, dass es dem Auflösungskläger zuzumuten sei, sich auf die Veräußerung seines Geschäftsanteils verweisen zu lassen. Dieses ergebe sich schon daraus, dass die Zerschlagung des Unternehmens regelmäßig den Verlust von erheblichen Werten mit sich bringe. In dem vorliegenden Fall sei aber die Grundvoraussetzung dafür, dass das Angebot auf Übernahme des Geschäftsanteils die Auflösungsklage zu Fall bringen könne, nämlich dass der Auflösungskläger den vollen Verkehrswert des Anteils erhalte, nicht gewährleistet. Da andererseits die Nachteile für den Mitgesellschafter hinnehmbar seien und insbesondere der Kläger das Zerwürfnis nicht in einer Weise verschuldet habe, die seine Ausschließung aus der Gesellschaft rechtfertige, sei der Auflösungsklage stattzugeben.

Die Gesamtabwägung des Verhaltens beider Gesellschafter ergibt also in der Zwei-Personen-GmbH, dass sich, anders als bei der Geschäftsführerabberufung, aus einem Zerwürfnis grundsätzlich kein wichtiger Grund für eine Ausschließung ergeben kann.[653] Die Ausschließung eines Gesellschafters führt in der Zwei-Personen-GmbH zu einer mit der Übernahme des Geschäfts einer Personengesellschaft gemäß § 142 HGB vergleichbaren Lage.[654]

Andererseits besteht bei einer Auflösung der Gesellschaft die Gefahr, dass das Unternehmen vernichtet und gerade in einer personalistischen GmbH wirtschaftliche Werte von großer Bedeutung für die Beteiligten zerstört werden.[655] Daher gilt nach h.M. für die Auflösung ein Subsidiaritätsgrundsatz, auch gegenüber der Ausschließung.[656] Daher könne die Auflösung auch dann nicht verlangt werden, wenn einer der Gesellschafter die Übernahme des Anteils gegen eine angemessene Abfindung anbiete.[657] Entsprechend entschied der BGH, dass die Auflösung ausscheide, wenn durch eine den Fortbestand der Gesellschaft sichernde Maßnahme Abhilfe geschaffen werden könne. Dafür komme auch die Ausschließung des Auflösungsklägers in Betracht.[658]

Im Ergebnis ist bei einem zerrütteten Verhältnis der Gesellschafter entsprechend der dargestellten Entscheidung des BGH im jeweiligen Einzelfall zu prüfen, ob nach dem Verhalten der Gesellschafter und der Zukunftsperspektive der Gesellschaft eine Ausschließung möglich ist oder nur die Auflösung

[653] Wolf, ZGR 1998, 92, 95
[654] U. H. Schneider, FS. Kellermann, S. 403, 415
[655] Vgl. Balz, S. 14; Immenga, Personalistische Kapitalgesellschaft, S. 302
[656] Scholz/Schmidt, § 61 RdNr. 3; Baumbach/Hueck/Schulze-Osterloh, § 61 RdNr. 5; a.A. Hachenburg/Ulmer, Anh. § 34 RdNr. 16
[657] OLG Köln, NZG 1999, 773; Grunewald, Ausschluß, S. 72
[658] BGHZ 80, 346, 348

verbleibt. Nur wenn über das Zerwürfnis hinaus besondere Umstände einen Ausschließungsgrund gegenüber einem Gesellschafter ergeben und das Verhalten des anderen Gesellschafters diese Umstände nicht relativiert, ist eine Ausschließung möglich. Im Interesse der Gesellschaft kann ein solcher Umstand auch in einem angemessenen Abfindungsangebot liegen. Fehlt es aber an einem solchen Umstand oder scheitert die Ausschließung an dem Verhalten des anderen Gesellschafters, da auch dessen Ausschließung gerechtfertigt wäre, so bleibt als Ausweg nur die Auflösung der Gesellschaft.[659] Nur durch die Auflösung läßt sich in der Zwei-Personen-GmbH bei gleichen Verursachungsbeiträgen ein Wettlauf der Gesellschafter um den früheren Ausschließungsbeschluß verhindern.[660]

III. Zulässigkeit einzelner Satzungsregelungen

Fraglich ist, ob die grundsätzlich zulässigen abweichenden Satzungsregelungen auch in der Zwei-Personen-GmbH wirksam sind und wo die Grenzen der Zulässigkeit solcher Regelungen liegen.

1. Ausschließung durch Gesellschafterbeschluß

Fest steht, dass mangels Regelung in der Satzung auch in der Zwei-Personen-GmbH die Ausschließung eines Gesellschafters einer Ausschlußklage bedarf.[661] Fraglich ist, ob umgekehrt auch in der Zwei-Personen-GmbH die Satzung eine Ausschließung durch Gesellschafterbeschluß vorsehen kann. Eine solche Regelung könnte für den betroffenen Gesellschafter erhebliche Folgen haben.[662]

Der BGH hatte in der Entscheidung BGHZ 32, 17 („Die Bank als Treuhänder") auch die Frage zu klären, ob überhaupt ein Ausschluß durch Gesellschafterbeschluß möglich ist und wie sich ein solcher Beschluß auswirkt. Nach Ansicht des BGH kann entsprechend der Rechtsprechung zur mehrgliedrigen GmbH[663] die Satzung auch in der Zwei-Personen-GmbH die Ausschließung durch Gesellschafterbeschluß vorsehen.[664] Das habe in der Zwei-Personen-GmbH zwar den Nachteil, dass es zu einem Wettlauf der Gesellschafter um den früheren Gesellschafterbeschluß kommen könne. Dieses sei aber unter dem Gesichtspunkt der Vertragsfreiheit hinzunehmen. Die Gesellschafter nähmen die Ungewißheit des Mitgliederbestandes in Kauf, wenn sie im Gesellschaftsvertrag die Möglichkeit einer Ausschließung durch Gesell-

---

[659] BGH, GmbHR 1999, 1194, 1196; U. H. Schneider, FS. Kellermann, S. 403, 416; Immenga, Personalistische Kapitalgesellschaft, S. 307; Oppenländer, DStR 1996, 922, 923; Soufleros, Ausschließung und Abfindung, S. 71; Wolf, ZGR 1998, 92, 96
[660] Oppenländer, DStR 1996, 922, 923; Grunewald, Ausschluß, S. 71
[661] BGH, GmbHR 1999, 1194, 1195; OLG Köln, NZG 1999, 773
[662] LG Braunschweig, MDR 1953, 239
[663] BGHZ 9, 157, 160; BGH, GmbHR 1991, 362
[664] Bestätigt in BGH, WM 1983, 1207, 1208

schafterbeschluß eröffneten. Der frühere Ausschließungsbeschluß nütze einem Gesellschafter nichts, wenn die gerichtliche Nachprüfung ergebe, dass die Ausschließung unberechtigt gewesen sei.

Nach Ansicht des BGH entsteht hier also nicht eine aufgrund der Realstruktur der Zwei-Personen-GmbH derart unterschiedliche Situation, dass eine abweichende Regelung erforderlich wäre. Die praktischen Bedenken, insbesondere der drohende Wettlauf, seien nicht so bedeutend, dass daher die Vertragsfreiheit einzuschränken sei.

Die Rechtsgrundsätze zu der Ausschließung durch Gesellschafterbeschluß sind dementsprechend auch auf die Zwei-Personen-GmbH angewendet worden: Nach Ansicht des OLG Oldenburg sind Satzungsregelungen, die die Ausschließung durch Gesellschafterbeschluß vorsehen, ausdrücklich auch in der Zwei-Personen-GmbH zulässig.[665] Der Gesellschafter sei in der Zwei-Personen-GmbH nicht stärker der Willkür seines Mitgesellschafters ausgeliefert als in einer Mehrpersonen-GmbH. Die Gesellschafter nähmen mit der Aufnahme einer entsprechenden Klausel in die Satzung mögliche Probleme bewußt in Kauf. Das Aufbürden der Initiativlast eines Prozesses gegen den Gesellschafterbeschluß wiege nicht so schwer, dass deswegen die Satzungsregelung außer Kraft gesetzt werden müsse.

Diese Ansicht entspricht älterer Rechtsprechung[666] und wird in der Literatur geteilt.[667] Zwar bestehe eine weitere Gefahr darin, dass der eine Gesellschafter den anderen „entfernen" könne. Die sich aus der Regelung ergebenden Unzuträglichkeiten hätten die Gesellschafter aber in Kauf genommen.[668] Dennoch sei aus diesem Grund hinsichtlich entsprechender Satzungsregelungen Vorsicht geboten.

Hierbei sind die praktischen Auswirkungen einer solchen Regelung in einer Zwei-Personen-GmbH zu beachten. Bereits im Rahmen der Geschäftsführerabberufung[669] wurde dargestellt, welche tatsächlichen Probleme ein Verfahren, in dem der eine Gesellschafter selbständig über die Ausschließung seines Mitgesellschafters beschließt, mit sich bringt. Auch hier sind die Voraussetzungen des Beschlusses, nämlich das Vorliegen eines Ausschließungsgrundes, wiederum regelmäßig umstritten. Im Gegensatz zu der Geschäftsführerabberufung geht es aber im Rahmen der Ausschließung für den Gesellschafter um weit mehr; er ist in Gefahr, seine Rechte in der Gesellschaft insgesamt zu verlieren. Der Gesellschafter einer Zwei-Personen-GmbH muß sich darüber im klaren sein, dass die Aufnahme einer Ausschließungsklausel in die Satzung seine Ausschließung deutlich vereinfacht.

---

[665] OLG Oldenburg, GmbHR 1992, 667
[666] LG Regensburg, MDR 1954, 551
[667] Hachenburg/Ulmer, Anh. § 34 RdNr. 38; Scholz/Winter, § 15 RdNr. 138; Pleyer, GmbHR 1960, 86, 87; Soufleros, Ausschließung und Abfindung., S. 52, 71
[668] Pleyer, GmbHR 1960, 86, 87; so auch BGH, NJW 1977, 2316
[669] Vgl. oben § 7, III.

Zum Schutz des Betroffenen verlangt die Rechtsprechung, dass bei gegenseitig betriebenen Ausschließungen in der Gesellschafterversammlung die gegenseitigen Anträge einheitlich behandelt werden.[670] In einer Zwei-Personen-GmbH kann der wichtige Grund für die Ausschließung auch noch im Rechtsstreit um die Wirksamkeit des Beschlusses nachgeschoben werden.[671] Nach der Rechtsprechung hat der Gesellschafterbeschluß zur Folge, dass der Gesellschafter seine Gesellschafterstellung unmittelbar verliert.[672] Der Geschäftsanteil bleibt dabei grundsätzlich zur Verwertung durch die Gesellschaft bestehen[673], der Gesellschafter erwirbt zugleich einen Anspruch auf den vollen Gegenwert seines Geschäftsanteils. Der Verlust der Gesellschafterstellung tritt unabhängig davon ein, ob eine Abfindung gezahlt wurde.[674] Auch auf die Rechtmäßigkeit einer Abfindungsregelung kommt es hinsichtlich der Wirksamkeit der Ausschließung nicht an.[675] Die Abfindungsregelung muß nur dann in den Gesellschafterbeschluß aufgenommen werden, wenn der Gesellschafter dieses verlangt.[676]

2. Ausschließungsrecht ohne wichtigen Grund

Fraglich ist, ob bereits im Gesellschaftsvertrag einem Gesellschafter das Recht eingeräumt werden kann, den anderen Gesellschafter unter bestimmten Voraussetzungen oder auch grundlos aus der Gesellschaft auszuschließen („Hinauskündigungsklausel").[677]

Die Möglichkeit der Ausschließung eröffnet den Gesellschaftern weitergehende Möglichkeiten in der Gestaltung des Fortgangs der Gesellschaft. Grundsätzlich gilt hierzu das Prinzip der Vertragsfreiheit.[678] Fraglich ist, ob hier durch „Grundrechte" der Gesellschafter Grenzen gesetzt sind. Dafür ist die folgende Entscheidung des BGH bedeutsam:

---

[670] OLG München, DStR 1994, 216: In dem Fall ging es um eine Einziehung, bei der der eine Gesellschafter in einer Gesellschafterversammlung, in der beide Gesellschafter anwesend waren, die Abberufung als Geschäftsführer und Ausschließung des anderen Gesellschafters beschlossen und daraufhin die entsprechenden, gegen ihn gerichteten Tagesordnungspunkte abgesetzt und in die nächste Gesellschafterversammlung vertagt hatte.

[671] OLG Nürnberg, GmbHR 2001, 108, 109

[672] Vgl. BGHZ 9, 157, 170; BGHZ 32, 17; BGH, WM 1983, 1310, 1311; OLG Hamm, GmbHR 1993, 743, 747

[673] Zu den Verwertungsmöglichkeiten siehe oben I. 2. b)

[674] OLG Hamm, GmbHR 1993, 743, 747; BGHZ 32, 16, 23; offengelassen in BGH, GmbHR 1995, 377, 378.

[675] Lutter/Hommelhoff, § 34 RdNr. 54; OLG Nürnberg, GmbHR 2001, 108, 109

[676] BGH, GmbHR 1995, 377

[677] Vgl. Gehrlein, S. 53 ff.

[678] Soufleros, Ausschließung und Abfindung, S. 8

„Die schwebende Anteilsübertragung"

BGH, II. Zivilsenat, Urteil vom 9. Juli 1990[679]

Die Klägerin und der Beklagte zu 1), die in einer eheähnlichen Gemeinschaft lebten, gründeten gemeinsam die Beklagte zu 2), eine GmbH. An der Gesellschaft war die Klägerin zu 70%, der Beklagte zu 1) zu 30% beteiligt. Zum Erwerb ihres Geschäftsanteils gewährte der Beklagte zu 1) der Klägerin ein Darlehen. Die Klägerin wurde zur alleinigen Geschäftsführerin bestellt. Mit notarieller Urkunde vom Tag der Gründung bot die Klägerin dem Beklagten zu 1) unbefristet zum Nominalbetrag ihren Anteil zum Kauf und zur Übertragung an. Nachdem es Ende 1986 zwischen den Gesellschaftern zu persönlichen Spannungen gekommen war, nahm der Beklagte zu 1) das Angebot der Klägerin 1988 an. Die Klägerin beantragte die Feststellung der Unwirksamkeit der Anteilsübertragung.

Der BGH ließ hier die „faktische Ausschließung" der Klägerin zu. Zwar sei dem Beklagten zu 1) durch das bindende Abtretungsangebot das Recht eingeräumt worden, sich jederzeit ohne Angabe von Gründen von seiner Mitgesellschafterin zu trennen. Solche „Hinauskündigungsklauseln" seien (auch) im GmbH-Recht grundsätzlich gemäß § 138 BGB nichtig, da sonst einer nicht zu billigenden Willkürherrschaft der mit dem Ausschließungsrecht ausgestatteten Gesellschafter Vorschub geleistet würde. Jedoch sei die Klausel hier wegen der besonderen Umstände sachlich gerechtfertigt, da der Beklagte zu 1) wegen der engen persönlichen Beziehung zu seiner Mitgesellschafterin die vollständige Finanzierung der Gesellschaft übernommen habe und ihr dabei eine Mehrheitsbeteiligung sowie die alleinige Geschäftsführungsbefugnis eingeräumt habe. Der Beklagte zu 1) habe hier aufgrund der Tatsache, dass er das Unternehmen finanziert habe, ein berechtigtes Interesse daran, die der Klägerin eingeräumte Machtstellung in der Gesellschaft beenden zu können. Die Frage, ob die Abfindung zum Nominalbetrag unangemessen gering sei, spiele für die Wirksamkeit der Übertragung selbst keine Rolle.

Auch wenn die grundlose Ausschließung hier wirksam war, lassen die Entscheidungsgründe doch erkennen, dass dieses die Ausnahme war. Der BGH hat in der Entscheidung die fragliche Vereinbarung weniger unter schuldrechtlichen Kriterien beurteilt, sondern wegen der Ausstrahlung der Vereinbarung auf die Gesellschafterstellung seine im Personengesellschaftsrecht entwickelten Rechtsgrundsätze zu Hinauskündigungsklauseln auf die GmbH übertragen.[680] Danach ist eine Ausschließung ohne wichtigen Grund nur in seltenen Ausnahmefällen zulässig.[681] Es bedürfe einer unzweideutigen Satzungsbestimmung, wenn die Ausschließung durch Gesellschafterbeschluß

---

[679] BGHZ 112, 103, m. Anm. Teichmann, WuB II C. § 34 GmbHG 2.90
[680] Teichmann, WuB II C. § 34 GmbHG 2.90
[681] BGHZ 68, 212

auch ohne wichtigen Grund zulässig sein soll. Ein entsprechender Vertragswille müsse wegen der daraus resultierenden schwerwiegenden Eingriffe in die Rechtsstellung des Gesellschafters eindeutig feststellbar sein. Für den Regelfall sei eine solche Regelung deswegen insgesamt als bedenklich anzusehen und könne nur aufgrund ganz besonderer Umstände, die die Regelung sachlich rechtfertigten, als zulässig angesehen werden. Eine ungerechtfertigte Hinauskündigungsklausel sei nichtig.[682] Eine an sich unzulässige Klausel könne allerdings insoweit zulässig sein, als sie an ein „festes Tatbestandsmerkmal" anknüpfe[683] oder soweit sie die Ausschließung aus wichtigem Grund zulasse.[684]

Diese Rechtsprechung findet Zustimmung in der Literatur. Eine freie Ausschließungsmöglichkeit in der Satzung sei grundsätzlich unzulässig.[685] Etwas anderes gelte nur bei Rechtfertigung durch außergewöhnliche Umstände. Die Auffassung, nach der ein Gesellschafter zulässigerweise von vornherein eine abhängige Stellung annehmen könne, die dann Inhalt seiner Mitgliedschaft werde[686], weicht hiervon nicht wesentlich ab. Auch die h.M. erkennt an, dass besondere Umstände, die sich auch aus der mitgliedschaftlichen Situation ergeben können, eine freie Ausschließungsklausel rechtfertigen können.

Gerade die enge persönliche Bindung der Gesellschafter in der Zwei-Personen-GmbH bedeutet somit, dass „Hinauskündigungsklauseln" gegen § 138 BGB verstoßen können: Ohne eine konkrete sachliche Rechtfertigung ist es hier nicht zu billigen, dass der Verbleib des einen Gesellschafters der Willkür des anderen überlassen ist. Eine Regelung, die einem Gesellschafter ohne sachliche Rechtfertigung das Recht zur Ausschließung seines Mitgesellschafters gibt, ist damit sittenwidrig. Nur bei einer deutlich ungleichen Verteilung der Rollen kann es auch in einer Zwei-Personen-GmbH zu einer sachlichen Rechtfertigung einer Bestimmung kommen, die es dem einen Gesellschafter ermöglicht, sich von seinem Mitgesellschafter auch ohne wichtigen Grund zu trennen.

3.   Buy-Sell-Agreement

Schließlich stellt sich die Frage, ob nach den vorgenannten Voraussetzungen für Ausschließungsregelungen im Gesellschaftsvertrag im deutschen Recht auch ein sogenanntes Buy-Sell-Agreement entsprechend der US-amerikanischen Rechtspraxis zulässig ist.[687] Eine solche Vereinbarung bedeutet rechtlich, dass ein Gesellschafter bei Vorliegen bestimmter, vordefi-

---

[682] BGHZ 81, 263; BGHZ 105, 213; vgl. Grunewald, Ausschluß, S. 126
[683] BGHZ 105, 213, vgl. dazu Behr, ZGR 1990, 370
[684] BGH, GmbHR 1989, 462
[685] Soufleros, Ausschließung und Abfindung., S. 9; Hachenburg/Ulmer, § 34 RdNr. 43; Scholz/Westermann, § 34 RdNr. 16
[686] Roth/Altmeppen, § 60 RdNr. 39 und § 34 RdNr. 30
[687] Siehe schon oben § 4, II. 5. b) aa) und § 3, II. 3. c)

nierter Gründe das Recht hat, eine Auflösung des Gesellschaftsverhältnisses in der Weise zu verlangen, dass einer der Gesellschafter die Gesellschaft fortführen kann. Hierzu nennt der Gesellschafter einen Preis, zu dem er den Geschäftsanteil des anderen Gesellschafters übernehmen würde; der andere Gesellschafter hat die Wahl, zu dem genannten Preis seinen Geschäftsanteil zu verkaufen oder seinerseits zu dem gleichen Preis den Geschäftsanteil seines Mitgesellschafters zu kaufen.

Bei der Durchsetzung einer solchen Vereinbarung kann es sich somit im Ergebnis um eine Gesellschafterausschließung handeln. Aus den dargestellten Zulässigkeitsvoraussetzungen für Ausschließungsvereinbarungen ergibt sich, dass eine solche Regelung grundsätzlich nur dann zulässig und durchsetzbar ist, wenn die als Auslöser definierten Gründe für eine Ausschließung aus wichtigem Grund ausreichend sind. Insoweit unterliegt die Klausel gerichtlicher Kontrolle. Aus der zulässigen gesellschaftsvertraglichen Vereinbarung ergibt sich entsprechen der Entscheidung des zweiten Gesellschafters für einen der beiden Gesellschafter die Verpflichtung zum Verkauf seines Geschäftsanteils. Das Buy-Sell-Agreement stellt damit im Ergebnis eine Ausschließungsklausel dar, die bereits einen Preisfindungsmechanismus enthält und somit die Durchführung der Ausschließung entscheidend vereinfacht.[688]

---

[688] Vgl. hierzu unten § 15, IV. 2.

§ 10 Anfechtung umstrittener Gesellschafterbeschlüsse

I. Die Behandlung fehlerhafter Gesellschafterbeschlüsse

Im Bereich der Anfechtung[689] von Gesellschafterbeschlüssen geht es um die Fragen, welche Wirkung ein umstrittener Gesellschafterbeschluß unmittelbar entfaltet und auf welche Weise seine Rechtmäßigkeit überprüft werden kann. Das Zusammenspiel beider Fragen ist für jeden Gesellschafter von erheblicher Bedeutung; die unmittelbare Wirkung kann dafür entscheidend sein, ob der Gesellschafter den Gesellschafterbeschluß überhaupt überprüfen muß, die Auswahl der ihm zur Verfügung stehenden Rechtsschutzmöglichkeiten kann für den Erfolg seines Anliegens entscheidend sein.

1. Herkömmliche Lösung

Der Gesetzgeber hatte die Regelung dieser Thematik bewußt offengelassen: „die Befugnis zur Anfechtung ergebe sich aus allgemeinen Grundsätzen".[690] Hierin lag eine konkludente Aufforderung an Rechtsprechung und Literatur, Regeln zu entwickeln, wie die Überprüfung von Gesellschafterbeschlüssen durch Gerichte ablaufen solle.[691] Spezielle Regelungen zur Behandlung fehlerhafter Beschlüsse in der Kapitalgesellschaft sind zunächst in den §§ 241 ff. AktG enthalten. Im Personengesellschaftsrecht hingegen werden für die Überprüfung umstrittener Beschlüsse allgemeine Regelungen der ZPO angewandt.[692]

Obwohl auch in der Begründung des Gesetzgebers eine Koppelung an das AktG vermieden wurde, hielten sich Rechtsprechung und Literatur zunächst an die Regelungen des Aktienrechts.[693] Der BGH formulierte, die für das Aktienrecht geltenden Regelungen könnten angesichts der sehr weitgehenden Ähnlichkeit der Sach- und Rechtslage grundsätzlich sinngemäß angewandt werden, soweit nicht die Besonderheiten der GmbH eine Abweichung notwendig machen.[694] Heute entspricht die entsprechende Anwendung der Be-

---

[689] „Anfechtung" bedeutet hier grundsätzlich allgemein die Geltendmachung der Unwirksamkeit des Gesellschafterbeschlusses und nicht zwingend nur diejenige durch Erhebung der Anfechtungsklage (vgl. Baumbach/Hopt, § 119, RdNr. 31).

[690] Stenographische Berichte über die Verhandlungen des Reichstags, 8. Legislaturperiode, 1890/92, V. Anlageband S. 3751; vgl. auch Raiser, FS. 100 Jahre GmbHG, S. 587, 588

[691] Noack, Fehlerhafte Beschlüsse, S. 117; Raiser, FS. Heinsius, S. 645

[692] Ein fehlerhafter Gesellschafterbeschluß ist nichtig (§§ 134, 138 BGB); die Nichtigkeit wird durch eine gegen die Mitgesellschafter gerichtete Feststellungsklage geltend gemacht (Baumbach/Hopt, § 119, RdNr. 28 und § 109, § 39; BGH, WM 1966, 1036; BGH, WM 1983, 785, 786; a.A. K. Schmidt, FS. Stimpel, S. 217).

[693] Vgl. RGZ 64, 14; RGZ 80, 330; 85, 311, BGHZ 11, 231

[694] BGHZ 11, 231, 235

stimmungen der §§ 245 ff. AktG auf die GmbH der ganz h.M.[695]; dieses wird bereits als „Gewohnheitsrecht"[696] bzw. als „geltendes Recht"[697] bezeichnet.

a) Die aktienrechtliche Systematik

Aus der aktienrechtlichen Regelung ergibt sich ein System, nach dem mangelbehaftete Gesellschafterbeschlüsse grundsätzlich lediglich anfechtbar (vgl. § 243 AktG) und nur bei Vorliegen bestimmter, besonders schwerwiegender Gründe nichtig sind (§ 241 AktG).[698] Die Anfechtbarkeit bezeichnet einen Schwebezustand, bei dem der Gesellschafterbeschluß zunächst wirksam ist und nur durch rechtskräftiges Anfechtungsurteil gemäß § 241 Nr. 5 AktG rückwirkend für nichtig erklärt werden kann.[699] Das Anfechtungsurteil ist Gestaltungsurteil mit Wirkung gegenüber jedermann.[700] Sofern ein Gesellschafterbeschluß nicht nichtig ist, muß die Unwirksamkeit mangelhafter Beschlüsse daher gemäß § 246 AktG durch Erhebung einer Anfechtungsklage geltend gemacht werden.[701] Als Anfechtungsgrund kommt jede Nichtbeachtung einer Rechtsnorm in Betracht[702]: insbesondere Verstöße gegen die Treuepflicht, gegen Stimmverbote oder Mängel im Beschlußverfahren. Einen Sonderfall stellen unwirksame Beschlüsse dar[703], die zwar nicht gemäß § 241 AktG nichtig sind, denen es aber dennoch an einer Voraussetzung fehlt, so dass sie ihre Rechtswirkung nicht entfalten.

Aus dem System der Anfechtbarkeit und dem Erfordernis der Klageerhebung zur Geltendmachung eines Mangels ergibt sich, dass ein umstrittener Gesellschafterbeschluß grundsätzlich vorläufig wirksam ist. Hieran zeigt sich, dass der Zweck des aktienrechtlichen Systems nicht primär darin liegt, ein Anfechtungsrecht für den Gesellschafter zu normieren, sondern umgekehrt darin,

---

[695] Scholz/Schmidt, § 45 RdNr. 36; Lutter/Hommelhoff, Anh. § 47 RdNr. 1; Roth/Altmeppen, § 47 RdNr. 82; Raiser, Kapitalgesellschaften, § 33 RdNr. 71; Henze, ZGR 1988, 542, 546; Hüffer, ZGR 2001, 833, 864; BGHZ 14, 25, 30; BGHZ 101, 113, 116; BGHZ 104, 66, 68. Vgl. Noack, Fehlerhafte Beschlüsse, S. 116; Timm, FS. Fleck, S. 365, 368

[696] Däubler, GmbHR 1968, 4

[697] K. Schmidt, Gesellschaftsrecht, § 36 III. 4. a)

[698] Hachenburg/Raiser, Anh. § 47 RdNr. 31; Lutter/Hommelhoff, Anh. § 47 RdNr. 42; K. Schmidt, Gesellschaftsrecht, § 15 II. 1.; Hüffer, ZGR 2001, 833, 836; Saenger, GmbHR 1997, 112, 114; BGHZ 101, 113, 116

[699] Hüffer, ZGR 2001, 833, 837

[700] Scholz/Schmidt, § 47 RdNr. 173; Hachenburg/Raiser, Anh. § 47 RdNr. 236; Baumbach/Hueck/Zöllner, Anh. § 47 RdNr. 90; RGZ 85, 311, 313

[701] Geßler/Hefermehl/Hüffer, § 243 RdNr. 120; Hachenburg/Raiser, Anh. § 47 RdNr. 3; Lutter/Hommelhoff, Anh. § 47 RdNr. 42; K. Schmidt, Gesellschaftsrecht, § 36 III. 4. b); BGHZ 97, 28, 31; BGHZ 104, 66, 69; vgl. auch BGH, GmbHR 1991, 362 für die Anfechtung eines auf Ausschließung eines Gesellschafters gerichteten Gesellschafterbeschlusses.

[702] Vgl. Saenger, GmbHR 1997, 112, 114

[703] Scholz/Schmidt, § 45 RdNr. 53; Hüffer, AktG, § 241 RdNr. 6; Geßler/Hefermehl/Hüffer, § 241 RdNr. 18; BGHZ 15, 177, 181 (für die Genossenschaft); BGHZ 48, 141, 143

dass durch Einschränkung der Überpüfungsmöglichkeit Rechtssicherheit geschaffen wird.[704]

b) Bedeutung der Beschlußfeststellung für die Anwendbarkeit des aktienrechtlichen Systems auf die GmbH

Ein Gesellschafterbeschluß kann nur dann Gegenstand einer Anfechtungsklage sein, wenn sein Inhalt feststeht.[705] Im Aktienrecht schreibt § 130 Abs. 2 AktG[706] vor, dass das Ergebnis der Beschlußfassung grundsätzlich notariell zu beurkunden ist. Damit gibt es stets ein eindeutiges Beschlußergebnis, das vorläufige Wirksamkeit erlangen und später Gegenstand einer Anfechtungsklage sein kann.

In der GmbH ist die Feststellung des Beschlußergebnisses - mit Ausnahme von satzungsändernden Beschlüssen (§ 53 Abs. 2 Satz 1 GmbHG) - nicht gesetzlich vorgeschrieben und mithin für die Wirksamkeit der Beschlußfassung grundsätzlich nicht erforderlich.[707] Dennoch kann auch in der GmbH ein Versammlungsleiter ermächtigt werden, in der Gesellschafterversammlung die Beschlußergebnisse festzustellen.[708] Eine solche Beschlußfeststellung hat nach h.M. auch in der GmbH konstitutive Wirkung, d.h. das festgestellte Ergebnis ist vorläufig wirksam.[709] Während der BGH ursprünglich wegen des Fehlens einer gesetzlichen Grundlage für die konstitutive Wirkung diese nur bei beurkundungspflichtigen Gesellschafterbeschlüssen annahm[710], vertritt auch er inzwischen[711] die Auffassung, dass die konstitutive Wirkung unabhängig davon eintritt, auf welcher Grundlage die Beschlußfeststellung erfolgt ist. Zentral hierfür ist die folgende Entscheidung aus dem Jahre 1988:

BGH, II. Zivilsenat, Urteil vom 21. März 1988[712]

In der beklagten GmbH standen sich als Gesellschafter der Kläger und Z gegenüber, wobei letzterer zugleich treuhänderisch Anteile für H hielt. Die Satzung sah die zwangsweise Einziehung aus wichtigem Grund vor sowie das Erfordernis der Niederschrift von Beschlußergebnissen durch einen Versammlungsleiter. In der Folge kam es zu Meinungsverschiedenheiten zwischen Z und H und dem Kläger wegen

---

[704] Geßler/Hefermehl/Hüffer, § 243 RdNr. 5

[705] Geißler, GmbHR 2002, 520, 525

[706] Vgl. Hüffer, AktG, § 130 RdNr. 22

[707] Lutter/Hommelhoff, Anh. § 47 RdNr. 42; Zöllner/Noack, ZGR 1989, S. 525, 527; Lutz, S. 41; Geißler, GmbHR 2002, 520, 525; BGHZ, 51, 209, 212; BGHZ 104, 66, 69; OLG Zweibrücken, GmbHR 1999, 79

[708] Vgl. oben § 5, II. 2. c) aa)

[709] Scholz/Schmidt, § 48 RdNr. 58; Lutter/Hommelhoff, Anh. § 47 RdNr. 42; Zöllner/Noack, ZGR 1989, 525, 527; Noack, Fehlerhafte Beschlüsse, S. 122; BGHZ 11, 231, 235; BGHZ 97, 28, 30; BGHZ 104, 66, 69

[710] BGHZ 14, 25, 36; BGHZ 51, 209, 211; vgl. Rohleder, GmbHR 1989, 236, 239

[711] Zunächst für negative Beschlüsse BGHZ 88, 320, 328 und BGHZ 97, 28, 30

[712] BGHZ 104, 66

dessen angeblicher Konkurrenztätigkeit. In einer Gesellschafterver-sammlung wurde mit den Stimmen von Z und H die Einziehung der Geschäftsanteile des Klägers beschlossen. Das Abstimmungsergebnis wurde durch den als Versammlungsleiter amtierenden Z festgestellt. Der Kläger wandte sich gegen die Wirksamkeit des Einziehungsbe-schlusses.

Der BGH entschied, dass auch ein positiver Beschluß, wenn ein bestimmtes Beschlußergebnis von einem Versammlungsleiter festgestellt worden ist, mit diesem Ergebnis als vorläufig wirksam gilt. Beschlußmängel können dann nur noch durch Anfechtungsklage geltend gemacht werden.[713] Die Beschluß-feststellung ist demnach in der GmbH verbindlich, auch wenn sie weder nach Gesetz noch dem Gesellschaftsvertrag erforderlich war.[714]

c)   System der Beschlußanfechtung in der GmbH

Dennoch bleibt es in der GmbH möglich, einen wirksamen Gesellschafter-beschluß zu fassen, auch ohne dass sein Ergebnis festgestellt wird. Sofern in diesem Fall die Gesellschafter über das Beschlußergebnis uneinig sind, ist es nicht möglich, einen Beschlußinhalt zu bestimmen, der vorläufige Wirksam-keit erlangt. Damit fehlt es hier auch an einem Anfechtungsgegenstand: Mit-hin ist es in dieser Fallkonstellation nicht möglich, die aktienrechtliche Rege-lung zu übernehmen. Es bleibt nichts anderes übrig als zunächst zu klären, ob überhaupt ein Beschluß vorliegt.

Für das System der Beschlußanfechtung in der GmbH bedeutet dieses, dass die Frage der Beschlußfeststellung zum Angelpunkt der Anfechtungsproble-matik wird.[715] Das zeigt sich exemplarisch an folgendem Urteil des OLG Hamburg:

„Cats - Teil 1"

OLG Hamburg, 11. Zivilsenat, Urteil vom 28. Juni 1991[716]

Die Parteien stritten um Zustandekommen und Wirksamkeit von Be-schlüssen über die Abberufung des BK, des gemeinsamen Geschäfts-führers der Beklagten zu 1) und zu 2). Dem lag ein zwischen Veranstal-ter K und Kaufmann D geschlossener Kooperationsvertrag zur Produk-tion von Veranstaltungen verschiedener Art zugrunde, aufgrund dessen ein GmbH-Konzern mit verschiedenen Tochtergesellschaften gegrün-det wurde. K und D waren an dem Konzern über die B-Ltd. bzw. die Klägerin jeweils hälftig beteiligt. In den verschiedenen Gesellschaften des Konzerns - darunter den Beklagten - wurde jeweils von beiden Sei-

---

[713] BGHZ 104, 66, 69
[714] Zöllner/Noack, ZGR 1989, 525, 528; a.A. Rowedder/Koppensteiner, § 47 RdNr. 9
[715] K. Schmidt, GmbHR 1992, 9, 13
[716] OLG Hamburg, GmbHR 1992, 43

ten ein Geschäftsführer benannt und bestellt. In der Folge kam es zu einem tiefgreifenden Zerwürfnis zwischen K und D. In verschiedenen Gesellschafterversammlungen stimmte die Klägerin für die Abberufung des BK als Geschäftsführer der Beklagten, die B-Ltd. stimmte jeweils dagegen. Einen Versammlungsleiter gab es bei den Gesellschafterversammlungen nicht. Die Klägerin begehrte die Feststellung, dass BK wirksam abberufen worden sei.

Die gegen das der Klage stattgebende Urteil des LG gerichtete Berufung der Beklagten war erfolglos. Nach Ansicht des OLG war die Abberufung aus wichtigem Grund hier berechtigt und dieses Beschlußergebnis von der Klägerin korrekt durch Feststellungsklage geltend gemacht worden. Bleibe in einer Gesellschafterversammlung einer GmbH das Ergebnis einer Abstimmung aufgrund von Meinungsverschiedenheiten ungewiß und werde das Beschlußergebnis nicht durch einen Versammlungsleiter festgestellt, so könne der Gesellschafter den Inhalt des Beschlusses durch Feststellungsklage gegen die Gesellschaft klären lassen.

Diese Ansicht entspricht der h.M.[717]; bei fehlender Beschlußfeststellung kann ein Gesellschafter das Ergebnis der Abstimmung durch Feststellungsklage gemäß § 256 Abs. 1 ZPO klären lassen. Ist hingegen das Beschlußergebnis durch einen Versammlungsleiter festgestellt worden, kann der mit dem festgestellten Inhalt vorläufig verbindliche Gesellschafterbeschluß nach h.M. nur durch Erhebung der Anfechtungsklage entsprechend § 246 AktG angefochten werden.[718] Das gleiche gilt auch ohne Feststellung des Beschlußergebnisses, wenn über das Ergebnis am Ende der Gesellschafterversammlung zwischen den Gesellschaftern Einigkeit bestand und ein Gesellschafter erst später beschließt, den Gesellschafterbeschluß anzufechten[719]: Hier steht das Beschlußergebnis zunächst fest und es gibt somit einen Anfechtungsgegenstand. Das Anfechtungserfordernis führt dazu, dass nach h.M. eine außergerichtliche Anfechtungserklärung keine Wirkung hat, da diese das Gestaltungsklageprinzip „aus den Angeln" heben würde.[720]

---

[717] Hachenburg/Raiser, Anh. § 47 RdNr. 172, 91, 251; Rowedder/Koppensteiner, § 47 RdNr. 9; Lutter/Hommelhoff, Anh. § 47 RdNr. 42; Raiser, FS. Heinsius, S. 645, 647; Zöllner/Noack, ZGR 1989, 525, 527; Lutz, S. 42; Geißler, GmbHR 2002, 520, 526 ; BGHZ 76, 154, 156; OLG Hamburg, GmbHR 1992, 43, m. Anm. K. Schmidt, GmbHR 1992, 9 ff.
[718] Lutter/Hommelhoff, Anh. § 47 RdNr. 42; Baumbach/Hueck/Zöllner, Anh. § 47 RdNr. 64; K. Schmidt, AG 1977, 205, 209; Rohleder, GmbHR 1989, 236, 239; BGHZ 104, 66, 69; BGHZ 51, 209, 211; BGHZ 14, 264, 268; OLG Köln, GmbHR 2002, 913, 914
[719] Lutter/Hommelhoff, Anh. § 47 Rdnr. 42; Zöllner/Noack, ZGR 1989, 525, 529; Raiser, FS. Heinsius, S. 645, 648; Geißler, GmbHR 2002, 520, 526
[720] Scholz/Schmidt, § 45 RdNr. 123; Lutter/Hommelhoff, Anh. § 47 RdNr. 42; BGHZ 97, 28, 31; BGHZ 104, 66 69; a.A. Hachenburg/Raiser, Anh. § 47 RdNr. 176

2. Bedenken in der neueren Literatur

Gerade bei kleinen GmbHs - insbesondere in der Zwei-Personen-GmbH - zeigt sich, dass die aktienrechtliche Regelung nicht immer sachgemäß ist. Wie oben dargestellt, ist die GmbH zwar als Kapitalgesellschaft konzipiert, kommt jedoch in der Praxis überwiegend als personalistisch ausgestaltete Gesellschaft vor. In einer solchen Gesellschaft spielen, anders als in einer AG mit großer Mitgliederzahl, die Beziehungen zwischen den Gesellschaftern eine erhebliche Rolle, während das Bedürfnis nach größtmöglicher Rechtssicherheit und Klarheit interner Vorgänge wegen der geringen Zahl der Beteiligten zurücktritt.

Die sich aus diesen Unterschieden bei Anwendung aktienrechtlicher Regelungen ergebende Problematik zeigt sich an der folgenden Entscheidung des BGH:

„Das zum Schein ausgestellte Schuldanerkenntnis"

BGH, II. Zivilsenat, Urteil vom 1. Juni 1987[721]

Nach dem Gesellschaftsvertrag der klagenden GmbH war die Zwangseinziehung eines Geschäftsanteils in dem Fall möglich, dass in den Geschäftsanteil vollstreckt wurde. Der eine Gesellschafter der GmbH ließ aufgrund eines von seiner einzigen Mitgesellschafterin - der Beklagten - zum Schein ausgestellten Schuldanerkenntnisses deren Geschäftsanteil pfänden und beschloß in einer darauf folgenden Gesellschafterversammlung dessen Einziehung. Die Beklagte widersprach noch in der Gesellschafterversammlung dem Einziehungsbeschluß und lehnte die ihr angebotene Abfindung ab, erhob aber nicht Anfechtungsklage gegen den Gesellschafterbeschluß. Die GmbH klagte auf Feststellung, dass der Einziehungsbeschluß wirksam sei.

Die gegen die die Klage abweisende Berufungsentscheidung eingelegte Revision war erfolglos. Nach der Entscheidung des BGH war allerdings der Einziehungsbeschluß unter Ausnutzung des zum Schein ausgestellten Schuldanerkenntnisses formal wirksam: Der Beschluß sei nicht entsprechend § 241 AktG nichtig, eine Anfechtungsklage entsprechend § 246 AktG nicht erhoben worden. Jedoch sei die Berufung auf die Wirksamkeit des Einziehungsbeschlusses in einer Zwei-Personen-GmbH rechtsmißbräuchlich, wenn der Mitgesellschafter eine nur zum Schein ausgestellte Vollstreckungsmöglichkeit zur Einziehung ausgenutzt habe.

Die Entscheidung fand in ihrem Ergebnis in der Literatur Zustimmung.[722] Jedenfalls in einer Zwei-Personen-GmbH sei es nicht hinnehmbar, wenn das

---

[721] BGHZ 101, 113
[722] Stützle, WuB II C. § 47 GmbHG 1.88; Raiser, FS. Heinsius, S. 645, 652; Noack, Fehlerhafte Beschlüsse, S. 115

arglistige Verhalten des einen Gesellschafters aus formalen Gründen folgenlos bliebe, da Drittinteressen nicht betroffen seien.[723] Kritisiert wurde dabei allerdings teilweise[724] der vom BGH eingeschlagene Lösungsweg, formal an dem Klageerfordernis entsprechend § 246 AktG festzuhalten und dann eine Relativierung desselben mit der Begründung eines Rechtsmißbrauchs zu erreichen.

Die Anwendung der aktienrechtlichen Regelungen zum Beschlußmängelrecht auf die GmbH wird in der Literatur zunehmend kritisch beurteilt.[725] Wegen des personalistischen Zuschnitts der GmbH sei die Interessenlage anders als in der AG.[726] Das vorwiegende Motiv der Anfechtungsklage, nämlich Rechtssicherheit für einen großen Personenkreis zu schaffen, sei in der GmbH mit personalistischem Zuschnitt kaum von Bedeutung.[727] Hingegen wiege das Rechtsschutzbedürfnis des betroffenen Gesellschafters schwerer, wodurch das Erfordernis der fristgebundenen Anfechtungsklage unsachgemäß sei.[728]

Zwar biete sich die Anwendung des AktG zur Füllung der Lücken des GmbHG grundsätzlich an, da bei der Konzeption der GmbH trotz aller Kompromisse die kapitalgesellschaftsrechtliche Ausgestaltung im Vordergrund stehe.[729] Die Ergänzung des GmbH-Rechts durch das Aktienrecht sei jedoch nicht selbstverständlich, es müsse sich aus vergleichbaren Interessenlagen und der Realstruktur des Verbandes ein entsprechendes Regelungsbedürfnis ergeben.[730] Das sei bei der personalistischen GmbH zu verneinen, da bei kleinem Gesellschafterkreis die Vergleichbarkeit zur AG fehle und sich in der Praxis deutliche Unterschiede zwischen der AG und der GmbH zeigten.[731] Aufgrund der Mittelstellung der GmbH komme als Rechtsquelle mithin gleichfalls das Personengesellschaftsrecht in Betracht.[732]

Vorgeschlagen wird daher eine Abkehr von dem Erfordernis der Erhebung der Anfechtungsklage. So soll die in der Praxis durchaus übliche Anfechtungserklärung insoweit Wirksamkeit haben, dass sie in einem folgenden gerichtlichen Verfahren die Möglichkeit der Erhebung einer Einrede eröffne, jedenfalls sofern die Anfechtung außergerichtlich rechtzeitig erklärt worden

---

[723] Stützle, WuB II C. § 47 GmbHG 1.88

[724] Raiser, FS. Heinsius, S. 645, 652; Noack, Fehlerhafte Beschlüsse, S. 115

[725] Vgl. Schröder, GmbHR 1994, 532; Noack, Fehlerhafte Beschlüsse, S. 152; Timm, FS. Fleck, S. 365, 368; Immenga, GmbHR 1973, 5, 9; Zöllner/Noack, ZGR 1989, 525, 532; Raiser, FS. Heinsius, S. 645, 655; Joost, ZGR 1984, 71, 95

[726] Noack, Fehlerhafte Beschlüsse, S. 151

[727] Zöllner/Noack, ZGR 1989, 525, 534; Raiser, FS. Heinsius, S. 645, 656

[728] Hachenburg/Raiser, Anh. § 47 RdNr. 9; Noack, Fehlerhafte Beschlüsse, S. 152

[729] Noack, Fehlerhafte Beschlüsse, S. 133

[730] Noack, Fehlerhafte Beschlüsse, S. 133; Timm, FS. Fleck, S. 365, 368

[731] Raiser, FS. 100 Jahre GmbHG, S. 587, 599; Timm, FS. Fleck, S. 365, 368; Noack, Fehlerhafte Beschlüsse, S. 147, 149: Die GmbH sei eher eine KG ohne Komplementär als eine AG ohne Aktien.

[732] Noack, Fehlerhafte Beschlüsse, S. 135; Timm, FS. Fleck, S. 365, 369; mit Bezugnahme auf BGH, NJW 1987, 189

sei.[733] Durch diese Abkehr von der Lehre, nach der Anfechtbarkeit nur durch Klage durchgesetzt werden kann[734], werde die Stellung des Minderheitsgesellschafters bereits deutlich gestärkt.[735] Darin liege die Anerkennung, dass fehlerhafte Beschlüsse intern nichtig seien, so dass sich die Gesellschafter nicht auf sie berufen könnten.[736]

In Weiterführung dieses Gedankens sei auch die Geltendmachung der Anfechtbarkeit in anderen Verfahren möglich. Die Anfechtungsklage sei dann mögliches, aber nicht einziges Rechtsmittel gegen fehlerhafte Gesellschafterbeschlüsse.[737] In Betracht komme dabei insbesondere die Feststellungsklage, nachdem der Gesellschafter dem Gesellschafterbeschluß widersprochen habe. Hierin liege eine Analogie zum Personengesellschaftsrecht, wo der Rechtsschutz der Gesellschafter durch Feststellungsklage gemäß § 256 ZPO erfolgt.[738]

Dieser neueren Ansicht wird entgegengehalten, die Trennung in nichtige und anfechtbare Beschlüsse stelle eine von der Gesellschaftsform unabhängige Institution dar.[739] Daher sei im Gegenteil auch im Personengesellschaftsrecht die Anfechtungsklage anzuerkennen.[740] In der GmbH könne eine jeweils unterschiedliche Struktur nicht dazu führen, den Anwendungsbereich der Anfechtungsklage teleologisch zu reduzieren.[741] Im Ergebnis sei die Anwendung der aktienrechtlichen Regelung sachgemäß und insbesondere eine Präklusionsfrist im Sinne der Rechtssicherheit unverzichtbar.[742]

3. Folgerungen für die Zwei-Personen-GmbH

Die dargestellten Bedenken gegen eine grundsätzliche Übertragung der aktienrechtlichen Regelungen zur Beschlußanfechtung auch auf personalistisch strukturierte GmbHs gelten im besonderen Maße für die Zwei-Personen-GmbH. Es ist kaum ein der AG gegensätzlicherer Gesellschaftstypus denkbar als die Zwei-Personen-GmbH.[743] Hier ist die Bindung zwischen den Gesellschaftern und mithin das Rechtsschutzbedürfnis des einzelnen Gesellschafters hinsichtlich gesellschaftsinterner Angelegenheiten besonders groß. Demgegenüber zeigt sich auch an der zitierten Entscheidung des BGH vom

---

[733] Hachenburg/Raiser, Anh. § 47 RdNr. 176; Scholz/Schmidt, § 45 RdNr. 124; Raiser, FS. Heinsius, S. 645, 657; K. Schmidt, GmbHR 1992, 9, 11

[734] Raiser, FS. Heinsius, S. 645, 656

[735] Noack, Fehlerhafte Beschlüsse, S. 146

[736] Noack, Fehlerhafte Beschlüsse, S. 147

[737] Hachenburg/Raiser, Anh. § 47 RdNr. 11

[738] Timm, FS. Fleck, S. 365, 369

[739] K. Schmidt, FS. Stimpel, S. 217, 240 ff.

[740] K. Schmidt, FS. Stimpel, S. 217, 236

[741] Henze, ZGR 1988, 542, 549

[742] Schröder, GmbHR 1994, 532, 536

[743] Wolf, ZGR 1998, 92, 97

1. Juni 1987[744], dass aufgrund der geringen Gesellschafterzahl die Sicherstellung von Rechtssicherheit weniger bedeutsam ist, da in der Regel alle Betroffenen an dem fraglichen Vorgang beteiligt sind.

Während in der mehrgliedrigen GmbH grundsätzlich von einer Vergleichbarkeit zu der AG gesprochen werden kann, so dass die entsprechende Anwendung der aktienrechtlichen Regelungen sachgemäß ist, bestehen für die Zwei-Personen-GmbH deutliche Unterschiede. Hier fehlt es weitgehend an einer Vergleichbarkeit der Umstände. Die besonders bedeutsamen Mitgliedschaftsrechte in einer Zwei-Personen-GmbH werden durch die aktienrechtliche Regelung erheblich eingeschränkt. Andererseits ergibt die Regelung nur geringe praktische Vorteile, da das Hauptziel, die Erreichung größtmöglicher Rechtssicherheit, in einer Gesellschaft mit nur zwei Gesellschaftern gegenüber der Möglichkeit flexibler Handhabung des Innenverhältnisses zurücktritt. Damit liegt es nahe, für die Zwei-Personen-GmbH eine andere Lösung für die Überprüfung umstrittener Gesellschafterbeschlüsse zu suchen.

a)   Wirkung der Beschlußfeststellung

Als Ansatzpunkt für eine sachgerechte Lösung der Beschlußmängelproblematik bietet sich die Frage der Wirkung der Beschlußfeststellung durch einen Versammlungsleiter an. Wie oben dargestellt, entscheidet nach der h.M. die Beschlußfeststellung über die Anwendbarkeit der aktienrechtlichen Regelungen in der GmbH.

aa)   Problematik in der Zwei-Personen-GmbH

Gerade in der Zwei-Personen-GmbH ist die Grundlage dieser somit der Beschlußfeststellung zukommenden konstitutiven Wirkung aufgrund der besonderen Struktur der Gesellschaft besonders bedenklich.

(1)   Fehlende Kompetenz eines Versammlungsleiters

Zunächst ist in der Zwei-Personen-GmbH die Frage der Befugnis eines Versammlungsleiters zu einer wirksamen Beschlußfeststellung problematisch. Wenn sich die Gesellschafter einer Zwei-Personen-GmbH uneinig sind, ist eine konstruktive Beschlußfassung zwischen ihnen nahezu unmöglich. Eine echte Abstimmung ist hier nicht möglich[745]; entweder dominiert der eine Gesellschafter die Gesellschafterversammlung, oder ein Gesellschafterbeschluß kann nicht gefaßt werden. In dieser Konstellation ist es besonders kritisch, wenn eine Beschlußfeststellung zu einer deutlichen Veränderung der Rechtslage hinsichtlich eines Gesellschafterbeschlusses führt, da hier auch die Kompetenz eines Versammlungsleiters von der bipolaren Struktur abhängig ist. Ein neutraler Versammlungsleiter könnte bei einem Streit der Gesellschafter ein Beschlußergebnis regelmäßig nicht feststellen.

---

[744] BGHZ 101, 113; vgl. Stützle, WuB II C. § 47 GmbHG 1.88
[745] Vgl. oben § 5, I. 4.

Deutlich wird dies an der dargestellten Entscheidung des BGH vom 21. März 1988.[746] Bei einem zwischen zwei Gesellschaftern bestehenden Konflikt ist eine Beschlußfeststellung durch den Versammlungsleiter praktisch nur denkbar, wenn er auf der Seite eines Gesellschafters steht. Ein neutraler Versammlungsleiter müßte die Beschlußfeststellung verweigern, wenn das Ergebnis zwischen den Gesellschaftern umstritten ist. Wenn aber ein Gesellschafter weder den Inhalt eines Gesellschafterbeschlusses noch die Kompetenz des Versammlungsleiters akzeptiert, ist es problematisch, von einem allgemeingültig festgestellten Beschlußergebnis zu sprechen. Die Abgrenzung zu einem nicht festgestellten Beschluß hängt allein von der Motivation des Versammlungsleiters ab.[747] Es ist aber ein untragbares Ergebnis, wenn durch die Entscheidung des Versammlungsleiters trotz umstrittener Rechtslage auf Betreiben des einen Gesellschafters ein vorläufig wirksamer Beschluß geschaffen werden könnte[748], der für den anderen Gesellschafter weitere Nachteile hinsichtlich der Anfechtbarkeit des Beschlusses nach sich ziehen würde.

(2)   Ungleichbehandlung der Gesellschafter

Im Vergleich mit der Situation, dass kein Versammlungsleiter vorhanden ist, hängt es für den betroffenen Gesellschafter vom Zufall ab, unter welchen Bedingungen er sich gegen den Gesellschafterbeschluß wenden kann.[749] Für den einzelnen Gesellschafter macht es aber einen erheblichen Unterschied, ob er einen Gesellschafterbeschluß nur entsprechend den aktienrechtlichen Regeln anfechten kann oder ob das Beschlußergebnis zunächst offen bleibt und durch Feststellungsklage geklärt werden kann.[750] Die aktienrechtliche Regelung bedeutet, dass der Gesellschafter innerhalb einer Frist Klage gegen die Gesellschaft erheben muß (vgl. § 246 AktG). Unabhängig von der konkreten Länge der Frist in der GmbH[751] besteht somit die Gefahr, dass der Gesellschafter sein Anfechtungsrecht verliert.[752] Hinzu kommt, dass er als Kläger stets mit einem Kostenrisiko belastet ist. In der Zwei-Personen-GmbH ergibt das insoweit eine Ungleichbehandlung, als der andere Gesellschafter, als eigentlicher Konfliktgegner des Klägers, nicht Partei des Verfahrens ist, sondern die GmbH als Beklagte das weitere Kostenrisiko trägt. Die Gleichbe-

---

[746] BGHZ 104, 66; vgl. oben I. 1. b)

[747] Raiser, FS. 100 Jahre GmbHG, S. 587, 597; Lutz, S. 42; K. Schmidt, GmbHR 1992, 9, 13; vgl. auch die Argumentation in LG Karlsruhe, GmbHR 1998, 684, 687: Die Protokollierung eines Beschlusses durch den Versammlungsleiter stelle keine Beschlußfeststellung dar, wenn eine zusätzliche Feststellung darüber, dass trotz der Gegenstimme des anderen Gesellschafters ein wirksamer Beschluß gefaßt worden sei, fehle.

[748] Noack, Fehlerhafte Beschlüsse, S. 153; vgl. K. Schmidt, GmbHR 1992, 9, 13; BGHZ 51, 213

[749] Hachenburg/Raiser, Anh. § 47 RdNr. 10; Raiser, FS. 100 Jahre GmbHG, S. 587, 597; Zöllner/Noack, ZGR 1989, 525, 541

[750] Raiser, FS. 100 Jahre GmbHG, S. 587, 598

[751] Vgl. dazu unten III. 3. d)

[752] Vgl. die Entscheidungsgründe in BGHZ 104, 66, 69

handlung der Gesellschafter im Rahmen des Gesellschaftsverhältnisses ist aber allgemeiner Grundsatz für privatrechtliche Personenzusammenschlüsse.[753] Demgegenüber ist bei einer von einem Gesellschafter gegenüber seinem Mitgesellschafter erhobenen Feststellungsklage das Kostenrisiko gleichmäßig auf die Konfliktparteien verteilt.

bb) Rechtslage

Eine Notwendigkeit dafür, dass die Beschlußfeststellung durch einen Versammlungsleiter konstitutive Wirkung hat, besteht in der GmbH nicht. Anders als im Aktienrecht (vgl. § 130 Abs. 2 AktG)[754] bedarf der Gesellschafterbeschluß nach dem GmbHG zu seiner Wirksamkeit keiner förmlichen Feststellung.[755] Rechtsprechung und Literatur gehen ohne besondere Unterscheidung der Situation in der Zwei-Personen-GmbH grundsätzlich von einer Verbindlichkeit der Beschlußfeststellung in der GmbH aus; auch von den gegenüber dem Anfechtungsklageerfordernis kritischen Stimmen in der Literatur wird an der konstitutiven Wirkung der Beschlußfeststellung festgehalten. Der BGH[756] hat lediglich in einer früheren Entscheidung die konstitutive Wirkung der Beschlußfeststellung durch einen Versammlungsleiter verneint, wenn die für die Beschlußfassung erforderliche Mehrheit selbst umstritten ist.

Andererseits stellt die Rechtsprechung auch in anderen Fällen auf eine gesetzliche Grundlage für die konstitutive Wirkung von Beschlußfeststellungen ab. So hat der V. Zivilsenat des BGH[757] kürzlich für den Fall der Eigentümerversammlung nach WEG entschieden, dass der Beschlußfeststellung konstitutive Wirkung zukomme, da dort in § 24 Abs. 6 WEG eine gesetzliche Grundlage bestehe. Der Senat weist in den Entscheidungsgründen darauf hin, dass die Lage in der GmbH anders liege, da die Beschlußanfechtung nicht fristgebunden sei und eine die Beschlußfeststellung vorschreibende gesetzliche Regelung (§ 24 Abs. 6 WEG, § 130 Abs. 2 AktG) fehle.[758]

Eine gesetzliche Regelung der Beschlußfeststellung enthält das GmbHG nur für satzungsändernde Beschlüsse: Hier ergibt sich aus § 53 Abs. 2 Satz 1 GmbHG, dass der Beschluß der notariellen Beurkundung bedarf. Damit ist sowohl eine gesetzliche Grundlage für die Beschlußfeststellung gegeben, als auch die Beurkundung durch einen Notar einen erhöhten Schutz des betroffenen Gesellschafters gegen treuwidrige Beschlüsse darstellt.[759] Das Erfordernis der notariellen Beurkundung könnte auch für andere Beschlüsse in

---

[753] Baumbach/Hueck/Fastrich, § 13 RdNr. 35
[754] Hüffer, § 130 RdNr. 22
[755] Lutter/Hommelhoff, Anh. § 47 RdNr. 42; Zöllner/Noack, ZGR 1989, S. 525, 527; BGHZ, 51, 209, 212; BGHZ 104, 66, 69; OLG Zweibrücken, GmbHR 1999, 79
[756] BGH, GmbHR 1970, 119, m. zust. Anm. Hofmann
[757] BGH, NJW 2001, 3339
[758] BGH, NJW 2001, 3339, 3342
[759] So auch Rowedder/Koppensteiner, § 47 RdNr. 9. Dieses betrifft allerdings nur einen geringen Anteil der in einer GmbH gefaßten Gesellschafterbeschlüsse.

dem Gesellschaftsvertrag geregelt werden[760]; eine solche Regelung ist aber zum einen aus Kostengründen in der Praxis nicht realistisch, zum anderen kann die Regelung in der Satzung die fehlende gesetzliche Grundlage nicht ersetzen. Auch aus einer Satzungsregelung, die die Beschlußfeststellung durch einen normalen Versammlungsleiter vorsieht, ergibt sich nicht automatisch deren konstitutive Wirkung. Denn diese über die eigentliche Ergebnisfeststellung hinausgehende Wirkung läßt sich aus der Klausel nicht ohne weiteres entnehmen. Vor allem aber ändert sich nichts an der Feststellung, dass in der Zwei-Personen-GmbH die Gleichbehandlung der Gesellschafter die Kompetenz eines Versammlungsleiters zu einer konstitutiven Beschlußfeststellung verbietet.

cc) Folgerung

Aus alledem ergibt sich kein Hinderungsgrund, in der Zwei-Personen-GmbH die konstitutive Wirkung der Beschlußfeststellung durch einen Versammlungsleiter zu verneinen. Die Situation unterscheidet sich durch die bipolare Struktur und das geringere Bedürfnis an Rechtssicherheit[761] deutlich von der in der AG oder einer mehrgliedrigen GmbH. In einer mehrgliedrigen GmbH ist aus Gründen der Schaffung von Rechtssicherheit für alle Gesellschafter die konstitutive Beschlußfeststellung mit der Folge der vorläufigen Wirksamkeit eines Gesellschafterbeschlusses erforderlich. Demgegenüber besteht in der Zwei-Personen-GmbH diese Notwendigkeit nicht; an der Entscheidung BGHZ 101, 113[762] zeigt sich vielmehr, dass die konstitutive Wirkung der Beschlussfeststellung hier zu letztlich nicht haltbaren Ergebnissen führen kann. Es ist daher allein konsequent, die Beschlußfeststellung durch einen Versammlungsleiter nicht als verbindlich anzusehen: Ohne die konstitutive Wirkung der Beschlußfeststellung ergibt sich eine erheblich gerechtere Behandlung des von einer Beschlußfassung betroffenen Gesellschafters. Bei einem Streit um das Beschlußergebnis bleibt der Beschluß umstritten, beide Seiten können das Beschlußergebnis im Wege der Feststellungsklage gerichtlich überprüfen lassen.[763] Bei der Feststellungsklage ist das Kostenrisiko gleichmäßig auf die Konfliktparteien verteilt. Durch das Fehlen einer gesetzlichen Klagefrist ist gegenüber der aktienrechtlichen Anfechtungsklage gewährleistet, dass eine berechtigte Geltendmachung von Gesellschafterrechten nicht an strengen Fristen scheitert. Schließlich ist in der Zwei-Personen-GmbH die direkte Konfliktaustragung zwischen den Gesellschaftern auch sachlich von Vorteil, da diese die eigentlichen Träger der gegenseitigen Interessen in dem gesellschaftsinternen Konflikt sind.

---

[760] Vgl. Rowedder/Koppensteiner, § 47 RdNr. 9
[761] Raiser, FS. 100 Jahre GmbHG, S. 587, 600; Zöllner/Noack, ZGR 1989, 525, 532
[762] Siehe oben I. 2.
[763] Vgl. hierzu unten II. 2.

b) System der Beschlußanfechtung in der Zwei-Personen-GmbH

Aus der dargestellten Lösung zu der Wirkung der Beschlußfeststellung durch einen Versammlungsleiter ergibt sich eine der Situation in der Zwei-Personen-GmbH angemessene flexible Lösung für die Überprüfung umstrittener Gesellschafterbeschlüsse. Ein Gesellschafter kann durch seinen Widerspruch gegen eine Beschlußfassung verhindern, dass ein vorläufig wirksamer Gesellschafterbeschluß entsteht.

Mangels Anfechtungsgegenstandes scheidet dann die Anwendbarkeit der aktienrechtlichen Regelungen der §§ 241 ff. AktG aus. Damit entfällt das Erfordernis der Erhebung einer Anfechtungsklage entsprechend § 246 AktG, so dass ein Beschlußmangel auf jede Art geltend gemacht werden kann.[764] Hieraus ergibt sich, insoweit in Übereinstimmung mit der h.M.[765], dass ein umstrittenes Beschlußergebnis regelmäßig durch Feststellungsklage überprüft werden kann. Darüber hinaus ist eine inzidente Überprüfung in einem anderen gerichtlichen Verfahren möglich.

Durch diese Lösung des Beschlußmängelrechts werden in der Zwei-Personen-GmbH die mitgliedschaftlichen Rechte der Gesellschafter besser geschützt. Es wird dem Umstand Rechnung getragen, dass es sich um Gesellschafter-, nicht um Gesellschaftsbeschlüsse handelt.[766] Zugleich wird ein ausreichendes Maß an Rechtssicherheit gewährleistet, da regelmäßig sämtliche Gesellschafter an dem gesamten Verfahren beteiligt sind.[767] Darüber hinaus besteht für die Gesellschafter die Möglichkeit, die erhöhte Rechtssicherheit eines Klageerfordernisses durch Regelung im Gesellschaftsvertrag dennoch einzuführen.[768] Hinsichtlich der Zwei-Personen-GmbH läßt sich die Anwendung dieser Lösung klar von anderen Fallkonstellationen abgrenzen.[769] Anders als zwischen kapitalistischer und personalistischer GmbH bestehen eindeutige Abgrenzungskriterien zwischen einer Zwei-Personen-GmbH oder einer GmbH mit bipolarer Struktur und anderen GmbHs.

II. Feststellungsklage

Das Fehlen spezifischer gesellschaftsrechtlicher Regelungen für die Beschlußanfechtung in der Zwei-Personen-GmbH führt dazu, dass entsprechend der Behandlung fehlerhafter Beschlüsse in Personengesellschaften nur der Rückgriff auf allgemeine Bestimmungen bleibt. Zur Überprüfung der Frage des Zustandekommens und des Inhalts eines umstrittenen Gesellschafterbeschlusses kommen somit grundsätzlich alle nach der ZPO zulässi-

---

[764] K. Schmidt, GmbHR 1992, 9, 12
[765] Hachenburg/Raiser, Anh. § 47 RdNr. 251; vgl. oben I. 1.
[766] Joost, ZGR 1984, 71, 79
[767] Vgl. hierzu näher unten II. 2.
[768] Noack, Fehlerhafte Beschlüsse, S. 155
[769] Vgl. Noack, Fehlerhafte Beschlüsse, S. 151; Timm, FS. Fleck, S. 365, 373

gen Verfahrensarten in Betracht. Für die Behebung der durch die umstrittene Beschlußfassung entstandene Rechtsunsicherheit kommt somit die Feststellungsklage gemäß § 256 Abs. 1 ZPO in Betracht.[770]

1. Zulässigkeitsvoraussetzungen

Nach § 256 Abs. 1 ZPO kann Klage auf Feststellung des Bestehens oder Nichtbestehens eines Rechtsverhältnisses erhoben werden, wenn der Kläger ein rechtliches Interesse an der Feststellung hat.

a) Anwendungsbereich

Gesellschafterbeschlüsse sind grundsätzlich Rechtsverhältnisse im Sinne des § 256 Abs. 1 ZPO; die Wirksamkeit von Gesellschafterbeschlüssen kann daher Gegenstand einer Feststellungsklage sein, sofern dafür kein besonderes Verfahren vorgesehen ist.[771] Geht es allein um die Überprüfung der Beschlußfassung, so bestehen diesbezüglich zwischen den Gesellschaftern grundsätzlich keine Ansprüche, die zu einer Leistungsklage führen könnten. Desgleichen scheidet auch eine Gestaltungsklage aus, wenn mangels gültigen (konstitutiv festgestellten) Beschlußergebnisses keine Rechtsänderung angestrebt wird.[772] Demgemäß ist in der Zwei-Personen-GmbH die Feststellungsklage unabhängig von einer etwaigen Beschlußfeststellung zur Klärung des Rechtsverhältnisses von Gesellschaftern eröffnet.[773]

b) Besonderes Feststellungsinteresse

Gemäß § 256 Abs. 1 ZPO ist neben den allgemeinen Sachurteilsvoraussetzungen für die Zulässigkeit der Feststellungsklage ein schutzwürdiges Interesse des Klägers an der Feststellung des Rechtsverhältnisses erforderlich.[774] Sofern eine Klage auf Leistung möglich ist, fehlt es regelmäßig an diesem Feststellungsinteresse, da die Feststellungsklage, die in diesem Fall nur den Anspruchsgrund feststellen kann, das eigentliche Rechtsschutzziel des Klägers nicht erfüllen kann. Dieses gilt auch für die Überprüfung eines umstrittenen Gesellschafterbeschlusses: Ohne Erfordernis der Erhebung einer Anfechtungsklage entsprechend § 246 AktG kann ein Beschlußmangel auf jede Art geltend gemacht werden.[775]

In den übrigen Fällen wird ein Feststellungsinteresse zu Gunsten des Gesellschafters regelmäßig zu bejahen sein. Denn jedem Gesellschafter droht eine erhebliche Gefahr der Beeinträchtigung seiner Rechtsposition aufgrund der

---

[770] Zöller/Greger, § 256 RdNr. 1; OLG Köln, GmbHR 2002, 913, 914

[771] Zöller/Greger, § 256 RdNr. 4; BGH, NJW-RR 1992, 227

[772] Vgl. K. Schmidt, GmbHR 1992, 9

[773] Saenger, GmbHR 1997, 112, 116; BGH, GmbHR 1999, 477, 478

[774] Zöller/Greger, § 256 RdNr. 7

[775] K. Schmidt, GmbHR 1992, 9, 12

Unsicherheit, die durch den Streit über einen Gesellschafterbeschluß entsteht.[776]

c) Frist

Die Feststellungsklage unterliegt grundsätzlich nicht dem Erfordernis einer Klagefrist. Allerdings unterliegt auch die Feststellungsklage dem Einwand der Verwirkung.[777] Die Frage der Verwirkung ist immer für den jeweiligen Einzelfall gesondert zu beurteilen. Dabei ist zu beachten, dass der Gesellschafter aufgrund seiner Treuebindung verpflichtet ist, die Klärung eines Beschlußergebnisses so bald wie möglich herbeizuführen. Hieraus kann sich in eindeutigen Fällen eine kurze Verwirkungsfrist ergeben. Eine Frist für die Erhebung der Feststellungsklage kann - entsprechend der Rechtslage in der OHG - auch durch den Gesellschaftsvertrag vorgegeben werden.[778]

Die für die Beschlußanfechtung im Aktienrecht geltende Regelung des § 246 Abs. 1 AktG ist nicht anzuwenden. Es ist gerade charakteristisch für die Feststellungsklage, dass sie bei bestehendem Feststellungsinteresse nicht auch noch fristgebunden ist. Im Vergleich zu der Anfechtungsklage[779] ergibt sich mangels vorläufiger verbindlicher Wirkung des Gesellschafterbeschlusses keine Notwendigkeit einer zeitlichen Begrenzung.[780] Eine zeitliche Begrenzung besteht nur durch die Möglichkeit der Verwirkung der Klagebefugnis. Auch bei der Bemessung des für die Verwirkung maßgeblichen Zeitraumes spielt die Monatsfrist des § 246 Abs. 1 AktG grundsätzlich keine Rolle, der Zeitraum ist vielmehr jeweils nach den Umständen des Einzelfalles zu bestimmen. Dabei ist in einfach gelagerten Fällen, in denen der betroffene Gesellschafter Kenntnis von den Umständen der Beschlußfassung und seiner Klagemöglichkeit hat, das gesellschaftsrechtliche Bedürfnis nach einer schnellen Klärung des Beschlußergebnisses zu berücksichtigen.

2. Verteilung der Parteirollen

Während nach § 246 Abs. 2 Satz 1 AktG die Anfechtungsklage gegen die Gesellschaft zu erheben ist, richtet sich im Personengesellschaftsrecht[781] die Beschlußkontrollklage gegen die Mitgesellschafter. Gerade in der Zwei-Personen-GmbH stellt sich die Frage, in welchen Parteiverhältnissen der Streit über einen Gesellschafterbeschluß ausgefochten werden kann.

---

[776] Vgl. Zöller/Greger, § 256 RdNr. 7
[777] BGH, GmbHR 1999, 477, 478; BGH, DStR 1996, 387, 388
[778] Baumbach/Hopt, § 119 RdNr. 32; als zeitlicher Rahmen kommen 6 Monate bis drei Jahre in Betracht, wobei die Regelung bei groben Beeinträchtigungen der rechtlichen Stellung eines Gesellschafters unwirksam sein kann (vgl. auch BGHZ 68, 212, 216; BGHZ 112, 339, 344).
[779] Vgl. konkret dazu unten III. 2. d)
[780] BGH, DStR 1996, 387, 388
[781] Vgl. Baumbach/Hopt, § 119 RdNr. 32

a) aktiv

Die Feststellungsklage hinsichtlich eines Beschlußergebnisses kann sowohl positiv als auch negativ erfolgen.[782] In Betracht kommen somit auf Klägerseite beide Gesellschafter; sie können sowohl die Feststellung der Fassung des von ihnen vertretenen Beschlußergebnisses als auch Feststellung der fehlenden Beschlußfassung des von dem anderen Gesellschafter vertretenen Ergebnisses beantragen. Auch die Gesellschaft kann durch die Geschäftsführer Feststellungsklage erheben, wenn sie ein rechtliches Interesse an der Feststellung des Beschlußergebnisses hat.

b) passiv

Problematisch ist, gegen wen ein Gesellschafter seine Klage richten muß. Nach herkömmlicher Ansicht ist in der GmbH in Anlehnung an das Aktienrecht die Klage des Gesellschafters grundsätzlich gegen die Gesellschaft zu richten. Der folgende Fall zeigt, dass in der Zwei-Personen-GmbH bei Rechtsstreitigkeiten, die die Rechtsverhältnisse der Gesellschafter untereinander oder zur Gesellschaft betreffen, die Austragung derselben zwischen einem Gesellschafter und der Gesellschaft für den anderen Gesellschafter zu erheblichen Problemen führen kann:

„Die geheime Gesellschaftsauflösung"

Bundesverfassungsgericht, Beschluß vom 9. Februar 1982[783]

Der Beschwerdeführer war neben einer Mitgesellschafterin zu gleichen Teilen an der I-GmbH beteiligt. Die Mitgesellschafterin war alleinvertretungsberechtigte Geschäftsführerin. Zwischen den Gesellschaftern bestanden seit Jahren tiefgreifende Spannungen. Die Mitgesellschafterin reichte 1981 die Auflösungsklage gegen die GmbH ein, ohne den Beschwerdeführer davon zu unterrichten. Das LG gab der Klage statt. Der Beschwerdeführer, der am Verfahren nicht beteiligt wurde, wurde von der Mitgesellschafterin erst informiert, als das Urteil bereits durch beiderseitigen Rechtsmittelverzicht rechtskräftig geworden war.

Hierin sah das BVerfG eine Verletzung des Rechts auf rechtliches Gehör. Art. 103 Abs. 1 GG gebiete bei Auflösungsklagen gegen eine Gesellschaft, die Mitgesellschafter als notwendige Streitgenossen zumindest von der Klageerhebung in Kenntnis zu setzen und sie nicht vor vollendete Tatsachen zu stellen. Eine Beschwer ergebe sich für den Beschwerdeführer daraus, dass das rechtsaufhebende Auflösungsurteil unmittelbar in seine rechtliche Stellung als Mitgesellschafter eingreife. Aus dem Grundrecht aus Art. 103 Abs. 1 GG ergäben sich unmittelbar Anhörungspflichten, da weder GmbHG noch ZPO

---

[782] Zöller/Greger, § 256 RdNr. 2
[783] BVerfG, DB 1982, 799

ausreichenden Schutz für den Fall vorsähen, dass ein Mitgesellschafter von einer Auflösungsklage keine Kenntnis erhalte.

Die Entscheidung macht deutlich, dass in der Zwei-Personen-GmbH regelmäßig die Gesellschafter selbst die eigentlichen Konfliktparteien sind und die Gesellschaft dabei als Partei nur zwischengeschaltet wird. Entweder wird sie, wie in dem oben dargestellten Fall, von dem gleichfalls beteiligten Gesellschafter kontrolliert, wodurch die Stellung des anderen Gesellschafters bedroht wird. Oder ein Gesellschafter vertritt die Gesellschaft im Rechtsstreit gegen den anderen Gesellschafter, so dass praktisch die Gesellschafter gegeneinander prozessieren. In beiden Fällen hat die Gesellschaft keine eigenständige Position und es ist fraglich, ob nicht die Konfliktaustragung unmittelbar zwischen den Gesellschaftern sachgerechter wäre.

aa)   Rechtslage

Während § 246 Abs. 2 Satz 1 AktG ausdrücklich vorschreibt, dass die Anfechtungsklage gegen die Gesellschaft zu richten ist, fehlt es im GmbHG wiederum an einer Regelung zu der Frage, gegen wen der Gesellschafter eine auf Überprüfung eines Gesellschafterbeschlusses gerichtete Klage zu richten hat. Das Leitbild des § 13 Abs. 1 GmbHG, wonach die Gesellschaft selbst „vor Gericht klagen und verklagt werden" kann, hat dazu geführt, dass hinsichtlich der Verteilung der Parteirollen bei gesellschaftsinternen Streitigkeiten die aktienrechtliche Regelung übernommen wurde.[784] Auch in der GmbH ist daher nach h.M. die Anfechtungsklage entsprechend § 246 Abs. 2 S. 1 AktG immer gegen die Gesellschaft und nicht gegen die Gesellschafter zu richten.[785] Für Streitigkeiten zwischen Gesellschafter-Geschäftsführern einer Zwei-Personen-GmbH gilt nach h.M. nichts anderes: Sie sind zwischen der Gesellschaft und dem betroffenen Gesellschafter auszutragen[786], wobei die Gesellschaft durch die Geschäftsführer vertreten wird.[787] Begründet wird diese Ansicht entsprechend der h.M. mit der gestaltenden Wirkung der Klage; die gegenteilige Auffassung sei mit deren rechtssichernder Funktion nicht vereinbar.[788] Der Feststellungsklage wird dabei in diesem Zusammenhang ebenfalls die Funktion einer Gestaltungsklage zugesprochen.[789]

Eine entgegenstehende Auffassung hingegen sieht es als sachgerechter an, die Parteirolle in der Zwei-Personen-GmbH allein den Gesellschaftern als den

---

[784] Wolf, ZGR 1998, 92, 105
[785] Scholz/Schmidt, § 45 RdNr. 148; Hachenburg/Raiser, Anh. § 47 RdNr. 196 m.w.N.
[786] Baumbach/Hueck/Zöllner, Anh. § 47 RdNr. 81; Scholz/Emmerich, § 13 RdNr. 28; vgl. Wolf, ZGR 1998, 92, 105; Oppenländer, DStR 1996, 922, 928; OLG Hamm, GmbHR 1985, 119
[787] Scholz/Schmidt, § 45 RdNr. 149; Hachenburg/Raiser, Anh. § 47 RdNr. 197; vgl. OLG Hamburg, GmbHR 1992, 43, 45 (für eine Feststellungsklage) und BGH, NJW 1981, 1041 (für eine Nichtigkeitsklage).
[788] Scholz/Schmidt, § 45 RdNr. 148
[789] K. Schmidt, GmbHR 1992, 9, 12; vgl. weiterhin unten II. 3.

eigentlichen Interessensträgern vorzuhalten. Die Rechtsform der Kapitalgesellschaft und die sich daraus gemäß § 13 GmbHG ergebende eigenständige Rechtspersönlichkeit besagten noch nichts über die Zuständigkeit für
gesellschaftsinterne Organisationsmaßnahmen.[790] Für diese Zuständigkeiten
müsse vielmehr die Realstruktur der Gesellschaft und die sich daraus ergebende Interessenverteilung maßgeblich sein.[791] Hinsichtlich der Realstruktur
der Zwei-Personen-GmbH sei aber ein größerer Gegensatz als zur AG nicht
denkbar.[792] Es fehle an einer von dem Mehrheitsgesellschafter gelösten
Handlungs- und Entscheidungseinheit wie bei Vorstand und Aufsichtsrat der
AG.[793] Die Interessen der Gesellschafter stünden sich hier als eigenständige
Positionen gegenüber, wobei sich aufgrund der Gesellschafterzahl die Gesellschafterversammlung nur bedingt als Forum zur Konfliktlösung anbiete.[794]
In der Zwei-Personen-GmbH müßten daher Grundsätze des Personengesellschaftsrechts angewandt werden[795], wonach Streitigkeiten um Gesellschafterbeschlüsse zwischen den Gesellschaftern ausgetragen würden.[796] Die
Ausrichtung an den Regeln des Personengesellschaftsrechts sei für die personalistische GmbH sachgerecht und zulässig. Die oben dargestellte Entscheidung des BVerfG zeige die Sprengkraft der hergebrachten Verteilung
der Parteirollen.[797] In einem Verfahren sollten die eigentlichen Streitparteien
unmittelbar zu Wort kommen.[798] Die Willensbildung sei allein Sache der Gesellschafter, die Gesellschaft hinsichtlich der Gesellschafterbeschlüsse nicht
Interessensträger und insoweit funktionslos.[799] Wenn aber die Streitigkeit einzig gegenüber dem anderen Gesellschafter bestehe[800], liege es nahe, diesem
anstatt der Gesellschaft die Parteirolle zuzuweisen.[801] Hierdurch könnten bei
gesellschaftsinternen Klagen sinnwidrige Folgeprobleme vermieden werden
können.[802] Schließlich bestünden gegen die Abkehr von der aktienrechtlichen
Regelung keine durchschlagenden methodischen Bedenken, da eine verbindliche gesetzliche Regelung fehle.

bb) Stellungnahme

Im GmbHG findet sich keine konkrete Regelung der Frage, gegen wen eine
auf Überprüfung eines Gesellschafterbeschlusses abzielende Klage gerichtet
werden muß; aus § 13 Abs. 1 GmbHG ergibt sich allein, dass die Gesell-

---

[790] Wolf, ZGR 1998, 92, 97; Joost, ZGR 1984, 71, 77
[791] Wolf, ZGR 1998, 92, 97
[792] Wolf, ZGR 1998, 92, 97
[793] Joost, ZGR 1984, 71, 96
[794] Wolf, ZGR 1998, 92, 98
[795] Joost, ZGR 1984, 71, 98; Wolf, ZGR 1998, 92, 108
[796] Vgl. Baumbach/Hopt, § 119 RdNr. 32, § 109 RdNr. 38
[797] Joost, ZGR 1984, 71, 74
[798] Fischer, FS. W. Schmidt, S. 117, 124; Joost, ZGR 1984, 71, 74
[799] Wolf, ZGR 1998, 92, 107; Joost, ZGR 1984, 71, 79
[800] Joost, ZGR 1984, 71, 83; BVerfG DB 1982, 799, 800; a.A. Hueck, DB 1953, 776
[801] Wolf, ZGR 1998, 92, 106; Lindacher, ZGR 1987, 121, 128; Joost, ZGR 1984, 71, 82
[802] Joost, ZGR 1984, 71, 97

schaft selbst Partei eines solchen Verfahrens sein könnte. Eine solche eindeutige Regelung enthält zwar § 246 Abs. 1 AktG. Die Heranziehung dieser Vorschrift für die GmbH ist indes nicht geboten und bei der Zwei-Personen-GmbH nicht adäquat, da hier die Situation mit der in der AG nur schwer vergleichbar ist.

Das Beschlußmängelrecht im Aktienrecht einschließlich der Anfechtungsklage stellt auf die Erreichung eines Höchstmaßes an Rechtssicherheit in einer Gesellschaft mit einer Vielzahl von Gesellschaftern und in ihren Kompetenzen deutlich voneinander abgegrenzten Organen ab. Der anfechtbare Gesellschafterbeschluß ist vorläufig wirksam, mithin schon vorläufig ein für die Gesellschaft wirksamer und der Gesellschaft zurechenbarer Beschluß. Wendet sich ein Gesellschafter gemäß § 246 AktG gegen diesen Beschluß, wird die Gesellschaft durch den Vorstand vertreten, der in aller Regel sowohl funktional als auch personell deutlich von den Gesellschaftern abgetrennt ist. Es entsteht somit eine Situation, in der tatsächlich ein Rechtsstreit zwischen Gesellschafter und Gesellschaft um die sich in diesem Verhältnis gegenüberstehenden Interessen geführt wird.

In der Zwei-Personen-GmbH ist die Lage grundsätzlich anders. Bei einem zwischen den Gesellschaftern umstrittenen Beschlußergebnis fehlt es nach der hier vertretenen Lösung[803] an einem vorläufig zustandegekommenen Beschluß, der der Gesellschaft als Ergebnis zugerechnet werden könnte. Das Beschlußergebnis ist nicht zwischen dem Gesellschafter und der Gesellschaft umstritten, sondern allein zwischen den Gesellschaftern. Aufgrund dieser Interessenverteilung liegt es nahe, dass der Streit auch gerichtlich direkt zwischen den Gesellschaftern ausgetragen wird.

Diese Lösung entspricht der Rechtslage im Personengesellschaftsrecht. Eine Heranziehung der dort angewendeten Regeln liegt für die Zwei-Personen-GmbH wegen des stark personalistischen Charakters sachlich näher als die Anwendung der aktienrechtlichen Regelung. Wie im Personengesellschaftsrecht wäre die Zwischenschaltung der Gesellschaft in diesen Gesellschafterstreit künstlich. Deutlich wird dieses am Kostenrisiko[804]: Während der klagende Gesellschafter grundsätzlich ein Kostenrisiko zu tragen hat, würde bei dem Erfordernis einer Klage gegen die Gesellschaft der andere Gesellschafter von diesem Kostenrisiko zunächst befreit.[805] Besteht der Konflikt allein zwischen den beiden Gesellschaftern, ist dies eine ungerechtfertigte Ungleichbehandlung. Die Gesellschafter würden zudem davon abgehalten, ihr Mitgliedschaftsrecht durch Klageerhebung durchzusetzen. Hinsichtlich der

---

[803] Auch mit der h.M. liegt ein gültiges Beschlußergebnis nur bei dessen formaler Feststellung vor; die Bedeutung dieses Ergebnisses ist aber mangels gesetzlicher Grundlage in jedem Fall geringer als in der AG (vgl. dort § 130 Abs. 2 AktG).
[804] Vgl. Joost, ZGR 1984, 71, 96
[805] Vgl. Lutz, S. 103: Auch in der Zwei-Personen-GmbH trägt, bei deren Unterliegen, die Gesellschaft die Kosten.

Urteilswirkung[806] innerhalb der Gesellschaft ergeben sich ebenfalls keine erheblichen Unterschiede zu einer Klage gegen die Gesellschaft: Durch die Beteiligung beider Gesellschafter wirkt das Urteil in der Zwei-Personen-GmbH gegen alle Gesellschafter. Auch eine Abgrenzungsproblematik zum Anwendungsbereich der aktienrechtlichen Regelung ergibt sich für die Zwei-Personen-GmbH nicht, da die Abgrenzung anhand der Gesellschafterzahl eindeutig ist.

Neben der Beschlußanfechtung gibt es in der Zwei-Personen-GmbH andere Fallkonstellationen, in denen eine Prozeßführung zwischen Gesellschafter und Gesellschaft wenig sachgerecht und besonders gefährlich ist, so bei der Gesellschafterausschließung und bei der Gesellschaftsauflösung.[807] Zum Teil wird daher in diesen Fällen, des weiteren auch bei Ersatzklagen, unter bestimmten Voraussetzungen aus praktischen Erwägungen die Zulässigkeit direkter Klagen diskutiert.[808]

Für die Zwei-Personen-GmbH zeigt sich ein praktisches Bedürfnis direkter Klagen zwischen den Gesellschaftern. Die gegen den Mitgesellschafter gerichtete Feststellungsklage schafft für die Zwei-Personen-GmbH parallel zu den weiteren Fällen gesellschaftsinterner Streitigkeiten eine einheitliche und sachgerechte Form des Rechtsschutzes.

3.   Urteilswirkung auf Gesellschafter und Gesellschaft

Wie bereits vorab dargestellt[809], bedeutet die fehlende konstitutive Beschlußfeststellung mit der Folge der Überprüfbarkeit des Beschlußergebnisses durch Feststellungsklage, dass der Gesellschafterbeschluß - abhängig von der materiellen Rechtslage - entweder als von Anfang an wirksam gefaßt worden anzusehen ist oder aber von Anfang an unwirksam war.

Durch das Feststellungsurteil wird die entstandene tatsächliche Unsicherheit über das Beschlußergebnis beseitigt: Das Urteil stellt das Rechtsverhältnis, hier also die Beschlußfassung und den Beschlußinhalt, mit verbindlicher Wirkung fest. Anders als ein Gestaltungsurteil ergibt sich die Wirkung des Urteils aus dem zugrundeliegenden materiellen Anspruch und wirkt gemäß §§ 325 ff. ZPO nur inter partes.[810] Hier werden somit die Gesellschafter als Parteien des Verfahrens unmittelbar durch das Feststellungsurteil gebunden.

Eine Bindungswirkung über die Gesellschafter als Parteien hinaus ist aber in einer Zwei-Personen-GmbH auch nicht erforderlich. Weitere Gesellschafter,

---

[806] Vgl. hierzu näher unten II. 3.

[807] Joost, ZGR 1984, 71, 80; vgl. BVerfG, DB 1982, 799

[808] Wolf, ZGR 1998, 92, 106; Eickhoff, S. 70; Grunewald, Gesellschafterklage, S. 16 f.; Oppenländer, DStR 1996, 922, 928; U. H. Schneider, FS. Kellermann, S. 403, 422

[809] Vgl. oben I. 3. a)

[810] Zöller/Vollkommer, § 322 RdNr. 6; Hachenburg/Raiser, Anh. § 47 RdNr. 256; a.A. K. Schmidt, GmbHR 1992, 9, 12

die von dem Beschlußergebnis betroffen sein könnten, sind nicht vorhanden.[811] Die Gesellschaft hingegen wird von dem Feststellungsurteil mittelbar gebunden, ebenso wie materiellrechtlich für sie ein wirksamer Gesellschafterbeschluß verbindlich ist.[812] Diese Wirkung beruht auf dem Gesellschaftsvertrag als Existenzgrundlage der Gesellschaft; innerhalb der Entscheidungszuständigkeit der Gesellschafter kann die Gesellschaft nicht anders handeln oder bestehen als die Gesellschafter es beschließen oder es zwischen ihnen rechtskräftig entschieden worden ist. Sie ist insoweit nur Objekt der Beschlußfassung der Gesellschafter und hat deren Willensbildung hinzunehmen[813]. Insoweit hat das in einem zwischen den Gesellschaftern geführten Verfahren ergehende Urteil für die Gesellschaft die gleiche Wirkung wie ein Gesellschafterbeschluß. Kein Gesellschafter kann durch die Gesellschaft eine abweichende Position geltendmachen, da sämtliche Gesellschafter selber unmittelbar durch das Urteil gebunden sind und sich insoweit eine besondere Form der Personenidentität zwischen Gesellschaft und Gesellschaftern ergibt. In dem das Feststellungsurteil die Gesellschafter bindet, entsteht so im Ergebnis auch eine verbindliche Wirkung für die Gesellschaft.

III. Die Anfechtungsklage

Obwohl nach der hier vertretenen Lösung die Erhebung der Feststellungsklage den Regelfall der Beschlußkontrolle darstellt, bleibt die Frage zu klären, ob in bestimmten Fällen die Möglichkeit der Erhebung einer Anfechtungsklage analog § 246 AktG bestehen bleibt und unter welchen Voraussetzungen diese in der Zwei-Personen-GmbH erhoben werden kann.

1. Verbleibender Anwendungsbereich

Nach der h.M.[814] wird die Anfechtungsklage in der GmbH zur Überprüfung aller Gesellschafterbeschlüsse angewandt, deren Ergebnis durch einen Versammlungsleiter konstitutiv festgestellt worden ist oder das aufgrund anderer Umstände feststeht. Da nach der oben dargestellten Lösung die Beschlußfeststellung durch den Versammlungsleiter in der Zwei-Personen-GmbH grundsätzlich keine konstitutive Wirkung hat, scheidet hier für die Überprüfung von Beschlußergebnissen eine Anfechtungsklage im Regelfall aus: Die Anfechtungsklage zielt auf die Vernichtung eines konkreten, vorläufig wirksamen Beschlußergebnisses. Da es ein solches, unabhängig von der Art des Beschlusses und des Streits darüber, hier nicht gibt, ist es auch nicht möglich, wie es von K. Schmidt vertreten wird[815], die Anfechtungsklage als alternative Klagemöglichkeit neben der Feststellungsklage zuzulassen.

---

[811] Wolf, ZGR 1998, 92, 108

[812] Raiser, ZHR 153, 1, 31; vgl. zum Recht der OHG Baumbach/Hopt, § 109 RdNr. 40; BGHZ 48, 175, 177

[813] Joost, ZGR 1984, 71; 79

[814] Siehe oben I. 1.

[815] K. Schmidt, GmbHR 1992, 9, 12; ders., AG 1977, 205, 209

Ein Anwendungsbereich für die Anfechtungsklage verbleibt in solchen Fällen, in denen ein Beschlußergebnis tatsächlich feststeht und somit ein Anfechtungsgegenstand besteht. Das ist in der Zwei-Personen-GmbH zum einen dann der Fall, wenn satzungsändernde Beschlüssen gefaßt werden.[816] Des weiteren ist eine Anfechtungsklage unabhängig von einer Protokollierung möglich, wenn die Gesellschafter am Ende der Gesellschafterversammlung übereinstimmend von einem bestimmten Beschlußergebnis ausgegangen sind und ein Gesellschafter sich erst nachträglich, etwa aufgrund eines Formfehlers, zur Anfechtung entschlossen hat.[817] In beiden Fällen besteht ein ein vorläufig wirksamer Gesellschafterbeschluß, der Gegenstand einer Anfechtungsklage sein kann.

2. Erfordernis der Klageerhebung

Auch in den somit für die Anwendung der Anfechtungsklage verbleibenden Fallkonstellationen stellt sich die Frage, ob in der Zwei-Personen-GmbH für die Anfechtung die Erhebung der Anfechtungsklage erforderlich ist oder ob die Anfechtung auch durch einfache Erklärung gegenüber der Gesellschaft oder dem Mitgesellschafter erfolgen kann.

Nach h.M. kann in der GmbH entsprechend § 246 AktG ein wirksam festgestellter Gesellschafterbeschluß nur durch Erhebung einer Anfechtungsklage rechtswirksam für nichtig erklärt werden.[818] Das bedeutet aber nicht, dass die Geltendmachung der Anfechtbarkeit durch einfache Erklärung gesellschaftsintern ohne Wirkung ist.[819] Eine solche Erklärung führt in Verbindung mit der gesellschaftlichen Treuepflicht dazu, dass gegenüber dem anfechtenden Gesellschafter eine Berufung auf die vorläufige Wirksamkeit unzulässig ist. Die rechtzeitige Anfechtungserklärung[820] führt dann dazu, dass das Erfordernis der fristgemäßen Klageerhebung entfällt und die Anfechtung auch einredeweise geltend gemacht werden kann.[821]

3. Voraussetzungen

Die Voraussetzungen der Anfechtungsklage in der GmbH ergeben sich entsprechend aus den §§ 241 ff. AktG. Bei der Heranziehung dieser Regelungen sind allerdings spezifische Besonderheiten der GmbH zu beachten. Das gilt in besonderem Maße für die Zwei-Personen-GmbH, insoweit die Situation hier mit der in der AG nicht vergleichbar ist.

---

[816] Hier besteht das Erfordernis einer notariellen Beurkundung (§ 53 Abs. 2 GmbHG); vgl. oben I. 3. a)

[817] Lutter/Hommelhoff, Anh. § 47 RdNr. 42; Rohleder, GmbHR 1989, 236, 239; Zöllner/Noack, ZGR 1989, 525, 528; OLG Celle, GmbHR 1997, 172, 174

[818] Scholz/Schmidt, § 45 RdNr. 124

[819] Vgl. Scholz/Schmidt, § 45 RdNr. 125; BGHZ 101, 113

[820] Raiser, FS. Heinsius, S. 645, 657

[821] Hachenburg/Raiser, Anh. § 47 RdNr. 176

a) Anfechtungsbefugnis

Im Gegensatz zur allgemeinen Feststellungsklage gemäß § 256 Abs. 1 ZPO, kann eine Anfechtungsklage entsprechend § 245 AktG nur von einem hierzu Befugten erhoben werden.[822] Die Anfechtungsbefugnis richtet sich grundsätzlich danach, ob eine materiellrechtliche Anfechtungsberechtigung besteht, ob also der Kläger selber einen Anfechtungsgrund geltend machen kann. Die Anfechtungsberechtigung ist daher materiellrechtliche Voraussetzung der Anfechtungsklage.[823]

Die Anfechtungsberechtigung ist ein unverzichtbares Mitgliedsrecht, so dass jeder Gesellschafter grundsätzlich das Recht hat, Gesellschafterbeschlüsse anzufechten.[824] Sie besteht in der GmbH unabhängig davon, ob der Gesellschafter an der Gesellschafterversammlung teilgenommen oder ob er der Beschlußfassung widersprochen hat, die entsprechenden Einschränkungen der Anfechtungsbefugnis in § 245 AktG passen auf die GmbH nicht.[825] Die Anfechtungsbefugnis eines Gesellschafters kann lediglich verwirkt werden, etwa durch Duldung, Verzicht oder widersprüchliches Verhalten.[826]

b) Rechtsschutzbedürfnis

Ein Rechtsschutzbedürfnis für die Erhebung der Anfechtungsklage ist für einen Gesellschafter regelmäßig gegeben.[827] Die Klage kann allerdings wegen Rechtsmißbrauchs unbegründet sein, wenn der Gesellschafter seine formal bestehende Anfechtungsbefugnis zu gesellschaftsfremden Zwecken ausnutzt.[828] Die Gesellschaft wird so vor mißbräuchlichen und schädlichen Anfechtungsklagen geschützt.

c) Passivlegitimation

Wie schon oben zu der Feststellungsklage stellt sich auch hier die Frage, gegen wen die Anfechtungsklage in der Zwei-Personen-GmbH richtigerweise zu richten ist. Für die AG normiert § 246 Abs. 2 Satz 1 AktG, dass die Anfech-

---

[822] Scholz/Schmidt, § 45 RdNr. 127

[823] So die h.M.; vgl. Baumbach/Hueck/Zöllner, Anh. § 47 71; Hachenburg/Raiser, Anh. § 47 RdNr. 151; Saenger, GmbHR 1997, 112, 115; a.A. Scholz/Schmidt, § 45 RdNr. 127

[824] Hachenburg/Raiser, Anh. § 47 RdNr. 152; Scholz/Schmidt, § 45 RdNr. 128

[825] Hachenburg/Raiser, Anh. § 47 RdNr. 152; Lutter/Hommelhoff, Anh. § 47 RdNr. 62; Raiser, FS. Heinsius, S. 645, 646

[826] Hachenburg/Raiser, Anh. § 47 RdNr. 152; Scholz/Schmidt, § 45 RdNr. 138; Raiser, FS. Heinsius, S. 645, 646

[827] Hachenburg/Raiser, Anh. § 47 RdNr. 167; Baumach/Hueck/Zöllner, Anh. § 47 RdNr. 81; BGHZ 43, 261, 265

[828] Hachenburg/Raiser, Anh. § 47 RdNr. 169; Scholz/Schmidt, § 45 RdNr. 137; RGZ 146, 385, 395; BGHZ 36, 121, 135

tungsklage gegen die Gesellschaft zu richten ist. Dieses gilt nach ganz h.M. auch für die GmbH.[829]

Im Gegensatz zu der Situation bei einer Feststellungsklage ist bei der Anfechtungsklage auch in der Zwei-Personen-GmbH eine Abwendung von dieser Regelung nicht erforderlich, da eine direkte Klage gegen den anderen Gesellschafter hier nicht vorzugswürdig ist. Wie im Rahmen der Anwendungsbereichs der Anfechtungsklage ausgeführt, erfordert diese grundsätzlich einen wirksam festgestellten Gesellschafterbeschluß als Anfechtungsgegenstand. Ein solcher Beschluß ist aufgrund seiner vorläufigen Wirksamkeit der Gesellschaft zurechenbar, die Beschlußfassung ist nicht mehr allein zwischen den Gesellschaftern im Streit.

Die formalisierte Gestaltungsklage braucht, ebenso wie sie sich nur gegen einen konkreten Anfechtungsgegenstand richten kann, einen richtigen Beklagten. Das ist hier allein die Gesellschaft. Auch in der Zwei-Personen-GmbH ist eine direkte Klage gegen den anderen Gesellschafter nicht alternativ zulässig.[830]

Eine Besonderheit besteht in der Zwei-Personen-GmbH indes auch hier. Sind beide Gesellschafter zugleich Geschäftsführer, so kommt bei einer von einem Gesellschafter erhobenen Anfechtungsklage entsprechend § 47 Abs. 4 GmbHG nur eine Vertretung der Gesellschaft durch den anderen Gesellschafter-Geschäftsführer in Betracht.[831] So wird immerhin praktisch erreicht, dass die beiden Kontrahenten an dem gerichtlichen Verfahren beteiligt sind.

d) Frist

Für die Anfechtungsklage in der AG normiert § 246 Abs. 1 AktG eine starre Ausschlußfrist, nach deren Ablauf die Anfechtung eines Gesellschafterbeschlusses ausgeschlossen ist. Diese Regelung ist nach einhelliger Meinung[832] nicht auf die GmbH zu übertragen, da in der GmbH aufgrund der regelmäßig geringeren Gesellschafterzahl die individuellen Rechte der Gesellschafter stärker ausgeprägt sind und zugleich die Schaffung von Rechtssicherheit eine weniger große Rolle spielt.

Dennoch ist nach h.M. auch in der GmbH die Anfechtungsklage innerhalb einer angemessenen Frist zu erheben.[833] Die Frist soll sich an dem Leitbild der

---

[829] Scholz/Schmidt, § 45 RdNr. 148; Hachenburg/Raiser, Anh. § 47 RdNr. 196; Lutter/Hommelhoff, Anh. § 47 RdNr. 34

[830] Scholz/Schmidt, § 45 RdNr. 148; Hachenburg/Raiser, Anh. § 47 RdNr. 196; Baumbach/Hueck/Zöllner, Anh. § 47 RdNr. 81; a.A. Joost, ZGR 1984, 71, 97

[831] Scholz/Schmidt, § 45 RdNr. 149; Baumbach/Hueck/Zöllner, Anh. § 47 RdNr. 82; Hachenburg/Raiser, Anh. § 47 RdNr. 197

[832] Vgl. nur Hachenburg/Raiser, Anh. § 47 RdNr. 177; Scholz/Schmidt, § 45 RdNr. 142; BGHZ 101, 113, 117; BGHZ 111, 224, 225; OLG Koblenz, ZIP 1986, 1120

[833] Hachenburg/Raiser, Anh. § 47 RdNr. 180; Scholz/Schmidt, § 45 RdNr. 143; Baumbach/Hueck/Zöllner, Anh. § 47 RdNr. 78; Hüffer, ZGR 2001, 833, 865; Saenger, GmbHR

Monatsfrist des § 246 Abs. 1 AktG orientieren; ihre Länge ergibt sich daraus, dass bei zu langem Abwarten aufgrund der gesellschaftlichen Treuepflicht eine Verwirkung der Klagebefugnis eintritt.[834] Dieses gilt auch für die Zwei-Personen-GmbH:

„Die verspätete Anfechtungsklage"

OLG Oldenburg, 1. Zivilsenat, Urteil vom 21. Mai 1992[835]

Die Klägerin war durch Gesellschafterbeschluß aus einer Zwei-Personen-GmbH ausgeschlossen worden, die sie zusammen mit ihrem Ehemann gegründet hatte. An der Gesellschafterversammlung hatte sie trotz rechtzeitiger Ladung nicht teilgenommen. Drei Jahre später kam im Scheidungsverfahren Streit darüber auf, ob die Ausschließung wirksam war. Sie erhob sodann Feststellungsklage und hilfsweise Anfechtungsklage.

Das OLG wies die Klage ab. Zunächst wurde festgestellt, dass die Satzung eine Ausschließung auch durch Gesellschafterbeschluß vorsehen könne und dies insbesondere auch für die Zwei-Personen-GmbH gelte.[836] Der Gesellschafterbeschluß könne durch eine Anfechtungsklage auf seine Rechtmäßigkeit untersucht werden[837]. Die Anfechtungsklage sei jedoch verspätet: Zwar sei die Frist des § 246 Abs. 1 AktG auf die GmbH nicht, auch nicht analog anwendbar, da sie auf die Verhältnisse in der GmbH nicht passe[838]. Sie habe aber dennoch eine Leitbildfunktion. Sofern keine besonderen Umstände vorlägen, sei auch der Gesellschafter einer GmbH gehalten, die Anfechtungsklage innerhalb eines Monats zu erheben, dies gelte auch für kleine Gesellschaften, deren Mitglieder familiär verbunden sind. Jedenfalls nach Ablauf von sechs Monaten sei eine Klage als verspätet anzusehen.

Die Frist ist somit jeweils unter Beachtung der dem Gesellschafter zustehenden Bedenkzeit einerseits und Belangen der Rechtssicherheit andererseits für den Einzelfall zu bestimmen. Für die Zwei-Personen-GmbH ergibt sich hierzu, dass aufgrund der individuellen Beziehungen und der wenigen betroffenen Drittinteressen eine Konkretisierung besonders schwierig ist. Die Monatsfrist bildet hierbei eine Untergrenze, die aber in einfach gelagerten Fällen

---

1997, 112, 115; Rohleder, GmbHR 1989, 236, 241; RGZ 170, 358, 380; BGHZ 101, 113, 117; BGHZ 104, 66, 71; BGHZ 111, 224, 225; OLG Koblenz, ZIP 1986, 1120; OLG Oldenburg, GmbHR 1992, 667; bei der Frist handelt es sich wie in der AG um eine materiellrechtliche Ausschlußfrist; bei Fristversäumung ist die Klage mithin unbegründet (Scholz/Schmidt, § 45 RdNr. 141).

[834] Vgl. Zöllner/Noack, ZGR 1989, 525, 531

[835] OLG Oldenburg, GmbHR 1992, 667

[836] Vgl. oben § 9, III. 1.

[837] BGH, GmbHR 1991, 362: Danach ist § 243 AktG analog für die Überprüfung eines gemäß Satzung zulässigen Ausschließungsbeschlusses heranzuziehen.

[838] Vgl. BGH, GmbHR 1990, 344; Hächenburg/Raiser, Anh. § 47, Rn. 177

nicht wesentlich überschritten werden darf.[839] Die Obergrenze ergibt sich bei Verwirkung, die in Anlehnung an § 242 Abs. 2 AktG nach drei Jahren regelmäßig eingetreten sein dürfte.[840] Der Lauf der Frist beginnt jeweils mit der Beschlußfassung.[841]

Gegenüber solchen Gesellschafterbeschlüssen, die durch Feststellungsklage überprüft werden können, bedeutet die Anfechtungsfrist eine Erschwerung der Zulässigkeitsvoraussetzungen. Dieses könnte bedenklich erscheinen, wenn in der Zwei-Personen-GmbH gerade satzungsändernde, mithin besonders schwerwiegende Gesellschafterbeschlüsse nur durch Anfechtungsklage angefochten werden können. Maßgeblich für die Berechtigung der Anfechtungsfrist ist aber nicht der Inhalt des angefochtenen Beschlusses, sondern die Tatsache, dass das Beschlußergebnis eindeutig festgestellt worden und somit den Gesellschaftern bekannt ist. Für die Entscheidung darüber, ob der Beschluß angefochten werden soll, ist die an § 246 Abs. 1 AktG angelehnte Frist ausreichend. Im Gegensatz dazu besteht ohne konstitutive Beschlußfeststellung die Problematik, dass ein Beschlußergebnis nicht feststeht, so dass auch noch später das Bedürfnis einer gerichtlichen Überprüfung entstehen kann. Eine Regelung der Frist durch den Gesellschaftsvertrag ist zwar zulässig; dabei ist aber die Rechtslage zu beachten, d.h. eine Frist von einem Monat stellt die Untergrenze dar, sonst ist die Regelung unwirksam und es gilt wiederum eine angemessene Frist.[842] Auch eine im Gesellschaftsvertrag für das Schiedsverfahren vorgesehene Frist kann durch Auslegung für die Anfechtungsklage wirksam sein, soweit sie den Anforderungen an die Länge genügt.[843]

4. Positive Feststellungsklage

Auch ein negativer Gesellschafterbeschluß, der also den gestellten Antrag ablehnt, kann anfechtbar sein.[844] Jedoch ist mit der kassatorischen Wirkung der Anfechtungsklage hier dem Rechtsschutzbedürfnis des Gesellschafters nicht Genüge getan: Das Ergebnis des ablehnenden Beschlusses ist mit der Anfechtung noch nicht beseitigt[845], der Gesellschafter zielt zugleich darauf ab, das „richtige" Beschlußergebnis durchzusetzen. Daher kann ein Gesellschafter, die gegen die Ablehnung eines bestimmten Beschlußfassung gerichtete

---

[839] Zöllner/Noack, ZGR 1989, 525, 529; Rohleder, GmbHR 1989, 236, 241; BGHZ 111, 224, 226; OLG Oldenburg, GmbHR 1992, 667

[840] Scholz/Schmidt, § 45 RdNr. 143; Baumbach/Hueck/Zöllner, Anh. § 47 RdNr. 79; Noack, Fehlerhafte Beschlüsse, S. 154

[841] Scholz/Schmidt, § 45 RdNr. 145; Baumbach/Hueck/Zöllner, Anh. § 47 RdNr. 79; a.A. Lutter/Hommelhoff, Anh. § 47 RdNr. 60 (Beginn erst mit Kenntnis).

[842] BGHZ 104, 66, 73; Zöllner/Noack, ZGR 1989, 525, 529

[843] OLG Dresden, GmbHR 2000, 435, 438; vgl. zur Schiedsfähigkeit der Anfechtungsklage unten § 16, II.

[844] K. Schmidt, NJW 1986, 2018, 2019

[845] K. Schmidt, NJW 1986, 2018, 2020

Anfechtungsklage mit der Erhebung einer positiven Feststellungsklage verbinden.[846] Durch diese kann mit der Anfechtung der Ablehnung die Fassung des ursprünglich angestrebten Gesellschafterbeschlusses festgestellt werden.

Die positive Feststellungsklage funktioniert als Teil der Anfechtungsklage und ist somit Gestaltungsklage.[847] Sie hat ebenso wie die Anfechtungsklage rechtsgestaltende Wirkung gegenüber jedermann.[848] Dieses löst gegenüber den Mitgesellschaftern Drittschutzprobleme aus, wenn diese subjektivrechtlich betroffen, aber nicht am Rechtsstreit beteiligt sind.[849] In der Regel ergibt sich eine Lösung in der GmbH bereits daraus, dass die Geschäftsführer als Vertreter der Gesellschaft zur Unterrichtung der anderen Gesellschafter verpflichtet sind. In der Zwei-Personen-GmbH ist dieses jedenfalls dann unproblematisch, wenn beide Gesellschafter zugleich Geschäftsführer und somit in jedem Fall von dem Verfahren in Kenntnis gesetzt sind.

---

[846] Hachenburg/Raiser, Anh. § 47 RdNr. 245; Scholz/Schmidt, § 45 RdNr. 180; Lutter/Hommelhoff, Anh. § 47 RdNr. 43; Saenger, GmbHR 1997, 112, 116; BGHZ 76, 191 (für die AG); BGHZ 88, 320, 329; BGHZ 97, 28, 30
[847] Ganz h.M.; vgl. Hachenburg/Raiser, Anh. § 47 RdNr. 246; Scholz/Schmidt, § 45 RdNr. 180; K. Schmidt, GmbHR 1992, 9, 11
[848] K. Schmidt, NJW 1986, 2018, 2020; Lutter/Hommelhoff, Anh. § 47 RdNr. 43
[849] Vgl. Scholz/Schmidt, § 45 RdNr. 182

§ 11 Ersatzklagen gegen den Mitgesellschafter

I. Einleitung

Bisher wurden solche Situationen behandelt, in denen ein Gesellschafter konkret gegen einen Gesellschafterbeschluß vorgeht, um dessen Unwirksamkeit feststellen zu lassen oder dessen Inhalt zu überprüfen. Dabei geht es allein um die Bestimmung gesellschaftsinterner Rechtsverhältnisse; es ist jedoch ebenso denkbar, dass innerhalb der Gesellschaft konkrete materielle Ansprüche geltend gemacht werden sollen. Hier stellt sich grundsätzlich das Problem, wer solche Ansprüche gegen wen richten kann, in der Zwei-Personen-GmbH insbesondere auch die Frage, inwieweit ein Gesellschafter persönlich gegen seinen Mitgesellschafter vorgehen kann.

Der häufigste Fall in der gesellschaftsrechtlichen Praxis ist der, dass gegen einen Gesellschafter Ersatzansprüche geltend gemacht werden sollen. Nach dem GmbHG stehen die dort geregelten Ersatzansprüche gegen Gesellschafter und Geschäftsführer sämtlich der Gesellschaft selbst zu; die Gesellschafter müssen gemäß § 46 Nr. 2 und Nr. 8 GmbHG ihre Geltendmachung beschließen.[850] Ersatzansprüche können sich jedoch aus den verschiedensten Pflichtverletzungen eines Gesellschafters gegenüber der Gesellschaft oder gegenüber seinem Mitgesellschafter ergeben. In der Praxis hat sich hieraus gerade für Zwei-Personen-GmbHs ein Bedürfnis für Individualklagen ergeben.[851] Deren Begründung und Voraussetzungen sind noch immer umstritten; bei der Prüfung ist zu unterscheiden zwischen Ansprüchen des Gesellschafters selbst sowie solchen der Gesellschaft, die wiederum durch einen Gesellschafter als Vertreter der Gesellschaft oder im eigenen Namen in Form der sogenannten actio pro socio geltend gemacht werden können.[852]

II. Eigene Ansprüche des Gesellschafters

Nach dem Sachverhalt einer viel diskutierten Entscheidung klagte ein Gesellschafter einer Zwei-Personen-GmbH gegen seine Mitgesellschafterin auf Ersatzleistung:

„ITT"

BGH, II. Zivilsenat, Urteil vom 5. Juni 1975[853]

Der gemeinsam mit der Beklagten an der G-GmbH als Minderheitsgesellschafter beteiligte Kläger, dessen gesellschaftsinternen Mitwirkungsrechte vertraglich weitgehend ausgeschlossen waren, verklagte seine Mitgesellschafterin im eigenen Namen auf Rückzahlung der auf

---

[850] Vgl. Raiser, ZHR 153 (1989), 1, 5; Eickhoff, S. 3
[851] Landgrebe, GmbHR 1967, 227
[852] Vgl. U. H. Schneider, FS. Kellermann, 403, 422
[853] BGHZ 65, 15; siehe näher zum Sachverhalt oben § 2, III. 1. d)

Veranlassung der Beklagten durch die G-GmbH ohne Gegenleistung an eine mit der Beklagten verbundene Gesellschaft gezahlten „Konzernumlage".

Nach der Auffassung des BGH war der Kläger auch als Minderheitsgesellschafter berechtigt, von der Mehrheitsgesellschafterin Schadensersatz zur Leistung an die benachteiligte Gesellschaft zu verlangen, wenn diese in einer Zwei-Personen-GmbH die Geschäftsführung dazu veranlasse, nachteilige Geschäfte vorzunehmen. Der Kläger habe einen eigenen Anspruch auf Schadensersatz aufgrund der Verletzung der zwischen den Gesellschaftern einer GmbH wegen deren Nähe zur Personengesellschaft auch unmittelbar bestehenden Treuepflichten. Das gesellschaftliche Organisationsrecht hindere den Kläger nicht an einer Klage im eigenen Namen: Gerade in einer Zwei-Personen-GmbH sei es ein durch „keine überzeugenden Gründe gerechtfertigter Umweg"[854], wenn der Minderheitsgesellschafter erst eine Geltendmachung der Ansprüche durch die GmbH durchsetzen müsse.

Die Entscheidung hat weitreichende Wirkungen für die Möglichkeiten der Geltendmachung von Ersatzansprüchen in der GmbH. Grundlage der Entscheidung des BGH ist die Anerkennung der Existenz von zwischen den Gesellschaftern bestehenden Treuebindungen.[855] Aufgrund dieser Treuebindungen ist der herrschende Gesellschafter verpflichtet die Interessen seines Mitgesellschafters zu berücksichtigen.[856] Hieraus ergibt sich der über die konkrete Situation hinaus auf die GmbH übertragbare Ansatz, dass sich aus der Verletzung der Treuepflicht auch ein Schadensersatzanspruch für einzelne Mitgesellschafter ergeben kann.[857]

Vielfach wurde die Entscheidung als Anerkennung der actio pro socio für die GmbH kommentiert.[858] Der BGH hat jedoch ausdrücklich nicht den Weg gewählt, dass der Kläger einen Anspruch der Gesellschaft geltendmachen kann[859], sondern vielmehr ihm einen eigenen Anspruch zuerkannt.[860] Dieser eigene Anspruch bestehe neben dem Anspruch der Gesellschaft.[861] Der BGH weist somit auch ohne Gebrauch der actio pro socio auf die Einzelklagebefugnis des Gesellschafters der Zwei-Personen-GmbH hin.[862]

---

[854] BGHZ 65, 15, 21

[855] H. P. Westermann, GmbHR 1976, 77, 78; Ulmer, NJW 1976, 192, 193; Wiedemann, JZ 1976, 392; Immenga, Personalistische Kapitalgesellschaft, S. 289; Lutter, AcP 180 (1980), 84, 136

[856] Wiedemann, JZ 1976, 392, 394

[857] Rehbinder, ZGR 1976, 386, 391; H. P. Westermann, GmbHR 1976, 77, 79; Wiedemann, JZ 1976, 392, 393

[858] Ulmer, NJW 1976, 192, 193; Wiedemann, JZ 1976, 392, 395; Rehbinder, ZGR 1976, 386, 393

[859] So Rehbinder, ZGR 1976, 386, 393

[860] Eickhoff, S. 248; K. Schmidt, Gesellschaftsrecht, § 21 IV. 6. c)

[861] BGHZ 65, 15, 21; vgl. Brandes, FS. Fleck, S. 13, 15

[862] H. P. Westermann, GmbHR 1976, 77, 79

Es handelt sich somit um einen sich aus der Mitgliedschaft ergebenden eigenen Anspruch des Gesellschafters.[863] Dieser ist von der actio pro socio[864] zu unterscheiden[865]: Es ist danach zu differenzieren, wessen Anspruch der Gesellschafter geltend macht, den der Gesellschaft oder einen eigenen. Macht er einen eigenen Anspruch geltend, so ist genau zu prüfen, ob ihm tatsächlich ein eigener Schadensersatzanspruch gegen seinen Mitgesellschafter zusteht.[866] Eigene Ansprüche des Gesellschafters sind möglich bei Verletzungen der Treuepflicht; hierauf begründete Schadensersatzansprüche sind dann solche des Gesellschafters, wenn der Schaden unmittelbar dem Gesellschafter und nicht der Gesellschaft entstanden ist.[867] Nicht ausreichend ist eine nur mittelbare Schädigung des Gesellschafters bei einer Minderung des Wertes seines Geschäftsanteils. Als Beispiel für eigene Ansprüche des Gesellschafters lassen sich nennen Erstattungsansprüche wegen verbotener Leistungen aus dem Gesellschaftsvermögen nach § 31 Abs. 3 GmbHG, da diese einen konkreten Eingriff in die Mitgliedschaft darstellen. Auch hier geht der Anspruch des Gesellschafters aber auf Leistung an die Gesellschaft.[868] Eigene Ansprüche können sich auch aus unmittelbar zwischen den Gesellschaftern bestehenden Rechtsverhältnissen, etwa durch konkrete Vereinbarung im Gesellschaftsvertrag, ergeben.[869] Hingegen scheidet ein eigener Anspruch des Gesellschafters aus, wenn nur die Gesellschaft in ihren Rechten verletzt ist.[870] Desgleichen kann die Geltendmachung von Einlagen und Nachschüssen gemäß § 46 Nr. 2 GmbHG grundsätzlich nur durch die Gesellschaft erfolgen; Ausnahmen sind allein bei Verletzung des Gleichbehandlungsgrundsatzes denkbar.[871]

Die Abgrenzung zwischen Ansprüchen der Gesellschaft und eigenen Ansprüchen des Gesellschafters kann in der Praxis schwierig sein.[872] Entscheidend ist für das Vorliegen einen eigenes Anspruchs des Gesellschafters, dass er aufgrund dieses Anspruchs Leistung an sich selbst verlangen kann. Ist der eigene Anspruch des Gesellschafters einmal festgestellt, ist eine solche Klage im Grundsatz unproblematisch, da der Gesellschafter hier die alleinige

---

[863] Flume, Juristische Person, § 8 V. 1.

[864] Siehe dazu unten III. 2.

[865] Eickhoff, S. 7

[866] Vgl. Grunewald, Gesellschafterklage, S. 77: Der individuelle Schaden müsse dazu über den der Gesellschaft hinausgehen.

[867] Zöllner, ZGR 1988, 392, 399

[868] Hachenburg/Raiser, § 14 RdNr. 42; Raiser, ZHR 153 (1989), S. 1, 19; Zöllner, ZGR 1988, 392, 405

[869] Zöllner, ZGR 1988, 392, 399; vgl. Grunewald, Gesellschafterklage, S. 86 für Ansprüche auf Vornahme einer Handlung oder auf Unterlassung

[870] Brandes, FS. Fleck, S. 13

[871] Hachenburg/Raiser, § 14 RdNr. 41; Raiser, Kapitalgesellschaften, § 27 RdNr. 22; Raiser, ZHR 153 (1989), S. 1, 18; Zöllner, ZGR 1988, 392, 402

[872] Vgl. zu der entsprechenden Problematik der Abgrenzung von derivative und individual suit im US-amerikanischen Recht Immenga, Personalistische Kapitalgesellschaft, S. 188 und Merkt, S. 474 (näher oben § 4, II. 4..

Sachbefugnis hat.[873] Bei der Geltendmachung eigener Ansprüche ist der Gesellschafter nicht von einem Tätigwerden der Gesellschaft abhängig; § 46 Nr. 8 GmbHG ist nicht anwendbar, es besteht keine primäre Zuständigkeit der Gesellschafterversammlung.[874]

III. Ansprüche der Gesellschaft

In der überwiegenden Zahl der Fälle, in denen ein Ersatzanspruch gegen einen Gesellschafter besteht, handelt es sich nicht um Ansprüche eines Gesellschafters, sondern um solche der Gesellschaft. In dieser Situation stellt sich die Frage, inwieweit ein Gesellschafter die Geltendmachung dieses Anspruchs bewirken oder sogar selber übernehmen kann.

1. Klage durch die Gesellschaft

Grundsätzlich richtet sich die Aktivlegitimation danach, wer Inhaber des geltendzumachenden Rechts ist. Ein Anspruch der Gesellschaft ist damit grundsätzlich auch von dieser durch eigene Klage geltend zu machen. Im Gesetz ist dieser Fall insoweit geregelt, als § 46 Nr. 8 GmbHG bestimmt, dass die Gesellschafter über die Geltendmachung von Ersatzansprüchen gegen Gesellschafter zu entscheiden haben.[875]

a) Vertretung durch den Geschäftsführer

Normzweck des § 46 Nr. 8 GmbHG ist eine funktionsgerechte Ordnung der Entscheidungskompetenz innerhalb der Gesellschaft.[876] Aus der Regelung ergibt sich zunächst nur, dass statt der Geschäftsführer die Gesellschafter die Frage der Geltendmachung von Ersatzansprüchen gegen Gesellschafter zu entscheiden haben. Keine Aussage wird indes darüber getroffen, wer im Falle eines solchen Gesellschafterbeschlusses diesen umsetzt, sprich die Gesellschaft bei der Geltendmachung der Ansprüche vertritt. Hier bleibt es grundsätzlich bei dem Regelfall nach § 35 Abs. 1 GmbHG, so dass die Verfolgung auch von Ansprüchen der Gesellschaft gegen ihre Gesellschafter den Geschäftsführern obliegt.[877]

---

[873] In der Zwei-Personen-GmbH ist in diesem Fall auch eine Klage gegen die Gesellschaft möglich, da keine schützenswerten Belange Dritter betroffen sind (siehe BGH, GmbHR 1992, 104, 106).

[874] Lutter/Hommelhoff, § 13 RdNr. 24; Zöllner, ZGR 1988, 392, 410. Zu der Frage, ob ein solcher Beschluß in der Zwei-Personen-GmbH bei Anwendbarkeit des § 46 Nr. 8 GmbHG erforderlich ist vgl. unten III. 2. c)

[875] Hachenburg/Hüffer, § 46 RdNr. 87

[876] Scholz/Schmidt, § 46 RdNr. 141; Hachenburg/Hüffer, § 46 RdNr. 87

[877] Baumbach/Hueck/Fastrich, § 13 RdNr. 32; Hachenburg/Raiser, § 14 RdNr. 43

b) Vertretung durch den Gesellschafter

Unabhängig von der Vertretungsregelung gemäß § 35 Abs. 1 GmbHG kann die Gesellschaft in einem solchen Verfahren allerdings auch von einer anderen Person, namentlich einem anderen Gesellschafter vertreten werden. Die Möglichkeit der Bestellung eines besonderen Vertreters ist in § 46 Nr. 8 GmbHG bereits für Prozesse vorgesehen, die die Gesellschaft wegen der Geltendmachung von Ersatzansprüchen gegen einen Geschäftsführer zu führen hat. Diese Norm enthält wiederum nur die Aussage, dass die Geschäftsführer über die Vertretung der Gesellschaft in diesem Fall nicht entscheidungsbefugt sind. Ein entsprechender Beschluß der Gesellschafter ist damit auch in anderen Fällen nicht ausgeschlossen.

Besonders in der Zwei-Personen-GmbH wird die Vertretung der Gesellschaft in einem gegen den einen Gesellschafter geführten Prozeß um Ersatzansprüche durch den anderen Gesellschafter für sachgemäß gehalten.[878] Auf diese Weise werde eine ausreichende, unvoreingenommene Prozeßführung gewährleistet.[879] Der andere Gesellschafter könnte sonst durch Einwirkung auf den Geschäftsführer die Prozeßführung gegen sich behindern. Für den klagenden Gesellschafter hat die Vertretung der Gesellschaft gegenüber einer Klage im eigenen Namen den Vorteil, dass er auf diese Weise ein persönliches Kostenrisiko vermeiden kann.[880]

Aufgrund des fehlenden Stimmrechts des in Anspruch zu nehmenden Gesellschafters kann in der Zwei-Personen-GmbH ein Gesellschafter selbständig über die Inanspruchnahme seines Mitgesellschafters sowie die Vertretung der Gesellschaft im Prozeß durch ihn selbst entscheiden.[881] Damit stellt sich die Frage, ob dieser Beschluß erforderlich ist. Grundsätzlich ist die Zuständigkeit der Gesellschafterversammlung für die Geltendmachung von Ersatzansprüchen der GmbH gegen einen Gesellschafter zu beachten.[882] Im Sinne der inneren Organisation ist es wichtig, dass die Gesellschafter verbindlich über Ersatzansprüche entscheiden.[883] Ein Gesellschafterbeschluß ist grundsätzlich in allen Fällen erforderlich, in denen ein Ersatzanspruch der GmbH gegen einen Gesellschafter geltend gemacht wird, also bei gerichtlicher und außergerichtlicher Geltendmachung.[884] Das Beschlußerfordernis hat Außenwirkung: Die sachliche Zulässigkeit der Klage hängt von dem Vorliegen des Beschlusses ab, die Klage ist sonst unbegründet.[885]

---

[878] U. H. Schneider, FS. Kellermann, 403, 421; OLG München, WM 1982, 1061, 1062

[879] Eickhoff, S. 68

[880] Eickhoff, S. 71

[881] Scholz/Schmidt, § 46 RdNr. 155; Eickhoff, S. 70; OLG Nürnberg, GmbHR 1958, 194

[882] Scholz/Schmidt, § 46 RdNr. 145; Hachenburg/Hüffer, § 46 RdNr. 88

[883] Scholz/Schmidt, § 46 RdNr. 142

[884] Hachenburg/Hüffer, § 46 RdNr. 94; Grunewald, Gesellschafterklage, S. 72

[885] Hachenburg/Hüffer, § 46 RdNr. 98; Scholz/Schmidt, § 46 RdNr. 142; Baumbach/Hueck/Zöllner, § 46 RdNr. 40; BGHZ 28, 355, 358

Auch in der Zwei-Personen-GmbH soll nach einer hierzu vertretenen Auffassung aus Gründen der Klarstellung ein solcher Beschluß gefaßt werden.[886] Dieser Beschluß ist aber reine Formalität.[887] Daher kann der Gesellschafter einer Zwei-Personen-GmbH auch ohne vorherigen Gesellschafterbeschluß Klage gegen seinen Mitgesellschafter erheben. Ein Gesellschafterbeschluß ist auch als letzte Warnung nicht erforderlich, diese kann auch anders erfolgen. Ein Gesellschafterbeschluß würde nur eine Verstrickung in Formalien bedeuten und könnte zu Verzögerungen führen.[888]

2. Klage eines Gesellschafters

Während grundsätzlich die Gesellschaft selbst für die Geltendmachung der ihr zustehenden Rechte gegenüber ihren Gesellschaftern zuständig ist, stellt sich die Frage, inwieweit auch ein Gesellschafter befugt ist, ein solches Recht der Gesellschaft selber geltend zu machen. Für diese Konstellation wurde im Personengesellschaftsrecht die actio pro socio[889] entwickelt.[890] Sie ist inzwischen als Institut des allgemeinen Verbandsrechts auch bei der GmbH anerkannt.[891] Entsprechend ihrem Ursprung ist die actio pro socio insbesondere auf die personalistische GmbH anwendbar.[892]

a) Grundlagen der actio pro socio

Das Klagerecht ergibt sich bei der actio pro socio aus der Mitgliedschaft.[893] Aus dieser entsteht eine Treuebindung eines Gesellschafters gegenüber der Gesellschaft und dem Mitgesellschafter.[894] Treuebindungen sind heute bei

---

[886] Grunewald, Gesellschafterklage, S. 75; Eickhoff, S. 204

[887] Scholz/Schmidt, § 46 RdNr. 153; U. H. Schneider, FS. Kellermann, 403, 421; Lutter, AcP 180 (1980), 84, 134; OLG München, WM 1982, 1061, 1062

[888] U. H. Schneider, FS. Kellermann, 403, 422; vgl. auch BGH, DB 1998, 1394, 1398 (für die Geltendmachung von Ansprüchen einer Zwei-Personen-GmbH gegen deren Geschäftsführer durch den Gesellschafter-Geschäftsführer einer Gesellschafterin der Zwei-Personen-GmbH).

[889] Nicht „actio pro societate", vgl. Flume, Juristische Person, § 8 V. 1.; K. Schmidt, Gesellschaftsrecht, § 21 IV. 1.; a.A. Nitschke, ZHR 129 (1966), 48, 50; für rechtlich selbständige Verbände auch Lutter, AcP 180 (1980), 84, 135

[890] Vgl. K. Schmidt, Gesellschaftsrecht, § 21 IV. 1. b)

[891] Hachenburg/Raiser, § 14 RdNr. 36; Hachenburg/Hüffer, § 46 RdNr. 109; Scholz/Emmerich, § 13 RdNr. 43; Scholz/Schmidt, § 46 RdNr. 161; K. Schmidt, Gesellschaftsrecht, § 21 IV. 6. b); Grunewald, Gesellschafterklage, S. 69; vgl. schon Hoffmann, GmbHR 1963, 61, 62; Landgrebe, GmbHR 1967, 227, 229; Maatz, GmbHR 1974, 124, 126

[892] Baumbach/Hueck/Fastrich, § 13 RdNr. 32; Hachenburg/Raiser, § 14 RdNr. 36; Scholz/Emmerich, § 13 RdNr. 43; Immenga, Personalistische Kapitalgesellschaft, S. 286; Maatz, GmbHR 1974, 124, 126

[893] Baumbach/Hueck/Fastrich, § 13 RdNr. 32; Hachenburg/Raiser, § 14 RdNr. 39; Raiser, ZHR 153 (1989), S. 1, 10; Lutter, ZHR 162 (1998), 164, 177

[894] Lutter, ZHR 162 (1998), 164, 177; Ziemons, S. 78

einer besonderen Beziehung zwischen den Gesellschaftern anerkannt.[895] Der Gesellschafter einer GmbH ist verpflichtet, die Interessen der Gesellschaft und seiner Mitgesellschafter zu wahren. Die Treuepflicht stellt insoweit das Korrelat zu der Möglichkeit der Einflußnahme für den Gesellschafter dar.[896] Die Rechtsprechung war wegen der Voraussetzung der Anerkennung von Rechtsbeziehungen zwischen den Gesellschaftern, dem die Rechtsprechung des RG[897] entgegenstand, in der Anerkennung der actio pro socio für die GmbH zunächst zögernd.[898] Der BGH hat diese Rechtsbeziehungen jedoch in der dargestellten „ITT"-Entscheidung anerkannt, auch wenn dort die actio pro socio gerade nicht als Lösung gewählt wurde.[899] Die Begründung der actio pro socio aus der Treuepflicht ergibt ihre Bedeutung insbesondere für den Minderheitenschutz[900], also zugleich dort, wo der Schutz der Interessen der Gesellschaft aufgrund der Mehrheitsverhältnisse oder sonstiger Besonderheiten nicht gewahrt ist.[901]

Nach einer in der Literatur vertretenen Ansicht klagt der Gesellschafter bei der actio pro socio aus eigenem Recht.[902] Zwar sei die Gesellschaftereigenschaft der Klagegrund, jedoch beruhe der Anspruch auf dem eigenen Recht der Mitgliedschaft.[903] Die sich daraus ergebende Treuepflicht müsse selbständig einklagbar sein.[904] Es spiele keine Rolle, ob der Gesellschafter nur Leistung an die Gesellschaft verlangen könne; ein eigener Leistungsanspruch sei jedenfalls auch denkbar.[905] Nach der h.M. wird diese Form der Klagebefugnis in der GmbH aber als abgeleitetes Recht aufgrund eines Anspruchs der Gesellschaft aufgefaßt, obwohl die actio pro socio in den zwischen den Gesellschaftern bestehenden Treuebindungen begründet ist.[906] Es ist zwischen der Klagebefugnis und dem der Klage zugrundeliegenden materiellrechtlichen Anspruch zu unterscheiden.[907] Letzterer steht allein der Gesellschaft zu. Die actio pro socio stellt daher eine Form der Prozeßstandschaft

---

[895] Vgl. Ziemons, S. 75; BGH, WM 1982, 928 (in jenem Fall allerdings ergaben sich die besonderen Beziehung zwischen drei Gesellschaftern aus einem vorab geschlossenen Vergleich); BGH, GmbHR 1990, 343, 344; OLG Düsseldorf, GmbHR 1994, 172, 175
[896] Zöllner, Stimmrechtsmacht, S. 341; Ziemons, S. 79
[897] Vgl. RG, JW 1929, 1373
[898] Immenga, Personalistische Kapitalgesellschaft, S. 289; Lutter, AcP 180 (1980), 84, 136
[899] Vgl. K. Schmidt, Gesellschaftsrecht, § 21 IV. 6. c)
[900] K. Schmidt, Gesellschaftsrecht, § 21 IV. 1. c); Berger, ZHR 149 (1985), 599, 606; Lutter, ZHR 162 (1998), 164, 167; Zöllner, Stimmrechtsmacht, S. 335; BGHZ 71, 40, 43 („Kali + Salz"); BGHZ 103, 184 („Linotype"); BGHZ 129, 136, 141 („Girmes")
[901] Eickhoff, S. 2
[902] Hachenburg/Raiser, § 14 RdNr. 39; Lutter/Hommelhoff, § 13 RdNr. 20; Roth/Altmeppen, § 13 RdNr. 37; Raiser, ZHR 153 (1989), 1, 9; Zöllner, ZGR 1988, 392, 437; Banerjea, S. 179
[903] Roth/Altmeppen, § 13 RdNr. 37
[904] Banerjea, S. 179
[905] Raiser, ZHR 153 (1989), S. 1, 10
[906] Scholz/Schmidt, § 46 RdNr. 161
[907] Vgl. oben die Lösung des BGH in der „ITT"-Entscheidung

dar.[908] Der Antrag des Gesellschafters muß stets auf Leistung an die Gesellschaft lauten.[909]

Ein Ausschluß der Gesellschafterklage durch Regelung im Gesellschaftsvertrag ist nicht zulässig.[910] Mangels Verfügungsbefugnis des Gesellschafters scheidet auch ein Vergleich aus.[911] Die Schiedsfähigkeit eines durch actio pro socio geltend gemachten Anspruchs ist aber zu bejahen.[912]

b) Verfolgbare Ansprüche

aa) Anspruchsgegner

Die actio pro socio ist grundsätzlich nur für die Geltendmachung von gesellschaftsrechtlichen Ansprüchen der Gesellschaft gegen einen Gesellschafter geeignet.[913] Aus der Begründung der actio pro socio mit den zwischen den Gesellschaftern bestehenden Treuepflichten ergibt sich, dass Ansprüche der Gesellschaft gegen Dritte oder gegen Gesellschafter aufgrund von Drittgeschäften nicht Gegenstand einer actio pro socio sein können.[914] Desgleichen scheiden grundsätzlich Ansprüche gegenüber Geschäftsführern aus, da es hier an der gesellschaftsrechtlichen Beziehung zu dem klagenden Gesellschafter fehlt.[915] Eine Ausnahme besteht allerdings für Gesellschafter-Geschäftsführer: Diese unterliegen auch im Rahmen ihrer Geschäftsführertätigkeit Treuebindungen, so dass eine Inanspruchnahme durch den anderen Gesellschafter in Betracht kommt.

bb) Einzelne Anspruchsgründe

Die Geltendmachung von Ansprüchen im Wege der actio pro socio ist grundsätzlich möglich, wenn diese auf einer Verletzung von Mitgliedschaftsrechten

---

[908] Scholz/Schmidt, § 46 RdNr. 161; Baumbach/Hopt, § 109 RdNr. 32; Soergel/Hadding, § 705 RdNr. 50; K. Schmidt, Gesellschaftsrecht, § 21 IV. 1. c); Grunewald, Gesellschafterklage, S. 78; a.A. Hachenburg/Raiser, § 14 RdNr. 39; Lutter/Hommelhoff, § 13 RdNr. 19
[909] Hachenburg/Raiser, § 14 RdNr. 39
[910] Baumbach/Hueck/Fastrich, § 13 RdNr. 33; Scholz/Emmerich, § 13 RdNr. 43 a; Raiser, Kapitalgesellschaften, § 27 RdNr. 21; Banerjea, S. 235; Eickhoff, S. 226; Grunewald, Gesellschafterklage, S. 87
[911] Grunewald, Gesellschafterklage, S. 92
[912] Banerjea, S. 235
[913] Hachenburg/Raiser, § 14 RdNr. 43; Scholz/Emmerich, § 13 RdNr. 44; Baumbach/Hueck/Fastrich, § 13 RdNr. 34; Zöllner, ZGR 1988, 392, 408
[914] Baumbach/Hueck/Fastrich, § 13 RdNr. 34; Scholz/Emmerich, § 13 RdNr. 44; Lutter/Hommelhoff, § 13 RdNr. 18
[915] Baumbach/Hueck/Fastrich, § 13 RdNr. 34; Scholz/Emmerich, § 13 RdNr. 44; Roth/Altmeppen, § 13 RdNr. 46; BGH, WM 1982, 928; a.A. Hachenburg/Raiser, § 14 RdNr. 46 und Raiser, ZHR 153 (1989), 1, 12: Die Mitgliedsrechtliche Beziehung soll auch zwischen Gesellschafter und Organmitglied bestehen; i.E. auch Banerjea, S. 193

beruhen.[916] Gerade in der Zwei-Personen-GmbH sind solche mitgliedschaftlichen Bindungen zwischen den Gesellschaftern besonders ausgeprägt.[917] Im Einzelfall hängt die Frage einer Verletzung der Treuepflicht von deren Inhalt ab.

Die Treuepflicht bedeutet die „Verpflichtung der Gesellschafter, als Mitglied der GmbH deren Interessen zu wahren und entsprechend auf die mitgliedschaftlichen Interessen ihrer Mitgesellschafter Rücksicht zu nehmen".[918] Das Ausmaß der gegenüber den Mitgesellschaftern bestehenden Treuepflicht wird dabei dadurch bestimmt, ob die Gesellschaft mehr kapitalistisch oder mehr personalistisch strukturiert ist.[919] Das ist z.T. ausführlich konkretisiert worden[920]; in einem Anspruch der Gesellschaft aufgrund schuldhafter Verletzung schuldhafter Verletzung des Gesellschaftsvermögens durch den anderen Gesellschafter liegt jedenfalls regelmäßig eine Verletzung mitgliedschaftlicher Rechte.[921] Es besteht keine Beschränkung auf Schadensersatzansprüche; vielmehr können auch andere Ansprüche der Gesellschaft gegen Mitgesellschafter verfolgt werden. Insbesondere können auch Ansprüche auf Duldung oder Unterlassung im Wege der actio pro socio geltend gemacht werden, da sie nach allgemeinem Zivilrecht aus den entsprechenden Ersatzansprüchen abgeleitet sind.[922] Ausgeschlossen sind allein solche Ansprüche, die ausschließlich der Gesellschaft zugeordnet sind, so dass sich keine Verbindung zu den mitgliedschaftlichen Treuepflichten herstellen läßt.

c)   Voraussetzungen

Die Voraussetzungen der actio pro socio sind nach wie vor umstritten. Von Bedeutung sind vor allem die Fragen, welchen Einschränkungen die actio pro socio unterliegt und inwieweit bei dem Verfahren die Regelung § 46 Nr. 8 GmbHG zu beachten ist.

aa) Subsidiarität

Aus der inneren Organzuständigkeit der GmbH gemäß §§ 46 Nr. 8, 35 Abs. 1 GmbHG ergibt sich, dass die actio pro socio gegenüber Handlungen der Gesellschaftsorgane subsidiär ist. Die Gesellschafterklage ist nicht zulässig, so-

---

[916] Hachenburg/Raiser, § 14 RdNr. 43; Scholz/Emmerich, § 13 RdNr. 44; Baumbach/Hueck/Fastrich, § 13 RdNr. 34; Zöllner, ZGR 1988, 392, 408

[917] U. H. Schneider, FS. Kellermann, 403, 421

[918] Baumbach/Hueck/Fastrich, § 13 RdNr. 22

[919] OLG Düsseldorf, GmbHR 1994, 172, 175; vgl. auch Ziemons, S. 81

[920] Vgl. die umfassende Darstellung bei Ziemons, S. 81 ff.

[921] Lutter, AcP 180, (1980), 84, 128; Zöllner, ZGR 1988, 392, 408; Raiser, ZHR 153 (1989), S. 1, 20; K. Schmidt, Gesellschaftsrecht, § 21 IV. 6. b)

[922] Hachenburg/Raiser, § 14 RdNr. 47; Raiser, ZHR 153 (1989), 1, 28; Grunewald, Gesellschafterklage, S. 84; Beispiele: Verstoß gegen Wettbewerbsverbot oder Vornahme verbotener Zahlungen aus dem Gesellschaftsvermögen.

lange die Gesellschaft ihre Rechte ordnungsgemäß verfolgt.[923] Die Organisationsstruktur der Gesellschaft hat insoweit Vorrang vor den Interessen des Gesellschafters.

bb) Beschlußerfordernis

Aus der Regelung des § 46 Nr. 8 GmbHG ergibt sich, dass grundsätzlich der Geltendmachung von Ersatzansprüchen der Gesellschaft gegen einen Gesellschafter ein entsprechender Gesellschafterbeschluß vorausgehen muß. Da der bei der actio pro socio klagende Gesellschafter Ansprüche der Gesellschaft geltend macht, muß er auch hier im Sinne der Verbandsstruktur auf eine Geltendmachung der Ansprüche durch die Gesellschaft hinwirken.[924] Den Gesellschafter treffen bei der Geltendmachung eines Anspruchs der Gesellschaft auch die entsprechenden Einwendungen.[925] Der Gesellschafter muß also grundsätzlich versuchen zu erreichen, dass die Gesellschaft ihre Rechte geltend macht.[926]

Es ist umstritten, ob auch bei Untätigkeit der Organe auch zumutbare rechtliche Einwirkungsmöglichkeiten ausgeschöpft werden müssen.[927] Nach einer Ansicht gelten für den Gesellschafter die Einschränkungen des § 46 Nr. 8 GmbHG in vollem Umfang. Entsprechend der regulären Zuständigkeitsordnung und um die Gesellschaft vor Schadensersatzprozessen zu schützen, müsse ein ablehnender Gesellschafterbeschluß mit der Anfechtungsklage angefochten werden.[928]

Nach anderer Ansicht ist aber das Verhältnis der Zuständigkeitsordnung gemäß § 46 Nr. 8 GmbHG zu der Funktion der Einzelklagebefugnis des Gesellschafters als Minderheitenschutzinstrument zu beachten.[929] Ein ablehnender Gesellschafterbeschluß könne auch im Rahmen der Gesellschafterklage inzident überprüft werden.[930] Wenn eine interne Einwirkung durch den Gesellschafter aussichtslos oder zu zeitaufwendig erscheine, sei die Gesellschaf-

---

[923] Baumbach/Hueck/Fastrich, § 13 RdNr. 34 a; Lutter/Hommelhoff, § 13 RdNr. 20; Hachenburg/Hüffer, § 46 RdNr. 111; Zöllner, ZGR 1988, 392, 410; Lutter, AcP 180 (1980), 84, 134; Hadding, GesRZ 1984, 32, 42; OLG Köln, GmbHR 1993, 816; a.A. Hachenburg/Raiser, § 14 RdNr. 45; Berger, ZHR 149 (1985), 599, 607: Im Interesse des Minderheitenschutzes sei die actio pro socio nicht subsidiär.
[924] Hachenburg/Hüffer, § 46 RdNr. 89; Raiser, „Recht der Kapitalgesellschaften", § 27 RdNr. 21; OLG Köln, GmbHR 1993, 816
[925] Scholz/Schmidt, § 46 RdNr. 161; a.A. Lutter/Hommelhoff, § 13 RdNr. 20 und Zöllner, ZGR 1988, 392, 410: Da der Gesellschafter im Rahmen der actio pro socio ein eigenes Recht geltend mache, gelte § 46 Nr. 8 GmbHG nicht, so dass es keines Gesellschafterbeschlusses bedürfe.
[926] Hachenburg/Hüffer, § 46 RdNr. 111
[927] Baumbach/Hueck/Fastrich, § 13 RdNr. 34 a; Lutter, AcP 180, (1980), 84, 137
[928] Roth/Altmeppen, § 13 RdNr. 42; Grunewald, Gesellschafterklage, S. 73; Banerjea, S. 215; OLG Köln, GmbHR 1993, 816
[929] Scholz/Emmerich, § 13 RdNr. 47; Immenga, Personalistische Kapitalgesellschaft, S. 290
[930] Scholz/Emmerich, § 13 RdNr. 47

terklage ohne weiteres zulässig.[931] Entsprechend hat auch der BGH entschieden, bei besonderen Verhältnissen bestehe kein Vorrang der Geltendmachung der Ansprüche durch die Gesellschaft, etwa wenn die Erhebung einer Klage durch die Gesellschaft in der Gesellschafterversammlung durch eine geschlossene Front der anderen Gesellschafter undurchführbar sei.[932]

Letzteres führt zu der Frage, inwieweit das Erfordernis eines Beschlusses in der Zwei-Personen-GmbH überhaupt einen Sinn ergibt. Dazu hat das OLG Düsseldorf in einer Entscheidung aus dem Jahre 1993 Stellung genommen:

„Streit nach Erbfolge"

OLG Düsseldorf, 6. Zivilsenat, Urteil vom 28. Dezember 1993[933]

Der Beklagte war zu 50 % an der A-GmbH beteiligt. Nach dem Tod seines einzigen Mitgesellschafters stritt er mit dessen Sohn darum, ob dieser von seinem Vater dessen 50 % der Geschäftsanteile erworben hatte oder ob auch dessen Schwester zu 25 % beteiligt war. Der Beklagte wies den Geschäftsführer der A-GmbH nach einer rechtskräftigen Entscheidung über die Beteiligung des Klägers zu der Einlegung weiterer Rechtsbehelfe an, die jeweils erfolglos bis in die letzte Instanz durchgefochten wurden. Der Kläger verlangte nunmehr von dem Beklagten, der A-GmbH die dieser im Verlauf der Auseinandersetzung entstandenen Verfahrenskosten in Höhe von über 3,5 Millionen DM zu ersetzen, ohne vorher eine Geltendmachung durch die A-GmbH versucht zu haben.

Das LG verurteilte den Beklagten zur Zahlung; die Berufung blieb erfolglos. Nach Ansicht des OLG konnte der Kläger die Ersatzansprüche im Wege der actio pro socio im eigenen Namen auf Leistung an die Gesellschaft verfolgen. Dabei sei zwar grundsätzlich die Organzuständigkeit der GmbH zu beachten; bei Untätigkeit der Organe seien die rechtlichen Einwirkungsmöglichkeiten auszuschöpfen. Auch ohne den Versuch einer internen Einwirkung sei aber eine Gesellschafterklage möglich, wenn diese Einwirkung aussichtslos oder als nicht gerechtfertigter Umweg erscheine.[934] Hier bestehe die Situation, dass in einer zweigliedrigen, personalistisch geprägten GmbH der Kläger zwar einerseits einen Gesellschafterbeschluß wegen des Stimmrechtsausschlusses des Beklagten jederzeit herbeiführen könne, dieser damit aber überflüssige Formalität sei. Die Geltendmachung von Ansprüchen durch actio pro socio gegenüber dem anderen Gesellschafter sei zulässig, wenn die Geltendmachung durch die GmbH gerade durch diesen vereitelt oder erschwert werde.

---

[931] Baumbach/Hueck/Fastrich, § 13 RdNr. 34 a; Lutter/Hommelhoff, § 13 RdNr. 21; Scholz/Emmerich, § 13 RdNr. 47; Raiser, ZHR 153 (1989), S. 1, 23
[932] BGH, WM 1982, 928, 929
[933] OLG Düsseldorf, GmbHR 1994, 172
[934] OLG Düsseldorf, GmbHR 1994, 172, 173

Die Entscheidung stimmt insoweit mit der h.M. in der Literatur überein. In der Zwei-Personen-GmbH sei bei einem Vorgehen gegen den anderen Gesellschafter kein Beschlußverfahren durchzuführen, da der Beschluß reine Formalität wäre.[935] Die Berufung auf das Beschlußerfordernis sei unzulässig, so dass das Fehlen eines Beschlusses auch für die actio pro socio unschädlich sei.[936] Eine Klarstellung hinsichtlich der Frage einer Einzelklagebefugnis der Gesellschafter ist durch Regelung in der Satzung möglich. § 46 Nr. 8 GmbHG ist nicht zwingend[937], so dass den Gesellschaftern ein unmittelbares Recht zur Geltendmachung eingeräumt und somit ein möglicher Streit um das Beschlußerfordernis vermieden werden kann.

cc) Beschränkung durch Treuepflicht

Durch die Treuepflicht wird die Zulässigkeit der actio pro socio begründet, andererseits aber auch eingeschränkt.[938] Aus der Treuepflicht ergibt sich, dass der Gesellschafter vor Erhebung der Klage seinen Mitgesellschafter informieren muß.[939] Dieses stellt eine letzte Warnung vor der Klageerhebung dar. Des weiteren kann der Gesellschafter durch die Treuepflicht verpflichtet sein, auf die Klage zu verzichten, wenn die Mehrheit diesem Vorhaben entgegen steht und gewichtige Interessen der Gesellschaft anführen kann oder die Funktionsfähigkeit der Gesellschaft gefährdet ist.[940] Das Mehrheitsprinzip muß also auch hier im Grundsatz gewahrt bleiben. Bei der Zulässigkeit der actio pro socio muß eine Balance zwischen Entscheidungsfindung und Minderheitenschutz gefunden werden.

d)   Verteilung des Kostenrisikos

Das Kostenrisiko trägt allein der klagende Gesellschafter und nicht die Gesellschaft.[941] Eine Möglichkeit, die Erstattung der Kosten durch die Gesellschaft zu erreichen, besteht nur aufgrund der Regeln zu der Geschäftsführung ohne Auftrag (§§ 677 ff. BGB).[942] Hierdurch ergibt sich eine praktische Schranke für die Anwendung der actio pro socio in der Zwei-Personen-GmbH: Für den Gesellschafter, der einen Anspruch der Gesellschaft geltend machen will, ist eine Klageerhebung als Vertreter der Gesellschaft kostengünstiger.[943] Da der Gesellschaft eigene Ansprüche der Gesellschaft geltend

---

[935] Scholz/Schmidt, § 46 RdNr. 153; Zöllner, ZGR 1988, 392, 410; Oppenländer, DStR 1996, 922, 928; OLG München, WM 1982, 1061, 1062

[936] Scholz/Schmidt, § 46 RdNr. 161

[937] Scholz/Schmidt, § 46 RdNr. 143; Hachenburg/Hüffer, § 46 RdNr. 114

[938] Grunewald, Gesellschafterklage, S. 86

[939] Hachenburg/Raiser, § 14 RdNr. 44; Lutter/Hommelhoff, § 13 RdNr. 21

[940] Hachenburg/Raiser, § 14 RdNr. 39

[941] Baumbach/Hueck/Fastrich, § 13 RdNr. 34 a; Lutter/Hommelhoff, § 13 RdNr. 22; K. Schmidt, Gesellschaftsrecht, § 21 IV. 6. b); Banerjea, S. 231

[942] Banerjea, S. 231; Hachenburg/Raiser, § 14 RdNr. 45

[943] Vgl. Grunewald, Gesellschafterklage, S. 85

macht, ist es hier auch gerechtfertigt, dass das Kostenrisiko auf diese Weise bei der Gesellschaft verbleibt.

e)   Wirkung der Entscheidung

Von Bedeutung ist die Frage, welche Bindungswirkung die Entscheidung in dem durch den Gesellschafter geführten Prozeß für die Gesellschaft hat. Für die Gesellschaft kann eine Erstreckung der Rechtskraft insbesondere dann bedenklich sein, wenn der Gesellschafter durch ungeschickte Prozeßführung Ansprüche der Gesellschaft „wegprozessieren" könnte. Die Wirkung der im Rahmen einer actio pro socio ergehenden Entscheidung auf die GmbH ist umstritten[944]; dabei unterscheiden sich die Ansichten vor allem nach der jeweils zugrundegelegten rechtlichen Grundlage für die actio pro socio.

Da es sich bei der actio pro socio um eine Form der Prozeßstandschaft handelt[945], ist für die Frage der Rechtskrafterstreckung die Form der Prozeßstandschaft entscheidend. Unterschieden wird zwischen gesetzlicher und gewillkürter Prozeßstandschaft: Nach h.M. besteht bei gesetzlicher Prozeßstandschaft gemäß § 325 Abs. 1 ZPO keine Bindungswirkung gegenüber dem Rechtsträger der nicht Partei des Verfahrens gewesen ist[946], während sich bei gewillkürter Prozeßstandschaft, die auf einer Ermächtigung zur Prozeßführung beruht, die Entscheidung sich auch auf den Rechtsträger erstreckt.[947] Die Klagebefugnis des Gesellschafters im Rahmen der actio pro socio beruht zwar nicht auf einer formalgesetzlichen Grundlage, andererseits unterscheidet sich aber die Situation von der einer gewillkürten Prozeßstandschaft insoweit, als es grundsätzlich an einer Ermächtigung der Gesellschaft, die ja gerade die eigene Klageerhebung verweigert, fehlt: Somit beseht grundsätzlich im Rahmen der actio pro socio keine Bindungswirkung der Entscheidung gegenüber der Gesellschaft.

In der Zwei-Personen-GmbH jedoch kann aufgrund der besonderen Gesellschaftstruktur eine Zustimmung der Gesellschaft zu der Klageerhebung im Rahmen der actio pro socio angenommen werden. Bei der Abstimmung über die Frage einer Geltendmachung von Ansprüchen gegen einen Gesellschafter wäre dieser vom Stimmrecht ausgeschlossen. Das gleiche gilt bei Vorlie-

---

[944] Gegen eine Rechtskrafterstreckung Scholz/Emmerich, § 13 RdNr. 47; Baumbach/Hopt, § 109 RdNr. 35; RGZ 90, 300, 302; ROHGE 5, 386, 390. Auf der Grundlage eines eigenen Rechts des Gesellschafters zur Klage zustimmend Hachenburg/Raiser, § 14 RdNr. 45; Lutter/Hommelhoff, § 13 RdNr. 22; Roth/Altmeppen, § 13 RdNr. 39; Berger, ZHR 149 (1985), 599, 608. Für eine Bindungswirkung Baumbach/Hueck/Fastrich, § 13 RdNr. 34 a; Grunewald, Gesellschafterklage, S. 57, als Folge der Begründung der actio pro socio auf einer gewillkürten Prozeßstandschaft; Soergel/Hadding, § 705 RdNr. 50 auf Grundlage einer sich aus dem Gesellschaftsvertrag ergebenden Ermächtigung.

[945] Siehe oben a)

[946] Zöller, Vor § 50 RdNr. 37; RGZ 171, 51, 55; RGZ 119, 163, 169

[947] Baumbach/Lauterbach/Hartmann, Grdz § 50 RdNr. 37; vgl. auch Grunewald, Gesellschafterklage, S. 57

gen der Voraussetzungen der actio pro socio für die Zustimmung zu einer Klageerhebung durch den anderen Gesellschafter. Dieser könnte somit selbständig einen Zustimmungsbeschluß fassen, wodurch wiederum eine solche Beschlußfassung eine reine Formalität wäre und somit entbehrlich ist.[948]

Diese Zustimmung hat eine Rechtskrafterstreckung gegenüber der Gesellschaft als Rechtsträger entsprechend der gewillkürten Prozeßstandschaft zur Folge.[949] Hinsichtlich der Auswirkungen einer möglicherweise schlechten Prozeßführung des klagenden Gesellschafters ist diese Rechtsfolge in der Zwei-Personen-GmbH unproblematisch, da hier außer dem von der actio pro socio betroffenen Gesellschafter kein weiterer Rechtsträger vorhanden ist, der vor nachteiligen Handlungen des klagenden Gesellschafters zu schützen wäre. Die Gesellschaft, die hinsichtlich der Geltendmachung solcher Ansprüche gemäß § 46 Nr. 8 GmbHG von der Willensbildung ihrer Gesellschafter abhängig ist, hat keine eigenständige, über die des klagenden Gesellschafters hinausreichende Position. Hieraus folgt, dass sich in der Zwei-Personen-GmbH die Rechtskraft der im Rahmen einer actio pro socio ergehenden Entscheidung auf die Gesellschaft erstreckt.

---

[948] Vgl. oben III. 1. b)
[949] Zöller/Vollkommer, Vor § 50 RdNr. 34; Baumbach/Lauterbach/Hartmann, Grdz § 50 RdNr. 37

§ 12 Die prozeßrechtliche Seite von Abberufung und Kündigung des Geschäftsführers

I. Einleitung

Wie oben dargestellt, ist es für einen Gesellschafter einer Zwei-Personen-GmbH zunächst einfach, einen Abberufungsbeschluß aus wichtigem Grund gegenüber dem anderen Gesellschafter-Geschäftsführer zu fassen oder den Anstellungsvertrag zu kündigen. Dabei findet eine unabhängige Überprüfung der Abberufungs- oder Kündigungsvoraussetzungen nicht statt. In der Folge ist das Beschlußergebnis gerade bei der Geschäftsführerabberufung häufig zwischen den Gesellschaftern umstritten. Es ist daher von erheblicher praktischer Bedeutung, dass aus Sicht der Gesellschaft die Zulässigkeit eines Abberufungsbeschlusses geklärt werden oder der betroffene Gesellschafter-Geschäftsführer sich zügig gegen einen Abberufungsbeschluß zur Wehr setzen und nach außen hin dokumentieren kann, dass Abberufung und Kündigung als Geschäftsführer unwirksam sind.

Sofern nicht der Gesellschaftsvertrag eine Überprüfung etwa durch einen Beirat oder durch ein Schiedsgericht vorsieht, ist hierfür in der Zwei-Personen-GmbH regelmäßig die Inanspruchnahme staatlicher Gerichte erforderlich. Dabei ist für diese prozeßrechtliche Seite von Abberufung und Kündigung wiederum zwischen dem Rechtsschutz gegen die (organschaftliche) Abberufung und gegen die (schuldrechtliche) Kündigung zu unterscheiden.

II. Rechtsschutz bei Abberufungsstreitigkeiten

Besonders auf der organschaftlichen Seite ist die Klärung der Zulässigkeit einer Geschäftsführerabberufung für die Zwei-Personen-GmbH von besonderer Bedeutung, da hiervon die Sicherstellung ihrer gesetzlichen Vertretung abhängig ist. Zudem hat ein betroffener Gesellschafter-Geschäftsführer ein erhebliches Interesse an einer gerichtlichen Entscheidung, die seine Abberufung als Geschäftsführer für unzulässig erklärt.

1. Richtige Klageart bei Abberufungsstreitigkeiten

Die Abberufung eines Geschäftsführers beruht auf einem Gesellschafterbeschluß, so dass sich die Rechtsschutzmöglichkeiten für die Überprüfung von Geschäftsführerabberufungen aus dem Beschlußmängelrecht ergeben muß.[950] In Betracht kommen damit insbesondere die Anfechtungsklage analog § 246 AktG sowie die Feststellungsklage gemäß § 256 Abs. 1 ZPO. Die richtige Klageart hängt auch bei der Überprüfung eines Abberufungsbeschlusses davon ab, ob der umstrittene Gesellschafterbeschluß vorläufig wirksam ist.

---

[950] Siehe hierzu schon oben § 10, I. 1.

a) Die Wirkung des Abberufungsbeschlusses

Die Frage der vorläufigen Wirksamkeit des Abberufungsbeschlusses hat aufgrund der Organstellung des Geschäftsführers und der Sicherstellung der gesetzlichen Vertretung der Gesellschaft besondere Bedeutung. Es ist daher über die allgemeinen Überlegungen zu der vorläufigen Wirkung umstrittener Gesellschafterbeschlüsse hinaus zu prüfen, welche Wirkung ein zwischen den Gesellschaftern umstrittener Abberufungsbeschluß zwischen Beschlußfassung und gerichtlicher Entscheidung entfaltet.

aa) Ausgangspunkt

Das GmbHG enthält keine Regelung zu der Frage der Wirksamkeit eines umstrittenen Abberufungsbeschlusses. Nicht einheitlich sind insbesondere die Ansichten in Rechtsprechung und Literatur zur Wirkung eines Abberufungsbeschlusses, der auf einen bestrittenen wichtigen Grund gestützt wurde. Die Lösung dieser Frage muß sich aus dem Beschlußmängelrecht ergeben.

Allgemein werden auf fehlerhafte Beschlüsse in der GmbH die Regeln des Aktienrechts angewendet.[951] Aus den §§ 241 ff. AktG ergibt sich für die GmbH die Regel, dass auch ein fehlerhafter Abberufungsbeschluß regelmäßig nur anfechtbar und damit solange wirksam ist, bis seine Unwirksamkeit durch rechtskräftige Entscheidung festgestellt worden ist.[952] Die Wirksamkeit der Abberufungserklärung - als Kundgabe des zugrundeliegenden Abberufungsbeschlusses - hängt von der Wirksamkeit des Abberufungsbeschlusses ab.[953] Damit führt die bloße Anfechtbarkeit des Abberufungsbeschlusses dazu, dass auch die Abberufungserklärung zunächst wirksam ist.[954] Mit der Abberufungserklärung verliert der Geschäftsführer seine Organstellung, Geschäftsführungs- und Vertretungsbefugnis entfallen.[955]

Anders ist die Rechtslage zu der Abberufung des Vorstands in der AG: Dort ergibt sich die vorläufige Wirksamkeit der Abberufung des Vorstandes explizit aus § 84 Abs. 3 Satz 4 AktG. Die Abberufung erfolgt dort allerdings gemäß § 84 Abs. 3 Satz 1 AktG nicht durch Beschluß der Hauptversammlung, sondern des Aufsichtsrates. Auf die Beschlüsse des Aufsichtsrates sind die §§ 241 ff. AktG mit der Rechtsfolge der vorläufigen Beschlußwirksamkeit bei Anfechtbarkeit nicht anwendbar. Somit bedarf es für die AG der besonderen Vor-

---

[951] Hierzu schon oben § 10, I. 1. Vgl. Scholz/Schmidt, § 45 RdNr. 36; Lutter/Hommelhoff, § 47 RdNr. 1; BGHZ 11, 231, 236; BGHZ 101, 113, 116; BGHZ 104, 66, 68; krit. Hachenburg/Raiser, Anh. § 47 RdNr. 9; Zöllner/Noack, ZGR 1989, 525, 541.

[952] Scholz/Schmidt, § 45 RdNr. 62, 70

[953] Scholz/Schneider, § 38 RdNr. 55; Lutter/Hommelhoff, § 38 RdNr. 27; a.A. Fleck, GmbHR 1970, 221, 222, und Thanos, S. 87

[954] Scholz/Schneider, § 38 RdNr. 60

[955] Lutter/Hommelhoff, § 38 RdNr. 24; Scholz/Schneider, § 38 RdNr. 32

schrift des § 84 Abs. 3 Satz 4 AktG, um eine vorläufige Wirksamkeit des Abberufungsbeschlusses zu normieren.[956]

Trotz dieser grundsätzlichen Unterschiede im Abberufungsverfahren zwischen AG und GmbH wird häufig eine entsprechende Anwendung des § 84 Abs. 3 Satz 4 AktG zur Begründung der einstweiligen Wirksamkeit des anfechtbaren Abberufungsbeschlusses auch für die GmbH herangezogen.[957] Die entsprechende Anwendung dieser Vorschrift ist aber für die GmbH entbehrlich, da sich aus § 46 Nr. 5 GmbHG die Zuständigkeit der Gesellschafterversammlung für die Abberufung ergibt. Die vorläufige Wirksamkeit des Abberufungsbeschlusses folgt damit hier aus der entsprechenden Anwendung der §§ 241 ff. AktG[958], darüber hinaus ist die Situation nicht mit den Abberufungsbeschlüssen des Aufsichtsrats gemäß § 84 Abs. 3 Satz 1 AktG vergleichbar.

Von vornherein unwirksam ist die Abberufung somit nur dann, wenn der Abberufungsbeschluß nichtig oder unwirksam ist, da sich dann die Fehlerhaftigkeit des Abberufungsbeschlusses auch auf die Abberufungserklärung auswirkt.[959] Das Fehlen des wichtigen Grundes ist jedoch grundsätzlich nur ein Anfechtungsgrund.[960] Damit ist die Abberufung, wenn ein wichtiger Grund tatsächlich nicht vorgelegen hat, einstweilen wirksam, bis die Unwirksamkeit rechtskräftig festgestellt ist.[961] Das gilt grundsätzlich auch bei Abberufung eines Gesellschafter-Geschäftsführers. Zwar bedeutet die unberechtigte Abberufung aus wichtigem Grund wegen des dort geltenden Stimmrechtsausschlusses einen Eingriff in das Stimmrecht des Gesellschafter-Geschäftsführers; auch das führt indes nur zur Anfechtbarkeit des Beschlusses.[962] Der Geschäftsführer, der zugleich Gesellschafter ist, kann in diesem Fall den Abberufungsbeschluß selber anfechten. Der Abberufungsbeschluß wird mit Rechtskraft des Urteils unwirksam und der Gesellschafter erhält seine Geschäftsführerstellung zurück.[963]

---

[956] Hüffer, AktG, § 84 RdNr. 31; K. Schmidt, Gesellschaftsrecht, § 28 II 2. c); die Regelung hat zur Folge, dass die mögliche Feststellungsklage des Vorstandsmitglieds nur die Wirkung einer Anfechtungsklage hat.

[957] Fleck, GmbHR 1970, 221, 222

[958] Baumbach/Hueck/Zöllner, § 38 RdNr. 29; Hachenburg/Stein, § 38 RdNr. 97; Grunewald, FS. Zöllner I, S. 177, 179; Fischer, FS. W. Schmidt, S. 117, 122; a.A. Scholz/Schneider, § 38 RdNr. 64

[959] Scholz/Schneider, § 38 RdNr. 58; U. H. Schneider, ZGR 1983, 535, 542

[960] Hachenburg/Stein, § 38 RdNr. 99; Lutter/Hommelhoff, § 38 RdNr. 27; Scholz/Schneider, § 38 RdNr. 60; Raiser, Kapitalgesellschaften, § 32 RdNr. 60; BGH, NJW 1995, 1358, 1359; BGH, GmbHR 1985, 256, 259

[961] Raiser, Kapitalgesellschaften, § 32 RdNr. 60

[962] Lutter/Hommelhoff, § 38 RdNr. 17 a; Scholz/Schmidt, § 45 RdNr. 70, 98 und § 47 RdNr. 175; Baumbach/Hueck/Zöllner, § 38 RdNr. 29; Raiser, Kapitalgesellschaften, § 32 RdNr. 48; Fischer, FS. W. Schmidt, S. 117, 122; a.A. Schneider, ZGR 1983, 535, 542

[963] Scholz/Schneider, § 38 RdNr. 56; Baumbach/Hueck/Zöllner, § 38 RdNr. 21; Der Fremdgeschäftsführer hingegen kann der Abberufung grundsätzlich nicht widersprechen (Lutter/Hommelhoff, § 38 RdNr. 27; Scholz/Schneider, § 38 RdNr. 57)

Etwas anderes gilt nur dann, wenn dem Gesellschafter in der Satzung ein Sonderrecht zur Geschäftsführung eingeräumt wurde. Grundsätzlich kann hier die Geschäftsführerstellung nur mit Zustimmung des Betroffenen entzogen werden.[964] Auch hier gilt allerdings, dass im Interesse der Gesellschaft eine Abberufung aus wichtigem Grund dann möglich sein muß, wenn der Geschäftsführer für die Gesellschaft unzumutbar geworden ist.[965] Die Abberufung stellt hier indes einen Eingriff in das Mitgliedschaftsrecht des Gesellschafter-Geschäftsführers dar. Die Zulassung eines auch nur vorläufigen Eingriffs ist mit dieser besonderen Rechtsstellung unvereinbar.[966] Der Gesellschafter-Geschäftsführer erlangt durch die Einräumung eines Sonderrechts zur Geschäftsführung eine Stellung, die der des persönlich haftenden Gesellschafters einer Personengesellschaft nahekommt. Daher gilt nach h.M. in diesem Fall, ähnlich wie nach §§ 117, 127 HGB, dass der Geschäftsführer seine Organstellung erst mit einer rechtskräftigen gerichtlichen Entscheidung verliert.[967]

bb)   Die Problematik in der Zwei-Personen-GmbH

Bereits oben[968] wurde im Rahmen der Beschlußfeststellung durch den Versammlungsleiter dargestellt, dass der Grundsatz der vorläufigen Wirksamkeit von Gesellschafterbeschlüssen in der Zwei-Personen-GmbH zu problematischen Ergebnissen führt. Bei der Abberufung des Gesellschafter-Geschäftsführers zeigen sich diese Probleme besonders deutlich.

Bedingt durch den Stimmrechtsausschluß bei der Abberufung aus wichtigem Grund kann hier ein Gesellschafter den anderen auf Dauer von der Geschäftsführung ausschließen.[969] Mit der Behauptung, es liege ein wichtiger Grund für die Abberufung vor, würde der eine Gesellschafter die Beteiligung des anderen an der Abstimmung verhindern.[970] Der abberufene Gesellschafter-Geschäftsführer wäre dann zumindest bis zur Rechtskraft einer die Unwirksamkeit feststellenden Entscheidung wirksam von der Geschäftsführung ausgeschlossen. Selbst nach einer solchen Gerichtsentscheidung könnte der

---

[964] Baumbach/Hueck/Zöllner, § 38 RdNr. 7

[965] Baumbach/Hueck/Zöllner, § 38 RdNr. 5

[966] Lutter/Hommelhoff, § 38 RdNr. 34; Scholz/Schneider, § 38 RdNr. 60, 66; Fleck, GmbHR 1970, 221, 226

[967] Lutter/Hommelhoff, § 38 RdNr. 34; Roth/Altmeppen, § 38 RdNr. 48; Scholz/Schneider, § 38 RdNr. 66; Hachenburg/Stein, § 38 RdNr. 111; Vorwerk, GmbHR 1995, 266, 269; Thanos, S. 100; OLG Hamburg, GmbHR 1992, 43, 45; abweichend Baumbach/Hueck/Zöllner, § 38 RdNr. 31, wonach die Abberufung auch hier vom tatsächlichen Vorliegen eines wichtigen Grundes abhängig sein soll.

[968] § 5, II. 2. c) aa) (2)

[969] Vgl. Scholz/Schneider, § 38 RdNr. 67; Fleck, GmbHR 1970, 221, 227 f.

[970] Dieses gilt sogar für den Minderheitsgesellschafter (vgl. OLG Stuttgart, NJW-RR 1994, 811); bei der „freien" Abberufung stellt sich dieses Problem auch in der Zwei-Personen-GmbH nicht, da der Gesellschafter-Geschäftsführer nicht von der Abstimmung ausgeschlossen ist (vgl. BGH GmbHR 1985, 256, 259).

andere Gesellschafter einen erneuten Abberufungsbeschluß herbeiführen.[971] Bei gegenseitigen Abberufungsbeschlüssen besteht somit die Gefahr, dass sämtliche Geschäftsführer der Gesellschaft abberufen werden. Damit wäre nicht einmal die gesetzliche Vertretung der Gesellschaft sichergestellt, es müßte ein Notgeschäftsführer durch Gericht bestellt werden, obwohl möglicherweise beide Abberufungen unzulässig sind.[972]

(1) Stand der Rechtsprechung

In der Rechtsprechung fehlte es lange Zeit an einer Entscheidung zu der Wirksamkeit eines umstrittenen Abberufungsbeschlusses in der Zwei-Personen-GmbH.[973] Der BGH war mit dieser Problematik dann aber in seiner Entscheidung BGHZ 86, 177[974] befaßt. Zu der Wirkung des Abberufungsbeschlusses wurde entschieden, dass diese allein von der materiellen Rechtmäßigkeit der Abberufung abhänge. Die Wirksamkeit stehe damit von vornherein objektiv fest. Zur Klärung des entstehenden Schwebezustandes bleibe der Weg der einstweiligen Verfügung.

Nach Ansicht des BGH kann zur Lösung nicht auf andere·gesetzliche Regelungen zurückgegriffen werden. Eine entsprechende Anwendung der §§ 117, 127 HGB scheitere daran, dass der dort geregelte Tatbestand sich nicht auf die GmbH übertragen lasse: In der GmbH bestehe, anders als in der OHG oder der KG, die Notwendigkeit, einen Geschäftsführer aus wichtigem Grund zu entlassen; die Lage in der Personengesellschaft mit Selbstorganschaft lasse sich damit nicht vergleichen. Andererseits scheide in der Zwei-Personen-GmbH auch eine analoge Anwendung des § 84 Abs. 3 Satz 4 AktG aus. Anders als in der AG sei in der GmbH die Bestellung und Abberufung der Geschäftsführung nicht einem gesonderten Organ (Aufsichtsrat) übertragen. In der Zwei-Personen-GmbH bestehe dadurch die Möglichkeit, dass die Gesellschafter-Geschäftsführer durch (wirksame) gegenseitige Abberufungsbeschlüsse die Geschäftsführung der GmbH insgesamt abberufen könnten. Damit sei - wenn sich die Gesellschafter nicht auf einen neuen Geschäftsführer einigen könnten - nicht einmal die notwendige gesetzliche Vertretung der Gesellschaft gesichert.

Die Lösung des BGH trägt somit konkret der Situation in der Zwei-Personen-GmbH Rechnung, nimmt dabei aber einen vorübergehenden Schwebezustand in Kauf, dem durch einen auf vorläufige Regelung der Geschäftsführung gerichteten Antrag auf einstweilige Verfügung begegnet werden kann, gegebenenfalls in Verbindung mit einem Antrag auf Bestellung eines Notgeschäftsführers.[975] Durch die Ablehnung einer Analogie zu §§ 117, 127 HGB

---

[971] Vgl. Fischer, GmbHR 1953, 131, 134; Fleck, GmbHR 1970, 221, 228
[972] Raiser, Kapitalgesellschaften, § 32 RdNr. 4; Oppenländer, DStR 1996, 922, 925
[973] Vgl. etwa Fischer, GmbHG, 10. Auflage, § 38 Ziff. 7.; Baumbach/Hueck, GmbHG, 13. Auflage, § 38 Ziff 2) D.
[974] Zum Sachverhalt siehe oben § 2, III. 1.
[975] BGHZ 86, 177, 183

ergibt sich außerdem, dass ein Gesellschafterbeschluß für die Abberufung ausreichend ist. Auch das OLG Hamburg hat dem BGH darin zugestimmt, dass es auch für den Gesellschafter-Geschäftsführer mangels zwingender Selbstorganschaft an einer der Personengesellschaft vergleichbaren Interessenlage fehle und somit eine Analogie zu §§ 117, 127 HGB ausscheide.[976] Nichts anderes gelte für den aufgrund eines Präsentationsrechts bestellten Fremdgeschäftsführer. Nach Ansicht des OLG Köln sei der entstehende Schwebezustand hinzunehmen.[977]

(2)   Meinungsstand in der Literatur

In der Literatur wird die Abberufung des Gesellschafter-Geschäftsführers in der Zwei-Personen-GmbH in Übereinstimmung mit dem BGH als Sonderfall behandelt. Dennoch stehen sich im Detail verschiedene Lösungsvorschläge gegenüber.

Ausgangspunkt ist auch hier die entsprechende Anwendung der aktienrechtlichen Regelung (§§ 241 Nr. 5, 246 AktG)[978] auf den anfechtbaren Abberufungsbeschluß. Gerade hinsichtlich des wichtigen Grundes sei eine zweifelsfrei festzustellende Wirkung des Abberufungsbeschlusses von Bedeutung, da dessen Vorliegen vom Rechtsverkehr meist nicht einschätzbar sei.[979] Allerdings sei in der Zwei-Personen-GmbH eine einstweilige Wirkung des Abberufungsbeschlusses nicht zweckmäßig.[980] Die Gesellschafter könnten sich so gegenseitig über längere Zeit von der Geschäftsführung ausschließen. Gerade in einer kleinen GmbH sei die Berufung eines neutralen Dritten häufig keine zweckmäßige Lösung.[981]

Nach Auffassung von Fischer[982] stellt die Geschäftsführerstellung in der personalistischen GmbH ein mitgliedschaftliches Sonderrecht dar; die Geschäftsführerstellung könne daher nur durch rechtskräftige Entscheidung entzogen werden. Ähnlich schlug Fleck[983] eine an §§ 117, 127 HGB angelehnte Lösung vor. Hingegen zog Eder[984] eine Abberufung durch Gesellschafterbeschluß vor, dessen Wirksamkeit von dem Vorliegen eines wichtigen Grundes, also der materiellen Rechtslage abhänge. Die Situation gleiche eher der Abberufung gemäß §§ 712, 715 BGB in der Gesellschaft

---

[976] OLG Hamburg, GmbHR 1992, 43, 45

[977] OLG Köln, GmbHR 1995, 299 (zum Eintragungsverfahren nach § 127 FGG; vgl. dazu näher unten in § 12).

[978] Siehe oben II 1. a)

[979] Fischer, FS. W. Schmidt, S. 117, 121

[980] Fleck, GmbHR 1970, 221, 228; Fischer, FS. W. Schmidt, S. 117, 123; ders., GmbHR 1953, 131, 134

[981] Fleck, GmbHR 1970, 221, 228: Die Gesellschafter seien am Besten mit dem Unternehmen vertraut. Gerade in einer Krisensituation wären sie aber nicht in der Lage, einem Dritten die erforderlichen klaren Anweisungen zu geben.

[982] Fischer, FS. W. Schmidt, S. 117, 122

[983] Fleck, GmbHR 1970, 221, 228

[984] Eder, GmbHR 1962, 22, 24

Abberufung gemäß §§ 712, 715 BGB in der Gesellschaft bürgerlichen Rechts, daher müsse sich der Gesellschafter-Geschäftsführer einer GmbH in jedem Fall die Abberufung durch Beschluß gefallen lassen.

Inzwischen besteht in der Literatur, in Übereinstimmung mit der Rechtsprechung des BGH[985], Einigkeit dahingehend, dass der Abberufungsbeschluß des Gesellschafter-Geschäftsführer in der Zwei-Personen-GmbH grundsätzlich keine einstweilige Wirksamkeit entfaltet.[986] Es sei untragbar, wenn sonst der eine Gesellschafter-Geschäftsführer den anderen dauerhaft von der Geschäftsführung ausschließen könne.[987] Die Wirksamkeit müsse daher hier letztlich von der materiellen Rechtslage abhängen.

Verschiedene Vorstellungen bestehen aber nach wie vor hinsichtlich der Überwindung des nach dieser Lösung entstehenden Schwebezustandes. Ziel aller Lösungsvorschläge ist es dabei, die durch einen umstrittenen Abberufungsbeschluß entstehende Ungewißheit zu beseitigen, um der Gefahr einer erheblichen Beeinträchtigung der Interessen der Gesellschaft vorzubeugen.[988]

Zumindest für die isolierte Beurteilung des einzelnen Abberufungsbeschlusses wird auch bei der Zwei-Personen-GmbH nach einer Ansicht[989] danach differenziert, ob der Abberufungsbeschluß durch einen Versammlungsleiter festgestellt[990] worden ist: In diesem Fall solle der Abberufungsbeschluß vorläufig wirksam sein. Dieser Ansicht wird allerdings entgegengehalten, auch die Wahl des Versammlungsleiters sei in der Zwei-Personen-GmbH von der bipolaren Gesellschaftssituation geprägt[991]. Der Versammlungsleiter könne in der Regel das Vorliegen des wichtigen Grundes nicht prüfen.[992]

Nach Ansicht von Altmeppen[993] ist der Abberufungsbeschluß gegenüber dem Minderheitsgesellschafter vorläufig wirksam: Dieser könne den Mehrheitsbeschluß und die förmliche Beschlußfassung nicht verhindern. Auf der anderen Seite könne der Abberufungsbeschluß gegenüber dem Mehrheitsgesellschafter keine Wirksamkeit entfalten. Es müsse somit danach differenziert

[985] BGHZ 86, 177
[986] Hachenburg/Stein, § 38 RdNr. 112; Lutter/Hommelhoff, § 38 RdNr. 31; Scholz/Schneider, § 38 RdNr. 67; Wolf, ZGR 1998, 92, 99; U. H. Schneider, FS. Kellermann, S. 403, 421; ders. ZGR 1983, 535, 543; Damm, ZHR 1990, 413, 427; Thanos, S. 90, 96; Raiser, Kapitalgesellschaften, § 32 RdNr. 51; Lutz, S. 45
[987] Scholz/Schneider, § 38 RdNr. 67; Oppenländer, DStR 1996, 922, 925
[988] Hachenburg/Stein, § 38 RdNr. 114; Wolf, ZGR 1998, 92, 101; Vorwerk, GmbHR 1995, 266, 269
[989] Wolf, ZGR 1998, 92, 99; so auch OLG Stuttgart, NJW-RR, 1994, 811
[990] Vgl. hierzu schon oben § 5, II. 2. c) aa) und § 10, I. 3 a)
[991] Roth/Altmeppen, § 38 RdNr. 40
[992] Roth/Altmeppen, § 38 RdNr. 38; vgl. auch BGHZ 51, 209, 212: Die Verkündung eines Abstimmungsergebnisses durch den Versammlungsleiter ist rechtlich ohne Belang (zust. Hofmann, GmbHR 1970, 119).
[993] Roth/Altmeppen, § 38 RdNr. 46

werden, ob der Beschluß mit der „rechnerischen Mehrheit" zustandegekommen sei oder nicht.[994]

Diese Differenzierung kritisiert Zöllner als zu weitgehend.[995] Bei wechselseitiger Abberufung sollten vielmehr grundsätzlich beide Geschäftsführer - vorbehaltlich einer Regelung im Wege einstweiligen Rechtsschutzes - bis zu einer rechtskräftigen Entscheidung weiter im Amt bleiben. Hierdurch könne insbesondere der unsinnige Wettlauf der Gesellschafter um den früheren Abberufungsbeschluß vermieden werden. In der Verhandlung seien dann die beiden Abberufungen gemeinsam gerichtlich geklärt werden.

Diese Lösung gleicht in ihren Auswirkungen bereits dem sich durch entsprechende Anwendung der §§ 117, 127 HGB ergebenden Ergebnis. Daher soll nach Ansicht von Grunewald[996] insbesondere für die Zwei-Personen-GmbH bei der Abberufung eines Gesellschafter-Geschäftsführers in Anlehnung an die Regelung der §§ 117, 127 HGB die Fortdauer der Geschäftsführerstellung bis zur rechtskräftigen Entscheidung gelten. Nach Ansicht von Wolf ist hier sogar auf einen Abberufungsbeschluß zu verzichten und analog §§ 117, 127 HGB die Abberufung nur durch eine Klage zu bewirken.[997] Das durch § 46 Nr. 5 GmbHG vorgesehene System des Abberufungsbeschlusses passe nicht auf die Zwei-Personen-GmbH. Hingegen stehe eine analoge Anwendung des Systems der §§ 117, 127 HGB im Einklang mit dem personalistischen Zuschnitt der Zwei-Personen-GmbH.

Die herrschende Meinung geht dennoch entsprechend der Lösung des BGH von der alleinigen Maßgeblichkeit der materiellen Rechtslage aus und löst den Schwebezustand mit Hilfe des einstweiligen Rechtsschutzes.[998] In der Zwei-Personen-GmbH gebühre weder dem Interesse der Gesellschaft noch dem des anderen Gesellschafters oder des abberufenen Gesellschafter-Geschäftsführers Vorrang. In der Gefahr, dass die gesetzliche Vertretung der Gesellschaft während des Schwebezustandes nicht gesichert ist, wird überwiegend kein Hinderungsgrund gesehen. Genau für diesen Fall sei die Lösung über § 29 BGB vorgesehen.[999] Die Unsicherheit über die Wirksamkeit

---

[994] Roth/Altmeppen, § 38 RdNr. 41 („Rechnerische Mehrheit" bedeute dabei das Beschlußergebnis ohne juristische Einflüsse, etwa Stimmverbote; der Betroffene solle daher in jedem Fall mitstimmen.)

[995] Baumbach/Hueck/Zöllner, § 38 RdNr. 36 c

[996] Grunewald, FS. Zöllner I, S. 186, 189

[997] Wolf ZGR 1998, 92, 101; vgl. Fischer, FS. W. Schmidt, S. 117, 123

[998] Hachenburg/Stein, § 38 RdNr. 117; Lutter/Hommelhoff, § 38 RdNr. 31; Scholz/Schneider, § 38 RdNr. 67; U. H. Schneider, ZGR 1983, 535, 544; Raiser, Kapitalgesellschaften, § 32 RdNr. 66; Thanos, S. 101; Lutz (S. 45) sieht auch hierin eine Annäherung an §§ 117, 127 HGB, da so möglicherweise der abberufende Gesellschafter die Klagelast zu tragen habe.

[999] Emmerich, WuB II C. § 38 GmbHG 1.89; Eder, GmbHR 1962, 22, 24; anders Oppenländer, DStR 1996, 922, 925

der Abberufung bis zur Rechtskraft der Entscheidung sei in diesem Fall hinzunehmen.[1000]

(3) Stellungnahme

Im GmbHG fehlt es an einer eindeutigen Regelung der Wirksamkeit des umstrittenen Abberufungsbeschlusses. Daher ist es unerläßlich, zur Lösung dieser Problematik Regelungen aus vergleichbaren Rechtsgebieten heranzuziehen. Eine Betrachtung der praktischen Auswirkungen der Anwendung der §§ 241 ff. AktG auf die Zwei-Personen-GmbH zeigt, dass sich gerade im Rahmen der Geschäftsführerabberufung untragbare Folgen ergeben, da so ein Gesellschafter-Geschäftsführer, insbesondere auch der mit Mehrheit beteiligte, ohne materiellrechtliche Begründung dauerhaft von der Geschäftsführung ausgeschlossen werden könnte. Auf der anderen Seite kommt eine Analogie zu §§ 117, 127 HGB nicht in Betracht, da die Situation in der GmbH auch bei personalistischer Ausgestaltung nicht mit der in einer Personengesellschaft vergleichbar ist, da in der GmbH die Fremdgeschäftsführung stets zulässig ist. Eine Abgrenzung nach der konkreten Geschäftsführungsform würde erhebliche Folgeprobleme mit sich bringen. Auch eine Analogie zu §§ 712, 715 BGB scheidet aufgrund der gegenüber der GbR grundsätzlich unterschiedlichen Situation aus; dennoch zeigt sich an dieser Regelung, dass auch in personalistischen Gesellschaften die Entziehung der Geschäftsführung aus wichtigem Grund durch Beschluß erfolgen kann.

Der vom BGH gewählte Sonderweg, nach dem die Wirksamkeit des Abberufungsbeschlusses von der materieller Rechtslage abhängig ist, trägt der Tatsache Rechnung, dass aufgrund der organisatorischen Trennung von Gesellschafter- und Geschäftsführerebene in der GmbH eine Abberufung durch Gesellschafterbeschluß möglich sein muß, schützt aber zugleich den betroffenen Gesellschafter-Geschäftsführer vor einem ungerechtfertigten Verlust seiner Geschäftsführerstellung. Dabei überzeugt das Argument des BGH, die Rechtslage stehe damit zumindest objektiv fest, in der praktischen Anwendung nicht, denn gerade die zugrundeliegende materielle Rechtslage ist regelmäßig zwischen den Beteiligten umstritten. Der entstehende Schwebezustand und die sich ergebende Rechtsunsicherheit wird aber dadurch gerechtfertigt, dass so den Interessen der Gesellschaft und der Gesellschafter-Geschäftsführer ausreichend Rechnung getragen werden kann.

Dieses Ergebnis ergibt sich auch ohne eine weitere Sonderregel aus der oben dargestellten Lösung für das Beschlußmängelrecht in der Zwei-Personen-GmbH. Die Wirksamkeit der Abberufung ist abhängig von der Abberufungserklärung, deren Wirksamkeit sich wiederum aus der Wirksamkeit des Abberufungsbeschlusses ergibt. Ohne eine konstitutive Wirkung einer Beschlußfeststellung hängt die Wirksamkeit des Abberufungsbeschlusses

---

[1000] Scholz/Schneider, § 38 RdNr. 67

194

von der materiellen Rechtslage ab. Daraus folgt, dass auch die Wirksamkeit der Abberufung als solcher von der materiellen Rechtslage abhängig ist.[1001]

Die Überlegungen, die zum Ausschluß einer konstitutiven Wirkung von Beschlußfeststellungen geführt haben, gelten in besonderem Maße für die Abberufung eines Gesellschafter-Geschäftsführers in einer Zwei-Personen-GmbH. Das Zustandekommen des Abberufungsbeschlusses ist hier abhängig von dem Stimmrechtsausschluß gegenüber dem betroffenen Gesellschafter. Die Frage des Vorliegens eines wichtigen Grundes entscheidet hier somit gleichzeitig darüber, ob bei der Beschlußfassung das Stimmrecht des betroffenen Gesellschafters verletzt worden ist. Eine Verletzung seines Stimmrechts würde die Unwirksamkeit des Abberufungsbeschlusses bedeuten.[1002] Aufgrund dieser schwerwiegenden Auswirkungen kann gerade bei einem Abberufungsbeschluß aus wichtigem Grund eine Feststellung des Beschlußergebnisses mangels ausreichender Legitimation des Versammlungsleiters keine konstitutive Wirkung haben.

Im Gegensatz zu den Fällen, in denen die §§ 241 ff. AktG anwendbar sind, könnte hier tatsächlich ein Anwendungsbereich für § 84 Abs. 3 Satz 3 AktG gegeben sein, um dennoch zu einer vorläufigen Wirkung der Abberufung zu kommen. Hierfür besteht jedoch weder dogmatische Notwendigkeit noch tatsächliches Bedürfnis. Denn die Vorschrift dient im Aktienrecht allein dazu, das sich aus den §§ 241 ff. AktG ergebende System des Beschlußmängelrechts auf die durch den Aufsichtsrat ausgesprochene Abberufung des Vorstandes zu übertragen. Bei der Abberufung in der Zwei-Personen-GmbH handelt es sich indes noch immer um einen Gesellschafterbeschluß und eine vorläufige Wirksamkeit dieses Beschlusses ist hier gerade nicht sachgerecht.

Somit bleibt es bei dem Nachteil, dass sich nach einem umstrittenen Abberufungsbeschluß ein Schwebezustand ergibt. Dieses ist aber aufgrund der besonderen Stellung des Gesellschafter-Geschäftsführers in der Zwei-Personen-GmbH hinzunehmen. Durch Inanspruchnahme einstweiligen Rechtsschutzes läßt sich zudem eine vorläufige Klärung der Geschäftsführerstellung erreichen.

b)   Folgerungen für die Klageart

Da ein zwischen den Gesellschaftern einer Zwei-Personen-GmbH umstrittener Abberufungsbeschluß grundsätzlich keine vorläufige Wirksamkeit erlangt, kommt hier für die gerichtliche Überprüfung grundsätzlich nur die Feststellungsklage gemäß § 256 Abs. 1 ZPO in Betracht.[1003] Gerade bei der Abberufung eines Gesellschafter-Geschäftsführers aus wichtigem Grund ist, wie so-

---

[1001] Vgl. Raiser, Kapitalgesellschaften, § 32 RdNr. 66, für den Fall, dass der Abberufungsbeschluß gar nicht festgestellt wurde.
[1002] So auch Scholz/Schneider, § 38 RdNr. 64; U. H. Schneider, ZGR 1983, 535, 542; BGHZ 15, 177, 181; BGH, WM 1962, 201; BGH, WM 1967, 927, 928
[1003] Vorwerk, GmbHR 1995, 266, 270

eben dargestellt, in der Zwei-Personen-GmbH eine verbindliche Beschluß-fassung nicht gegeben. Daher ist hier grundsätzlich die Überprüfung des Abberufungsbeschlusses durch Feststellungsklage statthaft. Da es sich bei einem Abberufungsbeschluß nicht um einen satzungsändernen Gesellschafterbeschluß gemäß § 53 GmbHG handelt kommt hingegen eine Anfechtungsklage analog § 246 AktG kommt nur dann in Betracht, wenn das Beschlußergebnis zwischen den Gesellschaftern ursprünglich unstreitig war und somit tatsächlich feststeht.

2. Feststellungsklage

Hinsichtlich eines umstrittenen Abberufungsbeschlusses besteht die Besonderheit der Feststellungsklage gemäß § 256 Abs. 1 ZPO darin, dass nicht nur eine Klage des betroffenen Gesellschafter-Geschäftsführers gegen den Abberufungsbeschluß möglich ist[1004], sondern ebenso umgekehrt Klage auf Feststellung der Wirksamkeit der Abberufung erhoben werden kann. In der Zwei-Personen-GmbH kann somit auch umgekehrt der die Abberufung betreibende Gesellschafter gegen den anderen Gesellschafter-Geschäftsführer auf Feststellung klagen, dieser sei als Geschäftsführer abberufen.[1005]

Das für die Klageerhebung erforderliche schutzwürdige Interesse des Klägers an der baldigen Feststellung des Rechtsverhältnisses[1006] ist für jeden Gesellschafter hinsichtlich eines umstrittenen Abberufungsbeschlusses regelmäßig gegeben; es besteht somit sowohl die Möglichkeit einer Klage gegen die Beschlußfassung als auch umgekehrt auf Feststellung der Abberufung. Für Rechtsstreitigkeiten zwischen dem Geschäftsführer und der Gesellschaft sind die ordentlichen Gerichte zuständig (vgl. § 5 Abs. 1 Satz 3 ArbGG).[1007]

a) Gründe für die Fehlerhaftigkeit des Abberufungsbeschlusses

In der Zwei-Personen-GmbH kommt insbesondere zum einen die Nichtberücksichtigung von Stimmen aufgrund eines fälschlich angenommenen wichtigen Grundes in Betracht als auch das Fehlen des wichtigen Grundes als solchen, insofern die Abberufung auf diesen gestützt wird.[1008] Darüber hinaus kann sich die Feststellungsklage auch auf die Feststellung der Nichtigkeit entsprechend § 241 AktG beziehen.[1009]

[1004] Baumbach/Hueck/Zöllner, § 38 RdNr. 30; Vorwerk, GmbHR 1995, 267, 270; Grunewald, FS. Zöllner I, S. 177, 180; BGH, GmbHR 1999, 477

[1005] Scholz/Schmidt, § 38 RdNr. 71

[1006] Zöller/Greger, § 256 RdNr. 7

[1007] Hachenburg/Stein, § 35 RdNr. 323, § 38 RdNr. 119. Gerichtsstand ist nach § 29 ZPO regelmäßig der Sitz der Gesellschaft, funktionell zuständig sind nach § 95 Abs. 1 Nr. 4 a GVG die Kammern für Handelssachen.

[1008] Baumbach/Hueck/Zöllner, § 38 RdNr. 29; vgl. § 7, III. 1.

[1009] Vorwerk, GmbHR 1995, 267, 270

b)   Nachschieben von Gründen

Bereits oben[1010] wurde dargestellt, dass gerade in einer personalistischen GmbH hinsichtlich der zeitlichen Grenzen für die Heranziehung von Abberufungsgründen eine flexible Handhabung erforderlich ist. Im Prozeß um die Abberufung stellt sich hierzu die Frage, ob nachträglich noch weitere Gründe, die die Abberufung rechtfertigen, vorgebracht werden können.

Schon in seiner Entscheidung vom 14. Oktober 1968 hatte der BGH entschieden, dass später festgestellte Vorkommnisse, die den ursprünglichen Abberufungsgrund stützen, nachträglich geltend gemacht werden können.[1011] Dies gelte zumindest, sofern sie „auf einer Linie" mit den ursprünglichen Gründen lägen.

Konkret nahm dann der BGH in seiner Entscheidung vom 14. Oktober 1991[1012] zu dieser Frage Stellung. In dem der Entscheidung zugrunde liegenden Fall hatte die Klägerin die Abberufung ihres Mitgesellschafters zunächst auf einen Einbruchsversuch gestützt; im Prozeß über die Rechtmäßigkeit der Abberufung trug sie dann weitere Gründe vor.

Nach Ansicht des BGH war die Abberufung hier nicht unzulässig. Die Mitgesellschafterin könne diese Gründe noch „nachschieben". Das Nachschieben von Gründen sei grundsätzlich zulässig. Es bestehe im allgemeinen - und insbesondere wenn der Betroffene die Gründe selbst gesetzt habe - kein Anlaß, die Zulässigkeit des Nachschiebens von Gründen einzuschränken. Des weiteren ergebe sich eine Einschränkung in der vorliegenden Konstellation auch nicht aus der gesellschaftsinternen Kompetenzordnung. In der Zwei-Personen-GmbH sei der Gesellschafter, der den Abberufungsbeschluß allein gefaßt habe, zugleich derjenige, der die Gesellschaft in dem über die Wirksamkeit der Abberufung anhängigen Rechtsstreit vertrete.

Diese Ansicht wird in der Literatur geteilt. Durch ihre reale Struktur ergibt sich auch hier eine Sonderregel für die Zwei-Personen-GmbH.[1013] Der für das Nachschieben von Abberufungsgründen im Prozeß normalerweise erforderliche Gesellschafterbeschluß ist in der Zwei-Personen-GmbH regelmäßig entbehrlich. Das gilt immer dann, wenn der Gesellschafter, der ursprünglich den Abberufungsbeschluß allein gefaßt hat, zugleich derjenige ist, der die Gesellschaft in dem über die Wirksamkeit der Abberufung geführten Rechtsstreit vertritt.[1014]

[1010] Siehe § 7, III. 3.

[1011] BGH, WM 1968, 1347; zum Sachverhalt siehe § 7, III. 1.

[1012] BGH, WM 1991, 2140, m. Anm. U. H. Schneider, WuB II C. § 38 GmbHG 1.92 und Fleck, EWiR 1992, 61; vgl. zum Sachverhalt oben § 7, III. 3.

[1013] U. H. Schneider, WuB II C. § 38 GmbHG 1.92; Fleck, EWiR 1992, 61

[1014] Hachenburg/Stein, § 38 RdNr. 41; Baumbach/Hueck/Zöllner, § 38 RdNr. 9 b; Scholz/Schneider, § 38 RdNr. 46 a; Schneider, WuB II C. § 38 GmbHG 1.92; OLG Naumburg, GmbHR 1996, 934, 939

Unter „Nachschieben" wird in der Regel das nachträgliche Vorbringen solcher Gründe verstanden, die bereits im Abberufungszeitpunkt vorgelegen haben, dennoch aber nicht dem Abberufungsbeschluß zugrunde gelegt wurden.[1015] Darüber hinaus wird zum Teil die Auffassung vertreten, dass auch solche Gründe nachgeschoben werden können, die erst nach Abberufungsbeschluß entstanden sind.[1016] Das ist insbesondere in der Zwei-Personen-GmbH zu befürworten, da hier auch nachträglich entstandene Gründe für die Gesamtbeurteilung im Hinblick auf eine zu erwartende Wiederholung des Fehlverhaltens von Bedeutung sein können. Hierdurch wird eine ökonomische Konfliktaustragung gefördert, da sonst die später aufgetretenen Gründe zu einem erneuten Abberufungsbeschluß mit folgendem Rechtsstreit führen würden.

c)   Passivlegitimation

Es wurde bereits dargestellt, dass in der Zwei-Personen-GmbH der Streit um einen Gesellschafterbeschluß im Rahmen einer Feststellungsklage nur sinnvoll zwischen den Gesellschaftern ausgetragen werden kann und die Zwischenschaltung der Gesellschaft als Beklagte nicht sachgerecht ist.[1017] Das Gesagte gilt auch für den Streit um einen Abberufungsbeschluß. Während für die Anfechtungsklage gegen den Abberufungsbeschluß auch von der Rechtsprechung an der Gesellschaft als richtiger Beklagter festgehalten wird, gilt für die Feststellungsklage, dass keine Notwendigkeit für eine Klage gegen die Gesellschaft besteht, eine Klage gegen den anderen Gesellschafter in der Zwei-Personen-GmbH aber sachgerechter ist.[1018]

Über die Bestellung und Abberufung des Gesellschafter-Geschäftsführers aus wichtigem Grund wird in der Zwei-Personen-GmbH allein von dem anderen Gesellschafter entschieden. Für die Gesellschaft verbleibt damit bei einem Streit um die Abberufung keine eigene Funktion. Der Prozeß ist daher direkt zwischen den beiden Gesellschaftern zu führen. Die Inter-partes-Wirkung des Feststellungsurteils ist bei einem solchen Rechtsstreit ausreichend, da keine weiteren Gesellschafter vorhanden sind und die Gesellschaft durch die zwischen den Gesellschaftern ergehende Entscheidung tatsächlich gebunden wird.[1019]

[1015] Hachenburg/Stein, § 38 RdNr. 40; Baumbach/Hueck/Zöllner, § 38 RdNr. 9 b; Scholz/Schneider, § 38 RdNr. 46 a; Roth/Altmeppen, § 38 RdNr. 35

[1016] OLG Stuttgart, GmbHR 1995, 229, 230; Roth/Altmeppen, § 38 RdNr. 35; vgl. Goette, DStR 1994, 1746, 1748, Anm. zu BGH II ZR 91/94

[1017] Vgl. oben § 10, II. 2. b)

[1018] Fischer, FS. W. Schmidt, S. 117, 126

[1019] Siehe zu der Bindung der Gesellschaft oben § 10, II. 3.

d) Verfahren bei wechselseitiger Abberufung

Besonders deutlich wird dies, wenn sich wechselseitige Abberufungsbeschlüsse der Gesellschafter-Geschäftsführer gegenüberstehen und diese jeweils gerichtlich angefochten werden.

Bei einer Klage gegen die Gesellschaft, die im Prozeß jeweils von dem abberufenden Gesellschafter-Geschäftsführer vertreten wird, würde eine Klagabweisung in dem um die erste Abberufung geführten Verfahren dazu führen, dass die Gesellschaft in dem um die zweite Abberufung geführten Verfahren nicht mehr wirksam vertreten wäre, da der hier die Gesellschaft vertretende Gesellschafter nicht mehr Geschäftsführer ist.[1020] Es entstünde die unzumutbare Situation, dass die Gesellschaft in zwei Verfahren jeweils einen gegenteiligen Standpunkt vertreten müßte. Darüber hinaus muß in Korrelation mit den materiellrechtlichen Bedürfnissen auch im Prozeßrecht sichergestellt werden, dass keiner der Gesellschafter-Geschäftsführer den anderen unrechtmäßig von der Geschäftsführung ausschließen kann.

Bei Abberufungen, die in engem zeitlichen Zusammenhang erfolgt sind, kann dies durch eine gemeinsame Verhandlung und Entscheidung erreicht werden.[1021] Hierdurch kann insbesondere erreicht werden, dass im Rahmen der vorzunehmenden Gesamtabwägung das Verhalten beider Gesellschafter-Geschäftsführer berücksichtigt und gegeneinander abgewogen werden kann.[1022]

Die Problematik des Streits um wechselseitige Abberufungen läßt sich durch Klagen zwischen den Gesellschaftern, ohne Zwischenschaltung der Gesellschaft, erheblich besser lösen.[1023] Die Klagen der beiden Gesellschafter können als Klage und Widerklage miteinander verbunden und in dem gemeinsamen Verfahren ohne Probleme hinsichtlich der Vertretung der Gesellschaft behandelt werden.

3. Anfechtungsklage

Der Abberufungsbeschluß kann nur dann im Wege der Anfechtungsklage auf seine Rechtmäßigkeit überprüft werden, wenn das Beschlußergebnis zwischen den Gesellschaftern zunächst unstreitig gewesen und wirksam festgestellt worden ist.[1024] Das ist in der Zwei-Personen-GmbH bei der Abberufung eines Gesellschafter-Geschäftsführers nur ausnahmsweise der Fall.[1025] So-

---

[1020] Vgl. Fischer, FS. W. Schmidt, S. 117, 124
[1021] Baumbach/Hueck/Zöllner, § 38 RdNr. 36d; Grunewald, FS. Zöllner I, S. 177, 189; Hachenburg/Stein; § 38 RdNr. 128
[1022] Oppenländer, DStR 1996, 922, 926
[1023] So Fischer, FS. W. Schmidt, S. 117, 126; a.A. Baumbach/Hueck/Zöllner, § 38 RdNr. 36 d
[1024] Siehe oben § 10, I. 3. b); Baumbach/Hueck/Zöllner, § 38 RdNr. 23
[1025] Vgl. auch Raiser, Kapitalgesellschaften, § 32 RdNr. 66

fern dennoch ein wirksam festgestellter Abberufungsbeschluß durch Anfechtungsklage angefochten wird, sind neben den allgemeinen Regeln spezifische Besonderheiten zu beachten.

a) Allgemeine Voraussetzungen

Im Gegensatz zu der Feststellungsklage ist für die Erhebung der Anfechtungsklage zunächst nur ein allgemeines Rechtsschutzbedürfnis erforderlich.[1026] Die des weiteren erforderliche Anfechtungsbefugnis ist für jeden Gesellschafter-Geschäftsführer hinsichtlich eines gegen ihn oder einen anderen Geschäftsführer gerichteten Abberufungsbeschlusses gegeben[1027]; Fremdgeschäftsführer hingegen sind grundsätzlich nicht befugt, Anfechtungsklage gegen einen Abberufungsbeschluß zu erheben.[1028] Eine Anfechtungserklärung entsprechend § 245 Nr. 1 AktG (Widerspruch) ist für die Zulässigkeit der Klage nicht erforderlich.[1029]

b) Passivlegitimation

Im Gegensatz zu der Feststellungsklage ist auch in der Zwei-Personen-GmbH die Anfechtungsklage grundsätzlich gegen die Gesellschaft zu richten. An der Anwendung dieser Regel wurde in einer Entscheidung des OLG Hamm ausdrücklich festgehalten:

„Die Abberufung wegen Belegmanipulationen"

OLG Hamm, 8. Zivilsenat, Urteil vom 7. Mai 1984[1030]

Der Kläger und R waren je zur Hälfte an der beklagten GmbH beteiligt. Beide waren zu gesamtvertretungsberechtigten Geschäftsführern bestellt worden. R sollte für das Rechnungswesen, der Kläger für sonstige Arbeiten zuständig sein. Der Kläger stellte beim Ankauf zweier PKW überhöhte Auszahlungsbelege aus, wobei offen blieb, ob der Gesellschaft hierdurch ein Schaden entstand. R widerrief daraufhin aus wichtigem Grund die Bestellung des Klägers zum Geschäftsführer. Der Kläger klagte gegen die GmbH auf Feststellung der Nichtigkeit des Abberufungsbeschlusses und trug vor, R habe von den Belegmanipulationen gewußt.

[1026] Vgl. OLG Saarbrücken, DStR 2002, 98 (m. krit. Anm. Bloching): Das Rechtsschutzbedürfnis für eine gegen einen Abberufungsbeschluß gerichtete Anfechtungsklage ist nicht gegeben, wenn der Geschäftsführer sein Amt freiwillig niederlegt.

[1027] Scholz/Schmidt, § 38 RdNr. 69; Vorwerk, GmbHR 1995, 266, 270

[1028] Ganz h.M., vgl. Hachenburg/Stein, § 38 RdNr. 97; Vorwerk, GmbHR 1995, 266, 270. A.A. Raiser, Kapitalgesellschaften, § 32 RdNr. 63 mit Hinweis auf § 245 AktG; diese Norm ist aber mangels Vergleichbarkeit mit der Situation in der AG gerade in der personalistischen GmbH, bei der allein die Gesellschafter für die Entscheidung über eine Abberufung zuständig sind, nicht anzuwenden.

[1029] Vorwerk, GmbHR 1995, 266, 270

[1030] OLG Hamm, GmbHR 1985, 119

Das OLG stellte hierzu fest, dass eine Anfechtungsklage auch in der Zwei-Personen-GmbH gegen die Gesellschaft als Beklagte gerichtet werden kann[1031]. Das ergebe sich aus entsprechender Anwendung des § 246 AktG.[1032] Vertreten werde die Beklagte in diesem Prozeß allein durch den Geschäftsführer R: Im Streit um die Bestellung oder Abberufung eines Geschäftsführer sei als gesetzlicher Vertreter der GmbH derjenige anzusehen, der bei Abweisung der Anfechtungsklage nach materiellem Recht ihr gesetzlicher Vertreter wäre.

Infolge der Vertretung der beklagten GmbH durch den anderen Gesellschafter-Geschäftsführer[1033] entsteht in der Zwei-Personen-GmbH zwar eine Situation, die der direkten Prozeßführung zwischen den Gesellschaftern gleicht. Dennoch ist im Rahmen einer Anfechtungsklage entsprechend § 246 Abs. 2 Satz 1 AktG eine Klageerhebung nur gegen die Gesellschaft zulässig.[1034] Die Gestaltungsklage kann nur einen richtigen Beklagten haben. Daher ist auch in der Zwei-Personen-GmbH eine gegen den anderen Gesellschafter gerichtete Anfechtungsklage gegen einen Abberufungsbeschluß unzulässig.

c)   Vertretung der Gesellschaft

Problematisch ist die Frage, von wem die Gesellschaft vertreten wird, wenn gerade die Stellung als Geschäftsführer infolge einer Abberufung im Streit steht. Gemäß § 46 Nr. 8 Alt. 2 GmbHG entscheiden die Gesellschafter über die Bestellung eines besonderen Vertreters für die Gesellschaft in einem gegen einen Geschäftsführer geführten Prozeß. Uneinigkeit besteht darüber, ob die Geschäftsführer bei Ausbleiben eines solchen Gesellschafterbeschlusses weiterhin gemäß § 35 Abs. 1 GmbHG auch in einem solchen Prozeß die Gesellschaft vertreten können. Nach einer Ansicht muß die Gesellschafterversammlung nicht gemäß § 46 Nr. 8 GmbHG einen besonderen Prozeßvertreter bestellen; tue sie es nicht, könne die Gesellschaft auch von den übrigen Geschäftsführern vertreten werden.[1035] Ohne entsprechenden Gesellschafterbeschluß bleibe es somit bei der grundsätzlichen Regelung gemäß § 35 Abs. 1 GmbHG.[1036]

[1031] So auch BGH, NJW 1981, 1041

[1032] Die Klage sei demgegenüber nicht gegen den Mitgesellschafter zu richten, daran ändere auch die Entscheidung des BVerfG zur Verletzung rechtlichen Gehörs (BVerfG, DB 1982, 799; vgl. oben § 10, II. 2. b)) nichts.

[1033] Vgl. sogleich II. 3. d)

[1034] Siehe oben § 10, III. 3. c); vgl. Scholz/Schmidt, § 45 RdNr. 148; Hachenburg/Raiser, Anh. § 47 RdNr. 196

[1035] Hachenburg/Hüffer, § 46 RdNr. 105; Scholz/Schneider, § 38 RdNr. 69; Scholz/Schmidt, § 46 RdNr. 164; Lutter/Hommelhoff, § 46 RdNr. 25; Rowedder/Koppensteiner, § 46 RdNr. 38; BGH, WM 1981, 1353, 1354; BGH, GmbHR 1992, 299, 300, m. krit. Anm. Werner, WuB II C. § 38 GmbHG 3.92

[1036] BGH, GmbHR 1992, 299, 300; BGH, WM 1981, 1353, 1354

Nach der Gegenmeinung ist § 46 Nr. 8 GmbHG zwingend.[1037] Die Vertretungsmacht der Geschäftsführer als solche umfasse auf keinen Fall die Prozeßführung gegen andere Geschäftsführer. § 46 Nr. 8 GmbHG weise allein den Gesellschaftern die gesellschaftsinterne Kompetenz zur Entscheidung über die Vertretung zu. Für die strengere Ansicht spricht, dass potentiell die Unvoreingenommenheit der Geschäftsführer fraglich ist.[1038] Auch der BGH hat angedeutet, dass die Gesellschafterversammlung zumindest stillschweigend den Geschäftsführern die Vertretung übertragen muß.[1039]

In der Zwei-Personen-GmbH mit Selbstorganschaft handelt es sich diesbezüglich allerdings um eine anders zu beurteilende Situation. Der einzig verbleibende Geschäftsführer ist zugleich auch Gesellschafter der GmbH. Wäre die Entscheidung der Gesellschafterversammlung nach § 46 Nr. 8 GmbHG hier zwingend, könnte dieser Gesellschafter sich jederzeit zum Vertreter der Gesellschaft bestellen. Der andere Gesellschafter wäre von der Abstimmung ausgeschlossen[1040], die Beschlußfassung damit eine reine Formalität.[1041] Zumindest in der Zwei-Personen-GmbH ist es somit nicht sachgemäß, eine Entscheidung der Gesellschafterversammlung zu fordern. Vielmehr wird die Gesellschaft von vornherein in einem Prozeß um die Abberufung des einen Gesellschafter-Geschäftsführers allein von dem anderen Gesellschafter-Geschäftsführer vertreten. In der Zwei-Personen-GmbH ist damit, wenn die Stellung als Geschäftsführer im Streit steht, als gesetzlicher Vertreter der Gesellschaft derjenige anzusehen, der bei Abweisung der Klage nach materiellem Recht ihr gesetzlicher Vertreter wäre.[1042] Es ist dabei unerheblich, ob nach dem Gesellschaftsvertrag etwa die beiden Geschäftsführer nur gemeinschaftlich zur Vertretung befugt sind: Bleibt von mehreren gesamtvertretungsberechtigten Geschäftsführern nur einer übrig, so ist er einzelvertretungsberechtigt; es bedarf keines besonderen Prozeßvertreters oder eines Notgeschäftsführers.[1043] Insofern wird für den Prozeß um die Abberufung hinsichtlich der Vertretung der Gesellschaft die Wirksamkeit des Abberufungsbeschlusses fingiert.[1044] Ziel ist es, zu gewährleisten, dass die Vertretung der Gesellschaft während des Rechtsstreits durch alle Instanzen einheitlich gesichert ist.[1045]

[1037] Baumbach/Hueck/Zöllner, § 46 RdNr. 44; Roth/Altmeppen, § 46 RdNr. 47; Werner, WuB II C. § 38 GmbHG 3.92

[1038] Werner, WuB II C. § 38 GmbHG 3.92

[1039] BGH, DStR 1993, 843, 844 (für eine Feststellungsklage gegen die Kündigung des Anstellungsvertrages)

[1040] Vgl. oben § 5

[1041] Vgl. hierzu auch den Fall OLG Karlsruhe, GmbHR 1993, 154 (näher in § 12)

[1042] Hachenburg/Stein, § 38 RdNr. 121; Lutz, S. 102; Oppenländer, DStR 1996, 922, 928; BGH, WM 1981, 138 (für die Nichtigkeitsklage); OLG Hamm, GmbHR 1985, 119

[1043] OLG Hamm, GmbHR 1985, 119; OLG Köln, NZG 1999, 773

[1044] Lutter/Hommelhoff, § 38 RdNr. 24

[1045] BGH, WM 1981, 138

4. Die Behandlung durch die Registergerichte

Aus der Abhängigkeit der Wirksamkeit der Abberufung von der materiellen Rechtslage ergibt sich für die Registergerichte das Problem, wie vor rechtskräftiger Entscheidung über einen umstrittenen Abberufungsbeschluß ein Antrag auf Löschung des Geschäftsführers im Handelsregister zu behandeln ist.

Das Verfahren vor dem Registergericht ist rein formell, es wird lediglich geprüft, ob die dargelegten Voraussetzungen für die Abberufung ausreichend sind, nicht jedoch, ob sie bewiesen sind.[1046] Damit ist es hier nicht möglich, über die materiellrechtliche Frage der Wirksamkeit einer erkennbar umstrittenen Abberufung zu entscheiden. Das Gericht muß daher das Verfahren aussetzen und gemäß § 127 FGG Frist zur Klageerhebung setzen.[1047]

III. Rechtsschutz gegen die Kündigung

Von der Abberufung als Geschäftsführer ist auch auf der prozessrechtlichen Ebene die Kündigung des Anstellungsvertrages zu unterscheiden. Hierbei geht es nicht um die Organstellung, sondern letztlich um die Sicherung der finanziellen Lebensgrundlage des Geschäftsführers.

1. Mögliche Klagearten

Aus der Tatsache, dass es dem gekündigten Gesellschafter-Geschäftsführer vor allem darum geht, die weitergehende Zahlung seiner Vergütung zu sichern, ergeben sich grundsätzlich andere Rechtsschutzziele, die nicht durchgängig mit gesellschaftsrechtlichen Klagen verfolgt werden können.

a) zivilrechtlich

Der Geschäftsführer kann sich zunächst nach allgemeinen zivilrechtlichen Regeln gegen die Kündigung wenden und Leistungsklage auf Zahlung der Vergütung erheben.[1048] Im Rahmen dieser Klage wird die Wirksamkeit der Kündigung des Anstellungsvertrages inzident überprüft. Hinsichtlich des Vergütungsanspruchs ist allerdings zu differenzieren: Grundsätzlich ist der Geschäftsführer aufgrund des Anstellungsvertrages nur zu Geschäftsführerdiensten verpflichtet; daher behält er nach Abberufung seinen Vergütungsanspruch wegen Unmöglichkeit der von ihm geschuldeten Leistung, wenn er die Abberufung nicht durch pflichtwidriges Verhalten veranlaßt und damit zu vertreten hat.[1049] Soweit aber eine Fortsetzung der Anstellung außerhalb der Or-

---

[1046] Eder, GmbHR 1962, 22, 24; Lutter/Hommelhoff, § 39 RdNr. 9; Hachenburg/Mertens, § 39 RdNr. 14

[1047] OLG Köln, GmbHR 1995, 299; Eder, GmbHR 1962, 22, 24

[1048] Vgl. BGHZ 79, 291; BGHZ 91, 217

[1049] Lutter/Hommelhoff, § 38 RdNr. 25; Greger, FS. Boujong, S. 145, 153; Fonk, NZG 1998, 408; Bauer/Gragert, ZIP 1997, 2177, 2183; Kothe-Heggemann/Dahlbender, GmbHR 1996, 650, 652; OLG Koblenz, GmbHR 1994, 887, 888; ähnlich Baums, Geschäftsleitervertrag, S.

ganstellung vereinbart ist, besteht der Vergütungsanspruch nach den Regeln des Annahmeverzuges nur dann fort, wenn der Geschäftsführer seine Dienste anbietet.[1050] Er ist dann auch verpflichtet, zumutbare Dienste unterhalb der Organebene zu übernehmen, sonst ist eine fristlose Kündigung möglich.[1051] Das gleiche kann bei einem reinen Geschäftsführer-Anstellungsverhältnis gelten, um einer Anrechnung ersparter Leistungen zu entgehen.[1052]

Des weiteren kann der Geschäftsführer Feststellungsklage gemäß § 256 Abs. 1 ZPO auf Fortbestehen des Anstellungsverhältnisses erheben.[1053] Die Feststellungsklage ist gegenüber einer möglichen Leistungsklage subsidiär, da durch die Leistungsklage eine endgültige Klärung des Streitstoffs in einem Prozeß möglich ist.[1054] Sofern über einen möglichen Leistungsantrag hinaus noch ein Feststellungsinteresse besteht, kommt eine Kombination von Leistungs- und Feststellungsklage in Betracht.[1055] Insbesondere kann die Leistungsklage grundsätzlich nur vergangene Zeiträume erfassen[1056], so dass für den Fortbestand des Anstellungsverhältnisses in der Zukunft ein Anwendungsbereich für die Feststellungsklage gemäß § 256 Abs. 1 ZPO verbleibt.

b) gesellschaftsrechtlich

Der Gesellschafter-Geschäftsführer hat zusätzlich die Möglichkeit, den der Kündigung zugrundeliegenden Gesellschafterbeschluß anfechten.[1057] Hierbei hängt es wieder von der vorläufigen Wirksamkeit des Beschlusses ab, ob die Anfechtung durch Feststellungs- oder durch Anfechtungsklage erfolgen

---

335 f., nach dessen Ansicht aber der Vergütungsanspruch unabhängig von dem Verhalten des Geschäftsführer fortbestehen soll.

[1050] Hachenburg/Stein, § 38 RdNr. 12; Baumbach/Hueck/Zöllner, § 35 RdNr. 131 b; Greger, FS. Boujong, S. 145, 155

[1051] Lutter/Hommelhoff, § 38 RdNr. 25; Baumbach/Hueck/Zöllner, § 35 RdNr. 111 a; Bauer/Gragert, ZIP 1997, 2177, 2183; OLG Karlsruhe, GmbHR 1996, 208; dagegen Kothe/Heggemann/Dahlbender, GmbHR 1996, 650, 652

[1052] Bauer/Gragert, ZIP 1997, 2177, 2183; a.A. Fonk, NZG 408, 410: Eine Verpflichtung zu anderen Tätigkeiten könne aus Unmöglichkeitsrecht nicht abgeleitet werden, geboten sei aber ein deutlicher Widerspruch innerhalb angemessener Zeit; vgl. § 324 Abs. 1 Satz 2 BGB a.F..

[1053] Voigt, S. 205; BGH, NJW 1987, 1889; BGH, WM 1992, 2142. Bei dieser Feststellungsklage handelt es sich nicht um eine Kündigungsschutzklage im arbeitsrechtlichen Sinne gemäß § 4 KSchG, die Klage muß gemäß §§ 13 Abs. 1 Satz 2, § 14 Abs. 1 Nr. 1 KSchG auch nicht innerhalb von drei Wochen erhoben werden (siehe Baumbach/Hueck/Zöllner, § 35 RdNr. 123).

[1054] Zöller/Greger, § 256 RdNr. 3

[1055] Vgl. BGH ZIP 1987, 707

[1056] § 258 ZPO ist nur auf wiederkehrende Verpflichtungen aus einseitigen Rechtsverhältnissen, die nicht auf einer Gegenleistung beruhen, anwendbar und gilt somit nicht für Vergütungsansprüche aus Anstellungsverträgen (Zöller/Greger, § 258 RdNr. 1; Baumbach/Lauterbach/Hartmann, § 258 RdNr. 3).

[1057] Hachenburg/Stein, § 38 RdNr. 99; Voigt, S. 205

muß[1058]; gegenüber einer zulässigen Anfechtungsklage ist jedoch eine Feststellungsklage subsidiär.[1059] Hinsichtlich der Anfechtungsklage ist für den Beginn der nach dem Leitbild des § 246 Abs. 1 AktG bemessenen Klagefrist der Zugang der Kündigungserklärung gegenüber dem Gesellschafter-Geschäftsführer maßgeblich; das ist spätestens dann der Fall, wenn dieser das entsprechende Protokoll der Gesellschafterversammlung unterschreibt.[1060]

Als Grund für die Fehlerhaftigkeit des Kündigungsbeschlusses kommt zum einen insbesondere in der Zwei-Personen-GmbH das Fehlen eines wichtigen Grundes in Betracht.[1061] In diesem Fall führt schon der tatsächlich nicht bestehende Stimmrechtsausschluß gegen den betroffenen Gesellschafter-Geschäftsführer zu der Fehlerhaftigkeit des Kündigungsbeschlusses. Hinsichtlich der Kündigung kommt eine Beschlußmängelklage aber auch in Betracht, wenn der Gesellschafterbeschluß gemäß § 626 Abs. 2 BGB verspätet gefaßt worden ist.[1062] Der kündigende Gesellschafter trägt hier die Beweislast für die Einhaltung der Ausschlußfrist.[1063]

Schließlich kommt für den von der Kündigung betroffenen Gesellschafter-Geschäftsführer auch eine Anfechtung des Abberufungsbeschlusses in Betracht, wenn das Anstellungsverhältnis an die Organstellung gekoppelt ist.[1064] In diesem Fall endet bei rechtmäßiger Abberufung das Anstellungsverhältnis als deren Annex.[1065] Rechtsschutz ist dann nur durch Klage gegen die Abberufung als solche möglich.

2. Passivlegitimation

Eine Leistungs- oder Feststellungsklage, durch die der Geschäftsführer sich nach zivilrechtlichen Regeln gegen seine Kündigung wendet, ist grundsätzlich gegen die Gesellschaft zu richten.[1066] Eine Klage gegen den anderen Gesellschafter kommt hier nicht in Betracht: Das Anstellungsverhältnis besteht ausschließlich zwischen der Gesellschaft und dem Geschäftsführer. Auch wenn die Kündigung gegenüber einem Gesellschafter-Geschäftsführer in einer Zwei-Personen-GmbH ausschließlich auf das Betreiben des Mitgesellschafters zurückgeht, kann die Kündigung nur durch die Gesellschaft selbst ausgesprochen werden. Klagt der Geschäftsführer auf Fortzahlung seiner Vergü-

---

[1058] Siehe oben § 10, I. 3. b)

[1059] Voigt, S. 205

[1060] OLG Nürnberg, GmbHR 2001, 973

[1061] Fleck, WM 1994, 1957, 1965; BGH, WM 1985, 567

[1062] Baumbach/Hueck/Zöllner, § 35 RdNr. 122 a

[1063] Fleck, WM 1985, 677, 681; BGH, WM 1984, 1187; BAG, DB 1972, 2119

[1064] Vgl. zu dieser Möglichkeit oben § 8. IV.

[1065] Baumbach/Hueck/Zöllner, § 35 RdNr. 110; Lutter/Hommelhoff, Anh. § 6 RdNr. 44

[1066] Für gegen die der Kündigung des Anstellungsvertrages zugrundeliegenden Gesellschafterbeschlüsse gerichtete Klagen gelten die oben (§ 10, II. 2. b) und III. 3. c)) dargestellten Regeln zur Beschlussanfechtung in der Zwei-Personen-GmbH.

tung, so besteht dieser Anspruch ausschließlich gegenüber der Gesellschaft. Sowohl Leistungs- als auch Feststellungsklage können sich somit nur gegen die Gesellschaft richten, eine Differenzierung danach, ob der Geschäftsführer zugleich Gesellschafter ist, ist entbehrlich.

Bei einer Klage gegen die Gesellschaft stellt sich die Frage, durch wen die Gesellschaft im Rechtsstreit gegen ihren Geschäftsführer vertreten wird. Gemäß § 46 Nr. 8 GmbHG können die Gesellschafter einen besonderen Prozeßvertreter bestimmen.[1067] Bleibt ein solcher Beschluß aus und sind noch andere Geschäftsführer vorhanden, können diese die Gesellschaft vertreten.[1068] In der Zwei-Personen-GmbH wird jedoch - entsprechend einer der Situation bei einer Anfechtungsklage gegen die Abberufung eines Geschäftsführers - regelmäßig die Gesellschaft durch den jeweils anderen Gesellschafter-Geschäftsführer vertreten.[1069]

3. Rechtsweg

Während bei Streitigkeiten über die Abberufung nur die ordentlichen Gerichte zuständig sind[1070], könnte bei einem Streit über den Anstellungsvertrag gemäß § 2 Abs. 1 Nr. 3 ArbGG eine Zuständigkeit der Arbeitsgerichte in Betracht kommen.

Grundsätzlich besteht hier allerdings eine Zuständigkeit der ordentlichen Gerichte gemäß § 13 GVG, da Organmitglieder gemäß § 5 Abs. 1 Satz 3 ArbGG nicht Arbeitnehmer sind.[1071] Nur wenn der Anstellungsvertrag „arbeitsrechtliche Einschläge" hat, ist nach der Rechtsprechung des BAG eine Zuständigkeit der Arbeitsgerichte denkbar.[1072] Im Verhältnis zwischen GmbH und Geschäftsführer ist das allerdings grundsätzlich nicht der Fall.[1073] Problematisch ist die Frage der Zuständigkeit bei einer Doppelstellung des Geschäftsführers, wenn er also parallel zur Geschäftsführerstellung als Arbeitnehmer beschäftigt ist. Der Anstellungsvertrag kann so gestaltet sein, dass der Geschäftsführer dann Arbeitnehmer wäre, wenn nicht die Organstellung hinzukäme. Entfällt dann die Organstellung und wird das Anstellungsverhältnis

---

[1067] BGH, DStR 1993, 843, 844

[1068] Fleck, WM 1994, 1957, 1969; BGH, GmbHR 1992, 229; der andere Gesellschafter ist in einem solchen Prozeß, sofern er nicht auch Geschäftsführer ist, als Zeuge zu vernehmen (BGH, DStR 1993, 843, 844).

[1069] Vgl. oben II. 3. c)

[1070] Grunsky, ZIP 1988, 76, 77

[1071] Scholz/Schneider, § 35 RdNr. 257; Lutter/Hommelhoff, Anh. § 6 RdNr. 75; Schaub, „Arbeitsrechtshandbuch", § 14 RdNr. 25; Reinecke, ZIP 1997, 1525, 1527; Weber/Burmester, GmbHR 1997, 778; BAG, GmbHR 1986, 263, 264; BAG, GmbHR 1988, 179, 181; LAG Schleswig-Holstein, GmbHR 2001, 1162

[1072] Grunsky, ZIP 1988, 76; BAG, GmbHR 1986, 263; BAG, GmbHR 1988, 179, 181

[1073] Reinecke, ZIP 1997, 1525, 1529

nach Abberufung weitergeführt, greift nach h.M. § 5 Abs. 1 Satz 3 ArbGG nicht mehr und ergibt sich eine Zuständigkeit der Arbeitsgerichte.[1074]

Letztlich geht es hierbei um ähnliche Überlegungen wie zu der Frage, ob der Geschäftsführer auch arbeitsrechtlichen Kündigungsschutz genießt.[1075] Zu beachten ist aber, dass auch die Frage des materiellrechtlichen Schutzes des Geschäftsführers keine Auswirkungen auf die fehlende Zuständigkeit wegen § 5 Abs. 1 Satz 3 ArbGG hat. Der Streit um die Wirksamkeit einer Kündigung des Anstellungsvertrages ist daher grundsätzlich vor den ordentlichen Gerichten auszutragen.[1076]

[1074] Scholz/Schneider, § 35 RdNr. 259; Reinecke, ZIP 1997, 1525, 1532; BAG, GmbHR 1988, 179, 183; solange aber nicht feststeht, dass der Geschäftsführer-Anstellungsvertrag wirksam beendet worden ist, kann auch ein ursprüngliches Arbeitsverhältnis nicht wieder aufleben und die Zuständigkeit der Arbeitsgerichte begründen (LAG Schleswig-Holstein, GmbHR 2001, 1162, 1163).
[1075] Siehe § 8, II. 2. b)
[1076] Scholz/Schneider, § 35 RdNr. 258; Grunsky, ZIP 1988, 76, 77

§ 13 Die Notgeschäftsführung

I. Einleitung

Die Geschäftsführer sind ebenso wie die Gesellschafter notwendige Handlungsorgane der GmbH; grundsätzlich muß die Gesellschaft bereits bei ihrer Eintragung mindestens einen Geschäftsführer haben (§ 6 GmbHG).[1077] Dennoch ist es möglich, dass durch Versäumnisse bei der Gründung, vor allem aber durch nachträgliche Ereignisse, eine geschäftsführerlose GmbH entsteht. In der Zwei-Personen-GmbH besteht diese Gefahr insbesondere bei wechselseitigen Geschäftsführerabberufungen.[1078]

Für die Gesellschaft, aber insbesondere auch für ihre Gläubiger, bringt das Fehlen einer funktionsfähigen Geschäftsführung erhebliche Probleme mit sich. Insbesondere führt das Fehlen eines Vertretungsorgans dazu, dass die Gesellschaft nicht rechtswirksam handeln kann. Für die Gläubiger der Gesellschaft ergeben sich Probleme insbesondere bei der Prozeßführung gegen die Gesellschaft.

Im Gegensatz zum AktG (§ 85 AktG) fehlt im GmbHG eine Regelung für diese Situation. Eine Lösung der Problematik besteht indes in der entsprechenden Anwendung von § 29 BGB, wonach durch das Amtsgericht (des Sitzes der Gesellschaft) auf Antrag ein Notgeschäftsführer bestellt werden kann.[1079] Gerade in einer stark personalistisch strukturierten Gesellschaft ist aber die Bestellung eines (gesellschaftsfremden) Notgeschäftsführers durch ein Gericht mit spezifischen Problemen verbunden.

II. Bedeutung der Notgeschäftsführung in der Zwei-Personen-GmbH

In der Zwei-Personen-GmbH besteht die strukturimmanente Problematik darin, dass bei Uneinigkeit der Gesellschafter eine Pattsituation entsteht, die zur Funktionsunfähigkeit von Gesellschafterversammlung und Geschäftsführung führen kann. In diesem Fall, der wie gezeigt häufig in wechselseitigen Geschäftsführerabberufungen mündet, kann ein Notgeschäftsführer als „dritte Kraft" die gesellschaftsinterne Pattsituation auflösen und so die Handlungsfähigkeit der Gesellschaft wiederherstellen. Demgegenüber spielt die andere in der Praxis häufig vorkommende Fallgruppe[1080], bei der der Gläubigerschutz im Vordergrund steht, im Zusammenhang mit der Zwei-Personen-GmbH eine weniger bedeutende Rolle.

[1077] Hohlfeld, GmbHR 1986, 181

[1078] Zu der Möglichkeit wechselseitiger Abberufungen siehe oben § 7, III. 2.

[1079] Scholz/Schneider, § 6 RdNr. 39; Hachenburg/Ulmer, § 6 RdNr. 21; Lutter/Hommelhoff, Vor § 35 RdNr. 13; Hohlfeld, GmbHR 1986, 181, 182; BGHZ 6, 232, 235; BayObLG GmbHR 1998, 1123, 1124

[1080] Vgl. Gustavus, GmbHR 1992, 15; Helmschrott, ZIP 2001, 636

Wie dargestellt führt in der Zwei-Personen-GmbH die wechselseitige Geschäftsführerabberufung zu einem Schwebezustand, während dessen nicht klar ist, ob die Gesellschaft noch ihre Geschäftsführer hat. In dieser Situation kann ein Notgeschäftsführer bestellt werden, um die Übergangszeit zu regeln.[1081] Ein besonderes Problem stellt in der Zwei-Personen-GmbH allerdings die Auswahl eines geeigneten Notgeschäftsführers dar. Ohnehin ist die Suche nach einem Notgeschäftsführer in der Praxis mit erheblichen Hindernissen verbunden.[1082] In der Zwei-Personen-GmbH kommt, im Hinblick auf das Ziel der Durchbrechung der Pattsituation, nur ein Nicht-Gesellschafter als Notgeschäftsführer in Betracht. Ein solcher wird aber gerade in einer besonders personalistisch strukturierten Gesellschaft nicht über die besonderen Kenntnisse der Gesellschafter verfügen.[1083] Auf die Kenntnisse der Gesellschafter wiederum kann er bei der Unternehmensführung nur begrenzt zurückgreifen, wenn diese sich im Streit befinden. Hierdurch wird seine Fähigkeit, aber auch seine Bereitschaft zum Treffen wichtiger Entscheidungen herabgesetzt.

III. Bestellung

Durch die Bestellung eines Notgeschäftsführers soll in dringenden Fällen die Vertretung der Gesellschaft sichergestellt werden. Die Bestellung eines Notgeschäftsführers erfolgt auf Antrag, wenn sie erforderlich ist und ein dringender Fall besteht.[1084]

1. Voraussetzungen der Bestellung

Wegen des damit verbundenen tiefen Eingriffs in die Zuständigkeit der Gesellschafter kommt die Bestellung eines Notgeschäftsführers nur in Betracht, wenn es die einzige Möglichkeit ist, die Vertretung der Gesellschaft zu sichern.[1085]

a) Fehlen eines notwendigen Geschäftsführers

Erforderlich ist die Bestellung, wenn ohne sie die Gesellschaft handlungsunfähig wäre. Das ist der Fall, wenn die Gesellschaft geschäftsführerlos ist. Sofern es nicht schon durch Versäumnisse bei der Gründung an den erforderlichen Geschäftsführern fehlt, kann die Gesellschaft vor allem nachträglich durch Tod, Amtsniederlegung oder Abberufung geschäftsführerlos werden. Des weiteren fehlt faktisch eine Geschäftsführung, wenn aus rechtlichen oder tatsächlichen Gründen längerfristig keiner der bestellten Geschäftsführer zur

---

[1081] Lutter/Hommelhoff, § 38 RdNr. 38
[1082] Vgl. Gustavus, GmbHR 1992, 15, 17; Helmschrott, ZIP 2001, 636, 639; Kögel, NZG 2000, 20, 22
[1083] Vgl. Kögel, NZG 2000, 20, 23; Immenga, GmbHR 1971, 107, 108
[1084] Scholz/Schneider, § 6 RdNr. 41
[1085] Scholz/Schneider, § 6 RdNr. 40

Geschäftsführung in der Lage ist.[1086] Dieses ist je nach Einzelfall zu beurteilen. Zu beachten ist, dass die Abberufung des Geschäftsführers nicht die Bestellung eines Notgeschäftsführers erfordert, wenn feststeht, dass sie unwirksam war.[1087] Des weiteren scheidet die Bestellung eines Notgeschäftsführers bei der Abberufung eines Geschäftsführers unabhängig von ihrer Wirksamkeit aus, wenn ursprünglich mehr als ein Geschäftsführer vorhanden war.

b) Dringlichkeit

Fehlt es an einer Geschäftsführung für die GmbH, kann die Bestellung eines Notgeschäftsführers erfolgen, wenn die Organe der Gesellschaft nicht in der Lage sind, den Vertretungsmangel in angemessener Zeit zu beseitigen.[1088] Dieses ist der Fall, wenn ohne Einsetzung eines Notgeschäftsführers einem Beteiligten ein Schaden entstehen würde oder eine alsbald erforderliche Handlung nicht vorgenommen werden könnte.[1089] Nicht ausreichend ist dagegen nur unzweckmäßiges oder treuwidriges Verhalten des Geschäftsführers.[1090]

Bei der Beurteilung der Dringlichkeit sind die Folgen des Eingriffs in die Gesellschafterrechte gegen die Folgen des Fehlens eines Geschäftsführers abzuwägen.[1091] Daher liegt die Dringlichkeit nicht vor, wenn etwa der Mehrheitsgesellschafter den Mangel durch Bestellung eines neuen Geschäftsführer beseitigen kann.[1092]

In der Zwei-Personen-GmbH kommt insbesondere der Fall in Betracht, dass die Gesellschafter sich nicht auf einen Geschäftsführer einigen können.[1093] Allerdings darf sich das Gericht bei Uneinigkeit der Gesellschafter nicht in den Streit hineinziehen lassen.[1094] Es ist nicht Aufgabe des Gerichts, den Streit der Gesellschafter über die Geschäftsführerbestellung zu entscheiden.[1095] So ist auch eine „Abberufung" des bisherigen Geschäftsführers durch das Gericht mangels Rechtsgrundlage unzulässig.[1096]

[1086] Hachenburg/Mertens, § 35 RdNr. 33; Baumbach/Hueck/Zöllner, § 35 RdNr. 6; Lutter/Hommelhoff, Vor § 35 RdNr. 14; Hohlfeld, GmbHR 1986, 181, 182

[1087] Lutter/Hommelhoff, Vor § 35 RdNr. 14; BayObLG, ZIP 1999, 1845, 1846; BayObLG, GmbHR 1997, 1002

[1088] Scholz/Schneider, § 6 RdNr. 41; Kögel, NZG 2000, 20, 21

[1089] Hachenburg/Mertens, § 35 RdNr. 34; Baumbach/Hueck/Fastrich, § 6 RdNr. 19; BayObLG, DB 1995, 2364

[1090] Scholz/Schneider, § 6 RdNr. 41; Hachenburg/Ulmer, § 6 RdNr. 21

[1091] Lutter/Hommelhoff, Vor § 35 RdNr. 16

[1092] BayObLG, DB 1995, 2364

[1093] Baumbach/Hueck/Fastrich, § 6 RdNr. 19; Kutzer, ZIP 2000, 654, 655; BayObLG, GmbHR 1998, 1123, 1125; BayObLG, GmbHR 99, 1291, 1292

[1094] Lutter/Hommelhoff, Vor § 35 RdNr. 16

[1095] OLG Frankfurt, GmbHR 2001, 436, m. zust. Anm. Hohlfeld

[1096] BayObLG, GmbHR 1998, 1123, 1126

c) Begrenzung der Geschäftsführungsbefugnis

Im Hinblick auf die Schwere des Eingriffs in den Rechtskreis der Gesellschafter, der mit der gerichtlichen Bestellung eines Notgeschäftsführers verbunden ist, ist auch die Möglichkeit der Bestellung eines Notgeschäftsführers für einen begrenzten Wirkungskreis zu beachten. Eine solche ist zulässig, das Gericht beschränkt dann die Geschäftsführungsbefugnis des Notgeschäftsführers.[1097] Wegen des wesentlichen Eingriffs in das Bestellungsrecht der Gesellschafter besteht eine Pflicht des Gerichts zur Beschränkung auf das sachlich Notwendige.

Alternativ besteht als milderes Mittel die Möglichkeit der Bestellung eines Prozeßvertreters zur Vermeidung der Prozeßunfähigkeit, wenn die Gesellschaft in einem gegen sie angestrengten Prozeß mangels ordnungsgemäßen Vertreters prozeßunfähig wäre.[1098] Der Prozeß begründet dann kein Bedürfnis zur Bestellung eines Notgeschäftsführers mehr.[1099] Diese ist aber nicht ausgeschlossen, wenn weitere Gründe für die Bestellung vorliegen.[1100]

2. Antragsbefugnis

Der Antrag muß von einer antragsberechtigten Person gestellt werden. Antragsberechtigt sind analog § 29 BGB die Beteiligten[1101], d.h. jeder, dessen Rechte und Pflichten durch die Bestellung unmittelbar beeinflußt werden. Dies sind auf der einen Seite regelmäßig die Gesellschafter, daneben aber auch Gläubiger, Verwaltungsbehörden sowie andere Geschäftsführer oder Organmitglieder, sofern diese ein eigenes Interesse an der Bestellung haben.[1102] Der Antragsteller muß seine Interessen glaubhaft machen.[1103] Er hat ein Vorschlagsrecht für die Person des Notgeschäftsführers[1104], das Gericht ist an den Vorschlag allerdings nicht gebunden.

3. Verfahren

Das Verfahren der Bestellung des Notgeschäftsführers richtet sich nach den Bestimmungen des FGG.[1105] Zuständig ist der Rechtspfleger am Amtsgericht

---

[1097] Baumbach/Hueck/Fastrich, § 6 RdNr. 19; Hohlfeld, GmbHR 1986, 181, 183; BayObLG, GmbHR 1998, 1123, 1126; BayObLG, GmbHR 1999, 1291, 1292

[1098] Scholz/Schneider, § 6 RdNr. 45; Hachenburg/Ulmer, § 6 RdNr. 22; Kutzer, ZIP 2000, 654, 655

[1099] Hachenburg/Mertens, § 35 RdNr. 34

[1100] Baumbach/Hueck/Fastrich, § 6 RdNr. 19

[1101] Hohlfeld, GmbHR 1986, 181, 183; Helmschrott, ZIP 2001, 636, 637; Kögel, NZG 2000, 20, 21

[1102] Scholz/Schneider, § 6 RdNr. 42; Hachenburg/Mertens, § 35 RdNr. 35; Lutter/Hommelhoff, Vor § 35 RdNr. 18

[1103] Helmschrott, ZIP 2001, 636, 638

[1104] BayObLG, ZIP 1999, 1845, 1855

[1105] Hohlfeld, GmbHR 1986, 181, 183

des Gesellschaftssitzes (§ 3 Nr. 2 d, 17 RechtsPflG).[1106] Der Antragsteller muß einen Kostenvorschuß zahlen (§§ 8 Abs. 2, 121 KostO).[1107] Liegen die Voraussetzungen vor, so muß das Gericht einen Notgeschäftsführer bestellen.[1108]

Das Gericht ist in der Auswahl der Personen frei und nicht an einen Vorschlag des Antragstellers gebunden. Sind nach der Satzung mindestens zwei gesamtvertretungsberechtigte Geschäftsführer erforderlich, hat das Gericht auch zwei Notgeschäftsführer zu bestellen; tut es dies nicht, ist der eine bestellte Notgeschäftsführer auch alleine vertretungsbefugt.[1109] Wegen des Eingriffs in die Rechte der Gesellschafter sollte diesen Gelegenheit zur Stellungnahme und zu einem Vorschlag gegeben werden.[1110]

Der Bestellungsbeschluß ist dem Notgeschäftsführer, dem Antragsteller, den Gesellschaftern und der Gesellschaft bekanntzumachen.[1111] Seine Organstellung erwirbt der Notgeschäftsführer erst mit seiner Annahme der Bestellung. Zu der Annahme besteht keine Verpflichtung, auch nicht für die Gesellschafter.[1112] Die Bestellung ist gemäß § 39 GmbHG in das Handelsregister einzutragen.[1113]

4. Sicherstellung der Vergütung

Die Frage nach der Vergütung des Notgeschäftsführers stellt insbesondere bei der Bestellung von Nichtgesellschaftern in der Praxis ein erhebliches Problem dar.[1114] Nach h.M. entsteht durch die Bestellung zwischen dem Notgeschäftsführer und der Gesellschaft ein Geschäftsbesorgungsvertrag.[1115] Hieraus steht dem Notgeschäftsführer ein Vergütungsanspruch gegen die Gesellschaft zu, nicht aber gegen die Gesellschafter, den Antragsteller oder den Rechtsträger des Amtsgerichts.[1116] Die Gesellschaft ist aber häufig man-

---

[1106] Hachenburg/Mertens, § 35 RdNr. 35; Baumbach/Hueck/Fastrich, § 6 RdNr. 19; Helmschrott, ZIP 2001, 636, 638

[1107] Gustavus, GmbHR 1992, 15, 17

[1108] Hachenburg/Mertens, § 35 RdNr. 35; Hohlfeld, GmbHR 1986, 181, 183

[1109] Hachenburg/Mertens, § 35 RdNr. 35

[1110] Hohlfeld, GmbHR 1986, 181, 183; Gustavus, GmbHR 1992, 15, 16; hiervon wird dann in der Praxis meist kein Gebrauch gemacht.

[1111] Lutter/Hommelhoff, Vor § 35 RdNr. 22; Helmschrott, ZIP 2001, 636, 638

[1112] Lutter/Hommelhoff, Vor § 35 RdNr. 23; Helmschrott, ZIP 2001, 636, 638; BGH, GmbHR 1985, 149, 150; OLG Hamm, GmbHR 1996, 210, 211; a.A. für einen Mehrheitsgesellschafter Hohlfeld, GmbHR 1986, 181, 184 und Gustavus, GmbHR 1992, 15, 18; zustimmend Roth/Altmeppen, § 6 RdNr. 13

[1113] Hachenburg/Mertens, § 35 RdNr. 39

[1114] Helmschrott, ZIP 2001, 636, 639; Kutzer, ZIP 2000, 654, 655; Gustavus, GmbHR 1992, 15, 17

[1115] Lutter/Hommelhoff, Vor § 35 RdNr. 24

[1116] Scholz/Schneider, § 6 RdNr. 44; Hachenburg/Mertens, § 35 RdNr. 35; Lutter/Hommelhoff, Vor § 35 RdNr. 21; Hohlfeld, GmbHR 1986, 181, 184; BGH, GmbHR 1985, 149; OLG Hamm, GmbHR 1996, 210, 211

gels Aktiva nicht in der Lage, die Vergütung zu zahlen.[1117] Daher wird in der Praxis durch die Gerichte von den Antragstellern verlangt, einen Kandidaten zu benennen und einen Vorschuß für dessen Kosten zu zahlen.[1118]

Damit kommt z.B. ein Gläubiger in die Situation, dass für die Vergütung des Notgeschäftsführers der Gesellschaft, gegen die er eine Forderung hat, sorgen muß, um diese Forderung überhaupt praktisch durchsetzen zu können. Andererseits besteht ein besonderes Interesse der Allgemeinheit, die Voraussetzungen für eine schnelle Regelung der Vertretung der GmbH zu schaffen.[1119] Es ist letztlich die Verpflichtung der Gesellschafter, für die ordnungsgemäße Vertretung der Gesellschaft zu sorgen.[1120] Eine Kostentragungspflicht der Gesellschafter läßt sich jedoch nicht begründen[1121] und wird auch von der Rechtsprechung abgelehnt.[1122] Damit bleibt es dabei, dass die Vergütung des Notgeschäftsführers nicht gesichert ist, wenn die GmbH mittellos ist. Für einen Gläubiger ist es damit erforderlich abzuwägen, ob sich der Bestellungsantrag lohnt.

IV. Rechtsstellung des Notgeschäftsführers

Die rechtliche Stellung des Notgeschäftsführers wird über die gesetzlichen Regeln hinaus definiert durch den Bestellungsbeschluß des Gerichts.[1123] Der Notgeschäftsführer hat alle Rechte und Pflichten eines gewöhnlichen Geschäftsführers.[1124] Insbesondere ist seine organschaftliche Vertretungsmacht unbeschränkt und unbeschränkbar.

Art und Umfang der Geschäftsführungsbefugnis richten sich indes nach dem Gesellschaftsvertrag, soweit diese nicht außerdem durch den Bestellungsbeschluß eingeschränkt worden ist.[1125] Beschränkt der Bestellungsbeschluß die Ersatzbestellung, wird nur die Geschäftsführungsbefugnis, nicht aber die Vertretungsmacht beeinflußt.[1126]

Die Bestellung erfolgt „bis zur Behebung des Mangels". Die Organstellung des Notgeschäftsführers endet daher automatisch mit der Behebung des Ver-

---

[1117] Helmschrott, ZIP 2001, 636, 639

[1118] Kutzer, ZIP 2000, 654, 655

[1119] Helmschrott, ZIP 2001, 636, 640

[1120] Gustavus (GmbHR 1992, 15, 18) schlägt daher eine Zwangsbestellung der Gesellschafter vor; gerade das ist aber in der Zwei-Personen-GmbH nicht praktikabel (vgl. auch Helmschrott, ZIP 2001, 636, 641).

[1121] Helmschrott, ZIP 2001, 636, 640

[1122] BGH, GmbHR 1985, 149; vgl. Helmschrott, ZIP 2001, 636, 640

[1123] Lutter/Hommelhoff, Vor § 35 RdNr. 21

[1124] Scholz/Schneider, § 6 RdNr. 43; Hachenburg/Ulmer, § 6 RdNr. 21

[1125] vgl. oben III. 1. cc)

[1126] Hachenburg/Mertens, § 35 RdNr. 36

tretungsmangels, insbesondere wenn die Gesellschafter einen Geschäftsführer bestellen.[1127]

V. Rechtsschutz gegen die Bestellung

Die Gesellschafter haben nicht das Recht, den durch das Gericht bestellten Notgeschäftsführer wie einen gewöhnlichen Geschäftsführer gemäß § 38 GmbHG abzuberufen.[1128] Als Rechtsschutzmöglichkeit gegen die Bestellung steht den Beteiligten die einfache Beschwerde gegen die gerichtliche Entscheidung[1129] oder ein Antrag an das Gericht auf Widerruf der Bestellung aus wichtigem Grund[1130] bzw. der Bestellung eines anderen Notgeschäftsführers zur Verfügung.[1131]

In der Zwei-Personen-GmbH ist auch der zuvor abberufene Gesellschafter-Geschäftsführer gegen die Bestellung des Notgeschäftsführer beschwerdeberechtigt, solange seine Anfechtungsklage gegen den Abberufungsbeschluß anhängig ist.[1132] Einen solchen Fall hatte das BayObLG zu entscheiden:

„Die Bestellung des Notgeschäftsführers"

BayObLG, 3. Zivilsenat, Beschluß vom 12. August 1998[1133]

An der X-GmbH waren die Beteiligten zu 1) und 2) zu je 50% beteiligt, beide waren als zusammen vertretungsberechtigte Geschäftsführer bestellt. In zwei verschiedenen Gesellschafterversammlungen beriefen sich die Gesellschafter jeweils als Geschäftsführer ab und zogen den Geschäftsanteil des anderen Gesellschafters ein. Gegen beide Beschlüsse waren Anfechtungsklagen anhängig, in denen die X-GmbH durch den jeweils anderen Gesellschafter-Geschäftsführer vertreten wurde. Das Amtsgericht bestellte anstelle der bisherigen Geschäftsführer für die X-GmbH einen Notgeschäftsführer. Der Beteiligte zu 1) legte dagegen Beschwerde ein.

Das BayObLG bejahte die Beschwerdebefugnis des Beteiligten zu 1). Dieser sei trotz der Abberufung noch als Geschäftsführer anzusehen, da er den Beschluß angefochten habe. Grundsätzlich sei in der GmbH der (angefochtene) Beschluß vorläufig verbindlich. Anders sei es aber in der Zwei-Personen-GmbH: Hier herrsche wegen der besonderen Verhältnisse zu-

---

[1127] Scholz/Schneider, § 6 RdNr. 44; Hachenburg/Ulmer, § 6 RdNr. 21; Baumbach/Hueck/Fastrich, § 6 RdNr. 19; Lutter/Hommelhoff, Vor § 35 RdNr. 25; Hohlfeld, GmbHR 1986, 181, 184; Kögel, NZG 2000, 20, 22
[1128] Baumbach/Hueck/Fastrich, § 6 RdNr. 19; Kögel, NZG 2000, 20, 22
[1129] Vgl. BayObLG, ZIP 1999, 1845, 1855; OLG Hamm, GmbHR 1996, 210 (zu der Beschwerdebefugnis eines Gesellschaftsgläubigers)
[1130] Baumbach/Hueck/Fastrich, § 6 RdNr. 19
[1131] Lutter/Hommelhoff, Vor § 35 RdNr. 25; OLG Düsseldorf, GmbHR 1997, 549, 550
[1132] Lutter/Hommelhoff, Vor § 35 RdNr. 22
[1133] BayObLG, NZG 1998, 944

nächst ein Schwebezustand[1134]. Dennoch sei unter dem Gesichtspunkt der Effektivität des Rechtsschutzes eine ausgiebige Vorprüfung der Rechtmäßigkeit des Beschlusses oder auch eine Aussetzung des Verfahrens über die Bestellung des Notgeschäftsführers gemäß § 127 FGG nicht angebracht. Vielmehr genüge es für die Beschwerdeberechtigung in der Zwei-Personen-GmbH mit hälftiger Beteiligung bereits, dass der abberufene Geschäftsführer den Beschluß angefochten habe. Die Beschwerde sei insoweit begründet, als die Bestellung des Notgeschäftsführers anstelle der bisherigen Geschäftsführer eine gerichtliche Abberufung der bisherigen Geschäftsführer beinhaltet habe, zu der das Registergericht nicht befugt gewesen sei, außerdem sei die Geschäftsführungsbefugnis nicht in erforderlicher Weise beschränkt worden.[1135]

[1134] Vgl. oben § 12, II. 1. a)
[1135] BayObLG, NZG 1998, 944, 946

§ 14 Einstweiliger Rechtsschutz

I. Die Bedeutung des einstweiligen Rechtsschutzes im Beschlußmängelsystem der Zwei-Personen-GmbH

In der Zwei-Personen-GmbH führt ein Streit zwischen den Gesellschaftern aufgrund der entstehenden Pattsituation und durch die Möglichkeit einseitiger Beschlußfassungen aufgrund von Stimmverboten schnell dazu, dass die Gesellschafter gerichtliche Hilfe zur Durchsetzung oder Abwendung von Gesellschafterbeschlüssen benötigen. Die Entscheidungsdauer im Hauptsacheverfahren ist dabei für das Funktionieren des täglichen Geschäfts im Unternehmen regelmäßig zu lang. Daher hat gerade in der Zwei-Personen-GmbH der einstweilige Rechtsschutz auch für gesellschaftsinterne Konflikte besondere Bedeutung.

Je nach verfolgten Interessen gibt es eine Vielzahl von Fallgruppen zur Inanspruchnahme einstweiligen Rechtsschutzes in der Zwei-Personen-GmbH. Dabei wird herkömmlich die Zulässigkeit einstweiliger Verfügungen im Gesellschaftsrecht allgemein unter den Gesichtspunkten der Vorwegnahme der Hauptsache und des Eingriffs in die Willensbildung der Gesellschaft kritisch beurteilt. Heute jedoch wird die grundsätzlich Anwendbarkeit nicht mehr in Zweifel gezogen.[1136] Umstritten ist allerdings nach wie vor die Reichweite des einstweiligen Rechtsschutzes insbesondere im Hinblick auf die Differenzierung zwischen präventiven und nachträglichen Verfügungen.

Eine häufig vorkommende Fallgruppe stellen dabei Abberufungskonflikte um die Geschäftsführer dar.[1137] Hier ist die Inanspruchnahme einstweiligen Rechtsschutzes oft unvermeidbar[1138]: Zum einen ist in einer Zwei-Personen-GmbH der Gesellschafter-Geschäftsführer besonders eng mit dem Schicksal des Unternehmens verbunden. Hier können schon vorübergehende tatsächliche Ausschlüsse aus der Geschäftsführung zu irreversiblen Folgen führen. Andererseits hängt in der Zwei-Personen-GmbH die Wirksamkeit der Abberufung von der materiellen Rechtslage ab, so dass in der Praxis bei umstrittenem Beschlußergebnis zunächst ein Schwebezustand entstehen kann. Um diese Ungewißheit kurzfristig zu beenden, können sowohl die Gesellschaft als auch der Gesellschafter-Geschäftsführer auf einstweiligen Rechtsschutz zurückgreifen.[1139]

[1136] Vgl. nur Baumbach/Hueck/Zöllner, § 38 RdNr. 30; Roth/Altmeppen, § 38 RdNr. 54; BGHZ 86, 177, 183; Littbarski, S. 1; OLG Hamburg, GmbHR 1991, 467; OLG Stuttgart, GmbHR 1997, 312, 313
[1137] Hachenburg/Stein, § 38 RdNr. 124; Baumbach/Hueck/Zöllner, § 38 RdNr. 35; Lutz, S. 114; Vorwerk, GmbHR 1995, 266, 267; Damm, ZHR 154 (1990), 413, 424; Wolf, ZGR 1998, 92, 110
[1138] Oppenländer, DStR 1996, 922, 926; Hachenburg/Stein, § 38 RdNr. 118
[1139] Hachenburg/Stein, § 38 RdNr. 128; U. H. Schneider, ZGR 1983, 535, 546

II.   Die Zulässigkeit einstweiligen Rechtsschutzes nach Fallgruppen

Auch wenn sich nicht alle möglichen Fallgruppen für die Inanspruchnahme einstweiligen Rechtsschutzes abstrakt darstellen lassen, soll hier im folgenden die Zulässigkeit der für die in der Zwei-Personen-GmbH relevantesten Fälle untersucht werden. Begonnen wird dabei wegen der schon genannten Bedeutung mit Abberufungsproblemen.

1.   Abberufung des Geschäftsführers

Für die Gesellschaft kann es von Bedeutung sein, in dringenden Fällen den Geschäftsführer kurzfristig von der Geschäftsführung auszuschließen. In der Zwei-Personen-GmbH kommt vor allem der Fall in Betracht, dass nach einem Abberufungsbeschluß vor der gerichtlichen Klärung der Zulässigkeit der Abberufung eine vorläufige Lösung angestrebt wird. Fraglich ist darüber hinaus, ob auch schon vor einem Abberufungsbeschluß eine einstweilige Verfügung erwirkt werden kann, die ausschließt, dass der Geschäftsführer weiterhin an der Geschäftsführung teilnimmt.

a)   Nach einem Abberufungsbeschluß

Nach dem Zustandekommen eines Abberufungsbeschlusses ist es denkbar, dass der Geschäftsführer sich weigert, seine Tätigkeit einzustellen. Besonders in der Zwei-Personen-GmbH ist der abberufene Gesellschafter-Geschäftsführer an der Fortführung seiner Tätigkeit praktisch kaum zu hindern. Dazu kann er sich darauf berufen, dass er - entsprechend seiner Ansicht, dass die Abberufung unzulässig war - weiterhin Geschäftsführer ist. Hier kann die Gesellschaft den Geschäftsführer nur durch eine einstweilige Verfügung von der Geschäftsführung ausschließen.

aa)   Zulässigkeit

Die allgemeine Zulässigkeit eines solchen Antrages wurde von der Rechtsprechung schon früh bejaht.[1140] Die Zulässigkeit einer für die GmbH von deren Organ beantragten einstweiligen Verfügung ergebe sich ohne weiteres aus § 940 ZPO. Das besondere Bedürfnis für eine solche einstweilige Verfügung gerade in der Zwei-Personen-GmbH zeigt sich an der folgenden Entscheidung des OLG Karlsruhe:

„Die alleinige Geschäftsführung"

OLG Karlsruhe, 15. Zivilsenat, Urteil vom 4. Dezember 1992[1141]

In einer zweigliedrigen GmbH, der Verfügungsklägerin zu 1), waren beide Gesellschafterinnen zugleich zu gesamtvertretungsberechtigten

---

[1140] OLG Hamburg, BB 1954, 978
[1141] OLG Karlsruhe, GmbHR 1993, 154

Geschäftsführerinnen bestellt. In einer Gesellschafterversammlung berief die Verfügungsklägerin zu 2) ihre Mitgesellschafterin, die Verfügungsbeklagte, als Geschäftsführerin aus wichtigem Grund ab. Hierüber stritten die Parteien in einem Hauptsacheverfahren. Die Verfügungsklägerin zu 2) beantragte im Wege einstweiligen Rechtsschutzes das Recht zur alleinigen Geschäftsführung.[1142]

Nach Ansicht des OLG Karlsruhe war eine einstweilige Verfügung hinsichtlich einer vorläufigen Regelung der Geschäftsführungsbefugnis nach einer Geschäftsführerabberufung hier zulässig. In der Zwei-Personen-GmbH hänge die Wirksamkeit der Abberufung von der materiellen Rechtslage ab. Daraus ergebe sich ein Rechtsschutzbedürfnis hinsichtlich einer vorläufigen Regelung des sich ergebenden Schwebezustandes. Der Schwebezustand müsse dadurch beseitigt werden können, dass die Geschäftsführungsbefugnis durch eine einstweilige Verfügung geregelt werde. Dem betroffenen Geschäftsführer könne bis zur gerichtlichen Klärung der Abberufung Maßnahmen der Geschäftsführung und der Vertretung der Gesellschaft untersagt werden.

Die Entscheidung zeigt, dass in der Zwei-Personen-GmbH ein konkretes Bedürfnis für eine vorläufige Regelung der Geschäftsführung während des Streits um die Abberufung besteht; ihr ist insoweit zuzustimmen.[1143] Die Zulässigkeit einer vorläufigen Regelung der Geschäftsführung nach einem umstrittenen Abberufungsbeschluß entspricht der h.M. in der Literatur.[1144] Es sei wichtig, dass Geschäftsführungsaktivitäten des anderen Geschäftsführers schnellstmöglich unterbunden werden können.[1145] Fraglich ist im einzelnen der zulässige Umfang der einstweiligen Verfügung. Teilweise werden nur einzelne Weisungen für zulässig gehalten, die vollständige Entziehung der Geschäftsführungsbefugnis gehe zu weit.[1146] Jedenfalls die Entziehung der Organstellung durch einstweilige Verfügung wird als unzulässig angesehen.[1147]

Gerade in der Zwei-Personen-GmbH besteht ein Bedürfnis nach einer klaren Regelung des nach einer umstrittenen Abberufung entstehenden Schwebezustandes. Eine Abwägung mit den Interessen des betroffenen Geschäftsführers ergibt daher hier, dass auch ein vollständiger Ausschluß von der Geschäftsführung gerechtfertigt sein kann.[1148] Der andere Gesellschafter-

---

[1142] Der genaue Antrag lässt sich der Fundstelle nicht entnehmen.

[1143] Littbarski, DStR 1994, 906

[1144] Hachenburg/Stein, § 38 RdNr. 125; Baumbach/Hueck/Zöllner, § 38 RdNr. 28, 36; Scholz/Schmidt, § 38 RdNr. 68; Zöller/Vollkommer, § 940 RdNr. 8; Lutz, S. 127; Damm, ZHR 154 (1990), 413, 426; Oppenländer, DStR 1996, 922, 926; Littbarski, DStR 1994, 906, 909

[1145] Wolf, ZGR 1998, 92, 111

[1146] Scholz/Schneider, § 38 RdNr. 89; Rowedder/Koppensteiner, § 38 RdNr. 24; Lutter/Hommelhoff, § 38 RdNr. 38

[1147] Vgl. Lutter/Hommelhoff, § 38 RdNr. 39

[1148] Lutter/Hommelhoff, § 38 RdNr. 38; Littbarski, DStR 1994, 906, 909; U. H. Schneider, ZGR 1983, 535, 548

Geschäftsführer kann daher eine einstweilige Verfügung beantragen, durch die der andere Geschäftsführer zur Unterlassung von Geschäftsführungsaktivitäten verpflichtet wird.[1149]

bb) Bei wechselseitiger Abberufung

Konkret für eine Zwei-Personen-GmbH stellte sich die Frage der Zulässigkeit der Entziehung der Geschäftsführungs- und Vertretungsbefugnis durch einstweilige Verfügung in der folgenden Entscheidung des OLG Düsseldorf:

„Die vorläufige Entziehung der Geschäftsführungsbefugnis"

OLG Düsseldorf, 6. Zivilsenat vom 30. Juni 1988[1150]

J und M gründeten kurz vor ihrer Eheschließung die T-GmbH. Gegenstand des Unternehmens war der Handel und Vertrieb von Werkzeugmaschinen. Die Gesellschafter übernahmen das Stammkapital je zur Hälfte und bestellten sich gegenseitig zu alleinvertretungsberechtigten Geschäftsführern. Nach über 20 Jahren erfolgreicher gemeinsamer Führung des Unternehmens wurde schließlich die Fortsetzung der Zusammenarbeit durch ein Zerwürfnis zwischen den Gesellschaftern erheblich belastet. In einer Gesellschafterversammlung beschlossen beide Gesellschafter, jeweils gegen die Stimme des anderen Gesellschafters, wechselseitig dessen Abberufung als Geschäftsführer und die Ausschließung aus der Gesellschaft. Die T-GmbH beantragte gegenüber J die Untersagung der Wahrnehmung ihrer Geschäftsführungsbefugnisse und/oder ihrer rechtsgeschäftliche Vertretung bis zu einer endgültigen Klärung der Wirksamkeit seiner Abberufung.

In seiner Entscheidung verneinte das OLG Düsseldorf die Zulässigkeit einer solchen einstweiligen Verfügung. Allerdings wurde dies damit begründet, dass eine gegenseitige Abberufung vorgelegen habe und keine hinreichende Wahrscheinlichkeit dafür gegeben sei, dass nur eine der Abberufungsentscheidungen rechtswirksam sei. Entsprechend den Rechtsgrundsätzen zu den Anforderungen an die Abberufung aus wichtigem Grund in der Zwei-Personen-GmbH bestehe damit keine ausreichende Basis für eine einseitige vorläufige Regelung.

In den Entscheidungsgründen findet sich allerdings kein Hinweis darauf, dass die beantragte Verfügung an sich unzulässig sei. Vielmehr bejahte das OLG Verfügungsanspruch und Verfügungsgrund und kam allein aufgrund der nach § 938 ZPO vorzunehmenden Ermessensentscheidung zu seiner ablehnenden Entscheidung. Es bejahte somit offenbar generell die Möglichkeit einst-

---

[1149] OLG Karlsruhe, GmbHR 1993, 154, 155
[1150] OLG Düsseldorf, WM 1988, 1532

weiligen Rechtsschutzes in der Zwei-Personen-GmbH in den Fällen, in denen sich die Gesellschafter gegenseitig abberufen und ausschließen.[1151]

Die Besonderheit der Entscheidung liegt darin, dass es sich um gegenseitige Abberufungen handelt. Die einstweilige Verfügung scheiterte materiellrechtlich an der Anwendung des Gedankens, dass in der Zwei-Personen-GmbH nur dann die Abberufung des einen Geschäftsführers zulässig ist, wenn im Verhältnis zu der Abberufung des anderen Geschäftsführers eindeutig überwiegende Abberufungsgründe vorhanden sind.[1152] An dem Sachverhalt wird deutlich, dass in der Zwei-Personen-GmbH gerade bei einer solchen einstweiligen Verfügung im Hinblick auf die Rechtsstellung der Gesellschafter-Geschäftsführer große Zurückhaltung erforderlich ist. Dennoch kritisiert Emmerich insoweit die Entscheidung in seiner Anmerkung: Genau für diesen Fall sei in § 29 BGB die Bestellung des Notgeschäftsführers vorgesehen.[1153] In der Tat ist fraglich, inwieweit der Lösungsweg des OLG Düsseldorf praktischen Bedürfnissen entspricht. Die Problematik der Handlungsfähigkeit der Geschäftsführung wird nicht gelöst.

Lösbar ist eine solche Problematik nur durch gemeinsame Behandlung der Anträge beider Gesellschafter.[1154] Im Verfahren des einstweiligen Rechtsschutzes muß dabei zum einen die Funktionsfähigkeit der Gesellschaft und zum anderen der Gedanke im Vordergrund stehen, die Gesellschafter-Geschäftsführer einer Zwei-Personen-GmbH vor für sie unumkehrbaren Folgen zu bewahren. Zwar wird die Funktionsfähigkeit der Geschäftsführung durch eine Unterlassungsverfügung gegenüber einem Gesellschafter-Geschäftsführer wieder hergestellt. Eine solche einseitige Maßnahme ist hier jedoch nur gerechtfertigt, wenn ein deutliches Übergewicht der Abberufungsgründe gegenüber diesem Geschäftsführer besteht. Andernfalls ist entsprechend der Entscheidung des OLG Düsseldorf eine einstweilige Verfügung unzulässig.

cc)   Antragsbefugnis und Vertretung

In der Zwei-Personen-GmbH ist neben der Gesellschaft auch der abberufende Gesellschafter antragsbefugt.[1155] Der Antrag ist auf eine vorläufige Unterlassung von Geschäftsführungsaktivitäten zu richten. Im Verfahren vertreten wird die Gesellschaft grundsätzlich von dem Geschäftsführer, der im Falle

---

[1151] Emmerich, WuB II C. § 38 GmbHG 1.89
[1152] Vgl. oben § 7, III. 2. b)
[1153] Emmerich, WuB II C. § 38 GmbHG 1.89
[1154] Baumbach/Hueck/Zöllner, § 38 RdNr. 36 d; Hachenburg/Stein, § 38 RdNr. 128
[1155] Scholz/Schneider, § 38 RdNr. 68; Baumbach/Hueck/Zöllner, § 38 RdNr. 28, 35 a; Lutz, S. 117 und 127; Oppenländer, DStR 1996, 922, 926; Wolf, ZGR 1998, 92, 113; Thanos, S. 114, 115; BGHZ, 86, 177, 183; OLG Karlsruhe, GmbHR 1993, 154, 155

des Obsiegens der Gesellschaft als deren Geschäftsführer anzusehen ist.[1156] In der Zwei-Personen-GmbH führt nur die Vertretung durch den jeweils anderen Gesellschafter-Geschäftsführer zu einem sachgerechten Ergebnis.[1157] Ein Beschluß gemäß § 46 Nr. 8 GmbHG ist dafür nicht erforderlich.[1158]

b) Vor einem Abberufungsbeschluß

Das Abwarten eines Abberufungsbeschlusses kann in Einzelfällen bereits einige Zeit in Anspruch nehmen, während die Gesellschaft ein Interesse daran hat, dass der Geschäftsführer sofort seine Tätigkeit einstellt. Nach h.M. kann ein Gesellschafter in besonderen Eilfällen aus eigenem Recht eine einstweilige Verfügung mit dem Inhalt erwirken, dem anderen Gesellschafter-Geschäftsführer die Geschäftsführungsbefugnis noch vor Zusammentreten der Gesellschafterversammlung vorläufig zu entziehen.[1159] Insbesondere in der Zwei-Personen-GmbH ist dabei die Gefahr eines zu weitgehenden Eingriffs in die Willensbildung der Gesellschafterversammlung gering, da die Bedeutung der Gesellschafterversammlung als kollektives Willensbildungsorgan hier ohnehin nicht sehr groß ist.[1160]

Fraglich ist aber, ob in der Zwei-Personen-GmbH überhaupt ein Bedürfnis für eine einstweilige Verfügung vor der Beschlußfassung über eine Abberufung besteht, da der Gesellschafter diesen Beschluß jederzeit selbst herbeiführen kann. Auch in der Zwei-Personen-GmbH kann aber die Beschlußfassung etwa durch die Ladung zur Gesellschafterversammlung Zeit beanspruchen.[1161] In engen Grenzen ist daher auch hier schon vor dem Abberufungsbeschluß ein Antrag auf einstweilige Verfügung zulässig, wenn die besondere Dringlichkeit eine sofortige Entscheidung erfordert.

2. Schutz gegen die Abberufung

Der in der Zwei-Personen-GmbH entstehende Schwebezustand wirkt sich umgekehrt auch auf den abberufenen Gesellschafter-Geschäftsführer negativ

---

[1156] OLG Hamm, GmbHR 1993, 743, 745; insoweit wird die Rechtsprechung zu der Vertretung im Fall der Nichtigkeits- und Anfechtungsklage übernommen (vgl. BGH NJW 1981, 138 bzw. OLG Hamm, GmbHR 1985, 119).

[1157] Vgl. dazu die Ausführungen in § 5, I. 3. und § 12, II. 3.

[1158] Vgl. aber OLG Karlsruhe, GmbHR 1993, 154, 155: Das OLG hatte hier darauf hingewiesen, dass nach h.M. ein besonderer Prozeßvertreter nach § 46 Nr. 8 GmbHG erforderlich sei, woraufhin die Verfügungsklägerin zu 2) sich selbst als solche bestellte. Dieser Gesellschafterbeschluß ist in der Zwei-Personen-GmbH reine Formalität und daher entbehrlich.

[1159] OLG Frankfurt, GmbHR 1998, 1126; Lutter/Hommelhoff, § 38 RdNr. 5; Scholz/Schneider, § 38 RdNr. 20

[1160] Baumbach/Hueck/Zöllner, § 38 RdNr. 35 a; Scholz/Schneider, § 38 RdNr. 68

[1161] Wolf, ZGR 1998, 92, 111. Nach a.A. kann der Abberufungsbeschluß hier sogar ganz durch den Antrag auf einstweilige Verfügung ersetzt werden (v. Gerkan, ZGR 1985, 167, 184).

aus. Zwar verliert er seine Organstellung tatsächlich nicht, wenn die Abberufung unzulässig war. Dennoch hat auch er ein erhebliches Interesse daran, schon vor einer endgültigen gerichtlichen Entscheidung in der Hauptsache gegenüber seinem Mitgesellschafter ebenso wie nach außen darzustellen, dass er weiterhin Geschäftsführer ist. Dieses kann er wiederum im Wege einstweiligen Rechtsschutzes erreichen. Dabei bieten sich dem Gesellschafter-Geschäftsführer zwei Alternativen, die sich in ihren Voraussetzungen und Auswirkungen erheblich unterscheiden.

a)   Einstweiliger Rechtsschutz gegen den Abberufungsbeschluß

Den Regelfall stellt die Variante dar, dass der Gesellschafter-Geschäftsführer bereits von seinem Mitgesellschafter als Geschäftsführer abberufen wurde. Sofern er nicht mit diesem Beschluß übereinstimmt, wird der Gesellschafter-Geschäftsführer neben der Überprüfung der Rechtmäßigkeit des Beschlusses durch Klage versuchen, im Wege einstweiligen Rechtsschutzes zu erreichen, dass er für die Zeit bis zu der rechtskräftigen Entscheidung in der Hauptsache weiterhin als Geschäftsführer tätig sein kann.

aa) Zulässigkeit

Spiegelbildlich zu der Zulässigkeit eines Verfügungsantrages der Gesellschaft für diesen Fall kann auch hier der abberufene Gesellschafter-Geschäftsführer im Wege einstweiligen Rechtsschutzes die Weiterführung seines Amtes erreichen.[1162] Es entspricht h.M., dass die Durchführung angegriffener Gesellschafterbeschlüsse durch einstweilige Verfügungen verhindert werden kann.[1163] Nicht zulässig ist es dagegen, den Beschluß für unwirksam zu erklären, da hierdurch eine endgültige Regelung geschaffen würde.[1164] Der Gesellschafter-Geschäftsführer kann aber eine vorläufige Aussetzung der Beschlußwirkung erreichen und somit bis zur Hauptsacheentscheidung weiter als Geschäftsführer tätig sein.

Umstritten ist, ob auch Minderheitsgesellschafter gegen die Durchsetzung eines Abberufungsbeschlusses einstweiligen Rechtsschutz in Anspruch nehmen können. Nach einer Ansicht würde hierdurch der Zweck des § 84 Abs. 3 Satz 4 AktG unterlaufen; um Unsicherheiten in Zuständigkeitsfragen zu vermeiden, sei daher hier Minderheitsgesellschaftern einstweiliger Rechtsschutz zu verweigern.[1165] In der Zwei-Personen-GmbH spielt dieser Streit indes kei-

---

[1162] Hachenburg/Stein, § 38 RdNr. 126; Baumbach/Hueck/Zöllner, § 38 RdNr. 36; Scholz/Schneider, § 38 RdNr. 68; Lutter/Hommelhoff, § 38 RdNr. 32
[1163] Scholz/Schmidt, § 45 RdNr. 183; Lutter/Hommelhoff, Anh. § 47 RdNr. 40; Baumbach/Hueck/Zöllner, § 38 RdNr. 21, Anh. § 47 RdNr. 93 c; Damm, ZHR 154 (1990), 413, 429, 437; Wolf, ZGR 1998, 92, 113
[1164] Hachenburg/Raiser, Anh. § 47 RdNr. 258; Scholz/Schmidt, § 45 RdNr. 183; Zöller/Vollkommer, § 940 RdNr. 8
[1165] Scholz/Schneider, § 38 RdNr. 73; U. H. Schneider, ZGR 1983, 535, 547; nach a.A. (Lutter/Hommelhoff, § 38 RdNr. 30; Baumbach/Hueck/Zöllner, § 38 RdNr. 35; Vorwerk, GmbHR

ne Rolle, da § 84 Abs. 3 Satz 4 AktG auf die vorläufige Wirksamkeit des Abberufungsbeschlusses keine Anwendung findet. Für den Mehrheitsgesellschafter hingegen ist die Inanspruchnahme einstweiligen Rechtsschutzes ohnehin zulässig, da dieser sonst aufgrund des Stimmrechtsausschlusses systemwidrig von dem Minderheitsgesellschafter kontrolliert werden könnte.[1166]

bb) Passivlegitimation

Entsprechend der Situation im Hauptsacheverfahren[1167] kann in der Zwei-Personen-GmbH auch im Verfügungsverfahren nach der einen Auffassung nur ein unmittelbar zwischen den Gesellschaftern ausgetragener Rechtsstreit zu sachgerechten Ergebnissen führen.[1168] Während die Gesellschafter die eigentlichen Konfliktparteien auch dieses Verfahrens sind, gefährde eine Zwischenschaltung der hierbei funktionslosen Gesellschaft nur das gewünschte Ergebnis, schnell zu einer einstweiligen Klärung der Rechtslage zwischen den Streitenden, einer kurzfristig wirkende Lösung, zu gelangen. Hier sei es von entscheidendem Nachteil, wenn Zwangsvollstreckungsmaßnahmen nur über die Gesellschaft wirkten.

Nach entgegenstehender Ansicht soll auch das Verfügungsverfahren entsprechend der Parteirollenverteilung im Aktienrecht zwischen Gesellschaft und Gesellschafter ausgetragen werden. Der Minderheitsgesellschafter könne die Antragsstellung durch die Gesellschaft erwirken, da der Mehrheitsgesellschafter vom Stimmrecht ausgeschlossen sei.[1169] Nach dem entsprechenden Gesellschafterbeschluß sei aber die Rolle des Gesellschafters in diesem Verfahren beendet.[1170]

Allerdings wird auch von Vertretern dieser Auffassung darauf hingewiesen, dass die Parteirolle der Gesellschaft insbesondere in der Zwei-Personen-GmbH nicht optimal sei.[1171] Gerade im Verfügungsverfahren ist die Zwischenschaltung der Gesellschaft in den Konflikt der Gesellschafter künstlich. Der betroffene Gesellschafter-Geschäftsführer kann somit seinen Antrag gegen seinen Mitgesellschafter richten.

1995, 266, 268; Vollmer, GmbHR 1984, 5, 10) hingegen soll auch der Minderheitsgesellschafter einstweiligen Rechtsschutz gegen die Folgen des Abberufungsbeschlusses in Anspruch nehmen dürfen. Die Regelung des § 84 Abs. 3 Satz 4 AktG sei insoweit nicht sachgerecht, stünde aber auch nach ihrem Wortlaut sowie ihrem Sinn und Zweck einer vorläufigen Regelung nicht entgegen.
[1166] Vorwerk, GmbHR 1995, 266, 270; Littbarski, S. 164
[1167] Vgl. § 12, II.
[1168] So deutlich Wolf, ZGR 1998, 92, 114
[1169] Hachenburg/Stein, § 38 RdNr. 121; Baumbach/Hueck/Zöllner, § 38 RdNr. 35
[1170] Schmitt, ZIP 1992, 1212
[1171] Baumbach/Hueck/Zöllner, § 38 RdNr. 35 a; Scholz/Schneider, § 38 RdNr. 68

b)   Einstweiliger Rechtsschutz gegen die Beschlußfassung

Problematischer als die Zulässigkeit einstweiligen Rechtsschutzes zur Verhinderung der Durchführung eines Abberufungsbeschlusses ist die Frage, ob der Gesellschafter-Geschäftsführer auch bereits präventiv gegen die Fassung eines drohenden Abberufungsbeschlusses vorgehen kann.

Zu einem solchen Antrag kann es kommen, wenn der Mitgesellschafter schon im Vorwege einer Gesellschafterversammlung seine Absicht zur Abberufung angekündigt hat. Aufgrund der Bedeutung der Beibehaltung seiner Organstellung für den Gesellschafter-Geschäftsführer führt diese Situation insbesondere in der Zwei-Personen-GmbH zu der Überlegung, ob gegen diese Beschlußfassung eine einstweilige Verfügung erwirkt werden kann.

aa) Zulässigkeit präventiver einstweiliger Verfügungen

Durch sein frühes Ansetzen bringt ein solcher Antrag in jedem Fall verstärkt Probleme hinsichtlich des Eingriffs in den Rechtskreis der Gesellschafter und der Frage seiner Vorläufigkeit mit sich.[1172] Daher ist die Zulässigkeit solcher Verfügungsanträge umstritten.

(1)   Entwicklung der Rechtsprechung

Ursprünglich wurde in der Rechtsprechung eine ablehnende Haltung gegenüber präventiven einstweiligen Verfügungen vertreten. Das OLG Celle entschied 1981 für eine personalistisch strukturierte GmbH (mit 3 Gesellschaftern), dass eine einstweilige Verfügung, mit der der Gesellschafterversammlung untersagt werden soll, einen Geschäftsführer abzuberufen, als Einwirkung auf die Beschlußfassung eine endgültige Regelung herbeiführe und daher unzulässig sei.[1173] Der Geschäftsführer könne aber nachträglich gegen seine Abberufung vorläufigen Rechtsschutz in Anspruch nehmen, um bis zu einer endgültigen Entscheidung eine Fortführung seiner Tätigkeit zu erreichen.[1174]

Gegenüber dieser Ansicht hat in der folgenden Zeit ein Umdenken eingesetzt. Zunehmend wurde auch in der Rechtsprechung die Auffassung vertreten, dass der Erlaß einer in den Bereich der Willensbildung eingreifenden einstweiligen Verfügung nicht generell unzulässig sei, sondern unter engen Voraussetzungen von einer Bewertung der auf dem Spiel stehenden Interessen abhänge. Erstmals hat das OLG Koblenz eine einstweilige Verfügung für zulässig erachtet, durch die einem Gesellschafter aufgrund einer Stimmbindung die Ausübung seines Stimmrechts in bestimmter Weise verboten wer-

---

[1172] Scholz/Schmidt, § 45 RdNr. 183; Hachenburg/Raiser, Anh. § 47 RdNr. 257
[1173] OLG Celle, GmbHR 1981, 264
[1174] Diese Lösung entspricht den Ausführungen in BGHZ 86, 177, 183

den sollte.[1175] Auch das OLG Stuttgart deutete darauf hin, dass bei eindeutiger Rechtslage eine einstweilige Verfügung in Betracht komme.[1176]

Diese neue Ansicht ist erstmals durch das OLG Hamburg konkret auf einen Abberufungskonflikt in einer Zwei-Personen-GmbH bezogen worden:

„Cats - Teil 2"

OLG Hamburg, 11. Zivilsenat, Urteil vom 28. Juni 1991[1177]

In diesem Verfügungsverfahren[1178] stritten die beiden Beteiligungsgesellschaften der Partner K und D um die Bestellung eines Geschäftsführers als Nachfolger für den von der Klägerin für K präsentierten und von der Beklagten abberufenen BK. Die Beklagte lehnte jeweils die Bestellung des von der Klägerin als Nachfolger präsentierten S ab. Die Klägerin beantragte im Wege der einstweiligen Verfügung, die Beklagte zur Bestellung des S zu verpflichten.

Dieser Antrag war nach Ansicht des Senats zulässig und begründet. Notwendig sei allerdings eine besonders strenge Prüfung der materiellen Voraussetzungen. Die für eine einstweilige Verfügung, durch die der Gesellschafter einer GmbH zu einer bestimmten Ausübung seines Stimmrechts angehalten werde, erforderliche Verpflichtung könne sich nicht nur aus einer Stimmbindung, sondern auch aus dem Gesellschaftsvertrag oder der gesellschafterlichen Treuepflicht ergeben. Maßgeblich müsse letztlich die Frage sein, ob die „Bewertung der auf dem Spiel stehenden Interessen" eine schwerwiegende Beeinträchtigung der Interessen des Antragstellers befürchten lasse.

Bestätigt wurde diese Auffassung bald darauf durch das OLG Frankfurt.[1179] Es sei nicht generell unzulässig, einem GmbH-Gesellschafter die Ausübung seines Stimmrechts in einem bestimmten Sinn durch einstweilige Verfügung zu verbieten. Auch das OLG Hamm folgte dieser Auffassung.[1180] Damit konnte die Zulässigkeit einer in die Beschlußfassung eingreifenden einstweiligen Verfügung bereits als in der Rechtsprechung grundsätzlich anerkannt gelten.[1181] Zugleich zeigt die Entscheidung des OLG Hamm, wo die Grenzen

---

[1175] OLG Koblenz, NJW 1986, 1692, 1693

[1176] OLG Stuttgart, NJW 1987, 2449 (In dem zugrundeliegenden Fall ging es um die Zwangseinziehung eines Geschäftsanteils in einer Zwei-Personen-GmbH; hier fehlte es allerdings an der erforderlichen eindeutigen Rechtslage.)

[1177] OLG Hamburg GmbHR 1991, 467

[1178] Vgl. zum weiteren Sachverhalt das Hauptsacheverfahren, oben § 12, I. 1. c).

[1179] OLG Frankfurt, GmbHR 1993, 161

[1180] OLG Hamm, GmbHR 1993, 163; zum Sachverhalt § 2, III. 1. e). Der Antrag war dennoch nicht erfolgreich, da in dem Fall weder eine eindeutige Rechtslage zugunsten des Verfügungsklägers bestand, noch ein überragendes Schutzbedürfnis glaubhaft gemacht worden war. Daher habe unter dem Gesichtspunkt des geringstmöglichen Eingriffs die Versagung der Beschlußausführung Vorrang.

[1181] Michalski, GmbHR 1993, 164

zwischen zulässigen und unzulässigen Eingriffen in das Abstimmungsverhalten liegen. Nur in besonders gelagerten Ausnahmefällen ist der Eingriff im Vorfeld der gesellschaftlichen Beschlußfassung zulässig.[1182]

Gerade in der Zwei-Personen-GmbH stellt sich die Frage, in welchen Fällen der Gesellschafter-Geschäftsführer den Abberufungsbeschluß gegen sich abwarten muß. Hierzu nahm das OLG Stuttgart in der folgenden Entscheidung Stellung:

„Das einstweilige Abberufungsverbot"

OLG Stuttgart, 20. Zivilsenat, Beschluß vom 18. Februar 1997[1183]

In dem der Entscheidung zugrundeliegenden Fall kam es zwischen zwei zu je 50% an einer GmbH beteiligten Gesellschaftern zum Streit um die Auszahlung der Geschäftsführergehälter im Zusammenhang mit Verlusten der Gesellschaft. Als der Antragsgegner eine Gesellschafterversammlung anberaumte, beantragte der Antragsteller eine einstweilige Verfügung, durch die der Antragsgegner verpflichtet werden sollte, es zu unterlassen, innerhalb eines Zeitraumes von sechs Monaten sein Stimmrecht in der Weise auszuüben, dass der Antragsteller als Geschäftsführer abberufen werde.

Das OLG entschied, dass es hier dem Gesellschafter-Geschäftsführer trotz drohender Abberufung zumutbar sei, den Gesellschafterbeschluß abzuwarten und gegebenenfalls anzufechten. Dies gelte gerade in der Zwei-Personen-GmbH. Denn jedenfalls in diesem Fall sei § 84 Abs. 3 Satz 4 AktG auf die GmbH nicht übertragbar[1184] mit der Folge, dass die Wirksamkeit der Abberufung von der objektiven Rechtslage abhänge, der unberechtigt Abberufene also seine Stellung nie verloren habe und ein Abberufungsbeschluß aus sich heraus noch keine vollendeten Tatsachen schaffe. Unter dem Gesichtspunkt des geringstmöglichen Eingriffs sei daher eine solche, auf ein bestimmtes Abstimmungsverhalten gerichtete einstweilige Verfügung nicht zulässig. Die Schranke des geringstmöglichen Eingriffs wurde dahin präzisiert, dass gerade bei einer Zwei-Personen-GmbH ein Abwarten zumutbar und mithin eine präventive Regelung nicht erforderlich sei.

Das OLG München hatte schließlich die Frage zu entscheiden, ob eine einstweilige Verfügung auch gegen einen Mehrheitsgesellschafter ergehen kann:

[1182] So auch für eine personalistische GmbH LG München I, ZIP 1994, 1858
[1183] OLG Stuttgart, GmbHR 1997, 312
[1184] BGHZ 86, 177, 181 (vgl. oben § 7)

„Das einstweilige Verbot der Auswechslung der Geschäftsführung"

OLG München, 23. Zivilsenat, Beschluß vom 20. Juli 1998[1185]

Die Minderheitsgesellschafter einer GmbH hatten die Einziehung der Geschäftsanteile der Mehrheitsgesellschafterin, die 75% der Anteile hielt, beschlossen. Während der Streit über die Rechtmäßigkeit dieser Ausschließung noch nicht abgeschlossen war, beantragten die Minderheitsgesellschafter eine einstweilige Verfügung mit dem Inhalt, es der Mehrheitsgesellschafterin zu verbieten, in einer anberaumten Gesellschafterversammlung die Geschäftsführung auszuwechseln.

Das OLG entschied, dass es auch der Mehrheitsgesellschafterin in bestimmten Situationen[1186] im Wege einer einstweiligen Verfügung verboten werden könne, in der Gesellschafterversammlung die Auswechslung der Geschäftsführung vorzunehmen. Die Mehrheitsgesellschafterin sei hier aus ihrer gesellschaftlichen Treuepflicht heraus verpflichtet gewesen, von dem Austausch der Geschäftsführung Abstand zu nehmen. Auch hier lasse sich eine Verweigerung vorläufigen Rechtsschutzes nicht mit dem Gebot effektiven Rechtsschutzes vereinbaren.

Die Entscheidungen der Oberlandesgerichte zu der Frage der Zulässigkeit einstweiligen Rechtsschutzes in der zweigliedrigen GmbH zeigen, dass eine weitgehend gefestigte Rechtsprechung vorliegt. Hier ist inzwischen anerkannt, dass einstweiliger Rechtsschutz auch in Form präventiver Eingriffe in die Willensbildung der Gesellschaft unter engen Voraussetzungen zulässig ist.

(2)   Literatur

Im Gegensatz zu der Rechtsprechung besteht in der Literatur hier noch keine Einigkeit. Nach wie vor wird von einer Ansicht die hergebrachte Meinung vertreten, wonach präventive Eingriffe in das Beschlußverhalten der Gesellschaft grundsätzlich ausgeschlossen seien.[1187] Im Gesellschaftsrecht würden durch solche einstweiligen Verfügungen endgültige Regelungen geschaffen, da die einmal verhinderten Beschlüsse nachträglich nicht Wirksamkeit erlangen könnten.[1188] Außerdem werde in unzulässiger Weise in den Bereich der Willensbildung der Gesellschaft eingegriffen. Den Gesellschaftern stehe bei der

---

[1185] OLG München, GmbHR 1999, 718

[1186] Vorliegend ging es um die Sicherung eines von der Mehrheitsgesellschafterin angefochtenen Beschlusses über die Einziehung ihres Geschäftsanteils.

[1187] Scholz/Schneider, § 38 RdNr. 72; Baumbach/Hueck/Zöllner, § 38 RdNr. 36; U. H. Schneider, ZGR 1983, 535, 547; Vorwerk, GmbHR 1995, 266, 268

[1188] Baumbach/Hueck/Zöllner, § 38 RdNr. 36, Anh. § 47 RdNr. 93 k; Semler, BB 1979, 1533, 1536

Beschlußfassung Gestaltungsfreiheit zu.[1189] Daher solle grundsätzlich nicht durch einstweilige Verfügungen auf die Beschlußfassung der Gesellschafterversammlung Einfluß genommen werden.[1190]

Demgegenüber wird in der jüngeren Literatur zunehmend die Auffasssung vertreten, dass unter bestimmten Voraussetzungen einstweilige Verfügungen gegen drohende Abberufungsbeschlüsse zulässig seien.[1191] Danach sprechen erhebliche tatsächliche Bedürfnisse gegen eine generelle Unzulässigkeit präventiver Verfügungen. So verstoße zwar eine Unterlassungsverfügung potentiell gegen das Befriedigungsverbot.[1192] Dennoch seien solche Verfügungen als Ausfluß des Rechtsstaatsprinzips in einzelnen Fällen als zulässig anzusehen, soweit im normalen Verfahren kein wirksamer Rechtsschutz möglich sei und die Ablehnung der einstweiligen Verfügung damit praktisch einer Rechtsverweigerung gleichkomme.[1193] Auch könne der Inhalt einer Verfügung bereits insoweit vorläufig sein, als er zeitlich bis zur Entscheidung in der Hauptsache begrenzt werde.[1194] Das Gebot, nicht das Ergebnis der Hauptsache vorwegzunehmen, könne der Zulässigkeit einer einstweiligen Verfügung auch nicht grundsätzlich entgegenstehen[1195], es sei eine Relativierung dieses Postulats geboten.[1196] Die Problematik der Vorwegnahme der Hauptsache lasse sich bei der Prüfung von Verfügungsanspruch und Verfügungsgrund berücksichtigen. Das ermögliche gegenüber einem generellen Ausschluß einstweiligen Rechtsschutzes eine einzelfallbezogene Interessenabwägung.

Auch das Argument, der verhinderte Beschluß könne nachträglich keine Wirksamkeit mehr erlangen, schließe die Zulässigkeit nicht aus. Die Umkehrbarkeit der Entscheidung gehöre nicht zum Wesen der einstweiligen Verfügung. Insbesondere sei aber auch zu bedenken, dass sich die Teil-Erfüllungswirkung einer präventiven Verfügung und deren Ablehnung in beide Richtungen auswirken könne. Auch das Unterbleiben einer einstweiligen Verfügung könne für den betroffenen Gesellschafter-Geschäftsführer endgültige Tatsachen schaffen.[1197] Daher könne die mögliche Endgültigkeit der Maß-

---

[1189] U. H. Schneider, ZGR 1983, 535, 546

[1190] Baumbach/Hueck/Zöllner, Anh. § 47 RdNr. 93 k

[1191] Hachenburg/Stein; § 38 RdNr. 127; Lutter/Hommelhoff, § 38 RdNr. 38; v. Gerkan, ZGR 1985, 167 ff.; Lutz, S. 120; Oppenländer, DStR 1996, 922, 926; Wolf, ZGR 1998, 92, 113; Damm, ZHR 154 (1990), 413, 430; Littbarski, S. 154

[1192] Vgl. v. Gerkan, ZGR 1985, 167, 177; Grunsky, JuS 1976, 277, 283

[1193] Michalski, GmbHR 1991, 12; Wolf, ZGR 1998, 92, 110; v. Gerkan, ZGR 1985, 167, 170

[1194] Heinze, ZGR 1979, 293, 313 (für die AG)

[1195] Lutter/Hommelhoff, Anh. § 47 RdNr. 40; Zutt, ZHR 1991, 190, 200; Schmitt, ZIP 1992, 1212, 1215

[1196] Michalski, GmbHR 1991, 12, 13; Damm, ZHR 154 (1990), 413, 431; v. Gerkan, ZGR 1985, 167, 169

[1197] Zutt, ZHR 1991, 190, 201; v. Gerkan, ZGR 1985, 167, 176; Michalski, GmbHR 1991, 12, 14

nahme nicht zu einer generellen Unzulässigkeit des Antrags führen, es sei vielmehr eine Abwägung vorzunehmen.[1198]

Der Grundsatz der Selbstbestimmung der Gesellschaft beanspruche keinen absoluten Rang.[1199] Ein Eingriff in den Willensbildungsprozeß der Gesellschaft liege bei eindeutiger Rechtslage und überwiegendem Schutzbedürfnis nicht vor.[1200] Insbesondere bei Stimmbindungen sei die Willensbildung rechtlich ohnehin schon vorbestimmt.[1201] Daher betreffe eine präventive Verfügung, die einen solchen Rechtsanspruch durchsetze, de facto die Willensbildung der Gesellschaft tatsächlich nicht.

Eine präventive Regelung müsse zulässig sein, wenn ein überragendes Schutzbedürfnis auf Seiten des Geschäftsführers bestehe und durch die einstweilige Verfügung nicht das Gebot des geringstmöglichen Eingriffs verletzt werde.[1202] Dem Gesellschafter könne es nicht zugemutet werden, sich nachträglich gegen den Gesellschafterbeschluß zu wenden, wenn das Unterbleiben einer einstweiligen Verfügung endgültige Tatsachen schaffen würde.[1203] Sei ein solches Ergebnis vorauszusehen und für den Betroffenen nicht hinnehmbar, sei daher eine einstweilige Verfügung schon vor der Gesellschafterversammlung zulässig.[1204]

In bestimmten Situationen in der Praxis sei eine präventive Verfügung erforderlich, so gerade auch bei rivalisierenden Gesellschafter-Geschäftsführern[1205], so dass ein genereller Ausschluß präventiver Verfügungen verfehlt sei. Materiellrechtliche Ansprüche müßten sich auch effektiv gerichtlich durchsetzen lassen.[1206] Besser als die formale Einschränkung sei eine Betonung inhaltlicher Gesichtspunkte bei der Zulässigkeitsprüfung. Materielle Probleme sollten auch im materiellen Recht diskutiert werden und ein Konflikt darüber nicht mittels verfahrensrechtliche Sperren ausgetragen werden[1207], auch wenn in der Anwendung größte Zurückhaltung herrschen müsse.[1208] Die materiellen Voraussetzungen lägen wegen des Ausnahmecharakters einer präventiven Verfügung sehr hoch.[1209] Statt einer generellen Schranke gegen präventive Verfügungen müsse im Rahmen der Begründet-

---

[1198] Schmitt, ZIP 1992, 1212, 1215; Kiethe, DStR 1993, 609, 612

[1199] Littbarski, S. 154; vgl. auch Zöller/Vollkommer, § 940 RdNr. 8

[1200] Hachenburg/Stein, § 38 RdNr. 127; Oppenländer, DStR 1996, 922, 926; v. Gerkan, ZGR 1985, 167, 177

[1201] Hachenburg/Stein, § 38 RdNr. 127; Zutt, ZHR 1991, 190, 199; Michalski, GmbHR 1991, 12, 13; K. Schmidt, GmbHR 1991, 469; Damm, ZHR 154 (1990), 413, 434

[1202] Hachenburg/Stein, § 38 RdNr. 127; Michalski, GmbHR 1991, 12, 14

[1203] Michalski, GmbHR 1991, 12, 14; v. Gerkan, ZGR 1985, 167, 169

[1204] Michalski, GmbHR 1991, 12, 14

[1205] Vgl. Roth/Altmeppen, § 47 RdNr. 54

[1206] Schmitt, ZIP 1992, 1212, 1213

[1207] Damm, ZHR 154 (1990), 413, 434

[1208] Kiethe, DStR 1993, 609, 612

[1209] Hachenburg/Raiser, Anh. § 47 RdNr. 257; Roth/Altmeppen, § 47 RdNr. 54; Damm, ZHR 154 (1990), 413, 431

heit durch eine wertende Betrachtung, die jeweils die Rechtsinteressen mit dem Grad ihrer Legitimität und ihres sachlich-wirtschaftlichen Gewichts berücksichtige, unter größter Zurückhaltung die Anwendbarkeit auf den Einzelfall geprüft werden.

(3)   Stellungnahme

Der neueren Ansicht, nach der einstweiliger Rechtsschutz schon im Vorwege eines Abberufungsbeschlusses zulässig ist, ist für die Zwei-Personen-GmbH zuzustimmen. Der Sinn des einstweiligen Rechtsschutzes liegt darin, es in dringenden Fällen dem Antragsteller zu ermöglichen, eine Präjudizierung seiner Rechtsposition zu verhindern. Dazu paßt es nicht, dass in ganzen Fallgruppen die Möglichkeit einstweiligen Rechtsschutzes von vornherein ausgeschlossen sein soll. Auch eine Differenzierung etwa zwischen Stimmverboten und Treuebindungen bei der Frage der generellen Zulässigkeit ist daher nicht sachgemäß. Umfassender Rechtsschutz ist nur gewährleistet, wenn dem Gesellschafter-Geschäftsführer, soweit er zu einem späteren Zeitpunkt keinen wirksamen Rechtsschutz mehr erlangen kann, die Möglichkeit gegeben ist, im Wege des einstweiligen Rechtsschutzes auch präventiv gegen seine drohende Abberufung vorzugehen. Die Vorläufigkeit der Entscheidung ist durch eine zeitliche Begrenzung ihrer Wirkung etwa bis zur Entscheidung der Hauptsache erreichbar.

Allerdings ergibt sich aus dem Ausnahmecharakter einer solchen präventiven Verfügung, dass sie nur in besonders engen Grenzen erfolgreich sein kann. Die Voraussetzungen sind jeweils einzelfallbezogen zu untersuchen und dabei insbesondere die Interessen des Gesellschafter-Geschäftsführers an einer präventiven Entscheidung gegenüber jenen der Gesellschaft abzuwägen: Unzulässig ist eine präventive Verfügung, wenn dem Antragsteller auch nachträglich im Wege einstweiligen Rechtsschutzes noch ausreichender Schutz hinsichtlich seiner gesellschaftsinternen Stellung geboten werden kann. Das ist dann der Fall, wenn der Geschäftsführer aufgrund des nach dem umstrittenen Abberufungsbeschluß eintretenden Schwebezustandes tatsächlich weiterhin seine Geschäftsführerstellung ausüben kann. Andernfalls ist gerade in der Zwei-Personen-GmbH zu beachten, dass schon der Abberufungsbeschluß für den Gesellschafter-Geschäftsführer zu unumkehrbaren Folgen führen kann. Bei der Beurteilung ist wiederum besonders auf Gleichbehandlung zu achten: Unter diesem Gesichtspunkt ist eine einstweilige Verfügung, die den status quo vorübergehend sichert, für beide Seiten vertretbar.

bb) Passivlegitimation

Der Antrag auf eine einstweilige Verfügung, die sich präventiv auf das Abstimmungsverhalten des Mitgesellschafters richtet, kann in der Zwei-Personen-GmbH nur gegen diesen gerichtet werden.[1210] Die Rechtsbezie-

---

[1210] Hachenburg/Stein; § 38 RdNr. 127

hungen, auf die die präventive Verfügung gestützt wird, bestehen überhaupt nur zwischen den Gesellschaftern[1211]

3. Beschlußanfechtung allgemein

Die Tatsache, dass nach der hier vertretenen Lösung Gesellschafterbeschlüsse in der Zwei-Personen-GmbH grundsätzlich keine vorläufige Wirkung entfalten, führt zu einem erheblichen Bedürfnis einer vorläufigen Klärung des Beschlußergebnisses. Denn bei Streit um das Beschlußergebnis ergibt sich nicht nur bei Abberufungsbeschlüssen bis zur rechtskräftigen Entscheidung ein Schwebezustand.[1212] Umgekehrt kann ein Gesellschafter aber auch bei einem durch konstitutive Beschlußfeststellung vorläufig wirksamen Beschluß versuchen, durch eine einstweilige Verfügung die vorläufige Wirksamkeit bis zur Hauptsacheentscheidung aufzuheben.

Zu den Möglichkeiten der Inanspruchnahme einstweiligen Rechtsschutzes gilt das zu den Abberufungsproblemen[1213] Gesagte. Es ist entgegen der hergebrachten Ansicht[1214] grundsätzlich zulässig, einstweilige Regelungen hinsichtlich des Vollzuges umstrittener Beschlüsse zu beantragen[1215] oder präventiv eine bestimmte Beschlußfassung zu verhindern.[1216] Allerdings ist zu beachten, dass bei einem gewöhnlichen Gesellschafterbeschluß die hohen Anforderungen an eine solche einstweilige Verfügung nur in Ausnahmefällen vorliegen werden.[1217]

4. Durchsetzung einer Beschlußfassung

Sowohl aus der gesellschaftlichen Treuebindung, aber auch aus konkreten vertraglichen Stimmbindungen kann sich für einen Gesellschafter gegenüber seinem Mitgesellschafter eine materiellrechtliche Verpflichtung zu einer konkreten Stimmabgabe oder der Mitwirkung an einer bestimmten Beschlußfassung ergeben.[1218] Eine solche Stimmpflicht kann bei Satzungsänderungen, in allgemeinen Gesellschaftsangelegenheiten, sowie bei Angelegenheiten der Geschäftsführung bestehen.[1219] Durchsetzbar ist eine solche Stimmpflicht nach h.M. gemäß § 894 ZPO.[1220] Hier stellt sich die Frage, ob der Gesell-

---

[1211] v. Gerkan, ZGR 1985, 167, 174; Schmitt, ZIP 1992, 1212

[1212] Saenger, GmbHR 1997, 112, 117; Wolf, ZGR 1998, 92, 110

[1213] Siehe oben II. 2.

[1214] Vgl. die Nachweise bei Scholz/Schmidt, § 45 RdNr. 183

[1215] Hachenburg/Raiser, Anh. § 47 RdNr. 258; Scholz/Schmidt, § 45 RdNr. 183; Damm, ZHR 154 (1990), 413, 437

[1216] Hachenburg/Raiser, Anh. § 47 RdNr. 257; Scholz/Schmidt, § 45 RdNr. 183; v. Gerkan, ZGR 1985, 167, 172; Damm, ZHR 154 (1990), 413, 430;

[1217] Scholz/Schmidt, § 45 RdNr. 183; v. Gerkan, ZGR 1985, 167, 173

[1218] K. Schmidt, GmbHR 1991, 469

[1219] Siehe hierzu schon oben § 5, III. 2. b) cc)

[1220] BGHZ 48, 163, 169; v. Gerkan, ZGR 1985, 167, 180

schafter einer Zwei-Personen-GmbH diese Verpflichtung auch im Wege einstweiligen Rechtsschutzes durchsetzen kann.

Um einen solchen Fall handelte es sich bereits bei der oben dargestellten „Cats"-Entscheidung des OLG Hamburg.[1221] Über die dort behandelte Problematik der Geschäftsführerbestellung hinaus ist bei gewöhnlichen Gesellschafterbeschlüssen nur ausnahmsweise eine Dringlichkeit denkbar, die eine Durchsetzung einer Stimmpflicht durch einstweilige Verfügung erforderlich macht. Selbst relative Stimmbindungsverträge führen in der Zwei-Personen-GmbH zu der Unwirksamkeit einer entgegenstehenden Stimmabgabe, so dass auch hier die nachträgliche Beschlußüberprüfung, gegebenenfalls einschließlich einstweiligen Rechtsschutzes, möglich ist.[1222] Dennoch sind keine grundsätzlichen Hinderungsgründe gegen eine solche Verfügung erkennbar, wenn der entsprechende Verfügungsanspruch besteht und insbesondere auch ein Verfügungsgrund gegeben ist. Obwohl durch eine solche positiv wirkende einstweilige Verfügung noch stärker in die Willensbildung der Gesellschaft eingegriffen wird als durch die eine Beschlußfassung verhindernde Verfügung[1223], muß es doch zulässig sein, einen materiellrechtlichen Anspruch auch im Wege einstweiligen Rechtsschutzes durchzusetzen. In Ausnahmefällen kann einstweiliger Rechtsschutz somit zur Durchsetzung von Verpflichtungen zu einem bestimmten Abstimmungsverhalten gewährt werden.[1224]

5. Bestellung eines Notgeschäftsführers

Gerade in der Zwei-Personen-GmbH führt die besondere Rechtslage bei der Abberufung von Gesellschafter-Geschäftsführern dazu, dass die Geschäftsführung für eine Übergangszeit, etwa durch Bestellung eines Notgeschäftsführers, geregelt werden muß.[1225] Eine solche Regelung muß zügig erfolgen. Es fragt sich daher, ob die Bestellung eines Notgeschäftsführers als mögliche Lösung für diese Situation auch im Wege einstweiligen Rechtsschutzes erfolgen kann.

Auch hier ist der Argumentation zu folgen, dass die Möglichkeit der Inanspruchnahme einstweiligen Rechtsschutzes nicht schon pauschal durch Zulässigkeitsregelungen nach Fallgruppen ausgeschlossen werden sollte.[1226] Es besteht ein erhebliches Bedürfnis dafür, so schnell wie möglich die gesetzliche Vertretung wiederherzustellen, nachdem die Gesellschaft geschäftsführerlos geworden ist.[1227] Bei besonderer Dringlichkeit muß daher auch die

---

[1221] OLG Hamburg, GmbHR 1991, 467, siehe oben II. 2. b) aa) (2)

[1222] Siehe oben § 5, III. 2. d); vgl. K. Schmidt, GmbHR 1991, 469

[1223] Damm, ZHR 154 (1990), 413, 435; v. Gerkan, ZGR 1985, 167, 178

[1224] Damm, ZHR 154 (1990), 413, 437; v. Gerkan, ZGR 1985, 167, 183

[1225] Lutter/Hommelhoff, § 38 RdNr. 38; Vorwerk, GmbHR 1995, 266, 269

[1226] Vgl. Hachenburg/Raiser, Anh. § 47 RdNr. 257; Damm, ZHR 154 (1990), 413, 435

[1227] Vgl. Schneider, ZGR 1983, 535, 547; BGHZ 86, 177, 183

Möglichkeit einer auf Bestellung eines Notgeschäftsführer gerichteten einstweiligen Verfügung bestehen.[1228] Im Sinne einer vorläufigen Regelung ist diese Form der Bestellung aber zu befristen, wobei ein Zeitraum von sechs Monaten nicht überschritten werden sollte.

[1228] Littbarski, S. 173; Hopt, ZGR 1979, 1, 20 (für Komplementär-GmbH in GmbH & Co. KG)

§ 15 Die Ausschließungsklage

I. Klageerfordernis für die Ausschließung aus wichtigem Grund

Die Ausschließungsklage dient dem Ziel, dem berechtigten Interesse der Gesellschaft an der schnellen Durchführung einer Ausschließung aus wichtigem Grund Rechnung zu tragen und dabei den Schutz der Rechtsstellung des Gesellschafters bis hin zur Sicherstellung seiner Abfindung zu gewährleisten.

Bis heute ergeben sich die Grundsätze des Ausschließungsverfahrens aus der folgenden Leitentscheidung des BGH:

„Ausschließung ohne Satzungsregelung"

BGH, II. Zivilsenat, Urteil vom 1. April 1953[1229]

Die beklagte GmbH mit einem Stammkapital von RM 100.000,- befand sich seit 1952 in Liquidation. In einer Gesellschafterversammlung beschlossen mehrere Minderheitsgesellschafter, die Geschäftsanteile von zusammen RM 30.000,- besaßen, die Klägerin, die mit RM 60.000,- an der Beklagten beteiligt war, aus wichtigem Grund auszuschließen. Der Gesellschaftsvertrag enthielt keine Regelung über die Ausschließung eines Gesellschafters. Die Parteien stritten über die Wirksamkeit des Ausschließungsbeschlusses.

Der BGH bejahte die Möglichkeit des Gesellschafterausschlusses aus wichtigem Grund. Als Mittel zur Durchführung der Ausschließung sei in Anlehnung an § 140 HGB eine von der GmbH zu erhebende Ausschließungsklage erforderlich, deren rechtsgestaltendes Urteil an die Bedingung zu knüpfen sei, dass der betroffene Gesellschafter einen angemessenen Gegenwert für seinen Geschäftsanteil erhalte.

Mit dieser Entscheidung definierte der BGH hinsichtlich der Möglichkeit der Gesellschafterausschließung bei Fehlen einer entsprechenden Regelung im Gesellschaftsvertrag die dazu bis heute geltenden materiell- und verfahrensrechtlichen Grundsätze. In der Begründung der Ausschließungsmöglichkeit stellte der BGH besonders auf die personalistische Ausprägung der GmbH ab. Daraus ergibt sich, dass die hier entwickelten Grundsätze in besonderem Maße auf die Zwei-Personen-GmbH anzuwenden sind.

Das Erfordernis der Erhebung einer Ausschließungsklage bei Fehlen einer Regelung im Gesellschaftsvertrag, die eine Ausschließung durch Gesellschafterbeschluß zuläßt, entspricht heute einhelliger Meinung.[1230] Eine Aus-

---

[1229] BGHZ 9, 157; die Entscheidung betraf nicht konkret eine Zwei-Personen-GmbH, jedoch stellte der BGH in der Begründung besonders auf die personalistische Ausprägung der GmbH ab.
[1230] Hachenburg/Ulmer, Anh. § 34 RdNr. 19; Scholz/Winter, § 15 RdNr. 138; Lutter/Hommelhoff, § 34 RdNr. 29; Baumbach/Hueck/Fastrich, Anh. § 34 RdNr. 8; Soufleros,

schließung durch Gesellschafterbeschluß ist ohne entsprechende Regelung im Gesellschaftsvertrag nicht gerechtfertigt, da der Schutz der Interessen des auszuschließenden Gesellschafters, der nicht gesellschaftsvertraglich einer vereinfachten Ausschließungsmöglichkeit zugestimmt hat, eine gerichtliche Überprüfung des Ausschließungsgrundes verlangt.[1231] Ohne gesellschaftsvertragliche Regelung ist das Erfordernis eines gerichtlichen Verfahrens auch aus Gründen der Rechtssicherheit geboten: Nur die gerichtliche Entscheidung kann hier die rechtlichen Beziehungen zwischen Gesellschaft und Gesellschafter eindeutig klären.[1232] Ohne dieses Erfordernis wäre sonst nach der Anfechtung eines auf Ausschließung gerichteten Gesellschafterbeschlusses die für den Bestand der Gesellschaft elementare Frage der Mitgliedschaft ungeklärt.[1233] Demgegenüber läßt sich, falls eine sofortigen Maßnahme gegen einen untragbaren Gesellschafter erforderlich ist, eine vorübergehende Lösung auch durch eine einstweilige Verfügung auf Ruhen der mitgliedschaftlichen Rechte erreichen.[1234]

Gerade bei der Ausschließung aus wichtigem Grund ist eine Entscheidung unter objektiven Gesichtspunkten durch eine unparteiische Person erforderlich.[1235] Das gilt um so mehr bei sich gegenüberstehenden Gesellschaftergruppen.[1236] In der Zwei-Personen-GmbH ist das Erfordernis einer Ausschließungsklage geradezu zwingend: Durch den bei der Beschlußfassung gegenüber dem auszuschließenden Gesellschafter geltenden Stimmrechtsausschluß könnte sonst ein Gesellschafter den anderen ohne inhaltliche Kontrolle sämtlicher mitgliedschaftlicher Rechte berauben.[1237] Das Ergebnis wäre bei zerstrittenen Gesellschaftern ein Wettlauf um den früheren Ausschließungsbeschluß. Somit besteht insbesondere bei der Zwei-Personen-GmbH für die Ausschließung eines Gesellschafters das Erfordernis der Erhebung einer Ausschließungsklage, sofern nicht der Gesellschaftsvertrag die Ausschließung durch Gesellschafterbeschluß ausdrücklich vorsieht.[1238]

Ausschließung und Abfindung, S. 52; Kesselmeier, S. 152; Cöster, S. 61; Damrau-Schröter, NJW 1991, 1927, 1934; BGH GmbHR 1999, 1194; OLG Köln NZG 1999, 773; OLG Nürnberg, BB 1970, 1371. Die Gegenmeinung (Scholz, Ausschließung und Austritt, S. 3; RGZ 169, 330, 333), nach der eine Ausschließung aus wichtigem Grund durch Gesellschafterbeschluß auch ohne entsprechende Satzungsregelung möglich ist, wird heute nicht mehr vertreten.

[1231] Scholz/Winter, § 15 RdNr. 138; Soufleros, Ausschließung und Abfindung, S. 49; Cöster, S. 62; siehe auch OLG Oldenburg, GmbHR 1992, 667

[1232] Hachenburg/Ulmer, Anh. § 34 RdNr. 19; Immenga, Personalistische Kapitalgesellschaft, S. 307

[1233] Soufleros, Ausschließung und Abfindung, S. 50

[1234] Hachenburg/Ulmer, Anh. § 34 RdNr. 29; Gehrlein, S. 130

[1235] Soufleros, Ausschließung und Abfindung, S. 49

[1236] Eser, DB 1985, 29

[1237] Soufleros, Ausschließung und Abfindung, S. 52, 71

[1238] BGH GmbHR 1999, 1194; OLG Köln NZG 1999, 773; OLG Nürnberg, BB 1970, 1371

II. Voraussetzungen der Ausschließungsklage

Die Ausschließungsklage ist gesetzlich nicht geregelt.[1239] Das Verfahren orientiert sich am Modell des § 140 HGB, wobei aber die rechtsformspezifischen Besonderheiten der GmbH zu berücksichtigen sind.[1240] Dabei hat sich gezeigt, dass gerade bei der Zwei-Personen-GmbH wiederum Sonderregeln für die Durchführung der Ausschließung erforderlich sind.

1. Beschlußerfordernis

Das Erfordernis der Klageerhebung für die Ausschließung aus wichtigem Grund bedeutet nicht, dass ein Gesellschafterbeschluß über die Ausschließung nicht notwendig ist. Grundsätzlich ist auch hier zunächst ein Beschluß der Gesellschafter über die Erhebung der Ausschließungsklage erforderlich, da die gesetzliche Vertretungsmacht der Geschäftsführer gemäß § 35 GmbHG die Klageerhebung für die Gesellschaft in diesem Fall nicht umfaßt.[1241]

Der Gesellschafterbeschluß ist materielle Voraussetzung der Ausschließungsklage.[1242] Umstritten ist die für den Beschluß erforderliche Mehrheit: Mangels konkreter gesetzlicher Regelung kommt eine Anlehnung an § 60 Abs. 1 Nr. 2 GmbHG mit der Folge des Erfordernisses einer qualifizierten Mehrheit[1243] oder aber eine Heranziehung von § 61 GmbHG und einfacher Mehrheit[1244] in Betracht. Bei der Beurteilung dieser Frage sind die an die Willensbildung in der Gesellschaft zu stellenden Anforderungen von weiteren Voraussetzungen der Ausschließung im gerichtlichen Verfahren zu trennen. Daher ist aufgrund der Folgen für den Gesellschafterbestand und die Kapitalstruktur der Gesellschaft entsprechend § 61 Abs. 1 Nr. 2 GmbHG eine ¾-Mehrheit erforderlich. Allerdings kann im Gesellschaftsvertrag eine abwei-

---

[1239] Vgl. schon oben § 9, I.; Cöster, S. 61

[1240] Goette, DStR 2001, 533, 538

[1241] Scholz/Winter, § 15 RdNr. 139; Hachenburg/Ulmer, Anh. § 34 RdNr. 19 f.; Lutter/Hommelhoff, § 34 RdNr. 28; Baumbach/Hueck/Fastrich, Anh. § 34 RdNr. 9; Grunewald, Ausschluß, S. 107; Damrau-Schröter, NJW 1991, 1927, 1934; BGHZ 9, 157, 177

[1242] Hachenburg/Ulmer, Anh. § 34 RdNr. 20; Gehrlein, S. 126

[1243] Hachenburg/Ulmer, Anh. § 34 RdNr. 24; Lutter/Hommelhoff, § 34 RdNr. 28; Roth/Altmeppen, § 60 RdNr. 48; Immenga, Personalistische Kapitalgesellschaft, S. 308; Grunewald, Ausschluß, S. 110; Goette, DStR 2001, 533, 538; BGHZ 9, 157, 177: Die Entscheidung bedeute einen Eingriff in die Kapitalstruktur der Gesellschaft, das nachfolgende Gerichtsverfahren könne nicht die qualifizierte Mehrheit ersetzen. Eine Mindermeinung (von Stetten, GmbHR 1982, 105, 107; dagegen Hachenburg/Ulmer, Anh. § 34 RdNr. 24; Scholz/Winter, § 15 RdNr. 140) verlangt darüber hinaus eine Mindestkapitalbeteiligung von 25 %.

[1244] Baumbach/Hueck/Fastrich, Anh. § 34 RdNr. 9; Scholz/Winter, § 15 RdNr. 140; Hueck, DB 1951, 108, 109: Wegen des Erfordernisses eines wichtigen Grundes für die Begründetheit der Ausschließung sei entsprechend § 61 GmbHG eine einfache Mehrheit ausreichend.

chende Regelung getroffen werden.[1245] Weitere Inhalts- oder Formerfordernisse für den Beschluß bestehen hingegen nicht.[1246]

Der betroffene Gesellschafter ist bei der Abstimmung vom Stimmrecht ausgeschlossen.[1247] Damit stellt sich für die Zwei-Personen-GmbH die Frage, ob der Gesellschafterbeschluß überhaupt erforderlich ist. Die Rechtsprechung hat lange Zeit auch hier an dem Erfordernis eines Gesellschafterbeschlusses festgehalten.[1248] In seiner Entscheidung vom 20. September 1999 hat der BGH diese Frage neu entschieden:

„Ausschließung durch Einziehung?"

BGH, II. Zivilsenat, Urteil vom 20. September 1999[1249]

Die Gesellschafterversammlung einer Zwei-Personen-GmbH hatte die Einziehung der Geschäftsanteile des Klägers beschlossen und der Kläger hiergegen Anfechtungsklage erhoben. In diesem Verfahren beantragte die GmbH widerklagend die Ausschließung des Klägers aus wichtigem Grund.

Hinsichtlich der Erhebung der Ausschließungsklage entschied der BGH, dass die fehlende Beschlußfassung nicht entgegenstehe, da der andere Gesellschafter den Beschluß jederzeit alleine hätte treffen können und die Beschlußfassung somit entbehrlich sei. Damit hat sich der BGH der h.M. in der Literatur angeschlossen.[1250]

Maßgeblich dafür, dass bei der Zwei-Personen-GmbH der vorherige Gesellschafterbeschluß entbehrlich ist, ist auch hier die Tatsache, dass der andere Gesellschafter den Gesellschafterbeschluß ohnehin selbst herbeiführen kann und nicht davon auszugehen ist, dass er sich in einer Gesellschafterversammlung durch seinen Mitgesellschafter von seinem Entschluß abbringen

---

[1245] Dieses ergibt sich schon daraus, dass der Gesellschaftsvertrag auch eine Ausschließung allein durch Beschluß der Gesellschafter vorsehen kann (siehe oben § 9, III. 1.); eine einfache Mehrheit für den Beschluß der Klageerhebung stellt demgegenüber ein Minus dar.

[1246] Hachenburg/Ulmer, Anh. § 34 RdNr. 21 f.; Scholz/Winter, § 15 RdNr. 140; die Überprüfung eines solchen Gesellschafterbeschlusses durch Beschlußanfechtung (vgl. dazu § 10 und § 12) ist nur wegen formeller Mängel möglich, die materiellen Voraussetzungen sind Gegenstand der Ausschließungsklage.

[1247] Hachenburg/Ulmer, Anh. § 34 RdNr. 25; Baumbach/Hueck/Fastrich, Anh. § 34 RdNr. 9; Lutter/Hommelhoff, § 34 RdNr. 28; Grunewald, „Ausschluß", S. 108; Goette, DStR 2001, 533, 538; BGHZ 9, 157, 178

[1248] BGHZ 16, 317, 322; OLG Nürnberg, BB 1970, 1371; OLG Köln, NZG 1999, 773; vgl. Damrau-Schröter, NJW 1991, 1927, 1934

[1249] BGH, GmbHR 1999, 1194; vgl. zum weiteren Sachverhalt oben § 9, I. 4.

[1250] Hachenburg/Ulmer, Anh. § 34 RdNr. 26; Scholz/Winter, § 15 RdNr. 140; Lutter/Hommelhoff, § 34 RdNr. 28; Baumbach/Hueck/Fastrich, Anh. § 34 RdNr. 9; Schneider, FS. Kellermann, S. 403, 416; Wolf, ZGR 1998, 92, 105; Gehrlein, S. 126; Oppenländer, DStR 1996, 922, 923; Lutz, S. 95; siehe auch Goette, DStR 2001, 533, 534, und DStR 1999, 1953

lassen würde.[1251] Das Erfordernis eines Gesellschafterbeschlusses wäre somit hier eine reine Formalität und würde zu einer unsachgemäßen Verzögerung der Ausschließung führen.[1252] Der die Klage betreibende Gesellschafter dokumentiert durch die Klageerhebung in ausreichender Weise seinen Willen, den anderen Gesellschafter auszuschließen. Ein Problem der Sicherstellung rechtlichen Gehörs ergibt sich nicht, da der betroffene Gesellschafter im Rahmen der Ausschließungsklage spätestens bei der Klageerwiderung die Möglichkeit erhält, zu den Vorwürfen Stellung zu nehmen.[1253]

2. Aktivlegitimation

Die Ausschließungsklage wird im Recht der GmbH normalerweise von der Gesellschaft, vertreten durch ihre Geschäftsführer, gegen den auszuschließenden Gesellschafter erhoben.[1254] Insoweit besteht eine Abweichung zu der in § 140 HGB getroffenen Regelung, die darauf beruht, dass die GmbH eine juristische Person ist.[1255] Die Ausschließung eines Gesellschafters betrifft grundsätzlich dessen Mitgliedschaftsverhältnis zu der GmbH und nicht ein gegenüber den anderen Gesellschaftern bestehendes Rechtsverhältnis.[1256]

In der Zwei-Personen-GmbH spricht demgegenüber sowohl der personalistische Charakter der Gesellschaft als auch das praktisches Bedürfnis nach einer effektiven Konfliktaustragung insbesondere bei wechselseitigen Ausschließungen für die Aktivlegitimation des die Ausschließung betreibenden Gesellschafters. Die Rechtsprechung steht einer solchen Klagebefugnis kritisch gegenüber, wobei der BGH die Frage noch nicht konkret zu entscheiden hatte.[1257] In der Literatur wurde die Klagebefugnis eines Gesellschafters zum Teil grundsätzlich abgelehnt, da in der GmbH keine Rechtsbeziehungen zwischen den Gesellschaftern bestünden und die gemeinsame Führung zweier Ausschließungsklagen als Klage und Widerklage auch bei doppelter Klageerhebung durch die Gesellschaft möglich sei.[1258] Mit der h.M. in der Literatur ist

---

[1251] Goette, DStR 2001, 533, 534
[1252] U. H. Schneider, FS. Kellermann, S. 403, 416; Wolf, ZGR 1998, 92, 105; Lutz, S. 95
[1253] Abramenko, GmbHR 2001, 501, 505
[1254] Hachenburg/Ulmer, Anh. § 34 RdNr. 30; Scholz/Winter, § 15 RdNr. 139; Baumbach/Hueck/Fastrich, Anh. § 34 RdNr. 8; Eser, DB 1985, 29; BGHZ 9, 157, 177; abweichend Joost, ZGR 1984, 71, 100, nach dessen Ansicht auch der Streit um die Ausschließung stets zwischen den Gesellschaftern ausgetragen werden soll.
[1255] Soufleros, Ausschließung und Abfindung, S. 54; Gehrlein, S. 127; Goette, DStR 2001, 533, 538
[1256] Hueck, DB 1953, 776; BGHZ 9, 157, 177
[1257] In BGHZ 9, 157, 177 hatte der BGH die Möglichkeit der Klageerhebung durch einen Gesellschafter einer Zwei-Personen-GmbH angesprochen, aber nicht entschieden. Nicht eindeutig ist in dieser Hinsicht auch BGHZ 16, 317, 321. OLG Nürnberg, BB 1970, 1371 hält eine Klage der Gesellschaft auch in der Zwei-Personen-GmbH für erforderlich. Vgl. zum Stand der Rechtsprechung auch Goette, DStR 2001, 533, 534 und Damrau-Schröter, NJW 1991, 1927, 1934.
[1258] Balz, S. 47; Hueck, DB 1953, 776; Ganßmüller, GmbHR 1956, 145, 148

aber in der Zwei-Personen-GmbH dem Bedürfnis nach einer Klagebefugnis des anderen Gesellschafters Rechnung zu tragen.[1259] Die besondere Situation in der Zwei-Personen-GmbH erfordert eine unmittelbare Konfliktaustragung zwischen den Betroffenen.[1260] Die wahren Kontrahenten sind hier die Gesellschafter, der Gesellschaft kommt keine eigenständige Rolle zu.[1261] Zudem besteht ein praktisches Bedürfnis, wechselseitige Ausschließungsklagen[1262] als Klage und Widerklage verbinden zu können.[1263]

Umstritten ist die Frage, ob neben dem Gesellschafter auch die Gesellschaft weiterhin klageberechtigt ist. Gegen eine exklusive Klagebefugnis wird eingewandt, eine solche Abweichung sei nicht gerechtfertigt, die Gesellschaft sei daher weiterhin auch zur Erhebung der Ausschließungsklage befugt.[1264]

Dem wird entgegengehalten, aufgrund der Interessenlage sei auch prozessual allein die Konfliktaustragung zwischen den Gesellschaftern sinnvoll.[1265] Eine konsequente Übernahme der Grundsätze des Personengesellschaftsrechts ergebe eine ausschließliche Klagebefugnis des die Ausschließung betreibenden Gesellschafters. Nur bei einer eigenen Klage des Gesellschafters seien die Kosten zwischen den Gesellschaftern gerecht verteilt.[1266]

Sachgerecht ist bei der Zwei-Personen-GmbH nur eine ausschließliche Klagebefugnis der Gesellschafter. Trotz eigener Rechtspersönlichkeit der Gesellschaft bestehen hier auch zwischen den Gesellschaftern Rechtsbeziehungen, auf denen die Mitgliedschaft in der gemeinsamen Gesellschaft beruht. Eine effektive Konfliktaustragung ist nur unmittelbar zwischen den Gesellschaftern möglich. Denn tatsächlich will nicht die Gesellschaft, sondern der Gesellschafter hier seinen Mitgesellschafter ausschließen. Dabei ist es nicht sachgerecht, wenn der eine Gesellschafter mittelbar über die Gesellschaft agiert. Ebenso ist es angemessen, wenn beide Gesellschafter jeweils ein persönliches Kostenrisiko tragen. Schließlich ist nur bei der Klage durch die Gesellschafter selbst sichergestellt, dass bei wechselseitigen Ausschließungsklagen beide Verfahren als Klage und Widerklage verbunden werden

---

[1259] Hachenburg/Ulmer, Anh. § 34 RdNr. 31; Scholz/Winter, § 15 RdNr. 139; Lutter/Hommelhoff, § 34 RdNr. 29; Baumbach/Hueck/Fastrich, Anh. § 34 RdNr. 8; Fischer, FS. W. Schmidt, S. 117, 133; Soufleros, Ausschließung und Abfindung, S. 74; U. H. Schneider, FS. Kellermann, S. 403, 417; Oppenländer, DStR 1996, 922, 927; Cöster, S. 79; Damrau-Schröter, NJW 1991, 1927, 1934; Eser, DB 1985, 29, 31; abw. Lutz, S. 96: Der Gesellschafter könne die Gesellschaft auch vertreten.

[1260] Lutter/Hommelhoff, § 34 RdNr. 29; Gehrlein, S. 128

[1261] Soufleros, Ausschließung und Abfindung, S. 73; Eser, DB 1985, 29, 31

[1262] Vgl. unten III.

[1263] Soufleros, Ausschließung und Abfindung, S. 73; Eser, DB 1985, 29, 31

[1264] Hachenburg/Ulmer, Anh. § 34 RdNr. 31; Scholz/Winter, § 15 RdNr. 139; U. H. Schneider, FS. Kellermann, S. 403, 417; Oppenländer, DStR 1996, 922, 927

[1265] Fischer, FS. W. Schmidt, S. 117, 133; Wolf, ZGR 1998, 92, 107; Joost, ZGR 1984, 71, 80

[1266] Wolf, ZGR 1998, 92, 109; siehe auch Dreiss/Eitel-Dreiss, S. 64

können, ohne dass die Gesellschaft in beiden Verfahren verschiedene Standpunkte vertreten muß.

III. Behandlung wechselseitiger Ausschließungsklagen

Bereits die Darstellung der materiellrechtlichen Voraussetzungen der Gesellschafterausschließung in der Zwei-Personen-GmbH[1267] hat gezeigt, dass es hier regelmäßig nicht bei einem Ausschließungsversuch bleibt, sondern häufig beide Gesellschafter versuchen, sich wechselseitig aus der Gesellschaft auszuschließen. Die anzuwendenden Verfahrensregeln müssen dabei ebenso wie die materiellrechtlichen Voraussetzungen sicherstellen, dass die Anträge beider Gesellschafter gleich behandelt werden und die Gesellschafter jeweils die Möglichkeit haben, sich wirksam gegen den sie betreffenden Ausschließungsantrag zu verteidigen.

Das Erfordernis der Erhebung der Ausschließungsklage beugt zunächst einem Wettlauf der Gesellschafter um den früheren Ausschließungsantrag vor. Ein Gesellschafterbeschluß auf Ausschließung des anderen Gesellschafters hat, vorbehaltlich einer entsprechenden Regelung im Gesellschaftsvertrag, keine rechtlichen Wirkungen. Auch die frühere Erhebung der Ausschließungsklage ist für sich genommen folgenlos, da eine rechtliche Wirkung frühestens mit der gerichtlichen Entscheidung eintritt. Der andere Gesellschafter hat also auch noch nach Erhebung der gegen ihn gerichteten Ausschließungsklage die Möglichkeit, seinerseits Ausschließungsklage zu erheben. Mit der ausschließlichen eigenen Klagebefugnis der Gesellschafter[1268] besteht dann die Möglichkeit, die beiden Verfahren als Klage und Widerklage zu verbinden.[1269] In einem solchen Verfahren ist die einheitliche und gleichzeitige Behandlung und Entscheidung über beide Anträge gewährleistet.

IV. Wirkung des Ausschließungsurteils

Mangels gesetzlicher Regelung der Ausschließungsklage stellt sich die Frage, welche Wirkung das Ausschließungsurteil in der Zwei-Personen-GmbH hat. Hierbei geht es zum einen darum, was mit dem Geschäftsanteil des ausgeschlossenen Gesellschafters geschehen soll, des weiteren um die Frage des Zeitpunkts der Wirksamkeit der Ausschließung vor dem Hintergrund der Sicherstellung einer angemessenen Abfindung.

Die bis heute in der Rechtsprechung gültigen Grundsätze hat der BGH wiederum in seiner oben dargestellten Leitentscheidung[1270] aufgestellt. Dort hat der BGH entschieden, dass das Urteil rechtsgestaltende Wirkung hat, wobei die Wirksamkeit der Ausschließung durch die Zahlung einer im Urteil zu be-

---

[1267] Siehe oben § 9, II.
[1268] Vgl. oben II. 2.
[1269] Hachenburg/Ulmer, Anh. § 34 RdNr. 31; OLG München, GmbHR 1994, 251
[1270] BGHZ 9, 157; siehe oben I.

stimmenden Abfindung aufschiebend bedingt ist.[1271] Bis zum Bedingungseintritt behält der Gesellschafter sämtliche Gesellschafterrechte.[1272] Diese Lösung wird insbesondere hinsichtlich der Verknüpfung der Ausschließung mit der Zahlung einer festzusetzenden Abfindung diskutiert.

1. Gestaltungswirkung

Das Ausschließungsurteil, das materiellrechtlich die Entscheidung über das Bestehen eines wichtigen Grundes für die Ausschließung des betroffenen Gesellschafters enthält, führt rechtsgestaltend die Ausschließung herbei.[1273] Die Gestaltungswirkung schafft klare Verhältnisse über das Parteiverhältnis hinaus, insbesondere auch gegenüber der Gesellschaft. Diese Wirkung der Entscheidung auch gegenüber der Gesellschaft ist in der Zwei-Personen-GmbH trotz der Parteistellung und Prozeßführung der Gesellschafter gerechtfertigt, da die Gesellschaft neben den beiden Gesellschaftern in dem Ausschließungsverfahren keine eigenständigen Interessen hat. Der betroffene Gesellschafter verliert aufgrund der gerichtlichen Entscheidung automatisch seine Gesellschafterstellung. Somit ist gewährleistet, dass die Ausschließung ohne Mitwirkungshandlungen des Betroffenen durchführbar ist.[1274] Der Geschäftsanteil wird mit Wirksamkeit der Ausschließung trägerlos und fällt der Gesellschaft zum Zwecke der Verwertung an.[1275]

2. Verhältnis der Wirkung der Ausschließung zu der Frage der Abfindung

Besondere Bedeutung im Rahmen der Ausschließung hat die Sicherstellung des Abfindungsanspruchs des auszuschließenden Gesellschafters.[1276] Die Abfindung ist bei Rechtskraft des Urteils in aller Regel weder bezahlt oder hinterlegt, noch steht sie auch nur der Höhe nach fest. Die Auszahlung stellt für die Gesellschaft in dem meisten Fällen ein erhebliches Liquiditätsproblem dar und steht zudem unter dem Vorbehalt der Kapitalerhaltungsvorschriften der §§ 30 ff. GmbHG. Bei der Ausgestaltung des Ausschließungsverfahrens ist in dieser Hinsicht sowohl das Interesse des Gesellschafters an einer angemessenen Abfindung als auch das Interesse der Gesellschaft bzw. des anderen Gesellschafters an einer schnellen und rechtssicheren Klärung der Ausschließung in gleicher Weise zu berücksichtigen.

[1271] BGHZ 9, 157, 177

[1272] BGHZ 9, 157, 176

[1273] Scholz/Winter, § 15 RdNr. 147

[1274] Balz, S. 57

[1275] Scholz/Winter, § 15 RdNr. 149; Hachenburg/ULmer, Anh. § 34 RdNr. 37; Baumbach/Hueck/Fastrich, Anh. § 34 RdNr. 10; Damrau-Schröter, NJW 1991, 1927, 1935

[1276] Ulmer, FS. Rittner, S. 735, 737

a) Streitstand

Die durch die dargestellte Entscheidung des BGH[1277] vorgegebene Lösung wird in der Rechtsprechung durchgehend akzeptiert, ist aber in der Literatur umstritten. Ein Teil der Literatur stimmt der vom BGH gewählten Lösung eine aufschiebend bedingten Gestaltungsurteils zu.[1278] Auch von Vertretern dieser Lösung wird deren Schwerfälligkeit eingeräumt; die aufschiebende Bedingung sei aber auch vom BGH nur als Notbehelf bei fehlender satzungsrechtlicher Verfahrensregelung gedacht gewesen.[1279] Grundsätzlich sei trotz der Gefahr einer Verzögerung der Ausschließungswirkung an dieser Lösung festzuhalten.[1280] Abweichend von der Lösung des BGH wird aber auch von dieser Ansicht in der Literatur überwiegend die Ansicht vertreten, dass der Gesellschafter zwar vor dem Bedingungseintritt seine Gesellschafterstellung nicht verliere[1281], das bedingte Urteil aber dennoch gewisse Auswirkungen auf die nichtvermögensrechtlichen Gesellschafterrechte des Betroffenen habe, so dass der betroffene Gesellschafter grundsätzlich nicht mehr zur Stimmabgabe oder der Teilnahme an Gesellschafterversammlungen berechtigt sei.[1282] Als Ausnahme sei von der Festsetzung einer bestimmten Abfindung im Urteil abzusehen, wenn die Verzögerung ihrer Bestimmung durch den betroffenen Gesellschafter selbst verursacht werde.[1283] Der Gesellschafter müsse alles in seinen Kräften Stehende tun, um die Ermittlung des Werts seines Geschäftsanteils ohne Verzögerung zu ermöglichen.[1284]

Demgegenüber wird von anderen Stimmen in der Literatur kritisiert, dass nach der Lösung des BGH entscheidendes Gewicht auf dem Schutz der Interessen des Gesellschafters liege, während nicht ausreichend das Interesse an einer schnellen Ausschließung eines untragbaren Gesellschafters berücksichtigt werde.[1285] Hierdurch entstehe regelmäßig langfristige Rechtsunsicherheit, da häufig ein langer Streit über Einzelheiten der Abfindung entste-

---

[1277] BGHZ 9, 157; siehe oben I.

[1278] Zustimmend Scholz/Winter, § 15 RdNr. 145; Baumbach/Hueck/Fastrich, Anh. § 34 RdNr. 8; Lutter/Hommelhoff, § 34 RdNr. 30; Damrau-Schröter, NJW 1991, 1927, 1934

[1279] Goette, DStR 2001, 533, 539

[1280] Scholz/Winter, § 15 RdNr. 142a; Balz, S. 67

[1281] Scholz/Winter, § 15 RdNr. 148; Gehrlein, S. 130

[1282] Scholz/Winter, § 15 RdNr. 148; ein weitergehender Verlust vermögensrechtlicher Gesellschafterrechte (so Baumbach/Hueck/Fastrich, Anh. § 34 RdNr. 13) ist abzulehnen, da der betroffene Gesellschafter dann mit seinem Kapital einseitig am Risiko negativer Entwicklungen teilnimmt (Scholz/Winter, § 15 RdNr. 143; Immenga, Personalistsiche Kapitalgesellschaft, S. 310; Fischer, FS. W. Schmidt, S. 117, 130).

[1283] Scholz/Winter, § 15 RdNr. 142a; Lutter/Hommelhoff, § 34 RdNr. 30; Grunewald, Ausschluß, S. 115; BGHZ 16, 317, 324

[1284] BGHZ 16, 317, 325

[1285] Fischer, FS. W. Schmidt, S. 117, 127

he.[1286] Die Entscheidung über die Ausschließung müsse daher von der Belastung mit Fragen der Bewertung der Abfindung befreit werden.[1287]

Die Lösungsvorschläge sind abhängig von der jeweiligen Interessenbewertung: Nach einer Ansicht soll das Urteil zu einem sofortigen Verlust aller Gesellschafterrechte führen und dem Gesellschafter nur ein schuldrechtlicher Abfindungsanspruch gegen die Gesellschaft zustehen.[1288] Diese Ansicht wird modifiziert durch einen zusätzlichen subsidiären Abfindungsanspruch gegenüber den Mitgesellschaftern.[1289] Nach einer anderen Ansicht soll die Ausschließung durch eine Klage auf Abtretung Zug um Zug gegen Leistung der geschuldeten Abfindung erfolgen.[1290] Vielfach von Stimmen in der Literatur aufgegriffen wurde die in den §§ 208 ff. RegE GmbHG 1971/73[1291] enthaltene Lösung: Das Ausschließungsurteil solle primär eine Entscheidung über das Vorliegen des wichtigen Grundes sein. Auf Antrag werde die Ausschließung von einer geschätzten, innerhalb von sechs Monaten zahlbaren, vorläufigen Abfindung abhängig gemacht (§ 208 RegE)[1292]; die endgültige, dem Verkehrswert entsprechende Abfindung werde mit der vorläufigen Abfindung verrechnet. Bei Unmöglichkeit der Zahlung sei der ausgeschlossene Gesellschafter zur Erhebung einer Auflösungsklage berechtigt (§ 209 RegE).[1293] Diese Lösung stelle den „richtigen Mittelweg" dar, indem sie gegenüber der des BGH in stärkerem Maße die Interessen der Gesellschaft wahre, da der Gesellschafter mit Rechtskraft des Urteils seine Rechte nicht mehr ausüben könne, während andererseits der Gesellschafter durch die Inhaberschaft an seinem Geschäftsanteil und die kurzfristig zu zahlende vorläufige Abfindung geschützt sei.[1294]

[1286] Immenga, Personalistische Kapitalgesellschaft, S. 309; Hueck, DB 1953, 776, 778

[1287] Soufleros, Ausschließung und Abfindung. S. 91; Gonella, GmbHR 1967, 89, 92

[1288] Hueck, DB 1953, 776, 779

[1289] Fischer, FS. W. Schmidt, S. 117, 131; Kesselmeier, S. 199; Gonella, GmbHR 1967, 89, 93. Während nach Ansicht von Gonella eine Durchbrechung der beschränkten Gesellschafterhaftung gerechtfertigt ist, wird der Durchgriff überwiegend als mit der Haftungsverfassung der GmbH unvereinbar angesehen (Scholz/Winter, § 15 RdNr. 143; Ulmer, FS. Rittner, S. 735, 739; Fischer, FS. W. Schmidt, S. 117, 131), so dass eine persönliche Haftung der anderen Gesellschafter durch Gesetz einzuführen sei (Fischer, FS. W. Schmidt, S. 117, 132).

[1290] Grunewald, Ausschluß. S. 112 ff.: Der Vorteil der Lösung liege bei Unmöglichkeit der Abfindungszahlung darin, dass der Gesellschafter nie ausgeschieden sei.

[1291] BT-Drucksache VI/3088; vgl. die Erläuterungen bei Hachenburg/Ulmer, Anh. § 34 RdNr. 5 ff. und Cöster, S. 68

[1292] Zustimmend Rowedder/Rowedder, § 34 RdNr. 61; Hachenburg/Ulmer, Anh. § 34 RdNr. 35; Ulmer, FS. Rittner, S. 735, 751; Soufleros, Ausschließung und Abfindung, S. 94. Ulmer modifiziert diese Lösung durch eine auflösende Bedingung hinsichtlich der Ausschließung bei Nichtzahlung der Abfindung.

[1293] Zustimmend Rowedder/Rowedder, § 34 RdNr. 61; Hachenburg/Ulmer, Anh. § 34 RdNr. 35; Ulmer, FS. Rittner, S. 735, 751; Hueck, DB 1953, 776, 779; Soufleros, Ausschließung und Abfindung, S. 94; a.A. insbesondere hinsichtlich der Auflösungsbefugnis Scholz/Winter, § 15 RdNr. 143; Immenga, Personalistische Kapitalgesellschaft, S. 311.

[1294] Immenga, Personalistische Kapitalgesellschaft, S. 311; Soufleros, Ausschließung und Abfindung, S. 94; Eser, DB 1985, 29, 30

b) Stellungnahme

Eine Lösung der Abfindungsproblematik muß die Interessen beider Seiten, also der Gesellschaft und des verbleibenden Gesellschafters einerseits und des betroffenen Gesellschafters andererseits, in gleicher Weise berücksichtigen.[1295] In der besonderen Situation bei der Zwei-Personen-GmbH fallen dazu zwei Punkte auf: Zum einen ist der betroffene Gesellschafter in seiner mitgliedschaftlichen Stellung aufgrund seines regelmäßig erheblichen Anteils an Gründung und Aufbau der Gesellschaft besonders schutzwürdig. Zum zweiten sind die persönlichen Beziehungen zwischen den Gesellschaftern besonders eng, so dass auch bei der Durchführung der Ausschließung eine besonders vorsichtige Lösung zu suchen ist.

Die Lösungsvorschläge in der Literatur, die die Ausschließung zunächst ohne Berücksichtigung der Abfindung wirksam werden lassen, stellen nach der derzeitigen Gesetzeslage eine unberechtigte Benachteiligung des betroffenen Gesellschafters dar. Stellt sich nachträglich heraus, dass die Zahlung der Abfindung nicht möglich ist, lassen sich die tatsächlichen Folgen der Ausschließung nicht rückabwickeln. Ein Recht des bereits ausgeschlossenen Gesellschafters zur Erhebung einer Auflösungsklage ist ohne gesetzliche Grundlage nicht zu begründen und würde zudem für die Gesellschaft keine sachgerechte Lösung darstellen. Eine persönliche Haftung des anderen Gesellschafters widerspricht der gesetzlichen Haftungsverfassung der GmbH.

Aus der besonders personalistischen Ausgestaltung der Zwei-Personen-GmbH ergibt sich, dass eine persönliche Verpflichtung des anderen Gesellschafters zur Zahlung der Abfindung sachgerecht wäre. Denn die Ausschließung des einen Gesellschafters bedeutet hier tatsächlich, dass der andere Gesellschafter die Gesellschaft übernimmt. In der Zwei-Personen-GmbH kommt aufgrund der engen Beziehung zwischen den Gesellschaftern nur noch die Auflösung der Gesellschaft in Betracht, wenn die wegen eines zerstörten Vertrauensverhältnisses gerechtfertigte Ausschließung an der Unmöglichkeit einer Abfindungszahlung durch die Gesellschaft scheitert. In einem solchen Fall hat der verbleibende Gesellschafter ein eigenes Interesse daran, die Zahlung der Abfindung zu ermöglichen. Allerdings ist eine persönliche Verpflichtung zur Zahlung der Abfindung mit der Haftungsverfassung der GmbHG nicht vereinbar. Zwar sieht das GmbHG die gerichtliche Anordnung eines Buy-Outs im Sinne des US-amerikanischen Rechts[1296] nicht vor; der die Ausschließung betreibende Gesellschafter kann aber selber die Abfindung zahlen und den Geschäftsanteil erwerben.

Demgegenüber ist die von der Rechtsprechung vertretene Lösung in der Praxis auch bei Fehlen jeglicher gesellschaftsvertraglicher Regelung durchführbar. Gerade in der Zwei-Personen-GmbH ist eine besondere Beachtung der

---

[1295] Ulmer, FS. Rittner, S. 735, 738
[1296] Siehe hierzu oben § 4, II. 5. b) aa)

schutzwürdigen Vermögensinteressen des betroffenen Gesellschafters mit Rücksicht auf die Vorschriften der §§ 19 Abs. 2, 30 f. GmbHG erforderlich und dabei auch eine Belastung des Verfahrens durch die Bestimmung der Abfindung hinzunehmen.[1297] Die Ausschließung aus wichtigem Grund kann im Ergebnis nur wirksam sein, wenn eine vollständige Abfindung des betroffenen Gesellschafters sichergestellt ist.[1298] Der Gesellschafter verliert somit seine Gesellschafterstellung erst mit der Zahlung der Abfindung. Allerdings erfordert die Wahrung der Interessen der Gesellschaft bzw. hier primär des anderen Gesellschafters, dass der betroffene Gesellschafter bis zum Bedingungseintritt nicht berechtigt ist, seine nichtvermögensrechtlichen Gesellschafterrechte auszuüben. Für das Wirksamwerden der Ausschließung ist ein gegenüber dem auszuschließenden Gesellschafter zu erbringender Leistungsnachweis entscheidend[1299]; der genaue Zeitpunkt der Ausschließung wird somit bestimmbar.

3. Bemessung der Abfindung

Die Ausschließung hat keinen Strafcharakter. Der von der Ausschließung betroffene Gesellschafter hat daher grundsätzlich einen Anspruch auf Abfindung in Höhe des vollen wirtschaftlichen Wertes seines Geschäftsanteils, also unter Berücksichtigung des wirklichen Wertes des lebenden Unternehmens einschließlich der stillen Reserven und eines goodwill.[1300] Maßgeblicher Zeitpunkt für die Ermittlung des Unternehmenswertes ist der Zeitpunkt der Klageerhebung.[1301]

Unabhängig von der Berechnungsgrundlage stellt in der Praxis die Ermittlung der Abfindung ein erhebliches Problem dar. Daher ist es sachgerecht, wenn eine gesellschaftsvertragliche Regelung die Bemessung der Abfindung so regelt, dass diese durch das Gericht aufgrund bestimmter Unternehmensdaten berechnet werden kann. So ist es möglich, zum einen die Bemessung der Abfindung zu erleichtern und zum anderen eine der spezifischen Situation der Gesellschaft auch wirtschaftlich entsprechende Abfindungsregelung zu treffen.[1302]

[1297] Scholz/Winter, § 15 RdNr. 142 a

[1298] BGHZ 9, 157, 170

[1299] Für die den Bedingungseintritt auslösende Leistung ist je nach dem Inhalt der gerichtlichen Entscheidung die Zahlung der Abfindungssumme, aber z.B. auch die Erbringung einer Bankbürgschaft denkbar.

[1300] Baumbach/Hueck/Fastrich, Anh. § 34 RdNr. 11; Hueck, DB 1951, 108, 109; Cöster, S. 95; Goette, DStR 2001, 533, 541; Gonella, GmbHR 1967, 89, 93; BGHZ 116, 359, 370

[1301] Scholz/Winter, § 15 RdNr. 150; Baumbach/Hueck/Fastrich, Anh. § 34 RdNr. 11; Cöster, S. 96; BGHZ 16, 317, 323.

[1302] Hachenburg/Ulmer, Anh. § 34 RdNr. 39

§ 16 Konfliktentscheidung durch Schiedsgerichte

I. Einleitung

Die sich in der Zwei-Personen-GmbH stellende Problematik, dass eine Vielzahl von gesellschaftsinternen Streitigkeiten letztlich in einem gerichtlichen Verfahren geklärt werden muß, kann zumindest in ihren Auswirkungen abgeschwächt werden, soweit solchen Streitigkeiten durch Schiedsgerichte entschieden werden können. Die Streitentscheidung durch Schiedsgerichte hat den Vorteil, dass das schlichtende Verfahren für die Konfliktaustragung in einer Gesellschaft besser geeignet ist als ein kontradiktorisches Verfahren.[1303] Durch die Möglichkeit der Besetzung des Schiedsgerichts mit Spezialisten besteht dort besondere inhaltliche und wirtschaftliche Sachkenntnis.[1304] Zudem können durch die Nichtöffentlichkeit des Verfahrens Unternehmensinterna besser geheim gehalten werden.[1305] Schließlich wird eine Entscheidung in der Regel schneller und kostengünstiger erreicht.[1306] Daher erstaunt es nicht, dass die Vereinbarung einer Streitentscheidung durch Schiedsgerichte im Gesellschaftsrecht sehr häufig ist.[1307] Gerade in kleinen, personalistisch geprägten Gesellschaften besteht das Bedürfnis nach einer nichtöffentlichen Streitentscheidung und ist der Schlichtungsweg besser geeignet als ein kontradiktorisches Verfahren.[1308]

Grundsätzlich kann der Gesellschaftsvertrag für Steitigkeiten zwischen den Gesellschaftern sowie zwischen der GmbH und den Gesellschaftern gemäß §§ 1029 Abs. 1, 1030 Abs. 1 ZPO den Rechtsweg vor den staatlichen Gerichten ausschließen und die Zuständigkeit eines Schiedsgerichts begründen.[1309] Umstritten ist allerdings insbesondere, inwieweit Beschlußmängelstreitigkeiten vor dem Schiedsgericht ausgetragen werden können.

II. Schiedsverfahren und Beschlußanfechtung

Die Beschlußanfechtung hat im Recht der GmbH zentrale Bedeutung für die Kontrolle der Willensbildung in der Gesellschaft. Die vorangegangene Untersuchung hat gezeigt, dass gerade in einer Zwei-Personen-GmbH die Handlungsfähigkeit der Gesellschaft von der neutralen Überprüfung von Gesellschafterbeschlüssen abhängig sein kann. Die Beschlußanfechtung umfaßt zudem die Überprüfung von Geschäftsführerabberufungen und von Gesellschafterausschließungen durch Gesellschafterbeschluß. Somit liegt in der

---

[1303] Sudhoff, S. 617

[1304] H. Westermann, FS. Fischer, S. 853, 854; Sudhoff, S. 617

[1305] Vollmer, GmbHR 1984, 5, 11

[1306] Trittmann, ZGR 1999, 340, 341; Bredow, DStR 1996, 1653

[1307] H. Westermann, FS. Fischer, S. 853

[1308] Timm, FS. Fleck, S. 365, 366; H. Westermann, FS. Fischer, S. 853; Bork, ZHR 160 (1996), 374, 375

[1309] Scholz/Emmerich, § 13 RdNr. 30; Hachenburg/Raiser, § 13 RdNr. 18

Beschlußanfechtung ein in der Praxis besonders wichtiger Bereich für die gesellschaftsrechtliche Anwendung von Schiedsvereinbarungen. Die Schiedsfähigkeit von Beschlußmängelstreitigkeiten würde in der Zwei-Personen-GmbH für einen großen Teil gesellschaftsinterner Streitigkeiten die Möglichkeit einer Streitentscheidung ohne des Erfordernisses der Anrufung staatlicher Gerichte ermöglichen.

1. Schiedsfähigkeit von Beschlußmängelstreitigkeiten

Die Frage der Schiedsfähigkeit von Beschlußmängelstreitigkeiten wird seit einiger Zeit kontrovers diskutiert. Die Ausgangspositionen der Diskussion haben sich durch das Schiedsverfahrens-Neuregelungsgesetz (SchiedsVG) aus dem Jahre 1998 grundlegend verändert.

a)   Darstellung des Streitstandes

Traditionell wurde die Schiedsfähigkeit von Beschlußmängelstreitigkeiten sowohl von der Rechtsprechung[1310], als auch dem überwiegenden Teil der Literatur abgelehnt.[1311] Begründet wurde diese Ansicht damit, eine Schiedsvereinbarung sei nur insoweit wirksam, als die Parteien berechtigt sind, gemäß § 1025 Abs. 1 ZPO a.F. über die Sache einen Vergleich zu schließen; daran fehle es aber mangels Verfügungsbefugnis der Parteien über den Streitgegenstand bei Nichtigkeits- und Anfechtungsklagen gegen Gesellschafterbeschlüsse.[1312] Des weiteren spreche gegen die Schiedsfähigkeit die in § 246 Abs. 3 Satz 1 AktG enthaltene ausschließliche Zuständigkeitsregelung und die rechtsgestaltende Wirkung der Entscheidung gemäß § 248 Abs. 1 AktG, die im Schiedsverfahren nicht erreicht werden könne.[1313] Hingegen seien auf Überprüfung von Beschlußergebnissen gerichtete Festsellungsklagen zwischen den Gesellschaftern unproblematisch, da die Entscheidung nicht gestaltend und nur inter partes wirke.[1314]

Die in der Literatur zuletzt vorherrschende Gegenansicht sah ein zwingendes rechtspolitisches Erfordernis für die Schiedsfähigkeit der Beschlußanfechtung[1315] und hielt die Beschlußanfechtung in der GmbH grundsätzlich für schiedsfähig.[1316] Die Regelung der Zuständigkeit in § 246 Abs. 3 Satz 1 AktG

[1310] BGH, WM 1966, 1132, 1133; vgl. für die AG BGH, MDR 1951, 674; OLG Hamm, GmbHR 1995, 736, 737; OLG Hamm, ZIP 1987, 780

[1311] Henze, ZGR 1988, 542, 557; H. Vogel, GmbHR 1952, 33, 34; weitere Nachweise bei Timm, FS. Fleck, S. 365, 374; Bork, ZZP 100 (1987), 249, 270; K. Schmidt, ZGR 1988, 523, 524

[1312] OLG Hamm, GmbHR 1995, 736, 737

[1313] OLG Hamm, ZGR 1987, 780, 782

[1314] BGH, NJW 1979, 2567, 2569; OLG Hamm, GmbHR 1992, 759, 760

[1315] Ebenroth/Müller, DB 1992, 360, 361

[1316] K. Schmidt, ZGR 1988, 523, 530; Timm, FS. Fleck, S. 365, 381; Kornmeier, Schiedsfähigkeit, S. 136; Ebenroth/Müller, DB 1992, 360, 365

gelte nicht gegen Schiedsgerichte.[1317] Die Inter-omnes-Wirkung der Entscheidung beruhe auf der Gestaltungswirkung der Entscheidung, solche Entscheidungen mit Gestaltungswirkung seien auch durch Schiedsgerichte anerkannt.[1318] Schließlich sei der Anfechtungsstreit jedenfalls objektiv[1319], grundsätzlich aber auch subjektiv vergleichsfähig, da § 1048 ZPO a.f. (entspricht § 1066 ZPO n.f.) bei Schiedsvereinbarung im Gesellschaftsvertrag durch den verbandsrechtlichen Charakter die Bindung der Parteien rechtfertige.[1320] Schließlich könne der erforderliche Drittschutz durch das Institut der Nebenintervention sachgerecht gelöst werden.[1321]

Bereits vor dem Inkrafttreten des SchiedsVG revidierte der BGH in einer grundlegenden Entscheidung einige der Vorbehalte gegen die Schiedsfähigkeit von Beschlußmängelstreitigkeiten:

„Schiedsvereinbarung in der Familien-GmbH"

BGH, II. Zivilsenat, Urteil vom 29. März 1996[1322]

In einer GmbH, deren Gesellschaftsvertrag eine umfassende Schiedsvereinbarung für Streitigkeiten zwischen Gesellschaftern und Gesellschaft vorsah, beschloß ein Gesellschafter mit Stimmvollmacht für eine Erbengemeinschaft und eine Stiftung gegen seine Mitgesellschafter eine Umstrukturierung der Gesellschaft und stellte selber als Versammlungsleiter das Beschlußfassung fest. Einer der Gesellschafter erhob Klage und beantragte, den Gesellschafterbeschluß für nichtig zu erklären. Die GmbH erhob gegenüber dieser Klage die Einrede des Schiedsvertrages.

Der BGH entschied entgegen der Ansicht des Berufungsgerichts[1323], das die Klage als unzulässig abgewiesen hatte, da die Schiedsvereinbarung entsprechend dem Stand der Lehre auch hinsichtlich der Beschlußanfechtung wirksam sei, auf Zulässigkeit der Klage. Nach Ansicht des BGH stehen der generellen Schiedsfähigkeit von Beschlußmängelstreitigkeiten Bedenken entgegen, die nur durch eine gesetzliche Regelung überwunden werden könnten.

[1317] K. Schmidt, ZGR 1988, 523, 526; Timm, FS. Fleck, S. 365, 375; Kornmeier, Schiedsfähigkeit, S. 34; insoweit zustimmend Henze, ZGR 1988, 542, 550

[1318] K. Schmidt, ZGR 1988, 523, 527; Timm, FS. Fleck, S. 365, 376; Kornmeier, Schiedsfähigkeit, S. 50; auch insoweit zustimmend Henze, ZGR 1988, 542, 552

[1319] K. Schmidt, ZGR 1988, 523, 529; Timm, FS. Fleck, S. 365, 378; Kornmeier, Schiedsfähigkeit, S. 103

[1320] K. Schmidt, ZGR 1988, 523, 531; Kornmeier, Schiedsfähigkeit, S. 130; nach Ansicht von Timm, FS. Fleck, S. 365, 379 gilt dieses zumindest bei personalistischen GmbHs (gegen diese besondere Behandlung kleiner Kapitalgesellschaften Lüke/Blenske, ZGR 1998, 253, 278).

[1321] K. Schmidt, ZGR 1988, 523, 533

[1322] BGHZ 132, 278

[1323] OLG Karlsruhe, GmbHR 1995, 455; das Landgericht hatte durch Zwischenurteil die Zulässigkeit der Klage bejaht.

Dabei erkannte der BGH in den ausführlichen Entscheidungsgründen an, dass weder die Zuständigkeitsregelung in § 246 Abs. 3 Satz 1 AktG, die nur staatliche Gerichte betreffe, noch die rechtsgestaltende Wirkung des Urteilsspruchs, die in zahlreichen anderen Fällen im Schiedsverfahren anerkannt sei (§§ 127, 133, 142 HGB, 767 ZPO), oder die Bedeutung der Beschlußanfechtung, die einen vollständigen Ausschluß des Rechtsschutzes verbiete, aber mangels einer § 23 Abs. 5 AktG entsprechenden Regelung auch durch ein gleichwertiges Schiedsverfahren gewährleistet sein könne, gegen die Schiedsfähigkeit sprächen.[1324] Der BGH bejahte auch die objektive Schiedsfähigkeit gemäß § 1025 Abs. 1 a.F. ZPO: Entgegen früherer Ansicht[1325] bemesse sich die Gültigkeit einer Schiedsvereinbarung allein nach den §§ 1041 Abs. 1 Nr. 1, 1044 Abs. 2 Nr. 2 und 1044a Abs. 2 ZPO.[1326] Die objektive Schiedsfähigkeit fehle nur dann, wenn sich der Staat ein ausdrückliches Rechtsprechungsmonopol vorbehalten habe; das sei aber bei Gesellschafterbeschlüssen, die der privaten Disposition der Gesellschafter unterlägen, nicht der Fall. Auch die subjektive Vergleichsbefugnis der Parteien gemäß § 1025 Abs. 1 ZPO sei gegeben: Zwar sei die Gesellschaft als Partei der Beschlußanfechtung nicht Partei der Schiedsvereinbarung und auch nicht berechtigt, über die Wirksamkeit von Beschlüssen der Gesellschafterversammlung zu befinden, jedoch könne hier aufgrund der gesellschaftsrechtlichen Bindung der Gesellschaft an die Regelungen ihrer Satzung die Parteiidentität durch das Verbandsrecht überbrückt werden.

Nach Auffassung des BGH scheiterte die Schiedsfähigkeit aber schließlich an dem Argument der Inter-omnes-Wirkung. Die sich aus §§ 248 Abs. 1 Satz 1, 249 Abs. 1 Satz 1 AktG ergebende Wirkung des Gestaltungsurteils gegen alle Gesellschafter und Gesellschaftsorgane sei eine gesellschaftsrechtliche Sonderbestimmung. Sie finde in den gesetzlichen Bestimmungen, auf denen das Schiedsverfahren beruhe, kein Gegenstück und lasse sich nicht aus dem allgemeinen Verfahrensrecht auf das Schiedsverfahren übertragen.[1327] Einer Rechtskrafterstreckung stehe im Schiedsverfahren entgegen, dass bei fehlender neutraler Besetzung entweder die Gefahr unterschiedlicher Entscheidungen durch verschiedene Schiedsgerichte oder aber bei der Annahme einer ausschließlichen Befugnis eines zuerst konstituierten Schiedsgerichts die Gefahr einer Beschränkung der Mitwirkungsrechte und eines sich daraus ergebenden Wettlaufs der Gesellschafter bestehen würde.[1328] Nach der Gesetzeslage sei somit kein Raum für eine Anwendung des § 248 Abs. 1 AktG auf das schiedsgerichtliche Verfahren, hierfür sei vielmehr eine positive gesetzliche Regelung erforderlich.[1329]

[1324] BGHZ 132, 278, 281; vgl. Ebenroth/Bohne, BB 1996, 1393, 1394

[1325] BGH, NJW 1979, 2567; OLG Hamm, ZIP 1987, 780

[1326] Kornmeier, ZZP 94 (1981), 27, 35; Bork, ZZP 100 (1981), 249, 256

[1327] BGHZ 132, 278, 285

[1328] BGHZ 132, 278, 288; zustimmend Bork, ZHR 160 (1996), 374, 380

[1329] BGHZ 132, 278, 286; siehe auch Ebenroth/Bohne, BB 1996, 1393, 1396; Bredow, DStR 1996, 1653

Mit diesem Ergebnis ist die Entscheidung in der Literatur[1330] überwiegend auf Ablehnung gestoßen. Tatsächlich habe der BGH die Einwendungen gegen die Streitentscheidung von Beschlußmängelstreitigkeiten durch Schiedsgerichte weitgehend ausgeräumt.[1331] Die Entscheidung betreffe im Ergebnis nicht die Schiedsfähigkeit als solche, sondern vielmehr die Legitimationsanforderungen an ein Schiedsgericht vor dem Hintergrund der §§ 248 ff. AktG und der Rechtskrafterstreckung der Entscheidung eines Schiedsgerichts auf Dritte. Somit sei der Entscheidung auch keine Ablehnung der Schiedsfähigkeit zu entnehmen.[1332] Die Rechtskrafterstreckung sei aber auch durch entsprechende Ausgestaltung der Schiedsvereinbarung, insbesondere durch Regelung im Gesellschaftsvertrag, erreichbar.[1333] So seien bei einer Gleichstellung des Schiedsverfahrens mit dem Verfahren vor staatlichen Gerichten auch in der GmbH Beschlußmängelstreitigkeiten schiedsfähig, wenn eine neutrale Ernennung der Schiedsrichter gewährleistet[1334] oder die Beteiligung aller Gesellschafter sichergestellt sei.[1335]

Mit Inkrafttreten des SchiedsVG am 1. Januar 1998 sind die Voraussetzungen der Schiedsfähigkeit geändert worden. Zwar wurde die Neuregelung nicht primär für gesellschaftsrechtliche, sondern für handelsrechtliche Schiedsverfahren geschaffen, so dass sich kaum unmittelbare Auswirkungen im Gesellschaftsrecht ergeben.[1336] Insbesondere ist jetzt aber gemäß § 1030 ZPO die Vergleichsfähigkeit nicht mehr Voraussetzung der Schiedsfähigkeit, so dass Feststellungs- und Gestaltungsklagen grundsätzlich schiedsfähig sind.[1337] Nach h.M. in der Literatur sind damit unter Einhaltung bestimmter Voraussetzungen bei der Gestaltung der Schiedsvereinbarung und des Verfahrens auch Beschlußmängelstreitigkeiten schiedsfähig.[1338] Für die Anfechtungsklage in der GmbH bestehe die Schwierigkeit nurmehr hinsichtlich der Legitimation des Schiedsgerichts im Mehrparteienstreit, also vor dem Hintergrund der Rechtskrafterstreckung der Entscheidung entsprechend §§ 248 Abs. 1 Satz 1, 249 Abs. 1 auf alle Gesellschafter, die Gesellschaft und ihre

---

[1330] Baumbach/Hueck/Zöllner, Anh. § 47 RdNr. 18; Lutter/Hommelhoff, Anh. § 47 RdNr. 77; K. Schmidt, ZHR 162 (1998), 265, 269; Trittmann, ZGR 1999, 340, 352; a.A. Bork, ZHR 160 (1996), 374, 380; Lutz, S. 100

[1331] Lutter/Hommelhoff, Anh. § 47 RdNr. 77

[1332] Lenz, GmbHR 2000, 552, 554; Berger, ZHR 164 (2000), 295, 296

[1333] Bredow, DStR 1996, 1653, 1654

[1334] Schlosser, JZ 1996, 1020, 1021; Trittmann, ZGR 1999, 340, 353; insoweit zustimmend Bork, ZHR 160 (1996), 374, 383

[1335] Trittmann, ZGR 1999, 340, 352; Ebbing, NZG 1998, 281, 286; Zustimmend Bork, ZHR 160 (1996), 374, 381

[1336] K. Schmidt, ZHR 162 (1998), 265, 267

[1337] Timm, ZIP 1996, 445, 446; K. Schmidt, ZHR 162 (1998), 265, 271; Trittmann, ZGR 1999, 340, 348; Ebbing, NZG 1998, 281, 287

[1338] Scholz/Schmidt, § 45 RdNr. 150; Baumbach/Hueck/Zöllner, Anh. § 47 RdNr. 18; Zöller/Geimer, § 1029 RdNr. 10; Lenz, GmbHR 2000, 552, 555; Bender, DB 1998, 1900, 1904; a.A. Baumbach/Lauterbach/Albers/Hartmann, § 1030 RdNr. 8; OLG Dresden, GmbHR 2000, 435, 438

Organe.[1339] Maßgeblich sei dafür die Sicherstellung einer Konzentrationswirkung sowie angemessener Teilnahmerechte sämtlicher Beteiligter.[1340] Die Ausräumung der in der Entscheidung des BGH angeführten Bedenken in dieser Hinsicht sei nicht nur durch den Gesetzgeber, sondern auch durch geeignete Ausgestaltung von Schiedsvereinbarungen möglich.[1341]

b) Stellungnahme

aa) Schiedsfähigkeit von Beschlußmängelstreitigkeiten

Bei der Diskussion um die Schiedsfähigkeit von Beschlußmängelstreitigkeiten geht es darum, inwieweit die Erfüllung der Voraussetzungen des jeweiligen Beschlußmängelrechts im Schiedsverfahren gewährleistet werden kann. Grundsätzlich werden für Beschlußmängelstreitigkeiten in der GmbH die Regelungen der §§ 241 ff. AktG herangezogen.[1342] Danach kann im Regelfall ein fehlerhafter Gesellschafterbeschluß nur durch ein auf eine Anfechtungsklage ergehendes Gestaltungsurteil entsprechend §§ 246 Abs. 1, 248 Abs. 1, 241 Nr. 5 AktG für nichtig erklärt werden. Der BGH hat in der dargestellten Entscheidung[1343] entschieden, dass im Schiedsverfahren grundsätzlich nicht die verfahrensmäßigen Voraussetzungen gegeben sind, die eine Gestaltungswirkung der Entscheidung des Schiedsgerichts entsprechend § 248 Abs. 1 AktG rechtfertigen würden. Diese Auffassung ist zum einen insoweit begründet, als im Schiedsverfahren eine gleichberechtigte Beteiligung derjenigen, die von der Entscheidung betroffen sein können, nicht automatisch gewährleistet ist, zum anderen dadurch, dass es an einer gesetzlichen Grundlage für die Begründung einer Gestaltungswirkung der schiedsgerichtlichen Entscheidung fehlt und sich § 248 Abs. 1 AktG als gesellschaftsrechtliche Spezialvorschrift auf dieses Verfahren nicht entsprechend anwenden läßt. Insoweit ist dem BGH grundsätzlich darin zuzustimmen, dass Beschlußmängelstreitigkeiten nicht schiedsfähig sind, sofern nicht im Einzelfall die Legitimationsvoraussetzungen für das Schiedsgericht, eine bindende Entscheidung für alle Beteiligten zu treffen, gegeben sind.

bb) Folgerungen für die Zwei-Personen-GmbH

Indem sich die Entscheidung des BGH[1344] aber auf die Legitimationsvoraussetzungen des Schiedsgerichts bezieht, erlaubt sie eine Differenzierung hinsichtlich der Schiedsfähigkeit von Beschlußmängelstreitigkeiten in der Zwei-

---

[1339] Lutter/Hommelhoff, Anh. § 47 RdNr. 78; K. Schmidt, ZHR 162 (1998), 265, 270; Bork, ZHR 160 (1996), 374, 375
[1340] Raiser, Kapitalgesellschaften, § 33 RdNr. 86; Lüke/Blenske, ZGR 1998, 253, 278
[1341] Baumbach/Hueck/Zöllner, Anh. § 47 RdNr. 18; Trittmann, ZGR 1999, 340, 355; Bredow, DStR 1996, 1653, 1654; Lüke/Blenske, ZGR 1998, 253, 298; Ebbing, NZG 1998, 281, 286
[1342] Siehe hierzu oben § 10, I. 1.
[1343] BGHZ 132, 278
[1344] BGHZ 132, 278

Personen-GmbH. Denn hier ist tatsächlich eine Entscheidung gegenüber allen Beteiligten gewährleistet.

Nach der oben dargestellten Lösung für die Behandlung der Beschlußanfechtung in der Zwei-Personen-GmbH[1345] sind zwei Verfahrenskonstellationen denkbar: zum einen eine Feststellungsklage zwischen den Gesellschaftern, zum anderen eine gegen die Gesellschaft gerichtete Anfechtungsklage eines Gesellschafters. Im Rahmen einer Feststellungsklage ist nach einhelliger Meinung ein Schiedsverfahren zur Überprüfung von Beschlußergebnissen zulässig.[1346] Hierbei werden die Regelungen der §§ 246 ff. AktG nicht angewendet, so dass sich nicht die Frage der Zulässigkeit einer Inter-omnes-Wirkung stellt.[1347] Die Wirkung des Feststellungsurteils ist ausreichend, da in der Zwei-Personen-GmbH sämtliche Gesellschafter an dem Verfahren beteiligt sind und die GmbH zum einen von der Willensbildung der beiden Gesellschafter abhängig ist[1348], zum anderen über die Schiedsvereinbarung an die Entscheidung gebunden ist.[1349]

Auch im Rahmen einer Anfechtungsklage ist aber in der Zwei-Personen-GmbH eine Rechtskrafterstreckung gegenüber dem anderen Gesellschafter gerechtfertigt und damit die Schiedsfähigkeit begründet. Zwar ist bei einer gegen die Gesellschaft gerichteten Anfechtungsklage der andere Gesellschafter an dem Verfahren nicht unmittelbar beteiligt. Zum einen läßt sich durch die Gestaltung der Schiedsvereinbarung eine Beteiligung des anderen Gesellschafters an dem Schiedsverfahren sicherstellen. Des weiteren wird in der Zwei-Personen-GmbH in einem Verfahren mit einem Gesellschafter die Gesellschaft durch den anderen Gesellschafter vertreten.[1350] Diese Regel ist auch auf das Schiedsverfahren anzuwenden, so dass der andere Gesellschafter automatisch als Vertreter der Gesellschaft an dem Verfahren beteiligt ist. Hierbei kann er seine persönliche Position vertreten, da der in dem Schiedsverfahren auf der anderen Seite stehende Gesellschafter entsprechend §§ 46 Nr. 8, 47 Abs. IV GmbHG hierzu vom Stimmrecht ausgeschlossen ist.

2. Anforderungen an Schiedsvereinbarungen

Die Schiedsfähigkeit von Beschlußmängelstreitigkeiten in einer Gesellschaft hängt demnach von der Erfüllung bestimmter Anforderungen an die Schiedsvereinbarung ab. Über die §§ 1029 ff. ZPO hinaus ergeben sich die gesellschaftsrechtlich relevanten Legitimationsanforderungen aus der Heranzie-

---

[1345] Siehe § 10, I. 3. b)
[1346] K. Schmidt, ZGR 1988, 523, 525; BGH, NJW 1979, 2567
[1347] Bredow, DStR 1996, 1653, 1654
[1348] Siehe oben § 10, II. 3.
[1349] H. Westermann, FS. Fischer, S. 853, 854
[1350] Siehe oben § 12, II. 3. c)

hung der sich aus den §§ 248, 249 AktG bzw. den für die Zwei-Personen-GmbH geltenden Sonderregeln zum Beschlußanfechtungsrecht.

a) Inhalt von Schiedsklauseln

Die Schiedsvereinbarung muß zunächst gemäß § 1029 Abs. 1 ZPO ausdrücklich bestimmen, dass Beschlußmängelstreitigkeiten zwischen den beiden Gesellschaftern bzw. einem Gesellschafter und der Gesellschaft der Entscheidung durch ein Schiedsgericht unterworfen werden. Über diesen allgemeinen Inhalt hinaus muß die Schiedsvereinbarung in einer Zwei-Personen-GmbH, um den Bedenken des BGH[1351] gegen die Schiedsfähigkeit von Beschlußmängelstreitigkeiten zu begegnen, eine gleichberechtigte Beteiligung sämtlicher Beteiligter sowie eine einheitliche Entscheidung durch ein Schiedsgericht sicherstellen.[1352]

Zunächst ist für die Rechtskrafterstreckung eine gleichberechtigte Beteiligung sämtlicher Beteiligter erforderlich. Die Schiedsvereinbarung muß daher vorsehen, dass auf eine Beschlußanfechtung hin sämtlichen Gesellschaftern sowie der Gesellschaft eine Benachrichtigung von der Einleitung eines Schiedsverfahrens zugestellt wird.[1353] Alle Beteiligten müssen die Gelegenheit haben, an der Bestellung der Schiedsrichter gleichberechtigt mitzuwirken und am Schiedsverfahren selbst teilzunehmen.[1354] Dieses kann von einer schriftlichen Anhörung bis zu einer automatischen Ladung aller Beteiligten zum Verfahren reichen. Aufgrund des geringen Beteiligtenkreises ist eine förmliche Benachrichtigung sämtlicher Beteiligter in der Zwei-Personen-GmbH ohne Schwierigkeiten zu erreichen; in der Regel werden beide Gesellschafter ohnehin Kenntnis von einem solchen Vorgang haben und die Gesellschaft damit, sofern zumindest einer der Gesellschafter zugleich Geschäftsführer ist, ebenfalls informiert sein. Erforderlich ist es dennoch, dass die Schiedsvereinbarung insbesondere für eine gegen die Gesellschaft gerichtete Anfechtungsklage eines Gesellschafters die Zustellung einer Benachrichtigung an den anderen Gesellschafter regelt. Dieses kann durch eine Regelung in der Schiedsvereinbarung, die bei einer Klage eines Gesellschafters gegen die Gesellschaft eine automatische Beiladung des anderen Gesellschafters zum Schiedsverfahren entsprechend § 856 Abs. 3 ZPO bestimmt, sichergestellt werden.

Darüber hinaus muß die Schiedsvereinbarung vorsehen, dass Beschlußmängelstreitigkeiten vor demselben Schiedsgericht konzentriert werden, um eine

---

[1351] BGHZ 132, 278, 285

[1352] Siehe den Formulierungsvorschlag bei Bredow, DStR 1996, 1653, 1655 und die Hinweise bei Lüke/Blenske, ZGR 1998, 253, 300

[1353] Lutter/Hommelhoff, Anh. § 47 RdNr. 80; Lüke/Blenske, ZGR 1998, 253, 290; Bredow, DStT 1996, 1653, 1655

[1354] Baumbach/Hueck/Zöllner, Anh. § 47 RdNr. 18; Lutter/Hommelhoff, Anh. § 47 RdNr. 78

einheitliche Entscheidung zu gewährleisten.[1355] Hierzu muß die Schiedsvereinbarung die Entscheidung über einen Beschlußmängelstreit ausdrücklich einem Schiedsgericht anstelle eines staatlichen Gerichts mit der Anordnung zuweisen, dass der Schiedsspruch entsprechend §§ 248 Abs. 1 Satz 1, 249 Abs. 1 AktG zwischen allen an der Gesellschaft Beteiligten wirkt.[1356] Hierbei ist wiederum für die Bindung sämtlicher Gesellschafter eine ausdrückliche Formulierung erforderlich. Zusätzlich muß die Schiedsvereinbarung die Gesellschaft zu der Erhebung der Einrede der Schiedsvereinbarung gegenüber Klagen vor staatlichen Gerichten verpflichten. Die „Schiedshängigkeit" der Sache bewirkt somit die Konzentration zugunsten des einen Schiedsgerichts, weitere Klagen in der gleichen Sache sind dann vor anderen Schiedsgerichten gemäß § 261 Abs. 3 Nr. 1 ZPO unzulässig und vor staatlichen Gerichten einredebehaftet.[1357]

Auch Schiedsvereinbarungen unterliegen einer Inhaltskontrolle. Insbesondere ergibt sich aus den §§ 1034 Abs. 2 und 1042 Abs. 1 ZPO eine Verpflichtung zur Gleichbehandlung der Beteiligten schon bei der Besetzung des Schiedsgerichts.[1358] Führt die Schiedsvereinbarung zu einem Übergewicht einer Partei bei der Benennung der Schiedsrichter, kann bei Gericht eine abweichende Benennung beantragt werden. Darüber hinaus sind aber auf Schiedsvereinbarungen §§ 138 und 307[1359] BGB anwendbar.[1360] Hingegen gilt § 23 Abs. 5 AktG in der Nicht-Publikums-GmbH - damit also insbesondere der Zwei-Personen-GmbH - nicht.[1361]

b)   Form und Reichweite

Nach dem Schiedsverfahrensrecht der ZPO stehen für die Zwei-Personen-GmbH zwei Arten der Legitimation schiedsgerichtlicher Zuständigkeit zur Verfügung: zum einen durch individualvertragliche Vereinbarung, zum anderen durch Regelung im Gesellschaftsvertrag.[1362] Außerhalb des Gesellschaftsvertrages ist die Vereinbarung gemäß § 1031 ZPO nur einvernehmlich zwischen sämtlichen Gesellschaftern möglich[1363]; in der Zwei-Personen-GmbH ist dieses Erfordernis immer erfüllt. Darüber hinaus ist eine Schiedsvereinbarung

---

[1355] Baumbach/Hueck/Zöllner, Anh. § 47 RdNr. 18; Lüke/Blenske, ZGR 1998, 253, 300; Bredow, DStR 1996, 1653, 1654

[1356] Lutter/Hommelhoff, Anh. § 47 RdNr. 79

[1357] Lutter/Hommelhoff, Anh. § 47 RdNr. 83; Berger, ZHR 164 (2000), 295, 311; Bork, ZHR 160 (1996), 374, 380

[1358] K. Schmidt, ZHR 162 (1998), 265, 281

[1359] Vormals § 9 AGBG

[1360] K. Schmidt, ZHR 162 (1998), 265, 282; Trittmann, ZGR 1999, 340, 346

[1361] K. Schmidt, ZHR 162 (1998), 265, 282

[1362] Baumbach/Hueck/Zöllner, Anh. § 47 RdNr. 18; Lutter/Hommelhoff, Anh. § 47 RdNr. 78; K. Schmidt, ZHR 162 (1998), 265, 275

[1363] Baumbach/Hueck/Zöllner, Anh. § 47 RdNr. 18; Lenz, GmbHR 2000, 552, 554; vgl. auch K. Schmidt, ZHR 162 (1998), 265, 279

auch im Namen der GmbH abzuschließen, um diese in die Bindung der Entscheidung einzubeziehen.[1364]

Bei einer in dem Gesellschaftsvertrag enthaltenen Schiedsklausel gilt hingegen die Zuständigkeit der Schiedsgerichte gemäß § 1066 ZPO als angeordnet.[1365] Die Verankerung der Schiedsklausel in der Satzung führt zu einer automatischen Bindung der Gesellschaft. Die gesellschaftsvertragliche Schiedsklausel wirkt darüber hinaus auch gegenüber neu eintretenden Gesellschaftern[1366], da es sich nicht um eine Schiedsvereinbarung im Sinne von § 1031 ZPO handelt. Demgegenüber ist bei einer nachträglichen Aufnahme einer Schiedsklausel in den Gesellschaftsvertrag entsprechend § 53 Abs. 3 GmbHG die Zustimmung sämtlicher Gesellschafter erforderlich.[1367] Insbesondere im Hinblick auf die Bindung der Gesellschaft ist es ratsam, eine Schiedsklausel von Beginn an in den Gesellschaftsvertrag aufzunehmen.

3. Verfahren

Das Schiedsverfahren ist in den §§ 1034 ff. ZPO, insbesondere den §§ 1042 ff. ZPO geregelt. Die Regelungen sind dispositiv (vgl. §§ 1035 Abs. 1, 1042 Abs. 3 ZPO), so dass das Verfahren über die gesetzlichen Vorgaben hinaus maßgeblich durch die jeweiligen Schiedsvereinbarungen gestaltet werden kann.

a) Benennung der Schiedsrichter

Da es im Schiedsverfahren keinen „gesetzlichen Richter" gibt, müssen die Schiedsrichter jeweils für ein Schiedsverfahren benannt werden. Die Benennung der Schiedsrichter stellt bei der Beschlußanfechtung den schwierigsten Problemkreis dar[1368], da es einerseits erforderlich ist, ein neutrales und unabhängiges Schiedsgericht zu finden, andererseits die Gesellschafter an der Benennung gleichberechtigt beteiligt sein müssen.

Gemäß § 1034 Abs. 1 Satz 2 ZPO gilt der Grundsatz, dass drei Schiedsrichter benannt werden.[1369] Fehlt eine anderslautende Regelung in der Schiedsvereinbarung, so bestellt je eine Partei zunächst einen Schiedsrichter. Diese beiden Schiedsrichter bestellen dann ihrerseits einen dritten Schiedsrichter als Vorsitzenden des Schiedsgerichts (§ 1035 Abs. 3 Satz 2 ZPO). Diese Be-

---

[1364] H. Westermann, FS. Fischer, S. 853, 854
[1365] K. Schmidt, ZHR 162 (1998), 265, 277; Ebbing, NZG 1998, 281; Berger, ZHR 164 (2000), 295, 303
[1366] Baumbach/Hueck/Zöllner, Anh. § 47 RdNr. 18; BGH, NJW 1979, 2567; vgl. für eine KG BGH, NZG 1998, 63
[1367] Hachenburg/Raiser, Anh. § 47 RdNr. 209; Baumbach/Hueck/Zöllner, Anh. § 47 RdNr. 18
[1368] Bredow, DStR 1996, 1653, 1654
[1369] Berger, ZHR 164 (2000), 295, 304

fugnis der Parteien zur Ernennung der Schiedsrichter ist ein „Grundrecht" des Schiedsverfahrens.[1370]

Zumindest in einer Mehrpersonengesellschaft ist die gesetzliche Regelung für einen Beschlußmängelstreit wegen der dort geltenden Rechtskrafterstreckung der Entscheidung problematisch.[1371] Um die Gleichberechtigung der nicht unmittelbar am Schiedsverfahren beteiligten Gesellschafter zu gewährleisten, muß hier die Benennung der Schiedsrichter durch eine neutrale Instanz erfolgen.[1372] Diese sich bei einer Mehrzahl von Gesellschaftern regelmäßig stellende Schwierigkeit stellt sich in der Zwei-Personen-GmbH nicht, da jeder Gesellschafter je einen Schiedsrichter benennen kann: In einem Verfahren zwischen den Gesellschaftern ergibt sich dieses von selbst, in einem Verfahren eines Gesellschafters gegen die Gesellschaft kann der andere Gesellschafter für die Gesellschaft „seinen" Schiedsrichter benennen, da der klagende Gesellschafter hier von der Abstimmung ausgeschlossen ist. Insgesamt ist auch in der Zwei-Personen-GmbH eine Schiedsklausel sachgerecht, die die Benennung des gesamten Schiedsgerichts durch eine neutrale Instanz vorsieht.

b)   Wirkung der schiedsgerichtlichen Entscheidung

Nach dem Wortlaut des § 1055 ZPO hat der Schiedsspruch unter den Parteien die Wirkung eines rechtskräftigen Urteils.[1373] Die Gestaltungswirkung tritt automatisch gegenüber denen ein, die durch die Schiedsvereinbarung gebunden werden.[1374] Eine Vollstreckbarkeitserklärung gemäß § 1060 Abs. 1 ZPO ist hierfür gesellschaftsintern nicht erforderlich.[1375] In der Zwei-Personen-GmbH bedeutet dies, dass zwischen den beiden Gesellschaftern und der Gesellschaft der Schiedsspruch ohne Vollstreckbarkeitserklärung wirksam ist.

Die Überprüfbarkeit von schiedsgerichtlichen Entscheidungen ist gegenüber dem Verfahren vor staatlichen Gerichten stark eingeschränkt. Es entspricht dem Zweck des Schiedsverfahrens, eine schnelle Streitentscheidung herbeizuführen, dass ein Schiedsspruch grundsätzlich endgültig ist und eine zweite Instanz[1376] nicht vorgesehen ist. Eine staatliche Nachkontrolle der schiedsgerichtlichen Entscheidung ist nur nach Maßgabe des § 1059 ZPO möglich: In

---

[1370] Vgl. Berger, ZHR 164 (2000), 295, 305

[1371] Vgl. H. Westermann, FS. Fischer, S. 853, 861

[1372] K. Schmidt, ZHR 162 (1998), 265, 287; Ebbing, NZG 1998, 281, 286; alternativ schlägt Schlosser (JZ 1996, 1020, 1022) vor, das Antragsrecht analog § 1034 Abs. II ZPO auf andere materiell betroffene Personen auszuweiten.

[1373] Hachenburg/Raiser, Anh. § 47 RdNr. 210; Vollmer, BB 1984, 1774, 1776

[1374] Berger, ZHR 164 (2000), 295, 317

[1375] Berger, ZHR 164 (2000), 295, 317; Lindacher, ZGR 1979, 201, 209; Vollmer, BB 1984, 1774, 1776; a.A. K. Schmidt, ZGR 1988, 523, 536; BayObLG, BB 1984, 746

[1376] Durch die Schiedsvereinbarung kann eine weitere schiedsrichterliche Instanz vereinbart werden (vgl. Baumbach/Lauterbach/Albers, § 1055 RdNr. 2).

besonderen Fällen kann gemäß § 1059 Abs. 1 ZPO ein Antrag auf gerichtliche Aufhebung eines Schiedsspruchs gestellt werden.[1377] Der Aufhebungsantrag ist gemäß § 1059 Abs. 2 ZPO nur bei groben Verstößen im Rahmen des Abschlusses der Schiedsvereinbarung oder der Durchführung des Schiedsverfahrens begründet. Die Aufzählung der Aufhebungsgründe dort ist abschließend.[1378] Daraus ergibt sich, dass das Aufhebungsverfahren nicht für eine gewöhnliche inhaltliche Überprüfung des Schiedsspruchs gedacht ist. Eine Ausnahme bildet insoweit der ordre public-Vorbehalt gemäß § 1059 Abs. 2 Nr. 2 b ZPO. Danach kann das Gericht einen Schiedsspruch aufheben, wenn es feststellt, dass seine Anerkennung der öffentlichen Ordnung widerspricht. Unter dem Gesichtspunkt des ordre public ist das staatliche Gericht bei der Nachprüfung der schiedsgerichtlichen Entscheidung frei[1379], so dass auch die Entscheidungsfindung des Schiedsgerichts einschließlich der rechtlichen Beurteilung überprüft werden kann. Der ordre public-Vorbehalt steht aber unter engen Voraussetzungen: Es werden nur Verstöße gegen zwingende Rechtsvorschriften, die die Grundlagen des staatlichen und wirtschaftlichen Lebens betreffenden und Verletzungen elementarer Gerechtigkeitsvoraussetzungen durchgesetzt.[1380] Hierzu zählen z.B. Grundrechtsverletzungen, Verstöße gegen § 138 BGB, sittenwidriges Handeln im Sinne von § 826 BGB, die Nichtbeachtung von Restitutionsgründen gemäß § 580 ZPO oder Verstöße gegen zwingende Kartellrechtsbestimmungen. Mängel der Schiedsvereinbarung oder des Schiedsverfahrens führen regelmäßig nur zu der Aufhebbarkeit des Schiedsspruchs, der Schiedsspruch ist also solange wirksam, bis er gemäß § 1059 ZPO durch die rechtsgestaltende Entscheidung eines staatlichen Gerichts mit Wirkung ex tunc aufgehoben worden ist.[1381]

4. Besonderheiten bei Abberufungsbeschlüssen

Bei der Überprüfung von Abberufungsbeschlüssen handelt es sich grundsätzlich um eine gewöhnliche Beschlußanfechtung. Daher gilt hier auch hinsichtlich der Schiedsfähigkeit nichts anderes als bei einem gewöhnlichen Gesellschafterbeschluß.

Die Rechtsprechung steht der Austragung solcher Streitigkeiten vor Schiedsgerichten ablehnend gegenüber. So hat das OLG Hamm konkret die Anwendbarkeit von Schiedsvereinbarungen auf die Anfechtungsklage eines Gesellschafters gegen seine Abberufung als Geschäftsführer verneint.[1382] In der

---

[1377] Baumbach/Lauterbach/Albers, § 1059 RdNr. 2. Das gleiche Ergebnis ergibt sich gemäß § 1060 Abs. 2 ZPO bei Ablehnung der Vollstreckbarerklärung.
[1378] Zöller/Geimer, § 1059 RdNr. 9; Baumbach/Lauterbach/Albers, § 1059 RdNr. 5
[1379] Zöller/Geimer, § 1059 RdNr. 49; Baumbach/Lauterbach/Albers, § 1059 RdNr. 10
[1380] Zöller/Geimer, § 1059 RdNr. 55; Baumbach/Lauterbach/Albers, § 1059 RdNr. 11; BGHZ 50, 370, 376; BGHZ 54, 132, 140
[1381] Zöller/Geimer, § 1059 RdNr. 18
[1382] OLG Hamm, ZIP 1987, 780

Literatur hingegen wird auch die Überprüfung von Geschäftsführerabberufungen durch Schiedsgericht als zulässig angesehen.[1383]

Es besteht keine Veranlassung, die Schiedsfähigkeit der Überprüfung von Abberufungsbeschlüssen anders zu behandeln als gewöhnliche Gesellschafterbeschlüsse. Auch in der Zwei-Personen-GmbH hat die besondere Bedeutung der Überprüfung des Abberufungsbeschlusses[1384] keine Auswirkungen auf die Schiedsfähigkeit. Wirksam legitimierte Schiedsgerichte sind staatlichen Gerichten grundsätzlich äquivalent, so dass auch die Überprüfung eines Abberufungsbeschlusses durch ein Schiedsgericht erfolgen kann. Zu beachten ist allerdings das besondere Bedürfnis nach einer schnellen Entscheidung in den Fällen einer umstrittenen Abberufung: Hierzu ist einstweiliger Rechtsschutz durch staatliche Gerichte schneller zu erlangen.[1385]

5. Besonderheiten bei Ausschließungsbeschlüssen

Ebenso wie ein Abberufungsbeschluß ist auch ein Beschluß, der gemäß einer entsprechenden Regelung im Gesellschaftsvertrag die Ausschließung des einen Gesellschafters zum Inhalt hat[1386], grundsätzlich ein gewöhnlicher Gesellschafterbeschluß, der nach den oben dargestellten Grundsätzen schiedsfähig ist. So kann nach Ansicht der h.M. in der Literatur der Gesellschaftsvertrag auch die schiedsgerichtliche Überprüfung von Ausschließungsbeschlüssen vorsehen.[1387] Zu beachten ist aber, dass die Vereinbarung eines Schiedsverfahrens in der Regel auch die zur Verfügung stehenden Rechtsmittel erheblich einschränkt. Erforderlich ist daher neben einer gesellschaftsvertraglichen Regelung der Ausschließung aufgrund der Bedeutung für die mitgliedschaftliche Stellung des betroffenen Gesellschafters auch ein ausdrücklicher Ausschluß der Zuständigkeit staatlicher Gerichte für die Überprüfung solcher Gesellschafterbeschlüsse.

III. Schiedsverfahren und Gesellschafterausschließung

Anders als bei der nur durch Regelung im Gesellschaftsvertrag zulässigen Ausschließung durch Gesellschafterbeschluß erfordert die Ausschließung aus wichtigem Grund ohne entsprechende Satzungsregel eine Ausschließungsklage.[1388] Nach Ansicht der h.M. in der Literatur kann der Gesellschaftsvertrag auch für die Ausschließungsklage die Zuständigkeit des

---

[1383] Vollmer, GmbHR 1984, 5, 12; ders., ZGR 1982, 15, 31: Allerdings setze die Schiedsfähigkeit von Organstreitigkeiten eine gesellschaftsvertragliche Schiedsklausel voraus.

[1384] Siehe dazu oben § 7, IV.

[1385] Zu einstweiligem Rechtsschutz im Schiedsverfahren siehe unten V.

[1386] Siehe hierzu oben § 9, III. 1.

[1387] Scholz/Winter, § 15 RdNr. 152; Baumbach/Hueck/Fastrich, Anh. § 34 RdNr. 14; BGH, WM 1983, 1207, 1208

[1388] Siehe oben § 15, I.

Schiedsgerichts begründen.[1389] Nach dem Grundsatz der Satzungsautonomie ist eine solche Regelung zulässig; schließlich kann der Gesellschafter durch eine Ausschließungsklausel auch vollständig auf das Erfordernis der Klageerhebung verzichten. Erforderlich ist aber auch hier eine ausdrückliche und spezifische Regelung der Zuständigkeit des Schiedsgerichts für die Ausschließungsklage.

IV. Schiedsverfahren und Entscheidungsfindung in der Gesellschaft

Im Gegensatz zu der Möglichkeit der Anfechtung eines Gesellschafterbeschlusses vor einem Schiedsgericht kann der Gesellschaftsvertrag auch vorsehen, dass in einer bestimmten Konstellation bereits die Beschlußfassung als solche in einem Schiedsverfahren erfolgt. Um einen solchen Fall ging es in der folgenden Entscheidung des BGH:

BGH, II. Zivilsenat, Urteil vom 25. Februar 1965[1390]

In einer GmbH mit zwei Familienstämmen, die jeweils einen Geschäftsführer stellten, sah die Satzung vor, dass ein Geschäftsführer den Maßnahmen des anderen widersprechen konnte und dass die Gesellschafterversammlung über einen solchen Streit entschiede. Für den Fall, dass es nicht zu einer einstimmigen Entscheidung kam, konnte jeder Gesellschafter eine Entscheidung durch ein Schiedsgericht verlangen. Nach Weigerung des einen Geschäftsführers, einem Vergleichsvorschlag des Finanzamtes zuzustimmen, kam es zu einem Schiedsspruch, durch den die Zustimmung zu dem Vergleichsvorschlag beschlossen wurde. Die widersprechenden Gesellschafter klagten auf Feststellung der Nichtigkeit des Schiedsspruchs.

Nach Ansicht des BGH folgt aus dem Grundsatz der gesellschaftlichen Selbstverwaltung, dass die Gesellschafter Befugnisse der Gesellschafterversammlung einem anderen Organ der Gesellschaft zuweisen können.[1391] Ein solches Organ sei hier das Schiedsgericht. Die Wirkung des Schiedsspruchs des als Organ der Gesellschaft tätigen Schiedsgerichts trete mit der Verlautbarung ein. Folglich sei ein solcher Schiedsspruch auch nach gesellschaftsrechtlichen Regeln durch Nichtigkeits- oder Anfechtungsklage angreifbar.[1392]

Das Schiedsgericht entscheidet hier somit nicht nachträglich über die Wirksamkeit eines Beschlusses, sondern ist in den Prozeß der gesellschaftsinternen Entscheidungsfindung integriert. In dieser Konstruktion liegt die Möglichkeit, in einer Zwei-Personen-GmbH trotz Uneinigkeit der Gesellschafter durch Einschaltung eines neutralen Gremiums zu einer konstruktiven Entscheidungsfindung zu kommen. Insofern unterscheidet sich die Rolle des Schieds-

---

[1389] Scholz/Winter, § 15 RdNr. 142
[1390] BGHZ 43, 261
[1391] BGHZ 43, 261, 264
[1392] BGHZ 43, 261, 265

gerichts hier nicht von einem Beirat, der gesellschaftsinterne Entscheidungs-konflikte löst.[1393]

V. Einstweiliger Rechtsschutz im Schiedsverfahren

Schließlich stellt sich die Frage, inwieweit im schiedsgerichtlichen Verfahren auch einstweiliger Rechtsschutz in Anspruch genommen werden kann. Die Befugnis zum Erlaß einstweiliger Anordnungen wurde für Schiedsgerichte früher überwiegend abgelehnt[1394] und nur vereinzelt mit der Begründung ge-fordert, die Konfliktlösung durch Schiedsgerichte sei nur sinnvoll, wenn auch einstweilige Verfügung möglich seien.[1395] Mit der Einfügung des § 1041 ZPO durch das SchiedsVG ist dieser Streit hinfällig geworden und einstweiliger Rechtsschutz durch „vorläufige oder sichernde Maßnahmen" im Schiedsver-fahren nunmehr ausdrücklich zulässig.[1396] Dieses ist gerade für das Gesell-schaftsrecht nicht ohne Folgen, da hier erheblicher Bedarf für einstweiligen Rechtsschutz besteht.[1397]

Die Formulierung der §§ 1041, 1042 ZPO ist sehr allgemein und definiert nicht eindeutig, welche Art vorläufiger Maßnahmen im Schiedsverfahren zu-lässig ist. Die Regelung des § 1041 ZPO ist so zu interpretieren, dass dem Schiedsgericht auch der Arrest und die einstweilige Verfügung als „Maßnah-men" zur Verfügung stehen.[1398] Hinsichtlich der Zuständigkeit gemäß § 1042 ZPO gilt, dass staatliche Gerichte grundsätzlich parallel zu dem Schiedsge-richt zum Erlaß einstweiliger Verfügungen befugt sind[1399], sofern nicht die Schiedsvereinbarung jeweils exklusive Zuständigkeiten vorsieht.[1400] Im Ge-gensatz zum Verfügungsverfahren vor staatlichen Gerichten ist vor einem Schiedsgericht eine Anhörung beider Parteien erforderlich, da das schiedsge-richtliche Verfahren keinen Rechtsbehelf kennt.[1401] Die Anhörung kann indes sowohl mündlich als auch schriftlich erfolgen.

Die Entscheidung im schiedsgerichtlichen Eilverfahren ergeht entsprechend § 1056 ZPO durch Beschluß.[1402] Einstweilige Anordnungen von Schiedsgerich-

---

[1393] Siehe hierzu oben § 5, II. 2.

[1394] Vgl. Nachweise bei Schütze, BB 1998, 1650; K. Schmidt, ZHR 162 (1998), 265, 287; Lindacher, ZGR 1979, 201, 203

[1395] Vollmer, GmbHR 1984, 5, 13: Das sei verfahrensrechtlich zwar schwierig, aber mit einer entsprechenden Schiedsvereinbarung nicht unzulässig; bzgl. der Geschäftsführerabberu-fung auch Lindacher, ZGR 1979, 201, 216.

[1396] Zöller/Geimer, § 1041 RdNr. 1; K. Schmidt, ZHR 162 (1998), 265, 287; Trittmann, ZGR 1999, 340, 360; Schütze, BB 1998, 1650

[1397] K. Schmidt, ZHR 162 (1998), 265, 287; Trittmann, ZGR 1999, 340, 361; siehe auch o-ben § 14.

[1398] Schütze, BB 1998, 1650, 1651

[1399] K. Schmidt, ZHR 162 (1998), 265, 288; Trittmann, ZGR 1999, 340, 360

[1400] Schütze, BB 1998, 1650

[1401] Schütze, BB 1998, 1650, 1651

[1402] Schütze, BB 1998, 1650, 1652

ten müssen durch ein staatliches Gericht für vollziehbar erklärt werden (§ 1042 Abs. 2 ZPO).[1403] Hieraus ergibt sich, dass bei dem Erlaß eines Arrestes oder einer einstweiligen Verfügung die Voraussetzungen der §§ 916 ff. ZPO einzuhalten sind, insbesondere sind somit Verfügungsanspruch und -grund glaubhaft zu machen.[1404]

Auf der Grundlage des § 1041 ZPO ist somit die Anordnung einstweiliger Maßnahmen auch durch Schiedsgerichte grundsätzlich möglich.[1405] In der Praxis sind jedoch erhebliche Hindernisse hinsichtlich der Effektivität dieses Rechtsweges zu erwarten.[1406] So ist hier vor einer Entscheidung regelmäßig erst die Konstituierung des Schiedsgerichts durchzuführen, was im Hinblick auf die Auswahl und Benennung der Schiedsrichter erhebliche Zeit in Anspruch nehmen kann.[1407] Des weiteren können gegenüber einem Schiedsgericht keine eidesstattlichen Versicherungen abgegeben werden, so dass die Glaubhaftmachung erheblich erschwert wird.[1408] Schließlich folgt aus dem Erfordernis der Vollziehungserklärung der einstweiligen Anordnung durch ein staatliches Gericht eine weitere Verzögerung.[1409] Im Ergebnis führt dies dazu, dass einstweiliger Rechtsschutz vor staatlichen Gerichten schneller zu erreichen sein wird.[1410] Daher ist eine Schiedsvereinbarung ratsam, die hinsichtlich einstweiligen Rechtsschutzes die Zuständigkeit der staatlichen Gerichte nicht ausschließt.

[1403] K. Schmidt, ZHR 162 (1998), 265, 288; Trittmann, ZGR 1999, 340, 363; Schütze, BB 1998, 1650, 1652. Zuständig ist das OLG am Sitz des Schiedsgerichts, § 1062 Abs. 1 Nr. 3, Abs. 2 ZPO

[1404] Schütze, BB 1998, 1650, 1651

[1405] Trittmann, ZGR 1999, 340, 361; vgl. zu den Anwendungsmöglichkeiten einstweiligen Rechtsschutzes bei der Zwei-Personen-GmbH oben § 14.

[1406] Trittmann, ZGR 1999, 340, 363

[1407] Baumbach/Hueck/Zöllner, § 38 RdNr. 35 b; Schütze, BB 1998, 1650, 1653

[1408] Zöller/Geimer, § 1041 RdNr. 2; Schütze, BB 1998, 1650, 1651

[1409] Trittmann, ZGR 1999, 340, 363; Schütze, BB 1998, 1650, 1652

[1410] Schütze, BB 1998, 1650, 1653

§ 17 Zusammenfassung der Arbeit in Thesen

1)   Die Zwei-Personen-GmbH ist eine abgrenzbare Sonderform der GmbH, die durch die Zahl von zwei Gesellschaftern oder durch zwei gleichgewichtige Gesellschafterfraktionen oder -stämme definiert wird. Die bipolare Gesellschaftsstruktur ist damit verbunden, dass zwischen den Gesellschaftern eine besonders enge Bindung besteht. Die sich aus dieser Bindung ergebende sogenannte Treuepflicht bestimmt wesentlich das gesellschaftsinterne Verhältnis der Gesellschafter zueinander. Andererseits ist die Möglichkeit der Willensbildung in Konfliktlagen eingeschränkt. In der Gefahr der Entstehung einer gesellschaftsinternen Pattsituation liegt das Grundproblem der Zwei-Personen-GmbH begründet.

2)   In Deutschland haben ca. 45 % aller GmbHs zwei Gesellschafter. Trotz dieser erheblichen Bedeutung in der Praxis und vielfältiger, spezifischer rechtlicher Schwierigkeiten bestehen keine gesetzlichen Sonderregeln. Die Rechtsprechung hat jedoch durch eine Reihe von Entscheidungen für die spezifischen rechtlichen Probleme der Zwei-Personen-GmbH fortlaufend besondere Lösungen entwickelt.

3)   In der Betriebswirtschaftslehre wird in Bezug auf das mittelständische Familienunternehmen einen Themenkreis behandelt, der einige der im Rahmen der Zwei-Personen-GmbH auftretenden Problembereiche betrifft. Die strukturelle Stärken und Defizite dieser Unternehmensform werden so definiert, dass hohem Verantwortungsbewusstsein und fachlicher Qualifikation der Unternehmensführung häufig fehlende Strategie, unternehmerische Isolation, schwache Aufbauorganisation und die Gefahr des Übergreifens persönlicher Konflikte auf das Unternehmen gegenüberstehen.

Die Betriebswirtschaftslehre bietet vor allem auf der Grundlage strategisch-wirtschaftlicher Überlegungen und im Rahmen der unternehmensinternen Organisation Ansätze zur Behebung der spezifischen Defizite kleiner Unternehmen. Über eine Verbesserung der Organisationsstruktur (durch gezielte Aufgabenverteilung) bis hin zu der der präventiven Vereinbarung geeigneter Trennungsmechanismen steht hier ein Instrumentarium zur Konfliktentscheidung zur Verfügung.

4)   Im Überblick über ausländische Rechtsordnungen ergeben sich insbesondere bei Betrachtung der US-amerikanischen „close corporation" zahlreiche Argumente für die besondere Behandlung bipolarer, personalistischer Kapitalgesellschaften. Hieraus ergeben sich vor allem Ansätze für die Überwindung von Pattsituationen (Dead-Lock-Problematik) in bipolaren Gesellschaften; richtungsweisend ist hierbei die Entscheidung Greer v. Greer (124 A.D.2d 707 (N.Y. 1986)) zur „Involuntary Dissolution", in der die Vergleichbarkeit der bipolaren close corporation mit einer Personengesellschaft festgestellt wurde und entsprechend Grundsätze des Personengesellschaftsrechts zur Auflösung der Pattsituation herangezogen wurden.

5) In der Zwei-Personen-GmbH deutschen Rechts findet die Willensbildung auf der Ebene der Gesellschafter gemäß § 47 Abs. 1 GmbHG in Form einer Gesellschafterversammlung statt. Die Treuepflicht, die in dem personalistischen Charakter der Gesellschaft begründet ist, verpflichtet die Gesellschafter untereinander zur gegenseitigen Rücksichtnahme. Des weiteren ergibt die geringe Gesellschafterzahl in der Zwei-Personen-GmbH die Möglichkeit eines weniger formalen Umgangs in gesellschaftsinternen Angelegenheiten. So sind bei der Entscheidungsfindung zwischen zwei Gesellschaftern keine besonderen Formvorschriften (vgl. § 48 GmbHG) zum Schutz Dritter oder zur Sicherung des Rechtsverkehrs erforderlich sind (BGH, WM 1971, S. 1082).

6) Die Gesellschafterversammlung ist für die Konfliktaustragung nur begrenzt geeignet. Aufgrund der bipolaren Struktur führt in einer Konfliktsituation die Abstimmung nicht ohne weiteres zu einer echten Konfliktentscheidung: Entweder ist es unmöglich, einen Beschluss zu fassen, oder das Beschlussergebnis ist zwischen den beiden Gesellschaftern umstritten. In einer solchen Situation kann u.U. ein neutraler Versammlungsleiter bei der Durchführung der Gesellschafterversammlung über Uneinigkeiten der Gesellschafter hinweghelfen. Er kann u.U. die durch eine Pattsituation entstehende Handlungsunfähigkeit auflösen und die Beschlussergebnisse tragfähig feststellen. Daher sind gesellschaftsvertragliche Abreden über eine solche Drittmoderation als produktiv zu bewerten.

7) Der Grundsatz der Freiheit des Stimmrecht ist ein individuelles Mitgliedschaftsrecht jedes Gesellschafters im Sinne des § 47 GmbHG. Dem steht ein System von Stimmrechtsschranken gegenüber, das im Einzelfall eine unbefangene Willensbildung garantieren, benachteiligende Beschlüsse verhindern oder die Fassung notwendiger Beschlüsse sicherstellen kann. Dem strengen Stimmrechtsausschluss gemäß § 47 Abs. 4 GmbHG kommt in der Zwei-Personen-GmbH in Verbindung mit der Geschäftsführerabberufung besondere Bedeutung zu.

Darüber hinaus können variable Stimmrechtsschranken die Stimmrechtsausübung beeinflussen. Sie beruhen auf der von Rechtsprechung und Literatur anerkannten Treuepflicht der Gesellschafter zueinander und können sowohl negative Beschränkungen als auch positive Stimmpflichten begründen. Gerade in der personalistisch ausgeprägten Zwei-Personen-GmbH haben die Stimmrechtsschranken insoweit besondere Bedeutung, als sie auf dem engen Verhältnis der Gesellschafter zueinander beruhen.

Die auf konkreter schuldrechtlicher Vereinbarung beruhende Stimmbindung hat nach der Rechtsprechung des BGH (in NJW 1983, S. 1910) dann gesellschaftsrechtliche Wirkung, wenn sie den gesamten, an einer gerichtlichen Austragung gesellschaftsinterner Streitigkeiten beteiligten Personenkreis betrifft. Damit hat eine solche Stimmbindung in der Zwei-Personen-GmbH immer gesellschaftsrechtliche Wirkung.

8) Auch in der Zwei-Personen-GmbH gilt der Grundsatz der Unbeschränkbarkeit der Vertretungsmacht der Geschäftsführer und der Wirksamkeit einer Geschäftsführerhandlung im Außenverhältnis gemäß § 35 Abs. 1 GmbHG. In einer Zwei-Personen-GmbH können divergierende Handlungen zweier alleinvertretungsberechtigter Geschäftsführer der Gesellschaft erheblichen Schaden im Rechts- und Geschäftsverkehr zufügen. Dennoch muss die Gesellschaft das sich aus der Einräumung von Einzelvertretungsmacht ergebende Risiko widersprüchlicher Geschäftsführererklärungen tragen. Es besteht kein Anlass zu einer Risikoverlagerung zu Lasten gesellschaftsfremder Dritter. Aus Gründen der Rechtssicherheit können divergierende Handlungen von Geschäftsführern nur unwirksam sein, wenn

- beide Handlungen gleichzeitig erfolgen (§ 130 Abs. 1 Satz 2 BGB),

- aufgrund der Umstände eine Kompetenzüberschreitung der Geschäftsführer offensichtlich ist,

- der Geschäftsführer mit einem Dritten kollusiv zusammenarbeitet (§ 138 Abs. 1 BGB) oder

- die widersprüchliche Erklärung dem Empfänger innerhalb eines Verhandlungszusammenhangs oder während eines schwebenden Widerrufsvorbehalts zugeht (in Analogie zu § 130 Abs. 1 Satz 2 BGB); in diesen Fällen kann erst bei eindeutiger, einheitlicher Willensbildung der Gesellschaft eine wirksame Erklärung vorliegen.

13) In der Zwei-Personen-GmbH sind beide Gesellschafter häufig zugleich Geschäftsführer der Gesellschaft. Durch die Doppelrolle des Gesellschafter-Geschäftsführers erhält die Frage der Abberufung der Geschäftsführer besondere Bedeutung. Einerseits ist die Stellung des Gesellschafter-Geschäftsführers stärker als die des Nur-Geschäftsführers, andererseits kann der andere Gesellschafter in einer Zwei-Personen-GmbH seinen Mitgesellschafter gemäß §§ 46 Nr. 5, 47 Abs. 4 GmbHG selbständig abberufen, wenn der betroffene Gesellschafter von der Ausübung seines Stimmrechts ausgeschlossen ist.

Der Stimmrechtsausschluss gilt indes im Gegensatz zu der freien Abberufung nach § 38 Abs. 1 GmbHG nur bei der Abberufung aus wichtigem Grund gemäß § 38 Abs. 2 GmbHG. Entscheidend für die Zulässigkeit der Abberufung des Gesellschafter-Geschäftsführers in einer Zwei-Personen-GmbH sind damit die Anforderungen an den wichtigen Grund, die in einer Reihe von Entscheidungen durch die Rechtsprechung entwickelt worden sind. Danach ist ein wichtiger Grund für die Abberufung nur bei einer erheblichen Pflichtverletzung des Geschäftsführers und der Unzumutbarkeit der Fortsetzung des Geschäftsführungsverhältnisses gegeben.

14) Besondere Relevanz hat in der Zwei-Personen-GmbH die Problematik wechselseitiger Geschäftsführerabberufungen. Diese sind deswegen mög-

lich, weil in der Zwei-Personen-GmbH ein als Geschäftsführer abberufener Gesellschafter entsprechend §§ 117, 127 HGB bis zu einer gerichtlichen Bestätigung der Abberufung berechtigt ist, eine Gesellschafterversammlung zum Zwecke der Abberufung seines Mitgesellschafter-Geschäftsführers einzuberufen und somit auch noch nach der eigenen Abberufung seinen Mitgesellschafter abberufen kann.

Bei der Bewertung des wichtigen Grundes ist nach individuellem Verschulden und dem Interesse der Gesellschaft abzuwägen, welcher Geschäftsführer eher abzuberufen ist. Im Sinne der Erhaltung der Funktionsfähigkeit der Geschäftsführung muss aber bei gleichen Verursachungsbeiträgen und gleicher Wertigkeit die Abberufung beider Geschäftsführer möglich sein. Der Grundsatz der Gleichbehandlung der Gesellschafter gebietet bei wechselseitigen Abberufungsbeschlüssen deren gemeinsame und gleiche Behandlung. Bei wechselseitigen Abberufungsbeschlüsse erlangt entsprechend §§ 117, 127 HGB keiner von Ihnen vorläufige Wirksamkeit, bis über die Zulässigkeit der Abberufungen gerichtlich entschieden worden ist.

15)   Im Rahmen der Kündigung des Anstellungsvertrages ist zu beachten, dass die Anforderungen an den wichtigen Grund gemäß § 626 Abs. 1 BGB nicht mit denen für die Abberufung gemäß § 38 Abs. 2 GmbHG identisch sind. Eine Koppelung des Anstellungsverhältnisses an die organschaftliche Stellung als Geschäftsführer durch vorherige Vereinbarung ist nur unter Wahrung der Anforderungen des § 626 Abs. 1 BGB an den wichtigen Grund für eine außerordentliche Kündigung möglich.

16)   Gerade aufgrund der besonders personalistischen Struktur der Zwei-Personen-GmbH kann es zu Situationen kommen, in denen die Fortsetzung der Gesellschaft mit beiden Gesellschaftern nicht möglich ist. Dem Bedürfnis, die Gesellschaft trotz einer solchen Situation in ihrem wirtschaftlichen Bestand soweit als möglich zu erhalten, genügt die in § 61 Abs. 1 GmbHG vorgesehene Möglichkeit der Gesellschaftsauflösung nicht. Daher auch in der Zwei-Personen-GmbH die von Rechtsprechung und Literatur entwickelten Grundsätze zur Ausschließung eines Gesellschafters aus wichtigem Grund anzuwenden, um einen Fortbestand der Gesellschaft in dem Fall zu ermöglichen, dass eine weitere Zusammenarbeit der Gesellschafter unmöglich ist.

17)   Bei der Beurteilung der Rechtmäßigkeit einer Gesellschafterausschließung geht es in der Zwei-Personen-GmbH um die Entscheidung darüber, welcher der beiden Gesellschafter die Gesellschaft fortführen darf. Daraus folgt, dass die für eine Ausschließung der Gesellschafter sprechenden Gründe besonders sorgfältig geprüft und gegeneinander abgewogen werden müssen.

Ein Ausschließungsgrund liegt vor, wenn ein Gesellschafter durch seine Person oder sein Verhalten die Erreichung des Gesellschaftszwecks unmöglich macht oder erheblich gefährdet. In der Zwei-Personen-GmbH kann sich der wichtige Grund für eine Gesellschafterausschließung aufgrund der engen Bindung auch aus dem persönlichen Verhältnis der Gesellschafter ergeben. Bei der Beurteilung einer Ausschließung ist die Gleichbehandlung beider Gesellschafter zu beachten und entsprechend den von der Rechtsprechung zu § 140 Abs. 1 HGB entwickelten Grundsätzen auch das Verhalten des Mitgesellschafters mitzuberücksichtigen. Daraus ergibt sich ein abgestuftes Verhältnis von Ausschließung und Auflösung:

- Stellt das Verhalten des anderen Gesellschafters selbst einen wichtigen Grund dar, so bleibt bei Unmöglichkeit der Zusammenarbeit nur die Auflösung der Gesellschaft.

- Sonstiges Mitverschulden relativiert den Ausschließungsgrund gegenüber dem Betroffenen, so daß gegebenenfalls eine Ausschließung nicht gerechtfertigt ist.

- Ist das Mitverschulden unerheblich, steht es der Ausschließung nicht entgegen.

Demgegenüber ist die Auflösung der Gesellschaft gemäß § 61 Abs. 1 GmbHG ultima ratio und nur möglich, wenn der gesellschaftsinterne Konflikt nicht im Wege einer Ausschließung lösbar ist.

18) Die Satzung kann eine Regelung der Gesellschafterausschließung beinhalten. Dabei sind nur solche Klauseln zulässig, die eine Ausschließung durch Gesellschafterbeschluss auf solche Fälle begrenzen, in denen ein wichtiger Grund vorliegt. Einen wertvollen Beitrag für eine geordnete Trennung können sogenannte Buy-Sell-Agreements leisten. Durch diese können präventiv Verfahren und Konditionen vereinbart werden, bei deren Vorliegen ein Gesellschafter gegen Zahlung einer Abfindung zur alleinigen Fortführung der Gesellschaft berechtigt ist.

19) Für die Behandlung von Beschlussmängeln verlangt die besondere Struktur der Zwei-Personen-GmbH eine gegenüber der für die GmbH üblichen Heranziehung der §§ 241 ff. AktG eine spezifische Lösung:

- Die Behandlung von Beschlussmängeln ist im GmbHG nicht geregelt. Die durch Rechtsprechung und Literatur entwickelte Anwendung der aktienrechtlichen Regelungen führt in der Zwei-Personen-GmbH nicht zu durchgängig sachgemäßen Ergebnissen; sie sind daher nur insoweit anzuwenden, als sie auf die Zwei-Personen-GmbH in ihrer realen Struktur passen.

- Bei der Zwei-Personen-GmbH ist demgegenüber auch die ergänzende Heranziehung von Regelungen des Personengesellschaftsrechts grundsätzlich zulässig. Dort erfolgt der Rechtsschutz der Gesellschafter durch Feststellungsklage gemäß § 256 ZPO.

- Die Beschlussfeststellung durch einen Versammlungsleiter hat in der Zwei-Personen-GmbH grundsätzlich keine konstitutive Wirkung: Einem Versammlungsleiter fehlt es an der entsprechenden Kompetenz. Während im Aktienrecht § 130 Abs. 2 AktG die förmliche Beschlussfeststellung vorschreibt, gilt dieses nach § 53 Abs. 2 Satz 1 GmbHG nur für satzungsändernde Beschlüsse. Ein umstrittener Gesellschafterbeschluss erlangt daher hier keine vorläufige Wirksamkeit aufgrund konstitutiver Feststellung.

- Aufgrund der fehlenden vorläufigen Wirksamkeit umstrittener Gesellschafterbeschlüsse erfolgt deren gerichtliche Überprüfung regelmäßig durch Feststellungsklage gemäß § 256 Abs. 1 ZPO. Diese ist gegen den anderen Gesellschafter zu richten (§ 13 Abs. 1 GmbHG steht dem nicht entgegen, § 246 Abs. 1 AktG ist nicht anwendbar); allein diese Form der Prozessaustragung wird der bipolaren Struktur gerecht, da die beiden Gesellschafter die tatsächlichen Interessenträger in diesem Rechtsstreit sind. Die Gesellschaft wird durch das zwischen den Gesellschaftern ergehende Urteil mittelbar gebunden.

20) Eine Klage im eigenen Namen zur Geltendmachung von Ansprüchen der Gesellschaft (actio pro socio) gegenüber dem anderen Gesellschafter ist zulässig: Die gesellschaftliche Treuepflicht, auf der diese Klageart aufbaut, besteht gerade zwischen den beiden Gesellschaftern einer Zwei-Personen-GmbH. Der klagende Gesellschafter trägt sein Kostenrisiko selbst; die Rechtskraft der Entscheidung erstreckt sich in der Zwei-Personen-GmbH wie bei einer gewillkürten Prozeßstandschaft auch auf die Gesellschaft

21) Entsprechend dem auf die Zwei-Personen-GmbH anwendbaren Beschlussmängelrecht ist die Wirkung eines umstrittenen Abberufungsbeschlusses in der Zwei-Personen-GmbH von der materiellen Rechtslage abhängig. Die §§ 241 ff. und 84 Abs. 3 Satz 4 AktG sind nicht anwendbar, der Abberufungsbeschluss erlangt keine vorläufige Wirksamkeit: Dieses hat in der Zwei-Personen-GmbH besondere Bedeutung, da sonst ein Gesellschafter seinen Mitgesellschafter durch einseitigen Beschluss dauerhaft und ohne externe Kontrolle von der Geschäftsführung ausschliessen könnte. Der Geschäftsführer verliert seine Organstellung entsprechend §§ 117, 127 HGB erst durch gerichtliche Entscheidung.

In der Zwei-Personen-GmbH ist gemäß der hier vertretenen Behandlung von Beschlussmängeln auch ein Abberufungsbeschluss grundsätzlich durch Feststellungsklage gemäß § 256 Abs. 1 ZPO überprüfbar. Aus Gründen der Prozeßökonomie können wichtige Gründe für die Abberufung hier auch noch während des Rechtsstreits nachgeschoben werden.

22) Gegen die Kündigung steht dem Geschäftsführer insbesondere die Feststellungsklage auf Fortbestehen des Anstellungsverhältnisses gemäß § 256 Abs. 1 ZPO zur Verfügung. Arbeitsprozessrechtliche Sonderregelungen

finden keine Anwendung. Wird in einer Zwei-Personen-GmbH eine Klage wegen der Abberufung oder Kündigung von dem einen Gesellschafter gegen die Gesellschaft gerichtet, so wird diese von dem anderen Gesellschafter-Geschäftsführer vertreten.

23)   Die Bestellung eines Notgeschäftsführers entsprechend § 29 BGB ist ein geeignetes Mittel, um in der Zwei-Personen-GmbH bei einem Streit zwischen den Gesellschaftern wenigstens vorübergehend eine Pattsituation aufzulösen. Mit der Bestellung eines Notgeschäftsführers kann bei einer gesellschaftsinternen Konfliktsituation ein neutraler Dritter die Geschäftsführung übernehmen und somit zumindest vorübergehend die Handlungsfähigkeit der Gesellschaft sicherstellen. In der Praxis steht dem jedoch häufig das Problem der Auswahl und der Bezahlung eines geeigneten Not-Geschäftsführers entgegen.

24)   Die Befugnis der Inanspruchnahme einstweiligen Rechtsschutzes gemäß der §§ 935 ff. ZPO für gesellschaftsinterne Streitigkeiten besteht auch in der Zwei-Personen-GmbH.

25)   Über die Durchsetzung von Gesellschafterbeschlüssen hinaus ist in der Zwei-Personen-GmbH in engen Grenzen ein präventiver Eingriff in die Willensbildung der Gesellschaft möglich:

- Erforderlich ist ein Anspruch auf eine bestimmte Stimmrechtsausübung, der sich neben echten Stimmrechtsbindungen auch aus dem Gesellschaftsvertrag oder der gesellschaftlichen Treuepflicht ergeben kann.

- Weiterhin muss ein besonderes Schutzbedürfnis auf Seiten des Antragstellers vorliegen.

Diese Ansicht entspricht der neueren Literatur. Insbesondere in der Zwei-Personen-GmbH besteht für diese Art der Verfügung ein erhebliches Bedürfnis, so dass ein genereller Ausschluss nicht gerechtfertigt ist. Das gilt insbesondere für eine umstrittene Geschäftsführerabberufung.

26)   Im Rahmen der Ausschließungsklage entsprechend § 140 HGB haben sich in Rechtsprechung und Literatur für die Zwei-Personen-GmbH von den allgemeinen für die GmbH entwickelten Grundsätzen abweichende Sonderregeln herausgebildet, die der besonderen Struktur dieser Gesellschaftsform gerecht werden. Für die Klageerhebung ist kein Gesellschafterbeschluss erforderlich; die §§ 60 Abs. 1 Nr. 2 und 61 GmbHG sind nicht anwendbar, die Beschlussfassung wäre in der Zwei-Personen-GmbH aufgrund des geltenden Stimmrechtsausschlusses ohnehin entbehrlich. Die Klage ist von dem die Ausschließung betreibenden Gesellschafter selbst zu erheben, daneben verbleibt keine Klagebefugnis der Gesellschaft. Bei wechselseitigen Ausschließungsklagen der beiden Gesellschafter sind die Verfahren entsprechend § 147 ZPO zu verbinden und gemeinsam zu entscheiden.

27) Das Ausschließungsurteil hat rechtsgestaltende Wirkung (BGHZ 9, 157). Die Wirksamkeit der Ausschließung ist indes in dem Ausschließungsurteil von der Zahlung einer im Urteil festzusetzenden Abfindung abhängig zu machen. Nur durch eine solche aufschiebende Bedingung wird sowohl das Interesse der Gesellschaft an einer rechtssicheren Ausschließungsentscheidung als auch das Interesse des betroffenen Gesellschafters an einer gesicherten Abfindung gewahrt. Dabei ergibt die angemessene Berücksichtigung der Interessen der Gesellschaft, dass der betroffene Gesellschafter nach der Entscheidung bis zum Bedingungseintritt seine nichtvermögensrechtlichen Gesellschafterrechte nicht ausüben kann.

28) In der Zwei-Personen-GmbH ist aufgrund der begrenzten Zahl der Beteiligten die Austragung sämtlicher gesellschaftsinternen Streitigkeiten – einschließlich der Beschlussanfechtung – vor einem Schiedsgericht gemäß §§ 1029 Abs. 1, 1030 Abs. 1 ZPO möglich. Während grundsätzlich der Schiedsfähigkeit von Beschlussmängelstreitigkeiten eine fehlende Gestaltungswirkung der schiedsgerichtlichen Entscheidung entgegenstehen kann, ist bei der Zwei-Personen-GmbH regelmäßig auch im Schiedsverfahren eine Entscheidung gegenüber allen Beteiligten sichergestellt. Die schiedsrichterliche Entscheidung hat zwischen den Parteien gemäß § 1055 ZPO die Wirkung eines rechtskräftigen Urteils. Die hierfür an die Schiedsvereinbarung gemäß § 1029 Abs. 1 ZPO zu stellenden Anforderungen hinsichtlich der Sicherstellung der Gleichbehandlung aller Beteiligter sind in der Zwei-Personen-GmbH erfüllt, sofern auch die Gesellschaft in die Schiedsklausel einbezogen ist.

Literaturverzeichnis

Abramenko, Adrik	„Rechtliches Gehör vor dem Ausschluß eines Gesellschafters aus der GmbH" in GmbHR 2001, S. 501 ff.
Albach, Horst,	„Die Bedeutung mittelständischer Unternehmen in der Marktwirtschaft" in ZfB 1983, S. 870 ff.
Balz, Gerhard	„Die Beendigung der Mitgliedschaft in der GmbH" Berlin 1984
Banerjea, Nirmal Robert	„Die Gesellschafterklage im GmbH- und Aktienrecht" Dissertation, Köln, Berlin, Bonn, München 2000
Bauer, Jobst-Hubertus	„Arbeitsrechtliche Aufhebungsverträge" 6. Auflage, München 1999 zitiert Bauer, Aufhebungsverträge
ders. /Diller, Martin	„Koppelung von Abberufung und Kündigung bei Organmitgliedern" in GmbHR 1998, S. 809 ff.
ders. Hölle" /Gragert, Nicola	„Der GmbH-Geschäftsführer zwischen Himmel und in ZIP 1997, S. 2177 ff.
Baumbach, Adolf /Hopt, Klaus J.	Kurzkommentar zum HGB 30. Auflage, München 2000 zitiert Baumbach/Hopt
Baumbach, Adolf /Hueck, Alfred	Kurzkommentar zum GmbH-Gesetz 17. Auflage, München 2000 zitiert Baumbach/Hueck/Bearbeiter

Baumbach, Adolf /Lauterbach, Wolfgang /Albers, Jan /Hartmann, Peter	Kurzkommentar zur Zivilprozeßordnung 60. Auflage, München 2002 zitiert Baumbach/Lauterbach/Bearbeiter
Baums, Theodor	„Der Geschäftsleitervertrag" Habilitation, Köln 1987 zitiert Baums, Geschäftsleitervertrag
ders.	„Zuständigkeit für Abschluß, Änderung und Aufhebung von Anstellungsverträgen" in ZGR 1993, S. 141 ff.
Behr, Volker	„Neue Tendenzen im Recht der Ausschließung aus der Personengesellschaft" in ZGR 1990, S. 370 ff.
Behrens, Peter	„Stimmrecht und Stimmrechtsbindung" in FS. 100 Jahre GmbHG, Köln 1992, S. 539 ff.
ders. (Hrsg.)	„Die Gesellschaft mit beschränkter Haftung im internationalen und europäischen Recht" 2. Auflage, Berlin, New York 1997 zitiert Behrens/Bearbeiter
Bender, Gregor	„Schiedsklagen gegen Gesellschafterbeschlüsse im Recht der Kapitalgesellschaften nach der Neuregelung des Schiedsverfahrensrechts" in DB 1998, S. 1900 ff.
Berger, Christian	„Die actio pro socio im GmbH-Recht" in ZHR 149 (1985), S. 599 ff.
ders.	„GmbH-rechtliche Beschlußmängelstreitigkeiten vor Schiedsgerichten" in ZHR 164 (2000), S. 295 ff.

Bickel, Wolfgang

„Der gewerbliche Mittelstand heute – Definition und Einordnung"
in ZfO 1981, S. 181 ff.

Bloching, Micha

Anmerkung zu OLG Saarbrücken 1 U 686/00 - 155
in DStR 2002, S. 98

Bohr, Kurt
/Drukarczyk, Jochen
/Drumm, Hans-Jürgen
/Scherrer, Gerhard

„Unternehmensverfassung als Problem der Betriebswirtschaftslehre"
Berlin 1981
zitiert Bohr/Bearbeiter

Bork, Reinhard

„Zur Schiedsfähigkeit von Beschlußmängelstreitigkeiten"

in ZHR 160 (1996), S. 374 ff.

ders.

„Der Begriff der objektiven Schiedsfähigkeit (§ 1025 Abs. 1 ZPO)"
in ZZP 100 (1987), S. 249 ff.

Brandes, Helmut

„Ersatz von Gesellschafts- und Gesellschafterschaden"

in FS. Fleck, Berlin, New York 1988, S. 13 ff.

ders.

„Die Rechtsprechung des BGH zur GmbH"
in WM 1995, S. 641 ff.

Bredow, Günther M.

„Die Zukunft der Schiedsklausel für GmbH-Beschlußmängelklagen"
in DStR 1996, S. 1653 ff.

Bühner, Rolf,

„Betriebswirtschaftliche Organisationslehre"
8. Auflage, München, Wien 1996

Bundesminister der Justiz

„Neue Rechtstatsachen über GmbH und GmbH & Co. KG"
Aktuelle Information in GmbHR 1981, S. 81 ff.

Bungert, Hartwin „Die GmbH im US-amerikanischen Recht:
Close Corporation"
Köln 1993
zitiert Bungert, Close Corporation

ders. „Gesellschaftsrecht in den USA"
2. Auflage, München und Berlin 1999
zitiert Bungert, Gesellschaftsrecht

ders. „Die GmbH im US-amerikanischen Recht: Close
Corporation"
in GmbHR 1993, 478, 480

Buxbaum, Richard M. „Die Fortentwicklung der Aktionärsklage und der
/Schneider, Uwe H. Konzernklage im amerikanischen Recht"
in ZGR 1982, S. 199 ff.

Cornelius, Claus „Die GmbH im dänischen Recht"
in GmbHR 1991, S. 188 ff.

Cöster, Thilo „Der Ausschluß lästiger Gesellschafter"
Dissertation, Göttingen 1994

Däubler, Wolfgang „Fehlerhafte Gesellschafterbeschlüsse bei der
GmbH im Lichte des neuen Aktienrechts"
in GmbHR 1968, S. 4 ff.

Damm, Reinhard „Einstweiliger Rechtsschutz im Gesellschaftsrecht"
ZHR 154 (1990), S. 413 ff.

ders. Anmerkung zu OLG Düsseldorf 16 U 130/90
(WM 1992, 14)
in WuB II C. § 38 GmbHG 2.92

Damrau-Schröter, Heike „Der Ausschluß eines (mißliebigen) GmbH-
Gesellschafters"
in NJW 1991, S. 1927 ff.

Dreiss, Wolfgang /Eitel-Dreiss, Monika	„Unfreiwilliges Ausscheiden aus Gesellschaften" Bergisch-Gladbach 1971
Driesen, Werner G.	„Die GmbH im portugiesischen Recht" in GmbHR 1991, S. 49 ff.
Ebenroth, Carsten /Bohne, Michael	„Die schiedsgerichtliche Überprüfung von Gesellschafterbeschlüssen in der GmbH" in BB 1996, S. 1393 ff.
Ebenroth, Carsten /Müller, Andreas	„Anfechtung von GmbH-Gesellschafterbeschlüssen: Effiziente Gestaltung der Beschlußüberprüfung" in DB 1992, S. 361 ff.
Ebbing, Frank	„Schiedsvereinbarungen in Gesellschaftsverträgen" in NZG 1998, S. 281 ff.
Eckardt, Bernd	„Koppelung der Beendigung eines Anstellungsvertrages eines AG-Vorstandsmitglieds an den Bestellungswiderruf?" in AG 1989, S. 431 ff.
Eder, Karl	„Die Abberufung des Gesellschafter-Geschäftsführers" in GmbHR 1962, S. 22 ff.
Ehricke, Ulrich	„Zur Teilnahmehaftung von Gesellschaftern bei Verletzungen von Organpflichten mit Außenwirkung durch den Geschäftsführer einer GmbH" In ZGR 2000, S. 351 ff.
Eickhoff, Andreas	„Die Gesellschafterklage im GmbH-Recht" Dissertation, Köln, Berlin, Bonn, München, 1988
Emmerich, Volker	Anmerkung zu OLG Düsseldorf 6 U 310/87 in WuB II C. § 38 1.89

Ernst, Falk

„Aufhebungsverträge zur Beendigung von Arbeitsverträgen"
Dissertation, München 1993

Eschen, Erik

„Mittelstandsholding"
in ZfO 2000, S. 164 ff.

Eser, Gisbert

„Zur Ausschließbarkeit eines GmbH-Gesellschafters außerhalb der Satzung"
in DB 1985, S. 29 ff.

Feddersen, Dieter /Hommelhoff, Peter /Schneider, Uwe H.

„Corporate Governance",
Köln 1996

Fischer, Robert

„Die personalistische GmbH als rechtspolitisches Problem"
in FS. W. Schmidt, Berlin 1959, S. 117 ff.

ders.

„Das Recht der OHG als ergänzende Quelle zum GmbH-Gesetz"
in GmbHR 1953, S. 131 ff.

Fleck, Hans-Joachim

„Schuldrechtliche Verpflichtungen einer GmbH im Entscheidungsbereich der Gesellschafter"
in ZGR 1988, S. 104 ff.

ders.

„Das Organmitglied - Unternehmer oder Arbeitnehmer?"
in FS. Hilger/Stumpf, München 1983, S. 197 ff.

ders.

„Das Dienstverhältnis der Vorstandsmitglieder und Geschäftsführer in der Rechtsprechung des BGH"
in WM 1994, S. 1957 ff.
sowie in WM 1985, S. 677 ff.

ders.

„Zur Abberufung des GmbH-Geschäftsführers"
in GmbHR 1970, S. 221 ff.

ders.

Kurzkommentar zu BGH II ZR 239/90
in EWiR 1992, S. 61 f.

Flume, Werner

„Allgemeiner Teil des Bürgerlichen Rechts -
Erster Band - Zweiter Teil - Die juristische Person"
Berlin, Heidelberg, New York, Tokio, 1983
zitiert Flume, Juristische Person

Fonk, Hans-Joachim

„Rechtsfragen nach der Abberufung von
Vorstandsmitgliedern und Geschäftsführern"
in NZG 1998, S. 408 ff.

Ganßmüller, Helmut

„Gesellschafter-Ausschließung und
Wiederaufnahmeverfahren"
in GmbHR 1956, S. 145 ff.

Gaul, Dieter

„Die Rechtsstellung des GmbH-Geschäftsführers"
in GmbHR 1988, S. 172 ff.

Gehrlein, Markus

„Ausschluß und Abfindung von GmbH-
Gesellschaftern"
Köln 1997

Geißler, Markus

„Die Kassation anfechtbarer Gesellschafterbeschlüsse im GmbH-Recht"
In GmbHR 2002, S. 520 ff.

Gerkan, Hartwin von

„Gesellschafterbeschlüsse, Ausübung des
Stimmrechts und einstweiliger Rechtsschutz"
in ZGR 1985, S. 167 ff.

Geßler, Ernst
/Hefermehl, Wolfgang
/Eckardt, Ulrich
/Kropff, Bruno

„Aktiengesetz"
Band V (§§ 241 - 290), München 1993
zitiert Geßler/Hefermehl/Bearbeiter

Gissel, Ralf	„Arbeitnehmerschutz für den GmbH-Geschäftsführer" Dissertation, Köln, Berlin, Bonn, München, 1987
Goette, Wulf	„Das Anstellungsverhältnis des GmbH-Geschäftsführers in der Rechtsprechung des Bundesgerichtshofs" in DStR 1998, S. 1137 ff.
ders.	„Ausschließung und Austritt aus der GmbH in der Rechtsprechung des Bundesgerichtshofs" in DStR 2001, S. 533 ff.
ders.	Anmerkung zu BGH II ZR 61/93 (DStR 1994, 214) in DStR 1994, S. 215 ff.
ders.	Anmerkung zu BGH II ZR 91/94 (DStR 1994, 1746) in DStR 1994, S. 1746 ff.
ders.	Anmerkung zu BGH, II ZR 345/97 (GmbHR 1999, 1194) in DStR 1999, S. 1953 ff.
Gonella, Robert	„Die zukünftige Regelug des Gesellschafterausschlusses in der GmbH" in GmbHR 1967, S. 89 ff.
Gottschling, H.	Anmerkung zu OLG Hamm BB 1957, 448 in GmbHR 1957, S. 168 ff.
Greger, Reinhard	„Der Vergütungsanspruch des abberufenen Geschäftsführers" in FS. Boujong, München 1996, S. 145 ff.
Grochla, Erwin /Vahle, Manfred /Puhlmann, Manfred /Lehmann, Helmut	„Entlastung durch Delegation" Berlin 1981 zitiert Grochla

| Groß, Michael | „Das Innenverhältnis der GmbH" |
| | Dissertation, Bielefeld, 1987 |

Groß, Volker „Das Anstellungsverhältnis des GmbH-
Geschäftsführers im Zivil-, Arbeits-,
Sozialversicherungs- und Steuerrecht"
Dissertation, Köln, 1987

Groß, Wolfgang Anmerkung zu BGH II ZR 65/92 (WM 1993, 1593)
in WuB II C. § 38 GmbHG 3.93

ders. Anmerkung zu BGH II ZR 102/91 (WM 1992, 733)
in WuB II C. § 38 GmbHG 4.92

Grothus, Jost „Widersprechendes Handeln zweier alleinvertre-
tungs-
berechtigter GmbH-Geschäftsführer"
in GmbHR 1958, S. 142 ff.

Grunewald, Barbara „Die Abberufung von Gesellschaftergeschäftsführern
In der GmbH"
FS. Zöllner I, Köln 1998, S. 177 ff.

dies. „Der Ausschluß aus Gesellschaft und Verein"
Habilitation, Köln, Berlin, Bonn, München, 1987
zitiert Grunewald, Ausschluß

dies. „Die Gesellschafterklage in der Personengesellschaft
und der GmbH"
Tübingen, 1990
zitiert Grunewald, Gesellschafterklage

Grunsky, Wolfgang „Grundlagen des einstweiligen Rechtsschutzes"
JuS 1976, 277

ders.	„Rechtswegzuständigkeit bei Kündigung des Anstellungsvertrages eines GmbH-Geschäftsführers" in ZIP 1988, S. 76 ff.
Gustavus, Eckhart	„Probleme mit der GmbH ohne Geschäftsführer" in GmbHR 1992, S. 15 ff.
Hachenburg	Gesetz betreffend die Gesellschaften mit Beschränkter Haftung (GmbHG), Großkommentar Herausgegeben von Peter Ulmer 8. Auflage, Berlin, 1990 ff.
Hadding, Walther GmbH	„Zur Einzelklagebefugnis eines Gesellschafters einer nach deutschem und österreichischem Recht" in GesRZ 1984, S. 32 ff.
Hamilton, Robert W.	„Corporations" 4th. Edition, St. Paul, Minnesota 1990
Heinze, Meinhard	„Einstweiliger Rechtsschutz in aktienrechtlichen Anfechtungs- und Nichtigkeitsverfahren" in ZGR 1979, S. 293 ff.
Helmschrott, Ernst lung"	„Der Notgeschäftsführer - eine notleidende Rege- in ZIP 2001, S. 636 ff.
Hennerkes, Brun-Hagen /Binz, Mark K. /May, Peter	„Steuerungsfunktion des Beirates in der Familiengesellschaft" in DB 1987, S. 469 ff.
Hennerkes, Brun-Hagen /Kirchdörfer, Rainer	„Unternehmenshandbuch Familiengesellschaften Köln, Berlin, Bonn, München 1998 zitiert Hennerkes/Kirchdörfer/Bearbeiter

Henze, Hartwig	„Zur Schiedsfähigkeit von Gesellschafter- beschlüssen im GmbH-Recht" ZGR 1988, S. 542 ff.
Herold, Georg /Romanovszky, Bruno	„Vorteilhafte Gesellschaftsverträge" 8. Auflage, Freiburg 1991
Hey, Friedrich E. F.	„Stellung der US (Delaware) Limited Liability Company im internationalen Steuerrecht" in FS. Debatin, München 1997, S. 121 ff.
Hinterhuber, Hans H. /Minrath, Reiner	„Der Beirat einer mittelständischen Familienunternehmung" in BB 1991, S. 1201 ff.
Hoffmann, Dietrich /Liebs, Rüdiger	„Der GmbH-Geschäftsführer" München 1995
Hoffmann, Elisabeth	„Die GmbH im belgischen Recht" in GmbHR 1991, S. 515 ff.
Hoffmann, Thomas	„Die Klagebefugnis des GmbH-Gesellschafters" in GmbHR 1963, 61 ff.
Hofmann, Paul	Anmerkung zu BGHZ 51, 209 (II ZR 57/67) in GmbHR 1970, S. 119 ff.
Hohlfeld, Matthias	„Der Notgeschäftsführer der GmbH" in GmbHR 1986, S. 181 ff.
ders.	„Der GmbH-Geschäftsführer im Spannungsverhält nis zwischen Arbeitgeberfunktion und Arbeitnehmereigenschaft" in GmbHR 1987, S. 255 ff.
Hopt, Klaus J.	„Zur Abberufung des GmbH-Geschäftsführers bei der GmbH & Co., insbesondere der Publikums-

kommanditgesellschaft"
in ZGR 1979, S. 1 ff.

Hueck, Alfred

„Inwieweit besteht eine gesellschaftliche Pflicht der Gesellschafter einer Handelsgesellschaft zur Zustimmung zu Gesellschafterbeschlüssen?"
in ZGR 1972, S. 237 ff.

ders.

„Die Rechtsstellung der Mitglieder von Organen der juristischen Personen"
in DB 1954, S. 274 ff.

ders.

„Ausschluß eines Gesellschafters aus einer GmbH"
in DB 1953, S. 776 ff.

ders.

„Ausschluß eines Gesellschafters aus einer GmbH"
in DB 1951, S. 108 ff.

Hüffer, Uwe

„Die Gesellschafterversammlung - Organ der GmbH oder bloßes Beschlußverfahren?"
in FS 100 Jahre GmbHG, Köln 1992, S. 521 ff.

ders.

„Beschlußmängel im Aktienrecht und im Recht der GmbH - eine Bestandsaufnahme unter Berücksichtigung der Beschlüsse von Leitungs- und Überwachungsorganen"
in ZGR 2001, S. 833 ff.

ders.

Aktiengesetz, Kommentar
4. Auflage, München 1999
zitiert Hüffer, AktG

Immenga, Ulrich

„Die personalistische Kapitalgesellschaft"
Habilitation, Bad Homburg, 1970
zitiert Immenga, Personalistische Kapitalgesellschaft

ders.　„Bildung von Rechtsmacht durch Treuepflichten"
in FS. 100 Jahre GmbHG, Köln 1992, S. 189 ff.

ders.　„Die Problematik der Anfechtungsklage im GmbH-
Recht"
in GmbHR 1973, S. 5 ff.

ders.　„Entscheidungsunfähigkeit von
Gesellschaftsorganen"
in GmbHR 1971, S. 107 ff.

ders.　„Der Stimmrechtsausschluß eines GmbH-
Gesellschafters"
/Werner, Horst S.　in GmbHR 1976, S. 53 ff.

Jaeger, Georg　„Der Anstellungsvertrag des GmbH-
Geschäftsführers"
2. Auflage, München 1992

Joost, Detlev　„Die Parteirolle der personalistischen GmbH und ihrer
Gesellschafter bei gesellschaftsinternen Klagen"
in ZGR 1984, S. 71 ff.

Kastner, Walther　„Grundriß des österreichischen
/Doralt, Peter　Gesellschaftsrechts"
/Nowotny, Christion　5. Auflage Wien 1990

Kesselmeier, Barbara　„Ausschließungs- und Nachfolgeregelungen in der
GmbH-Satzung"
Dissertation, Köln, Berlin, Bonn, München 1989

Kessler, Alfons　„Die Planungssituation des
Gründungsgesellschafters"
FS. Schwarz, S. 201, 202

Kiethe, Kurt	„Einstweiliger Rechsschutz und Stimmrechtsausübung im Gesellschaftsrecht" in DStR 1993, S. 609 ff.
Klaile, Beatrice	„Managementberatung in mittelständischen Unternehmen" Berlin 1984
Klein-Blenkers, Fritz /Leihner, Emil /Reske, Winfried /Robl, Karl /Geier, Josef	„Die mittelständische Wirtschaft - heute" Göttingen 1979
Kögel, Steffen	„Die Not mit der Notgeschäftsführung bei der GmbH" in NZG 2000, S. 20 ff.
Kornblum, Udo	„Rechtstatsachen zum Unternehmens- und Gesellschafts-recht im Langzeitvergleich des Leonberger Handelsregisters 1980, 1988 und 1996" in GmbHR 1997, S. 630 ff.
ders.	„Rechtstatsachen zur GmbH" in GmbHR 1994, S. 505 ff.
ders.	„Weitere Rechtstatsachen zum Unternehmens- und Gesellschaftsrecht (I)" in GmbHR 1983, S. 29 ff.
ders. /Kleinle, Werner /Baumann, Roland /Stefan, Bernhard	„Weitere Rechtstatsachen zum Unternehmens- und Gesellschaftsrecht (I)" in GmbHR 1985, S. 7 ff.

Kornmeier, Udo „Die Schiedsfähigkeit GmbH-rechtlicher Nichtigkeits-
und Anfechtungsklagen"
Dissertation, Bochum 1980
zitiert Kornmeier, Schiedsfähigkeit

ders. „Schiedsfähigkeit und materielle Vergleichsbefugnis"
in ZZP 94 (1981), S. 27 ff.

Kothe-Heggemann, Claudia „Ist der GmbH-Geschäftsführer nach
/ Dahlbender, Frank Abberufung weiter zur Arbeitsleistung
verpflichtet?"
in GmbHR 1996, 650

Kutzer, Bernhard „Prozeßpfleger statt Notgeschäftsführer - ein
praktikabler Ausweg in Verfahren gegen
organlose Kapitalgesellschaften"
in ZIP 2000, S: 654 ff.

Lacorne, Michel „Haftungssituation in der französichen S.A.R.L."
in GmbHR 1996, S. 594 ff.

Landgrebe, Detlev „Der Rechtsgedanke der actio pro socio im GmbH-
Recht"
in GmbHR 1967, 227 ff.

Langenfeld, Gerrit „Handbuch der Familienunternehmen"
/Gail, Winfried 8. Auflage, Köln 1994

Lenz, Tobias „Schiedsklauseln in GmbH-Gesellschaftsverträgen
hinsichtlich Beschlußmängelstreitigkeiten"
in GmbHR 2000, S. 552 ff.

Limbach, Jutta „Nochmals: Zur Abberufung eines Gesellschafter-
Geschäftsführers gemäß § 38 Abs. 1 GmbHG"
in GmbHR 1968, S. 181 ff.

Lindacher, Walter F. „Fragen der Beschlußfassung und -feststellung
nach § 46 Nr. 8 GmbHG"
in ZGR 1987, S. 121 ff.

ders. „Schiedsgerichtliche Kompetenz zur vorläufigen
Entziehung der Geschäftsführungs- und
Vertretungsbefugnis bei Personengesellschaften"
in ZGR 1979, S. 201 ff.

Littbarski, Sigurd „Einstweiliger Rechtsschutz im Gesellschaftsrecht"
München, 1996
zitiert Littbarski, Einstweiliger Rechtsschutz

ders. „Maßnahmen einstweiligen Rechtsschutzes zum
Zwecke der Abberufung eines GmbH-
Geschäftsführers"
in DStR 1994, S. 906 ff.

Lüke, Wolfgang „Die Schiedsfähigkeit von
/Blenske, Holger Beschlußmängelstreitigkeiten"
in ZGR 1998, S. 253 ff.

Lutter, Marcus „Theorie der Mitgliedschaft"
in AcP 180 (1980), S. 84 ff.

ders. „Treupflichten und ihre Anwendungsprobleme"
in ZHR 162 (1998), S. 164 ff.

ders. Anmerkung zu OLG Hamm, ZIP 1986, 1188
in ZIP 1986, S. 1195 ff.

ders. GmbHG, Kommentar
/Hommelhoff, Peter 15. Auflage, Köln 2000

Lutz, Reinhard „Der GmbH-Gesellschafterstreit"
München 2001

Maatz, Kurt-Rüdiger	„Geltendmachung von Gesellschaftsansprüchen durch Mitgesellschafter einer GmbH im eigenen Namen" in GmbHR 1974, S. 124 ff.
Maier, Arno	„Die GmbH im französichen Recht" in GmbHR 1990, S. 379 ff.
Mehring, Eckhard W.	„Die GmbH im niederländischen Recht" in GmbHR 1991, S. 297 ff.
Meilicke, Wienand	„Kündigungs- und Abberufungsschutz für Gesellschafter-Geschäftsführer?" in DB 1994, S. 1761 ff.
Merkt, Hanno	„US-amerikanisches Gesellschaftsrecht" Heidelberg 1991
Mertens, Hans-Joachim /Stein, Ursula	„Das Recht des Geschäftsführers der GmbH" 2. Auflage, Berlin 1997
Meyer-Landrut, Andreas	Anmerkung zu BGH II ZR 234/91 (WM 1992, 2142) in WuB II C. § 38 GmbHG 1.93
Michalski, Lutz	„Mißbrauch der Vertretungsmacht bei Überschreitung der Geschäftsführungsbefugnis" in GmbHR 1991, S. 349 ff.
ders.	„Verbot der Stimmabgabe bei Stimmverboten und nicht nach § 16 Abs. 1 GmbHG legitimierten Nichtgesellschaftern mittels einstweiliger Verfügung" in GmbHR 1991, S. 12 ff.
ders.	Anmerkung zu OLG Hamm, GmbHR 1993, 163 in GmbHR 1993, 164
ders., /de Vries, Kolja	Anmerkung zu OLG Hamm, NZG 1999, 600 in NZG 1999, S. 602 ff.

Münchener Vertragshandbuch Bd. 1. Gesellschaftsrecht
Herausgegeben von Martin Heidenhein und
Burkhardt W. Meister
5. Auflage, München 2000

Mutze, Otto   „Recht und Pflicht zur Teilnahme an der
                           Gesellschafterversammlung der GmbH"
                           in GmbHR 1970, S. 33 ff.

Nadler, David A.   „Managing the Team at the Top"
                           in Strategy + Business 1996/1

Nitschke, Manfred   „Die Geltendmachung von Gesellschaftsforderungen
                           durch den einzelnen Gesellschafter einer
                           Personengesellschaft
                           (Gesamthänderklage)"
                           in ZHR 129 (1969, S. 48 ff.

Noack, Ulrich   „Fehlerhafte Beschlüsse in Gesellschaften und
                           Vereinen"
                           Dissertation, Köln, Berlin, Bonn, München, 1989
                           zitiert Noack, Fehlerhafte Beschlüsse

ders.   „Gesellschaftervereinbarungen bei
                           Kapitalgesellschaften"
                           Habilitation, Tübingen, 1994
                           zitiert Noack, Gesellschaftervereinbarungen

Oppenländer, Frank   „Von der Rechtsprechung entwickelte Sonderregeln
                           für die Zweipersonen-GmbH"
                           in DStR 1996, S. 922 ff.

Pasternack, Bruce A.   „The Centerless Corporation: A Model for
/Viscio, Albert J.   Tomorrow"
                           in Strategy + Business 1998/3

Pfitzmann, Hans-Joachim „Ausschluß und Austritt aus der Personalistischen Kapitalgesellschaft" Bern, Frankfurt/M 1974

Pleyer, Klemens Anmerkung zu BGH II ZR 22/59 (BGHZ 32, 17) in GmbHR 1960, S. 86 ff.

Priester, Hans-Joachim „Drittbindung des Stimmrechts und Satzungs- autonomie" in FS. Werner, Berlin 1984, S. 657 ff.

Raiser, Thomas „Recht der Kapitalgesellschaften" 2. Auflage, München 1992 zitiert Raiser, Kapitalgesellschaften

ders. „Die Einrede der Anfechtbarkeit von Gesellschafterbeschlüssen in der GmbH" in FS. Heinsius, Berlin 1991, S. 645 ff.

ders. „Nichtigkeits- und Anfechtungsklagen" in FS. 100 Jahre GmbHG, Köln 1992, S. 587 ff.

ders. „Das Recht der Gesellschafterklagen" in ZHR 153 (1989), S. 1 ff.

Rehbinder, Eckard „Treuepflichten im GmbH-Konzern" in ZGR 1976, S. 386 ff.

Reinecke, Gerhard „Klagen von Geschäftsführern und Vorstands- mitgliedern vor den Arbeitsgerichten" in ZIP 1997, S. 1525 ff.

Ries, Peter „Entwicklungen im US-amerikanischen Gesell schaftsrecht: Die Limited Liability Company" in RIW 1992, S. 728 ff.

Rohleder, Michael   „Zur Anfechtungsklage gegen einen fehlerhaften
Gesellschafterbeschluß in der GmbH"
in GmbHR 1989, S. 236 ff.

Roth, Günter Hermann   Gesetz betreffend die Gesellschaften mit
/Altmeppen, Holger   beschränkter Haftung
3. Auflage, München 1997
zitiert Roth/Altmeppen

ders.   „Das System der Kapitalgesellschaften im Umbruch
- ein internationaler Vergleich"
Köln 1990
zitiert Roth/Bearbeiter

Rowedder, Heinz   Gesetz betreffend die Gesellschaften mit
beschränkter Haftung (GmbHG)
3. Auflage, München 1997
zitiert Rowedder/Bearbeiter

Saenger, Ingo   „Minderheitenschutz und innergesellschaftliche
Klagen bei der GmbH"
in GmbHR 1997, S. 112 ff.

Scharpenack, Oliver   „Der Vergleich mit Widerrufsvorbehalt - Fakten
und Formulierungshinweise"
in MDR 1996, S. 883 ff.

Schaub, Günter   „Arbeitsrechtshandbuch"
9. Auflage, München 2000

Schierenbeck, Henner   „Grundzüge der Betriebswirtschaftslehre"
15. Auflage, München, Wien 2000

Schlosser, Peter   Anmerkung zu BGHZ 132, 278
in JZ 1996, S. 1020 ff.

Schmidt, Karsten	„Gesellschaftsrecht" 3. Auflage, Köln 1997 zitiert K. Schmidt, Gesellschaftsrecht
ders.	„Die Beschlußanfechtungsklage bei Vereinen und Personengesellschaften" in FS. Stimpel, Berlin 1985, S. 217 ff.
ders.	„Die Behandlung treuwidriger Stimmen in der Gesellschafterversammlung und im Prozeß" in GmbHR 1992, S. 9 ff.
ders.	Anmerkung zu OLG Hamburg, GmbHR 1991, 467 in GmbHR 1991, S. 469 ff.
ders.	„Rechtsschutz des Minderheitsgesellschafters gegen rechtswidrige ablehnende Beschlüsse" in NJW 1986, S. 2018 ff.
ders. einen"	„Fehlerhafte Beschlüsse in Gesellschaften und Ver- in AG 1977, S. 205 ff.
ders.	„Schiedsfähigkeit von GmbH-Beschlüssen" in ZGR 1988, S. 523 ff.
ders.	„Neues Schiedsverfahrensrecht und Gesellschaftsrechtspraxis" in ZHR 162 (1998), S. 265 ff.
Schmitt, Hermann	„Einstweiliger Rechtsschutz gegen drohende Gesellschafterbeschlüsse in der GmbH?" ZIP 1992, S. 1212 ff.
Schneider, Uwe H.	„Die Zweimann-GmbH" in FS. Kellermann, Berlin, New York 1991, S. 403 ff.

ders.	„Die Abberufung eines Gesellschafter-Geschäftsführers einer zweigliedrigen GmbH" in ZGR 1983, S. 535 ff.
ders.	Anmerkung zu BGH II ZR 239/90 (WM 1991, 2140) in WuB II C. § 38 1.92
Schneider, H.	Anmerkung zu BGH II ZR 235/52 (BGHZ 9, 157) in GmbHR 1953, S. 74
Schönle, Herber /Ensslin, Joachim	„Zur Abberufung von Gesellschafter-Geschäftsführern gemäß § 38 Abs. 1 GmbHG" in GmbHR 1968, S. 23 ff.
Scholz, Franz	Kommentar zum GmbHG Band 1, 9. Auflage, Köln, 2000 und Band 2. 8. Auflage, Köln 1995 zitiert Scholz/Bearbeiter
ders.	„Die Zweimann-GmbH" in GmbHR 1958, S. 34
ders.	Anmerkung zu BGH II ZR 235/52 (BGHZ 9, 157) in GmbHR 1953, S. 75
ders.	„Ausschließung und Austritt eines Gesellschafters aus der GmbH" 1. Auflage, Köln 1942 zitiert Scholz, Ausschließung und Austritt
Schröder, Oliver	„Neue Konzepte zum Beschlußmängelrecht der GmbH und der Personengesellschaften" in GmbHR 1994, S. 532 ff.
Schuhmann, Helmut	„Zur Arbeitnehmereigenschaft eines GmbH-Minderheitsgesellschafter-Geschäftsführers" in GmbHR 1991, S. 375 ff.

Schütze, Rolf A.   „Einstweiliger Rechtsschutz im Schiedsverfahren"
                         in DStR 1998, S. 1650 ff.

Schwab, Norbert   „Das Dienstverhältnis des GmbH-Geschäftsführers
                         insbesondere unter arbeitsrechtlichen Aspekten"
                         in NZA 1987, S. 839 ff.

Seidel, Wolfgang   „Die mangelnde Bedeutung mitgliedschaftlicher
                         Treuepflichten im Willensbildungsprozeß der GmbH"
                         Dissertation, Berlin 1998

Semler, Franz-Jörg   „Einstweilige Verfügungen bei
                         Gesellschafterauseinandersetzungen"
                         in BB 1979, S. 1533 ff.

Shearman, Jennifer   „Die Gesellschaft mit beschränkter Haftung in
                         England und Wales"
                         in GmbHR 1992, S. 149 ff.

Soergel   „Kommentar zum Bürgerlichen Gesetzbuch"
                         begründet von H. T. Soergel
                         12. Auflage, Stuttgart, Berlin, Köln, Mainz
                         Band 1, Allgemeiner Teil, 1987
                         Band 2, Schuldrecht I, 1990
                         Band 4/1 Schuldrecht III/1, 1997
                         zitiert Soergel/Bearbeiter

Soufleros, Ilias   „Ausschließung und Abfindung eines GmbH-
                         Gesellschafters"
                         Dissertation, Köln 1983
                         zitiert Soufleros, Ausschließung und Abfindung

ders.   „Die GmbH im griechischen Recht"
                         in GmbHR 1992, S. 276 ff.

Stetten, Wolfgang Frhr. von   „Die Ausschließung von Mehrheitsgesell-
                         schaftern durch Minderheitsgesellschafter"
                         GmbHR 1982, 105

Stützle, Rudolf   Anmerkung zu BGH II ZR 128/86 (WM 1987, 1071)
in WuB II C. § 47 GmbHG 1.88

Sudhoff, Heinrich   „Der Gesellschaftsvertrag der GmbH"
8. Auflage, München, 1992

Teichmann, Arndt   Anmerkung zu BGH II ZR 194/89 (BGHZ 112, 103)
in WuB II C. § 34 GmbHG 2.90

Thanos, Konstantinos „Die Abberufung des Gesellschafter-Geschäftsführers bei der personalistischen GmbH"
Dissertation, Tübingen, 1984

Timm, Wolfram   „Beschlußanfechtungsklage und Schiedsfähigkeit im
Recht der personalistisch strukturierten
Gesellschaften"
in FS. Fleck, Berlin, New York 1988, S. 365 ff.

ders.   Vergleichs- und Schiedsfähigkeit der
Anfechtungsklage im Kapitalgesellschaftsrecht"
in ZIP 1996, S. 445 ff.

Treuz, Wolfgang,   „Erfolgreiche Unternehmensführung in Mittel-
betrieben"
in FS. Schwarz, S. 271 ff.

Trittmann, Rolf   „Die Auswirkungen des Schiedsverfahrens-
Neuregelungsgesetzes auf gesellschaftsrechtliche
Streitigkeiten"
in ZGR 1999, S. 341 ff.

Turcon, Remi J.   „Grundlagen des US-amerikanischen Gesellschafts-,
/DelDuca, Patrick Wirtschafts- und Fremdenrechts: rechtliche Rah
menbedingungen für ausländische Direkt-
investitionen in den USA"
München 1994

Ulmer, Peter	„Zwangseinziehung von Geschäftsanteilen und Aus-schließung von GmbH-Gesellschaftern aus wichtigem Grund schon vor Abfindung des betroffenen Gesellschafters?" in FS. Rittner, München 1991, S. 735 ff.
ders.	Anmerkung zu BGHZ 65, 15 in NJW 1976, S. 192
Vogel, Hermann	„Schiedsgerichtsvereinbarungen in GmbH-Verträgen" in GmbHR 1952, S. 34 ff.
Vogel, Wolfgang	„Die Praxis der Gesellschafterversammlung bei GmbH und GmbH & Co. KG" Köln, 1976
Voigt, Thomas	„Die Entlassung des GmbH-Geschäftsführers aus wichtigem Grund" Dissertation, Baden-Baden 2001
Vollmer, Lothar	„Die Abberufung von Geschäftsführern der mitbestimmten GmbH" in GmbHR 1984, S. 5 ff.
ders.	„Die Wirkung rechtskräftiger Schiedssprüche bei gesellschaftsrechtlichen Gestaltungsklagen" in BB 1984, S. 1774 ff.
Vorwerk, Klaus	„Rechtsschutz bei Abberufung des GmbH-Geschäftsführers" in GmbHR 1995, S. 266 ff.
Weber, Ulrich / Burmester, Antje vertretern	„Die Zuständigkeitsverteilung zwischen der Zivil- und Arbeitsgerichtsbarkeit bei Streitigkeiten von Organ-mit ihrer juristischen Person" in GmbHR 1997, 778

Wegmann, Bernd	„Rechtsfolgen einer Überschreitung der Geschäftsführungs- und Vertretungsbefugnisse eines GmbH-Geschäftsführers" in DStR 1992, S. 866 ff.
Werner, Winfried	Anmerkung zu BGH II ZR 79/91 (WM 1992, 731) in WuB II C. § 38 GmbHG 3.92
Westermann, Harm Peter	„GmbH-Konzernrecht kraft richterlicher Rechtsfortbildung?" in GmbHR 1976, S. 77 ff.
Westermann, Harry	„Gesellschaftsrechtliche Schiedsgerichte" in FS. für Fischer, Berlin, New York 1979, S. 853 ff.
Wiedemann, Herbert	„Die Bedeutung der ITT-Entscheidung" in JZ 1976, S. 392 ff.
Wieling, Hans	„Entwicklung und Dogmatik der Lehre von der Geschäftsgrundlage" in Jura 1985, S. 505 ff.
Winkler, Peter	„Die GmbH und GmbH & Co. KG im italienischen Recht" in GmbHR 1990, S. 329 ff.
Winter, Heinz	„Übersicht über die Ergenisse der Umfrage zur rechtstatsächlichen Struktur der GmbH" in GmbHR 1969, S. 119 ff.
Winter, Martin	„Mitgliedschaftliche Treubindungen im GmbH-Recht" München 1988
Witt, Peter	„Corporate Governance im Wandel" in ZfO 2000, S. 159

Wolf, Martin

„Abberufung und Ausschließung in der Zweimann-GmbH"
in ZGR 1998, S. 92 ff.

ders.

„Das unheilbare Zerwürfnis als Abberufungsgrund"
in GmbHR 1998, S. 1163 ff.

Ziemons, Hildegard

„Die Haftung der Gesellschafter für Einflußnahmen
auf die Geschäftsführung der GmbH"
Dissertation, Köln, Berlin, Bonn, München 1996

Zöller, Richard

„Zivilprozeßordnung"
22. Auflage, Köln 2001
zitiert Zöller/Bearbeiter

Zöllner, Wolfgang

„Die Schranken mitgliedschaftlicher Stimmrechts-macht bei den privatrechtlichen Personen-verbänden"
München und Berlin 1963
zitiert Zöllner, Stimmrechtsmacht

ders.

„Die sogenannten Gesellschafterklagen im
Kapitalgesellschaftsrecht"
in ZGR 1988, S. 392 ff.

ders.
/Noack, Ulrich

„Geltendmachung von Beschlußmängeln im GmbH-Recht"
in ZGR 1989, 525 ff.

Zschiegner, Hans

„Besteuerung einer US Limited Liability Company
und ihrer Gesellschafter"
in IWB 1997, S. 823 ff.

Zutt, Jürg

„Einstweiliger Rechtsschutz bei Stimmbindungen"
in ZHR 155 (1991), S. 190 ff.

Rechtsprechungsregister

Entscheidungen des BVerfG

Datum	AZ	2-Pers.-GmbH[1]	DB	GmbHR	NJW	ZIP	WM	andere
09.02.1982	1 BvR 191/81	*	1982, 799	1982, 255	1982, 1635			

Entscheidungen des BGH

Datum	AZ	2-Pers.-GmbH	BGHZ	GmbHR	NJW	ZIP	WM	andere
04.07.1951	II ZR 117/50							MDR 1951, 674
30.11.1951	II ZR 109/51		4, 108	1953, 72	1953, 780			
16.06.1952	IV ZR 131/51		6, 232					
01.04.1953	II ZR 235/52		9, 157	1953, 72				
11.07.1953	II ZR 126/52		10, 187					
16.12.1953	II ZR 167/52		11, 231					

---

[1] Die hier mit einem * gekennzeichneten Entscheidungen betrafen konkret Zwei-Personen-GmbHs.

Date	Reference						
28.04.1954	II ZR 211/53		13, 188				
09.06.1954	II ZR 70/53		14, 25				
30.11.1954	II ZR 299/53		15, 177				
17.02.1955	II ZR 316/53		16, 317				
29.09.1955	II ZR 225/54		18, 205				
26.03.1956	II ZR 57/55		20, 239				
30.11.1958	II ZR 17/57		28, 355				
25.01.1960	II ZR 22/59	*	32, 17	1960, 85	1960, 866	1960, 349	
25.01.1960	II ZR 207/57	*		1960, 65	1960, 628	1960, 289	BB 1960, 264
23.11.1961	II ZR 4/60		36, 121				
25.02.1965	II ZR 287/63		43, 261				
10.06.1965	II ZR 6/63		44, 40				
28.02.1966	VII ZR 125/65				1966, 1911		
30.06.1966	II ZR 149/64					1966, 1036	
11.07.1966	II ZR 134/65					1966, 1132	
31.01.1967	V ZR 125/65		47, 48				
29.05.1967	II ZR 105/66		48, 163				

Datum	Aktenzeichen						
05.06.1967	II ZR 128/65		48, 175				
13.07.1967	II ZR 238/64		48, 141				
09.11.1967	II ZR 64/67		49, 30		1968, 396	1968, 313	
17.09.1968	IV ZB 501/68		50, 370				
14.10.1968	II ZR 84/67	*		1969, 37	1969, 133	1968, 1347	BB 1968, 1453
21.04.1969	II ZR 200/67				1969, 1438		
09.12.1968	II ZR 57/67		51, 209	1970, 119		1969, 176	
18.06.1970	IV ZB 6/70		54, 132				
17.05.1971	III ZR 53/68	*				1971, 1082	
12.07.1971	II ZR 127/69	*		1971, 207	1971, 2225	1971, 1150	
09.11.1972	II ZR 30/70				1973, 92		
28.04.1975	II ZR 16/73		64, 253				
05.06.1975	II ZR 131/73			1975, 200			
05.06.1975	II ZR 23/74	*	65, 15	1975, 269	1976, 191	1976, 1152	BB 1975, 1450
18.09.1975	II ZB 6/74		65, 93				
15.12.1975	II ZR 148/74					1976, 658	
20.01.1977	II ZR 217/75		68, 212				

Datum	Aktenzeichen						
19.09.1977	II ZR 11/76				1977, 2316		
13.03.1978	II ZR 142/76		71, 40		1978, 1316		1978, 401
28.05.1979	III ZR 18/77				1979, 2567		
28.01.1980	II ZR 84/79	*	76, 154	1980, 295	1980, 1527		1980, 649
13.03.1980	II ZR 54/78		76, 191				
14.07.1980	II ZR 161/79		78, 82	1980, 270			1980, 1117
24.11.1980	II ZR 182/79		79, 38				1981, 30
29.01.1981	II ZR 92/80		79, 291				1981, 377
19.05.1980	II ZR 241/79						1980, 953
10.11.1980	II ZR 51/80			1981, 195	1981, 1041		1981, 138
23.02.1981	II ZR 229/79		80, 346	1981, 290	1981, 2303		1981, 936
13.07.1981	II ZR 56/80		81, 263				
26.10.1981	II ZR 72/81	*		1982, 183	1982, 932		1981, 1353
16.02.1981	II ZR 89/79			1982, 129			
25.02.1982	II ZR 174/80		83, 122				
28.06.1982	II ZR 199/81	*				1982, 1203	1982, 928
20.12.1982	II ZR 110/82	*	86, 177	1983, 149	1983, 938	1983, 155	1983, 83

Date	Case						
02.05.1983	II ZR 94/82						1983, 785
29.09.1983	III ZR 213/83						1983, 1207
17.10.1983	II ZR 31/83						1984, 29
17.10.1983	II ZR 80/83						1983, 1354
26.10.1983	II ZR 87/83	*	88, 320	1984, 93	1984, 489		1983, 1310
20.01.1983	II ZR 243				1983, 1910		
14.11.1983	II ZR 33/83		89, 48				1983, 1378
20.06.1983	II ZR 237/82			1984, 74			
05.12.1983	II ZR 56/82			1984, 96			1984, 305
02.07.1984	II ZR 16/84			1985, 112			1984, 1187
26.03.1984	II ZR 120/83		91, 217	1984, 312			1984, 1313
22.10.1984	II ZR 31/84		85, 6	1985, 149		1985, 283	
05.11.1984	II ZR 111/84			1985, 152			
28.01.1985	II ZR 79/84	*		1985, 256			1985, 567
15.04.1985	II ZR 274/83	*		1985, 297	1985, 1901		1985, 916
20.01.1986	II ZR 73/85		97, 28		1986, 2051		
25.09.1986	II ZR 262/85		98, 276	1986, 426			1987, 189

Datum	Aktenzeichen							
20.10.1986	II ZR 86/85				1987, 952			JZ 1987, 95
27.10.1986	II ZR 74/85				1987, 1889			
27.10.1986	II ZR 240/85				1987, 1890			
09.03.1987	II ZR 132/86					1987, 707		
23.03.1987	II ZR 244/86			1987, 349	1987, 3192			
05.09.1987	II ZR 128/86	*	101, 113	1988, 18	1987, 2514		1987, 1071	
09.11.1987	II ZR 100/87						1988, 23	
14.03.1988	II ZR 211/87			1988, 260			1988, 704	
21.03.1988	II ZR 308/87		104, 66	1988, 304			1988, 753	
01.02.1988	II ZR 75/87		103, 184		1988, 1579		1988, 325	
19.09.1988	II ZR 329/87		105, 213					
05.06.1989	II ZR 227/88	*	107, 351	1989, 462	1989, 2681	1989, 849	1989, 1093	
22.01.1990	II ZR 21/89	*		1990, 162			1990, 677	
14.05.1989	II ZR 125/89			1990, 343				
14.05.1990	II ZR 126/89		111, 224	1990, 344			1990, 1195	
28.05.1990	II ZR 245/89			1990, 345				
09.07.1990	II ZR 194/89	*	112, 103	1990, 449				

Datum	Aktenzeichen							
24.09.1990	II ZR 167/89		112, 339					
19.11.1990	II ZR 88/89			1991, 62			1991, 97	
31.01.1991	VII ZR 291/88		113, 315					
10.06.1991	II ZR 234/89			1991, 362				
25.03.1991	II ZR 169/90			1991, 363			1991, 852	
30.09.1991	II ZR 208/90	*		1992, 104	1992, 368		1991, 2099	
14.10.1991	II ZR 239/90	*		1992, 38		1992, 32	1991, 2140	
16.12.1991	II ZR 58/91		116, 359					
24.02.1992	II ZR 79/91			1992, 229			1992, 731	
09.03.1992	II ZR 102/91	*		1992, 301		1992, 539	1992, 733	
09.11.1992	II ZR 234/91			1993, 33			1992, 2142	
10.05.1993	II ZR 74/92	*	122, 333	1993, 427			1993, 1132	DStR 1993, 843
12.07.1993	II ZR 65/92						1993, 1593	DStR '93, 1228
29.11.1993	II ZR 61/93	*						DStR 1994, 214
01.12.1993	VIII ZR 129/92							
13.02.1995	II ZR 225/93			1995, 295	1995, 1358		1994, 387	
20.02.1995	II ZR 46/94			1995, 377			1995, 752	

Datum	AZ	2-Pers.-GmbH	DB	GmbHR	NJW	ZIP	WM	andere
06.07.1972	2 AZR 386/71							DB 1972, 2119
15.04.1982	2 AZR 1101/79		39, 16					
09.05.1985	2 AZR 330/84			1986, 263		1986, 797		
11.03.1987	2 AZR 336/86			1988, 179		1986, 91		
28.11.1989	3 AZR 818/87			1991, 415				
13.05.1992	5 AZR 344/91			1993, 35				

Entscheidungen des BSG

Datum	AZ	2-Pers.-GmbH	DB	GmbHR	NJW	ZIP	WM	andere
21.02.1990	12 RK 65/87		1991, 280					
25.10.1990	12 RK 40/89		1991, 1933					

Entscheidungen des RG

Datum	AZ	2-Pers.-GmbH	RGZ	GmbHR	JW	ZIP	WM	andere
28.01.1901	I 208/01		49, 141					
27.06.1906	I 59/06		64, 14					

08.04.1908	I 595/07		68, 235
05.11.1912	II 262/12		80, 330
09.10.1914	II 223/14		85, 311
08.06.1917	II 618/16		90, 300
03.02.1922	II 640/21		103, 328
19.06.1923	II 53/23		107, 67
20.11.1925	II 576/24		112, 273
30.11.1927	V 135/27		119, 163
01.02.1929	II 413/28	1929, 1373	
14.10.1931	I 10/31		134, 67
24.11.1933	II 113/33		142, 286
22.01.1935	II 198/34		146, 385
20.01.1941	II 96/40		166, 129
13.08.1942	II 67/41		169, 330
04.02.1943	II 94/42		170, 358
01.04.1943	II 138/42		171, 51

Entscheidungen des RFH

Datum	AZ	2-Pers.-GmbH	ZIP	GmbHR	JW	ZIP	WM	andere
16.05.1929	II A 107/29	*			1929, 2205			

Entscheidungen des ROHG

Datum	AZ	2-Pers.-GmbH	ROHGE	GmbHR	JW	ZIP	WM	andere
13.04.1872	II 202/72		5, 386					
25.04.1874	II 121/74		13, 179					
30.11.1875	I 866/75		19, 61					

Entscheidungen des BayObLG

Datum	AZ	2-Pers.-GmbH	ZIP	GmbHR	NJW	ZIP	WM	andere
24.02.1984	3 Z BR 197/83							BB 1984, 746
08.12.1988	3 Z 138/88	*		1989, 252			1989, 301	
28.09.1995	3 Z BR 225/95							DB 1995, 2364
28.08.1997	3 Z BR 1/97			1997, 1002				

Datum	AZ	2-Pers.-GmbH	ROHGE	GmbHR	NJW	ZIP	WM	andere
12.08.1998	3 Z BR 456/99 und 457/99	*		1998, 1123				NZG 1998, 944
15.06.1999	3 Z BR 35/99			1999, 980				
14.06.1999	3 Z BR 158/99		1999, 1845					
29.09.1999	3 Z BR 76/99	*		1999, 1291				

Entscheidungen des KG Berlin

Datum	AZ	2-Pers.-GmbH	ROHGE	GmbHR	NJW	ZIP	WM	andere
05.01.1939	1 Wx 660/38					1939, 357		
01.11.2000	23 W 3250/00	*		2001, 147				

Entscheidungen des OLG Celle

Datum	AZ	2-Pers.-GmbH	ROHGE	GmbHR	NJW	ZIP	WM	andere
01.04.1981	9 U 195/80			1981, 264				
23.02.1983	9 U 114/82 und 191/82			1983, 273				

Datum	AZ	2-Pers.-GmbH	ROHGE	GmbHR	NJW	ZIP	WM	andere
15.05.1996	9 U 185/95						1997, 172	

Entscheidungen des OLG Dresden

Datum	AZ	2-Pers.-GmbH	ROHGE	GmbHR	NJW	ZIP	WM	andere
15.11.1999	2 U 2303/99			2000, 435				

Entscheidungen des OLG Düsseldorf

Datum	AZ	2-Pers.-GmbH	ROHGE	GmbHR	NJW	ZIP	WM	andere
30.06.1988	6 U 310/87	*		1988, 484	1989, 172		1988, 1532	
08.06.1989	6 U 223/88	*			1990, 1122			
09.11.1989	6 U 21/89	*					1990, 1022	
15.02.1991	16 U 130/90	*					1992, 14	
28.10.1993	6 U 130/90	*	1994, 619	1994, 172				
11.02.1993	6 U 43/92	*		1994, 245				
07.01.1994	16 U 104/92	*		1994, 884				
18.04.1997	3 Wx 584/96			1997, 549				

Datum	AZ	2-Pers.-GmbH	ROHGE	GmbHR	NJW	ZIP	WM	andere
25.07.2001	17 W 42/01			2002, 67				

Entscheidungen des OLG Frankfurt

Datum	AZ	2-Pers.-GmbH	ROHGE	GmbHR	NJW	ZIP	WM	andere
01.07.1992	17 U 9/91			1993, 161				
19.09.1998	5 W 22/98			1998, 1126				
09.01.2001	20 W 421/00	*		2001, 436				

Entscheidungen des OLG Hamburg

Datum	AZ	2-Pers.-GmbH	ROHGE	GmbHR	NJW	BB	WM	andere
27.08.1954	1 U 395/53	*				1954, 978		BB 1954, 978
28.06.1991	11 U 148/90	*		1992, 43	1992, 186			
28.06.1991	11 U 65/91	*		1991, 467				

Entscheidungen des OLG Hamm

Datum	AZ	2-Pers.-GmbH	ROHGE	GmbHR	NJW	NJW-RR	WM	andere
12.03.1957	15 W 1/57							BB 1957, 448
07.05.1984	8 U 22/84	*		1985, 119				
08.07.1985	8 U 295/83		1986, 1188					
08.12.1986	8 U 73/86		1987, 780			1987, 1319		
18.06.1990	8 U 146/89			1991, 466				
29.04.1992	8 U 298/91			1992, 759				
06.07.1992	8 W 18/92	*		1993, 163				
07.10.1992	8 U 75/92	*		1993, 743				
05.07.1993	8 U 249/92	*		1994, 399				
01.02.1995	8 U 148/94			1995, 736				
04.12.1995	15 W 399/95	*		1996, 210				
01.04.1998	8 U 72/97			1998, 1081				
17.11.1998	27 U 160/98	*						NZG 1999, 600

Entscheidungen des OLG Karlsruhe

Datum	AZ	2-Pers.-GmbH	ROHGE	GmbHR	NJW	NJW-RR	WM	andere
23.11.1965	10 U 313/65	*		1967, 214				
04.12.1992	15 U 208/92	*		1993, 154		1993, 1505		
16.02.1995	19 U 169/94		1995, 915	1995, 455				
25.08.1995	15 U 286/94			1996, 208				
04.05.1999	8 U 153/97	*						

Entscheidungen des OLG Koblenz

Datum	AZ	2-Pers.-GmbH	ROHGE	GmbHR	NJW	ZIP	WM	andere
27.02.1986	6 U 261/86		1986, 503		1986, 1692			
29.04.1986	6 U 273/86		1986, 1120					
07.10.1993	6 U 547/91			1994, 887				

Entscheidungen des OLG Köln

Datum	AZ	2-Pers.-GmbH	ROHGE	GmbHR	NJW	BB	WM	andere
16.03.1988	6 U 38/87			1989, 76				
05.11.1992	18 U 50/92			1993, 816				
26.08.1994	2 WX 24/94	*		1995, 299		1995, 10		BB 1995, 10
30.03.1999	22 U 143/98	*						NZG 1999, 773
16.05.2002	18 U 31/02			2002, 913				

Entscheidungen des OLG München

Datum	AZ	2-Pers.-GmbH	ROHGE	GmbHR	NJW	ZIP	WM	andere
19.05.1982	7 U 4099/81	*					1982, 1061	
08.10.1993	23 U 3365/93	*		1994, 251				DStR 1994, 216
20.07.1998	23 W 1455/98			1999, 718				NZG 1999, 407

Entscheidungen des OLG Naumburg

Datum	AZ	2-Pers.-GmbH	ROHGE	GmbHR	NJW	ZIP	WM	andere
25.01.1996	2 U 31/95	*		1996, 934				

Entscheidungen des OLG Nürnberg

Datum	AZ	2-Pers.-GmbH	ROHGE	GmbHR	NJW	BB	WM	andere
24.07.1956	3 U 267/54			1958, 194				
21.04.1970	7 U 130/69	*				1970, 1371		
08.10.1970	2 U 84/70	*		1971, 208				
29.03.2000	12 U 33/00	*		2001, 108				
22.12.2000	6 U 1604/00			2001, 973				

Entscheidungen des OLG Oldenburg

Datum	AZ	2-Pers.-GmbH	ROHGE	GmbHR	NJW	ZIP	WM	andere
21.05.1992	1 I 113/92	*		1992, 667				

Entscheidungen des OLG Saarbrücken

Datum	AZ	2-Pers.-GmbH	ROHGE	GmbHR	NJW	ZIP	WM	andere
17.01.2001	1 U 686/00 - 155							DStR 2002, 98

Entscheidungen des OLG Stuttgart

Datum	AZ	2-Pers.-GmbH	ROHGE	GmbHR	NJW	ZIP	WM	andere
20.02.1987	5 U 202/86			1987, 482	1987, 2449			
30.03.1994	3 U 154/93	*		1995, 229		1995, 295		
13.04.1994	2 U 303/93			1995, 228		1994, 811		
18.02.1997	20 W 11/97	*		1997, 312				
08.07.1998	20 U 112/97	*		1998, 1034				

Entscheidungen des OLG Zweibrücken

Datum	AZ	2-Pers.-GmbH	ROHGE	GmbHR	NJW	ZIP	WM	andere
29.06.1998	7 U 259/97			1999, 79				

Entscheidungen des LG Braunschweig

Datum	AZ	2-Pers.-GmbH	ROHGE	GmbHR	NJW	ZIP	WM	andere
26.06.1952	7 O 157/52		1953, 239					

Entscheidungen des LG Karlsruhe

Datum	AZ	2-Pers.-GmbH	ROHGE	GmbHR	NJW	ZIP	WM	andere
29.04.1998	O 120/96 KfH I	*		1998, 684				NZG 1998, 512

Entscheidungen des LG München I

Datum	AZ	2-Pers.-GmbH	ROHGE	GmbHR	NJW	ZIP	WM	andere
02.12.1994	15 HKO 22453/94		1994, 1858					

Entscheidungen des LG Regensburg

Datum	AZ	2-Pers.-GmbH	ROHGE	GmbHR	NJW	ZIP	WM	andere
29.04.1954	KfH O 28/54		1954, 551					

Entscheidungen des FG Münster

Datum	AZ	2-Pers.-GmbH	ROHGE	GmbHR	NJW	ZIP	WM	andere
13.08.1997	1 K 3455/97 E			1997, 1113				

Entscheidungen des LAG Schleswig-Holstein

Datum	AZ	2-Pers.-GmbH	ROHGE	GmbHR	NJW	ZIP	WM	andere
05.10.2001	5 Ta 72/01			2001, 1162				

Entscheidungen US-amerikanischer und englischer Gerichte

Fundstelle	2-Pers.-Gft.[2]	Parteibezeichnung
(1843) 2 Hare 461 (Ct. of Chancery)		Foss v. Harbottle
104 U.S. 450 (1882)		Hawes v. Oakland
189 N.E. 234 (N.Y. 1934)		McQuade v. Stoneham and McGras
199 N.E. 641 (N.Y. 1936)		Clark v. Dodge
55 N.E.2d 20 (Mass. 1944)		Leventhal v. Atlantic Finance Corp.
77 N.E.2d 633 (N.Y. 1948)		Long Park, Inc. v. Trenton-New Brunswick Theatres Co.
72 So.2d 786 (Fla. 1954)		Kay v. Key West Development Co.
203 N.E.2d 577 (Ill. Sup. Ct. 1964)		Galler v. Galler
328 N.E.2d 577 (Ill. Sup. Ct. 1964)		Donahue v. Rodd Electrotype Company of New England, Inc.
22 A.D.2d 390 (N.Y. 1965)	*	Matter of Sheridan
316 N.Y.S.2d 526 (Sup. Ct. 1970)	*	Wollmann v. Littmann
98 A.D.2d 413 (N.Y. Sup. Ct. 1984)		Matter of Ronan Paint Corp.
124 A.D.2d 707 (N.Y. 1986)	*	Greer v. Greer

[2] Auch hier kennzeichnet der * Entscheidungen, die corporations mit zwei Gesellschaftern betrafen.

528 N.Y.S.2d 225 (N.Y. App. Div. 1988)		Matter of Seagroatt Floral Co., Inc.
181 A.D.2d 897 (N.Y. 1992)	*	Sternberg v. Osman
134 N.J. 488 (1993)		Brenner v. Berkowitz
33 Cal. App. 4th 1096 (1995)		Belio v. Panorama Optics, Inc.
224 A.D.2d 775 (N.Y. 1996)		Matter of Kaufmann
233 A.D.2d 149 (N.Y. 1996)	*	Molod v. Berkowitz
223 A.D.2d 134 (N.Y. 1996)		Matter of Berkun
194 B.R. 65 (Bankr. E.D. Va. 1996)		Deluca v. Deluca
259 A.D.2d 389 (N.Y. 1999)	*	Matter of Parveen